Dietmar Jazbinsek (Hrsg.)

Gesundheitskommunikation

Dietmar Jazbinsek (Hrsg.)

Gesundheits-kommunikation

Westdeutscher Verlag

Die Deutsche Bibliothek – CIP-Einheitsaufnahme
Ein Titeldatensatz für diese Publikation ist bei
Der Deutschen Bibliothek erhältlich

1. Auflage Juli 2000

Der Westdeutsche Verlag ist ein Unternehmen der Fachverlagsgruppe BertelsmannSpringer.

www.westdeutschervlg.de

Höchste inhaltliche und technische Qualität unserer Produkte ist unser Ziel. Bei der Produktion und Verbreitung unserer Bücher wollen wir die Umwelt schonen. Dieses Buch ist auf säurefreiem und chlorfrei gebleichtem Papier gedruckt. Die Einschweißfolie besteht aus Polyäthylen und damit aus organischen Grundstoffen, die weder bei der Herstellung noch bei der Verbrennung Schadstoffe freisetzen.

Umschlaggestaltung: Horst Dieter Bürkle, Darmstadt
Druck und buchbinderische Verarbeitung: Rosch-Buch, Scheßlitz
Printed in Germany

ISBN 3-531-13427-2

Inhaltsverzeichnis

Patienteninformationen im Internet

Medienthema Genforschung

Öffentlichkeitsarbeit und Gesundheitspolitik

Perspektiven für die Public Health-Praxis

Einleitung

Gesundheitskommunikation
Erkundungen eines Forschungsfeldes

Dietmar Jazbinsek

Das Interesse der Fernsehzuschauer und Zeitungsleser an Gesundheitsthemen scheint unerschöpflich zu sein. Hierfür sprechen Arztserien auf allen TV-Kanälen, die Krankenbulletins der Prominenten (nicht nur) in der Regenbogenpresse, der Boom von Fitneßmagazinen wie *Men's Health*, Hollywooddramen über das Leben mit Krebs und das Sterben an AIDS, Talkshows als Gesprächs-Therapien aller nur erdenklichen Befindlichkeitsstörungen. Die Vermutung liegt nahe, daß die Vorstellungen davon, wie Krankheiten zu vermeiden oder zu bewältigen sind, von diesen medialen Inszenierungen beeinflußt werden. Aktuelle Belege hierfür hat die Kulturwissenschaftlerin Elaine Showalter in ihrer Studie über "hysterische Epidemien im Zeitalter der Medien" zusammengetragen: "Hysterie-Epidemien werden durch Geschichten verbreitet, die wiederum durch die Ratgeberliteratur, Artikel in Zeitungen und Zeitschriften, Fernsehserien und Talkshows, Spielfilme, das Internet, ja sogar durch die Literaturwissenschaft in Umlauf gebracht werden" (Showalter 1997: 14). Weil es ihr um die narrative Komponente bei der Klassifikation von Befindlichkeitsstörungen und psychischen Erkrankungen geht, nennt Showalter ihre Fallstudien "Hystorien". Eines ihrer Fallbeispiele ist die Geschichte des "Chronischen Müdigkeitssyndroms". Die Karriere dieses Syndroms begann, nachdem ein neuer Name für unerklärliche Erschöpfungszustände gefunden war und bekannt wurde, daß sich auch Angehörige der Hollywood-Prominenz, die Popsängerin Cher und Dorothy, eine der Protagonistinnen der Fernsehserie *Golden Girls*, davon befallen glaubten (ebd.: 161 ff.). Selbsthilfegruppen entstanden, die den Ärzten vorwarfen, Hinweise auf die neue Seuche jahrelang ignoriert zu haben. Showalter stellt nicht in Frage, daß die Betroffenen unter massiven Beschwerden leiden, kritisiert aber, daß sie - bestärkt von entsprechenden Medienberichten - ausschließlich nach organischen Ursachen für ihre psychischen Probleme suchen. Selbst einige Virologen stellten Mutmaßungen über einen mysteriösen "Stoff X" an, der für das Müdigkeitssyndrom verantwortlich sein soll, obwohl der Einsatz des gesamten Arsenals der biomedizinischen Diagnostik hierfür keinen Beleg erbracht hat. Auch die anderen "Hystorien", die von der Autorin rekapituliert werden, sind nach diesem Muster abgelaufen: Die Patienten "haben aus den Medien von den Krankheiten erfahren, entwickeln unbewußt Symptome und ziehen erneut die Aufmerksamkeit der Medien auf sich - ein endloser Kreislauf" (ebd.: 16).[1]

---

[1] Der Historiker Edward Shorter, der sich intensiv mit der Geschichte psychosomatischer Erkrankungen befaßt hat, kommt in einem Vortrag über das heutige Arzt-Patient-Verhältnis zu einem ähnlichen Fazit:

Die Zuständigkeit der Public Health-Forschung für derartige Wechselwirkungen zwischen 'öffentlicher Meinung' und 'öffentlicher Gesundheit' läßt sich aus der klassischen Definition ihres Gegenstandsbereiches ableiten: Public Health ist die Wissenschaft und Praxis der Krankheitsverhütung, Lebensverlängerung und Gesundheitsförderung durch bevölkerungsbezogene Maßnahmen.[2] Der Aktionsradius der bevölkerungsbezogenen Maßnahmen orientiert sich zumeist am sogenannten "Settings-Ansatz" der Weltgesundheitsorganisation (WHO). Diesem Ansatz zufolge hängt der Erfolg der Bemühungen um Krankheitsvermeidung und Gesundheitsförderung wesentlich von Entwicklungen außerhalb des eigentlichen Gesundheitssektors ab (vgl. Troschke 1996). In den Industriestaaten propagiert die WHO deshalb beispielsweise Interventionen zur Vorbeugung von Berufskrankheiten sowie Initiativen, die auf eine "gesundheitsverträgliche" Stadtentwicklung ausgerichtet sind ("healthy cities"). Ilona Kickbusch, die als Referatsleiterin der WHO maßgeblich an der Ausarbeitung dieser Präventionspolitik beteiligt war, hat 1996 eine Neuorientierung vorgeschlagen: Ihrer Überzeugung nach haben Public Health-Strategien, die auf größere Bevölkerungsgruppen zielen, heute kaum noch Aussicht auf Erfolg, wenn sie sich nicht mit der zunehmenden Vermarktung der Gesundheit durch die Kommunikationsindustrie und die Freizeitbranchen auseinandersetzen (Kickbusch 1996).[3] Die Beiträge des vorliegenden Sammelbandes greifen diese Anregung auf, indem sie aus Sicht der Public Health-Forschung der Frage nachgehen, welchen Einfluß Medieninhalte und Mediennutzung auf die Bevölkerungsgesundheit ausüben.

Der Titel des Bandes – "Gesundheitskommunikation" – ist die deutsche Übersetzung des Begriffes "health communication", der sich in den letzten 20 Jahren im angloamerikanischen Sprachraum etabliert hat. Man kann die Karriere dieses Begriffes grob in zwei Phasen unterteilen. In den 80er Jahren war "health communication" nicht viel mehr als ein neues Label für altbekannte Forschungsthemen. Ein Beispiel hierfür ist die Definition von Gary L. Kreps und Barbara C. Thornton: "Health communication is an area of study concerned with human interaction in the health care process" (zit. nach Signitzer 1989: 114). Diese Begriffsbestimmung geht kaum über das hinaus, was in der Medizinsoziologie traditionellerweise unter dem Stichwort "Arzt-Patient-Interaktion" verbucht wird. Ein anderes Beispiel ist die Gleichsetzung von Gesundheitskommunikation und Gesundheitserziehung. "Health communication" wird dabei als die Aufgabe angesehen, Konsumenten mit den Informationen zu versorgen, die sie für die Entscheidung zu einem gesünderen Lebensstil benötigen. Aus den Anleitungen zur Planung und Durchführung entspre-

---

„Der Ärztestand verliert seine Fähigkeit, Patienten zu beruhigen, ihnen glaubhaft zu machen sie hätten die gefürchtete 'Krankheit X' nicht. Die Patienten finden die Massenmedien glaubwürdiger als die Ärzte." (Shorter 1991: 62)

[2] In Deutschland wird der Terminus "Gesundheitswissenschaften" als Synonym für "Public Health" verwandt, weil die direkte Übersetzung – "Öffentliche Gesundheit" – die irreführende Assoziation nahelegt, es gehe ausschließlich um den öffentlichen Gesundheitsdienst (zur Begriffsgeschichte und zur Abgrenzung der Gesundheitswissenschaften von der Medizin siehe Braun 1991 und Stein 1994).

[3] Eine deutsche Übersetzung dieses Positionspapieres findet sich in Altgeld et al. 1997: 23-28.

chender Aufklärungskampagnen ist mittlerweile ein eigenes Genre entstanden, das insofern der Kochbuchliteratur ähnelt, als darin psychologische Rezepte für die Zubereitung bekömmlicher Gesundheitsbotschaften aufgelistet werden.[4] Erst Ende der 80er Jahre verlagerte sich der Schwerpunkt des Interesses vom Kampagnendesign auf die Frage, wie der *alltägliche* Medienkonsum das Gesundheitsverhalten beeinflußt (siehe hierzu die Übersicht bei Signorielli 1993). Der Begriff "Gesundheitskommunikation" bezeichnet also nach wie vor ein Forschungsfeld (und kein bestimmtes theoretisches Konzept oder empirisches Verfahren), die Grenzen dieses Feldes werden jedoch deutlich weiter abgesteckt und nicht mehr auf die Medienprodukte eingeengt, die speziell zum Zweck der Gesundheitsinformation erstellt worden sind. Zugleich läßt sich in der zweiten Phase der "health communication research" ein Trend zur stärkeren Politisierung und Professionalisierung ausmachen. Mit Politisierung ist gemeint, daß es nun nicht mehr nur um den Einfluß von Presse, Funk und Fernsehen auf gesundheitsfördernde oder gesundheitsschädigende Verhaltensweisen in der Bevölkerung geht, sondern auch um ihren Einfluß auf die Prioritäten der Gesundheitspolitik. Die zunehmende Professionalisierung ist ablesbar an der Gründung eigenständiger Institute wie dem "Center for Health Communication" an der Harvard School of Public Health und der Herausgabe spezieller Fachzeitschriften (*Health Communication*, erscheint seit 1989; *Journal of Health Communication*, erscheint seit 1996). Eine erste Übersicht über die neuere Diskussion des Themas "Mass Communication and Public Health" haben Charles Atkin und Lawrence Wallack vorgelegt (Atkin/ Wallack 1990). Eine gute Ergänzung hierzu ist die laufend aktualisierte Bibliographie "Mass Communication & Health" von Simon Chapman, die über das Internet abrufbar ist.[5] Die dort aufgeführten Studien und Praxisbeispiele sind in erster Linie auf das Gesundheitswesen und den Medienmarkt in Nordamerika, Großbritannien und Australien zugeschnitten und nur bedingt auf bundesdeutsche Verhältnisse übertragbar. Womit sich die Frage stellt, was die Public Health-Forschung in Deutschland zur Analyse der Gesundheitskommunikation in den Medien beizutragen hat.

In Deutschland fördert das Bundesforschungsministerium (BMBF) seit 1992 eine Reihe gesundheitswissenschaftlicher Studiengänge und Forschungsverbünde. Das 1998 im Urban & Schwarzenberg-Verlag erschienene "Public Health-Buch" kann man als Zwischenbilanz der bundesdeutschen Forschungsaktivitäten lesen (Schwartz et al. 1998). In diesem als Standardwerk deklarierten Sammelband ist kein einziger Beitrag enthalten, der auf die Gesundheitsberichterstattung der Medien eingeht; Stichwörter wie Massenkommunikation oder Öffentlichkeit sucht man im

[4] Zwei typische Beispiele für die Gattung der "Kampagnen-Kochbücher" sind Backer et al. 1992 und Maibach/ Parrott 1995. Die Strategiedebatten der Kampagnenplaner firmieren neuerdings unter der Bezeichnung "social marketing", womit die Orientierung am Vorbild der kommerziellen Werbung zum Ausdruck gebracht wird (siehe Lefebvre 1992). Zur Kritik der am individuellen Verhalten ansetzenden "Gesundheitskommunikation" siehe Karpf 1988: 221 ff., Jazbinsek 1994, Weßler 1995.

[5] Siehe: http://www.health.usyd.edu.au/resources/mchbib.html

Sachregister vergebens.[6] Ironischerweise wirbt der Verlag für seine Neuerscheinung mit dem Slogan: "Ein hochaktuelles Thema. Gesundheit und Gesundheitspolitik sorgen täglich für Schlagzeilen in den Medien." Von den rund 250 Einzelprojekten, die vom BMBF in drei Förderphasen und fünf Forschungsverbünden (Sachsen, Nordrhein-Westfalen, Norddeutschland, München und Berlin) finanziert worden sind, knüpft nur eines an die Leitfragen und Methoden der empirischen Kommunikationsforschung an. Das Projekt "Medienthema Krebsmedizin" geht der Frage nach, wie die bundesdeutsche Presse über die Entwicklung der Tumortherapie informiert und wie Patienten mit diesen Informationen umgehen.[7]

Um über die eigene Arbeit hinaus dazu beizutragen, die Massenkommunikation als Forschungs- und Praxisfeld der Gesundheitswissenschaften in Deutschland zu etablieren, hat das Projekt im Herbst 1998 den Workshop "Public Health & Public Opinion" veranstaltet. Den organisatorischen Rahmen hierfür bildete der internationale Kongreß "Public Communication of Science and Technology" (PCST), der vom 17. bis zum 19. September 1998 in Berlin stattgefunden hat.[8] Das vorliegende Buch knüpft an die Themen des Workshops an, ist in der Auswahl seiner Beiträge jedoch nicht deckungsgleich mit dem Tagungsprogramm. Um einen umfassenderen Einblick in das Themenspektrum der Gesundheitskommunikation zu geben, sind eine Reihe zusätzlicher Aufsätze aufgenommen worden. Die einzelnen Beiträge sind insgesamt sechs Themenblöcken mit jeweils zwei bis drei sich ergänzenden Arbeiten zugeordnet:

- Die historischen Studien im ersten Themenblock erinnern an lange in Vergessenheit geratene *Traditionen der Gesundheitsaufklärung in Deutschland*. So hat es beispielsweise in der Weimarer Republik 'avantgardistische' Ansätze der Gesundheitskommunikation gegeben, die manches von dem vorweggenommen haben, was erst sehr viel später im Kontext der amerikanischen "health communication research" diskutiert worden ist.

- Das Leitmedium unserer Tage ist zweifellos das Fernsehen. Im zweiten Abschnitt geht es um *TV-Genres* wie Gesundheitsmagazine, Arztserien und Talkshows, die nicht nur beim Publikum besonders beliebt, sondern auch unter Public Health-Gesichtspunkten besonders interessant sind.

---

[6] Dies gilt auch für vergleichbare Publikationen wie das Handbuch "Gesundheitswissenschaften" (Hurrelmann/ Laaser 1993), den Reader "Public Health. Gesundheit im Mittelpunkt" (Walter/ Paris 1996) und den von den deutschen Forschungsverbünden herausgegebenen Sammelband "Public-Health-Forschung in Deutschland" (1999).

[7] Das Projekt ist in das Berliner Zentrum Public Health eingebunden und wird von der Berliner Krebsgesellschaft und dem Bundesforschungsministerium (Förderkennzeichen 01 EG 9522) gefördert. Projektleiter ist Prof. Winfried Göpfert vom Arbeitsbereich Wissenschaftsjournalismus der Freien Universität Berlin. Erste Ergebnisse der Untersuchung sind dem Beitrag von Andrea Appel und Dietmar Jazbinsek zu entnehmen.

[8] Die Liste der Referenten, die auf diesem Kongreß vorgetragen haben, sowie die Langfassung einiger Referate sind nachzulesen unter: http://www.fu-berlin.de/pcst98

- Es gibt für Patienten eine Vielzahl von Möglichkeiten, um sich zusätzlich zu dem Gespräch mit dem Arzt über Behandlungsstandards und Behandlungsalternativen zu informieren. Im Mittelpunkt des dritten Themenblocks stehen die *Patienteninformationen im Internet.*
- Wenn man den zahlreichen Szenarien zur Jahrtausendwende Glauben schenkt, ist die Bedeutung der Genetik für die Zukunft der Gattung Mensch kaum zu überschätzen. Wie Presse, Funk und Fernsehen über die Perspektiven der molekularen Medizin auf dem Gebiet der Krebstherapie berichten, wird im vierten Abschnitt in zwei Fallstudien zum *Medienthema Genforschung* untersucht.
- Hinter den Kulissen eines vermeintlich unabhängigen Journalismus sind Industrieverbände darum bemüht, die Darstellung der gesundheitlichen Risiken und des gesundheitlichen Nutzens ihrer Produkte durch Imagepflege in ihrem Sinne zu beeinflussen. Diese bislang kaum erforschten Aktivitäten sind Gegenstand des Themenblocks *Öffentlichkeitsarbeit und Gesundheitspolitik.*
- Der Anspruch der Gesundheitswissenschaften, über die reine Dokumentation von Untersuchungsergebnissen hinaus Schritte zu ihrer praktischen Umsetzung zu unternehmen, spiegelt sich in einem umfangreichen Schlußabschnitt zu den *Perspektiven für die Public Health-Praxis* wider.

Die genannten Themenblöcke werden wiederum durch drei inhaltliche Leitmotive miteinander verbunden, die zwischen den unterschiedlichen Beiträgen einen inneren Zusammenhang herstellen:

- Der zielgruppenorientierte Einsatz der Massenmedien im Rahmen von Aufklärungskampagnen wird eher am Rande, insbesondere in den historischen Studien behandelt. Im Vordergrund stehen dagegen *alltägliche Programmangebote* und ihr möglicher Beitrag zur Gesundheitsförderung. Die Beschäftigung mit dem 'Medienalltag' beschränkt sich dabei nicht auf den sogenannten seriösen Medizin- und Wissenschaftsjournalismus, sondern bezieht populäre Genres wie Unterhaltungssendungen im Fernsehen oder Schicksalsberichte in der Boulevardpresse mit ein.
- Zu den Medienwirkungen zählen viele Autoren nicht nur die Veränderungen des Gesundheitsverhaltens, sondern auch die *Einflüsse auf die Gesundheitspolitik.* Das kommunikationswissenschaftliche Hintergrundkonzept, das den dezidiert gesundheitspolitisch orientierten Beiträgen zugrunde liegt, ist der sogenannte Agenda-Setting-Ansatz. Diesem Ansatz zufolge bestimmen die Medien nicht unbedingt das, *was* die Menschen denken, haben aber einen großen Einfluß darauf, *worüber* sie sich Gedanken machen (vgl. Brosius 1994, Dearing/ Rogers 1996). Die Untersuchungen zur "Themenstrukturierungsfunktion" der Medien haben ergeben, daß von der Presseberichterstattung eine über die Publikumsresonanz vermittelte Wirkung auf die politische Tagesordnung ausgeht. Die Prioritäten der Gesundheitsförderung und Krankheitsbekämpfung orientie-

ren sich demnach weniger an der Politikberatung durch Experten wie Epidemiologen oder Ökonomen, als an dem Umstand, welches Gesundheitsproblem gerade für Schlagzeilen sorgt.[9]

- Der Aspekt der Gesundheitskommunikation, der in dem Zeitraum seit Mitte der 80er Jahre mit Abstand die meiste akademische Aufmerksamkeit auf sich gezogen hat, ist die AIDS-Berichterstattung. Sie spielt in dem vorliegenden Band nur eine untergeordnete Rolle, da hierzu mittlerweile umfangreiche Literaturberichte vorliegen (siehe u.a. Lupton 1994, Biere/ Liebert 1997). Es gibt jedoch ein anderes diagnosebezogenes Leitmotiv, das über die Themenblöcke hinweg eine Reihe von Texten miteinander verbindet, und zwar die Berichterstattung über *Krebsprävention und Krebstherapie.*

Die Gesundheitswissenschaften sind von ihrem Selbstverständnis her – darauf deutet schon der Plural in der Namensgebung hin – als interdisziplinäres Unternehmen angelegt. In diesem Sinne versammelt der Band Beiträge von Autoren aus so unterschiedlichen 'Heimatdisziplinen' wie Medizin und Pädagogik, Biologie und Soziologie. Gemessen an den Standards der empirischen Kommunikationsforschung ist hinsichtlich der Mehrzahl der hier vorgestellten Arbeiten eine Einschränkung zu machen, die ihren methodologischen Status betrifft: Da es groß angelegte Projekte zur Gesundheitskommunikation in der bundesdeutschen Public Health-Forschung bislang nicht gegeben hat, handelt es sich bei den Texten überwiegend um Fallstudien, Literaturberichte, Essays oder Kurzfassungen von Magister- und Doktorarbeiten. Das am häufigsten gewählte Verfahren der Datenerhebung ist die Inhaltsanalyse, da Publikumsbefragungen in der Regel einen sehr viel größeren Aufwand erfordern. Unter den Inhaltsanalysen überwiegen wiederum die im hermeneutischen, nicht aber im statistischen Sinne repräsentativen Erhebungen. Das Buch enthält – mit anderen Worten – erste Erkundungen eines neuen Forschungsfeldes; die systematische Kartierung des Geländes steht noch aus.

---

9 Zum Verhältnis "media agenda - public agenda – policy agenda" im Gesundheitsbereich siehe die Fallstudien von Cook et al. (1983) und Rogers et al. (1991).

Übersicht über die Einzelbeiträge

Traditionen der Gesundheitsaufklärung

Der englische Sozialmediziner Thomas McKeown hat in seinem Buch "Die Bedeutung der Medizin", das zu den Klassikern der neueren Gesundheitsforschung gehört, nachgezeichnet, wie rapide sich die Lebenserwartung der Europäer seit Ende des 17. Jahrhunderts erhöht hat, und zwar nicht in erster Linie aufgrund spektakulärer medizinischer Interventionen in den Krankheitsprozeß, sondern vor allem infolge technischer und organisatorischer Umwälzungen der Arbeits- und Lebensbedingungen, wie zum Beispiel den veränderten Hygienestandards bei der Nahrungsmittelherstellung oder der Versorgung mit Trinkwasser. Würde man auf diesem Weg einer ingenieurswissenschaftlich geschulten Prävention voranschreiten, so lautet eine der Schlußfolgerungen, die McKeown aus seiner Analyse des historischen Datenmaterials gezogen hat, ließe sich der Gesundheitszustand der Bevölkerung eher verbessern als durch weitere Investitionen in das Krankenversorgungssystem (McKeown 1982: 262 ff.). McKeowns materialistische Sicht der Bevölkerungsgesundheit erscheint ergänzungsbedürftig, wenn man sich die Inhalte der medizinischen Volksaufklärung des 18. und 19. Jahrhunderts vor Augen führt, die *Holger Böning* in seinem Beitrag detailliert beschreibt. Plakativ formuliert hat die frühe 'Ratgeberliteratur' in Sachen gesunder Lebensführung dazu beigetragen, in der Bevölkerung die mentalen Voraussetzungen für den Siegeszug der modernen Sozialhygiene zu schaffen (so auch Teysseire/ Verry-Joilivet 1993). Am Beispiel der Ottawa Charta aus dem Jahr 1986 macht Böning deutlich, welche zum Teil verblüffenden programmatischen Ähnlichkeiten die medizinische Volksaufklärung zu modernen Konzepten der Gesundheitsförderung aufweist. Zur Aktualität dieser historischen Bürgerinitiative gehört es auch, daß Anleitungen zur Selbsthilfe wie das 1761 erschienene "Avis au peuple sur sa santé" von Samuel André Tissot bei Ärzten auf ähnliche Vorbehalte gegenüber der "Vulgarisierung" von medizinischem Fachwissen gestoßen sind, wie sie heute gegen Ansätze zur Förderung der "Laienkompetenz" im Gesundheitswesen vorgebracht werden.

Spätestens seitdem Rudolf Virchow 1849 dazu aufgerufen hat, die Typhus-Epidemie in Oberschlesien unter anderem durch "Volksunterricht auf der breitesten Grundlage, insbesondere durch vernünftige Primär-, Gewerbe- und Ackerbauschulen, durch Volksbücher und volksthümliche Zeitschriften" zu bekämpfen (Virchow 1968: 227), haben sich die Anstrengungen zur gesundheitlichen 'Erwachsenenbildung' intensiviert. Die historische Epoche, in der die Reflexion über die Didaktik der Informationsvermittlung professionelle Züge angenommen hat, war die Zeit der Weimarer Republik. Es war zugleich die Zeit der großen Gesundheitsausstellungen, die Millionen Besucher anlockten. Einer von ihnen – Walter Benjamin – schreibt über seine Impressionen nach einem Besuch der Berliner Ernährungsausstellung im Jahr 1928:

> "Austellungen wie diese sind die vorgeschobensten Posten auf dem Terrain der Veranschaulichungsmethoden. (...) Die Masse will nicht 'belehrt' werden. Sie kann Wissen nur mit dem kleinen Chock in sich aufnehmen, der das Erlebte im Innern festnagelt. (...). Es braucht Genie, die traumatische Energie, den kleinen spezifischen Schrecken derart aus den Dingen herauszuholen. Unaufhörlich müssen unsere Ausstellungsleiter vom fahrenden Volk, dem unerreichten Meister dieser tausendfältigen Kunstgriffe, lernen." (Benjamin 1972: 528)

Benjamin greift hier eine Frage auf, die nicht nur unter den Ausstellungsmachern, sondern auch unter den Filmproduzenten der Weimarer Republik umstritten war; die Frage nämlich, inwieweit das Mittel der Abschreckung zur gesundheitlichen Aufklärung taugt. Mehr als 500 sozialhygienisch orientierte Filme sind in den 20er Jahren allein in Deutschland produziert worden, ihr Themenspektrum reichte von der Säuglingspflege bis zum Arbeitsschutz. *Ulf Schmidt* bietet in seinem Beitrag erstmals einen genaueren Einblick in diese bislang kaum beachtete Periode der Gesundheitsaufklärung. Die politischen Ziele, die formale Gestaltung und die Vertriebsformen der Filme werden ebenso erläutert wie die Hindernisse, die sich ihrer erhofften Breitenwirkung in den Weg stellten. Ende der 20er Jahre setzt ein Trend zur Vereinnahmung der Gesundheitsfilme für eugenische Zwecke ein. Am Beispiel der Biographie von Curt Thomalla, dem Leiter des Medizinischen Filmarchivs der Ufa, zeichnet Schmidt die Verbindungslinien nach, die von der Sozialhygiene der Weimarer Republik zur Rassenhygiene des Nationalsozialismus führen.

Einer der wichtigsten Schauplätze der Gesundheitsaufklärung in Deutschland ist das 1913 in Dresden gegründete Hygiene-Museum. Der Dichter Durs Grünbein zeigt sich von den Exponaten der Dresdener Gesundheitsausstellungen ähnlich beeindruckt, wie Walter Benjamin von den "Gebirgsketten" der Mortalitätsstatistik auf der Berliner Ernährungsausstellung:

> "So war tatsächlich das Dresdner Hygiene-Museum eine wichtige Fundgrube für eine bestimmte anthropologische Neugier. (...) Eindrucksvolle Moulagen veranschaulichten Krankheiten, vor denen man sich zu hüten hatte. Überall gab es Erklärungstafeln in einer Sprache, so transparent wie die hellerleuchteten Vitrinen zum Thema 'Gesunde Ernährung' oder 'Saubere Sexualität'. Noch Jahre später war es diese Frische, das strahlende Weiß dieser desinfizierenden Propaganda, die mich beim Zähneputzen an meine Pflichten erinnerte." (Grünbein 1996: 53 f.)

Die Dresdener Gesundheitsausstellungen speziell zum Thema Krebs stehen im Mittelpunkt des Beitrages von *Susanne Hahn.* Aber auch andere, thematisch verwandte Veranstaltungen werden von der Autorin zum Vergleich herangezogen, von der Sonderabteilung Krebs der 1. Internationalen Hygiene-Ausstellung im Jahr 1911 bis zu der Kampagne "Europa gegen den Krebs" in den 90er Jahren. Hahn arbeitet die ideologischen Konstanten heraus, die sich in den Krebskampagnen sämtlicher Gesellschaftsformationen der neueren deutschen Zeitgeschichte wiederfinden lassen. So wird der Arzt - Ärztinnen kommen in den Ausstellungen nicht vor - als allwissender und unermüdlich arbeitender Forscher dargestellt, während dem Patienten die Rolle des Verlierers, wenn nicht gar Versagers im Kampf gegen den Krebs zukommt. Dagegen gehören die kanzerogenen Einflüsse am Arbeitsplatz zu den Themen, die – wenn überhaupt – nur in historischen Übergangsphasen, wie der unmittelbaren Nachkriegszeit in der DDR, behandelt worden sind.

TV-Genres

Nehmen wir einmal an, ET oder ein anderes außerirdisches Lebewesen würde versuchen, sich anhand amerikanischer Fernsehsendungen ein Bild vom Gesundheitszustand der Bevölkerung zu verschaffen. Das könnte dann in etwa folgendermaßen aussehen:

Mord und Totschlag sind die Haupttodesursachen in der Fernsehwelt. Unter den Tätern sind auffallend viele psychisch Kranke. Von den Opfern der Gewalttaten abgesehen verfügen die TV-Bewohner über eine beeindruckend robuste Gesundheit. Wenn jemand einmal ernsthaft krank wird, dann handelt es sich meist um eine akute Erkrankung, die von den stets souveränen Ärzten problemlos behandelt werden kann und mit einer baldigen Genesung endet. Die Kosten der medizinischen Versorgung und die in den USA alles entscheidende Frage nach einer Krankenversicherung spielen keine Rolle. Die Charaktere der Hauptsendezeit leben in einer Welt ohne Arbeitsunfälle und Berufskrankheiten. Und obwohl niemand darauf achtet, im Auto den Sicherheitsgurt anzulegen, sind tödliche Verkehrsunfälle selten, es sei denn, der Darsteller einer Fernsehserie kündigt seinen Vertrag und muß nun abrupt aus dem Drehbuch gestrichen werden. Körperliche Behinderungen sind nahezu unbekannt; Brillenträger sind selbst unter den TV-Großeltern die Ausnahme. Für alle kleineren Unpäßlichkeiten physischer oder psychischer Art gibt es Pillen, in den Vorher-Nachher-Sequenzen der Werbetrailer bekommt man ihre prompte Wirksamkeit vor Augen geführt. Fernsehmenschen nehmen ihre Mahlzeiten nicht unbedingt im Sitzen ein, genauso oft schlingen sie einen Imbiß im Stehen oder Gehen herunter. Obwohl die Fernsehkost zu einem großen Teil aus Fast Food und Süßigkeiten besteht, bekommt man nur selten jemanden mit Übergewicht zu sehen. Im Abendprogramm wird sehr viel Alkohol getrunken, vor allem, wenn Männer Probleme haben, was sie aber nicht davon abhält, sich nach der Kneipentour ans Lenkrad zu setzen (mit öffentlichen Verkehrsmitteln sind übrigens nur Sonderlinge unterwegs). Irgendwelche gesundheitlichen Folgen scheint der stetige und zuweilen exzessive Alkoholkonsum nicht zu haben. Dasselbe gilt für den Sex, der auf dem Bildschirm allgegenwärtig ist; Geschlechtskrankheiten tauchen allenfalls in Kostümfilmen aus Europa auf. Immerhin: Seit AIDS kann es vorkommen, daß jemand beim Sex ein Kondom benutzt, aber das ist nicht sehr oft der Fall...

Was sich wie eine Persiflage auf unsere Alltagswelt lesen mag, ist keineswegs frei erfunden, sondern einer Kompilation von Inhaltsanalysen entnommen, die Nancy Signorielli in ihrem Buch "Mass Media Images and Impact on Health" zusammengetragen hat (dies. 1993). Nancy Signiorelli war lange Zeit Mitarbeiterin eines Forscherteams um George Gerbner von der Annenberg School of Communications in Philadelphia. Bekannt wurde diese Forschergruppe Ende der 60er Jahre, als sie damit begann, alljährlich sogenannte "Violence Profiles" zu veröffentlichen, die den Versuch darstellten, die Gewalthaltigkeit von Fernsehprogrammen zu quantifizieren. Ende der 70er Jahre wurde die breit angelegte Erfassung der Fernsehinhalte (= "message system analysis") durch Befragungen von Fernsehzuschauern (= "cultivation analysis") ergänzt. Auf diesem Weg versuchte die Annenberg-Gruppe den Nachweis zu führen, daß die Weltsicht der Zuschauer, insbesondere die der sogenannten Vielseher, die mehr als vier Stunden täglich vor dem Bildschirm sitzen, maßgeblich von den Klischees der TV-Unterhaltung geprägt wird.[10] So verwundert es nicht, wenn Gerbner und seine Mitarbeiter den "ungesunden Botschaften" des Fernsehens einen verhängnisvollen Einfluß auf die Bevölkerungsgesundheit unterstellen:

> "Television may thus contribute to a syndrome in which high levels of confidence in the medical profession seem to justify 'live-for-today' attitudes (and sales) and lack of interest in prevention; if any problem arises, the doctor will surely provide a cure. (...) The cultivation of complacency, coupled with an unrealistic belief in the 'magic of medicine', is likely to perpetuate unhealthy life styles and to leave both patients and health professionals vulnerable to disappointment, frustration, and litigation." (Gerbner et al. 1981: 904)

Selbst wenn man die große Zahl von TV-Importen aus den USA mit einkalkuliert, sind Gerbners Schlußfolgerungen nicht ohne weiteres von den amerikanischen Haushalten, wo der Fernseher im Schnitt 7 Stunden pro Tag eingeschaltet ist, auf bundesdeutsche Verhältnisse übertragbar. In den folgenden drei Beiträgen geht es darum, wie gesundheitsrelevante Themen in den Eigenproduktionen des deutschen Fernsehens dargestellt werden.

Medizin- und Gesundheitsmagazine gehören zum festen Repertoire der privaten und öffentlich-rechtlichen Fernsehsender. *Andrea Appel* ist der Frage nachgegangen, welche grundsätzlichen Vorstellungen von Gesundheit und Krankheit von ihnen vermittelt bzw. bestärkt werden. Ihre Antworten hierauf formuliert sie anhand einer Systematik grundlegender Gesundheitskonzepte, zu denen sie das biomedizinische Modell, das Risikofaktorenkonzept, den psychosomatischen Ansatz, die Public Health-Perspektive und das Ressourcenkonzept von Aaron Antonovsky zählt. Die Ergebnisse ihrer Inhaltsanalyse der zehn wichtigsten deutschen Sendereihen dieses Genres lassen sich wie folgt zusammenfassen: Es geht vor allem um Krankheiten, Gesundheitsgefahren, spektakuläre Operationstechniken und neue Diagnosemethoden, bei denen man ohne die Hilfe medizinischer Experten nicht auskommt. Es geht mit anderen Worten um die "Befunde", nicht um das "Befinden". Obwohl die Programmacher der Prävention einen hohen gesundheitspolitischen Stellenwert einräumen, wird sie in den Sendungen - wenn überhaupt - nur als eine Frage des Verhaltens, nicht aber der Lebensverhältnisse thematisiert. Nach Appels Ansicht wird damit die Chance vertan, das Massenmedium Fernsehen für die Gesundheitsförderung nutzbar zu machen. Auf der Grundlage ihrer praktischen Kenntnisse des

[10] Die statistische Konstruktion von Medienwirkungen durch die Annenberg-Gruppe ist in der Publizistikwissenschaft auf heftige Kritik gestoßen (siehe hierzu die Hinweise bei Burdach 1987).

Wissenschaftsjournalismus entwickelt sie konkrete Programmideen dazu, wie die Ergebnisse der Public Health-Forschung in Gesundheitsmagazinen stärker berücksichtigt werden können. Eine Fernsehreihe, in der dies heute schon geschieht, ist die *Bremer Gesundheitswerkstatt.* Der Redakteur Klaus Haak und die Gesundheitswissenschaftlerin Annelie Keil erläutern in einem - hier auszugsweise abgedruckten - Gespräch mit der Autorin die Konzeption dieser Sendung.

Arzt- und Krankenhausserien haben sich inzwischen fast epidemisch im Abend- und Vorabendprogramm des deutschen Fernsehens ausgebreitet. Die wenigen bisher durchgeführten Inhaltsanalysen dieses TV-Genres kommen zu scheinbar paradoxen Schlußfolgerungen: Einerseits wird das *zu positive* Arztbild der Serien als Störfaktor betrachtet, weil es bei den Zuschauern möglicherweise unrealistische Erwartungen weckt; andererseits gilt die starke Betonung der *Schwächen* der Fernseh-Ärzte als problematisch, weil sie das Vertrauen der Öffentlichkeit in die Ärzteschaft untergraben könnte. Die hier vorgestellte Studie von *Sabine Igersky* und *Norbert Schmacke* geht der Frage nach, worüber und in welcher Weise Ärzte und Patienten in den Fernsehserien miteinander sprechen. Es zeigte sich, daß die neueren Serien nicht mehr rein arztzentriert sind und sich - wenn auch in unterschiedlicher Qualität - mit relevanten Fragen von Krankheitserleben und gesundheitlicher Versorgung beschäftigen. Im Gegensatz zu älteren Produktionen erhalten Patienten ansatzweise eine eigene Stimme. Im Rahmen der Textanalyse werden Kernstellen vorgestellt, die nach Meinung der Autoren in der Aus- und Fortbildung von Gesundheitsberufen eingesetzt werden können. Welche Einsatzmöglichkeiten die Arztserien im Hinblick auf die gesundheitliche Aufklärung der Bevölkerung bieten, wird anhand eines Projektes der Johns Hopkins School of Public Health illustriert: Hier haben Zuschauer die Gelegenheit, Hintergrundinformationen zu den aktuellen Folgen einer Krankenhausserie im Internet abzurufen.

Die französische Soziologin Dominique Mehl hat für ihre Studie "La télévision de l'intimité" Talkshow-Gäste nach deren Motiven befragt, sich in aller Öffentlichkeit über private Probleme zu äußern. Unter den Befragten gab es eine große Gruppe, die in dem Moderator eine Art Psychoanalytiker sahen, von dem sie sich Hilfe bei der Aufarbeitung seelischer Konflikte versprachen (Mehl 1996: 65 ff.). Vielleicht ist die "therapeutische Funktion" der Talkshows ein Grund dafür, warum es auch im deutschen Fernsehen zu einem Boom dieser TV-Gattung gekommen ist. Fest steht, daß kaum ein anderes Programmformat ähnlich viel Sendezeit in Anspruch nimmt und daß Gesundheitsprobleme zu den beliebtesten Themen in Talkshow-Sendungen gehören. *Martin Franke* gibt in seinem Beitrag einen Überblick über die zahlenmäßige Entwicklung und den stilistischen Wandel des Genres. Im Zentrum seiner Darstellung stehen jedoch die Erfahrungen, die er selber als Studiogast in einer Reihe der bekanntesten deutschen Talkshows gesammelt hat. Eingeladen war er zu diesen Sendungen nicht als Public Health-Experte (der er auch ist), sondern als 'Vorzeigepatient', der im Alter von 18 Jahren eine Herztransplantation überstanden hat. Frankes Erlebnisbericht bietet Einblicke in das Innenleben der deutschen Fernsehunterhaltung, wie man sie nicht jeden Tag zu lesen bekommt. Die

Chronologie seiner TV-Auftritte erzählt der Autor als eine Geschichte des Scheiterns. Angetreten mit dem Anspruch, vor einem Millionenpublikum die Interessen eines Patientenverbandes zu vertreten, wird er von den Moderatoren immer wieder in die Rolle des zu Dank verpflichteten 'Mitleidswesens' gedrängt. Dementsprechend pessimistisch fällt sein Fazit aus: Talkshow-Sendungen sind – so Franke – ungeeignet, um Public Health-Anliegen in der Öffentlichkeit Gehör zu verschaffen.[11]

Patienteninformationen im Internet

In der Modellwelt der ökonomischen Theorie ist der freie Markt ein Ort, an dem Konsumenten dank umfassender Information dazu in der Lage sind, rationale Kaufentscheidungen zu treffen. Die Wirklichkeit sieht, vor allem was den Gesundheitsbereich betrifft, bekanntermaßen anders aus: Sobald es um die eigene Gesundheit geht, wird das rationale Kalkül durch Ängste und Hoffnungen überlagert; umfassende Informationen über das Angebot, soll heißen: die Qualität der verschiedenen Gesundheitsprodukte und -dienste, gibt es nicht. Im Gesundheitssektor kommt die Anormalität hinzu, daß die wichtigsten Anbieter – die Ärzte – entscheidenden Einfluß auf die Nachfrage haben, da sie selber es sind, die Medikamente verschreiben oder eine Einweisung ins Krankenhaus veranlassen. Schon vor langem sind daher Stimmen laut geworden, die eine Beseitigung dieser Asymmetrie durch eine bessere Information der Patienten fordern. Allerdings hat es auf dem Gebiet der Patienteninformation, wie *Marie-Luise Dierks*, *Friedrich Wilhelm Schwartz* und *Ulla Walter* in ihrem Literaturbericht herausarbeiten, mehr Rhetorik als tatsächlichen Fortschritt gegeben. Die Autoren tragen die Ergebnisse empirischer Studien zusammen, in denen die Qualität der Informationen in Beratungsstellen, Ratgeberbüchern, Patientenbroschüren und Internetseiten evaluiert worden ist. Dabei hat sich zum Beispiel gezeigt, daß die Verfasser von Informationsbroschüren in der Regel von der paternalistischen Prämisse ausgehen, den Patienten unangenehme Dinge wie Hinweise auf die Risiken und Nebenwirkungen eines Verfahrens ersparen zu müssen. Zudem stehen viele darin enthaltene Informationen im Widerspruch zu den gültigen Therapierichtlinien medizinischer Fachgesellschaften. Angesichts derartiger Defizite ist an der Medizinischen Hochschule Hannover ein Modellprojekt initiiert worden, das bestimmten Patientengruppen via Internet den Zugriff auf aktuelle und verläßliche Daten über Behandlungsstandards und -alternativen ermöglichen soll.

Die Möglichkeiten der Informationsvermittlung im Internet, die das Hannoveraner Autorenteam als zukunftsweisend ansieht, werden in dem Beitrag von *Anke Scheiber* und *Matthias Gründel* aufgegriffen und weiter ausgeführt. Das deutschsprachige Angebot an Gesundheitsinformationen im Internet wächst ständig, auch

---

[11] Dies gilt zumindest dann, wenn man sich ohne sorgfältige Vorbereitung auf die Dramaturgie dieser Sendeform einläßt. Wie der Auftritt in Talkshows trainiert werden kann, um gegenüber wenig sachkundigen Moderatoren und fernseherfahrenen Kontrahenten bestehen zu können, erläutert Simon Chapman in seinem ebenfalls hier abgedruckten "kleinen Einmaleins des Medienlobbyismus".

wenn es sich mit der Fülle von Datenbanken, Kommunikationsforen und Serviceleistungen im englischsprachigen Raum noch nicht vergleichen läßt. Was die Patienteninformationen angeht, gehören Krebserkrankungen zu den Hauptthemen im World Wide Web (WWW). Der Beitrag stellt einzelne Informationsangebote für Krebspatienten und deren Angehörige vor, darunter die Nachrichtenarchive der *Association of Cancer Online Ressources* (ACOR) und das "virtuelle Klassenzimmer" von *Oncolink*, einem der bedeutendsten amerikanischen Internet-Dienste im Gesundheitsbereich mit schätzungsweise einer halben Million Nutzer pro Monat. Inwieweit die Internet-Nutzung tatsächlich zu einem höheren Informationsstand und damit beispielsweise zu einer Verbesserung der Lebensqualität der Patienten beiträgt, sind noch offene Fragen. Im Selbsthilfebereich scheint das wirkungsvollste Potential der neuen elektronischen Medien zu liegen: Die Herausbildung virtueller Gemeinschaften ermöglicht es den Betroffenen, relativ unabhängig vom Standort und dem aktuellen Gesundheitszustand an elektronischen Unterstützungsnetzwerken teilzuhaben. Virtuelle Gemeinschaften bieten zudem auch jenen Patienten ein Diskussionsforum, die an seltenen Erkrankungen leiden oder – aus Gründen der "Nähe-Distanz-Regulation" – den Erfahrungsaustausch via Email einer persönlichen Begegnung vorziehen. Die Autoren analysieren die Patienteninformationen im Internet vor dem Hintergrund der Erkenntnisse, die in der psychoonkologischen Forschung zum Zusammenhang von Informationssuche und Krankheitsbewältigung gewonnen worden sind.

Medienthema Genforschung

Spätestens seit dem Beginn des Human Genome Project hat sich in der öffentlichen Diskussion der Trend verstärkt, menschliches Verhalten im wesentlichen auf genetische Dispositionen zurückzuführen (vgl. Gordijn 1998). Dorothy Nelkin und Susan Lindee haben in einer materialreichen Studie dokumentiert, wie das Gen in den 90er Jahren zu einer "Ikone der Popkultur" avanciert ist. Den Autorinnen zufolge haben die beteiligten Wissenschaftler diesen Prozeß der "Genetisierung" aktiv vorangetrieben: "Seeking to assure continued public funding for a longterm, costly project, genome researchers have been writing for popular magazines, giving public talks, and promoting their research in media interviews" (Nelkin/ Lindee 1995: 6). Wie die Genforschung speziell auf dem Gebiet der Krebstherapie in der Öffentlichkeit 'verkauft' wird, läßt sich aus den beiden folgenden Fallstudien ersehen.

Die Kommunikationsforschung ist - besonders in den USA - seit vielen Jahren darum bemüht, die "Akkuratheit" der Wissenschafts- und Medizinberichterstattung zu messen. *Andrea Appel* und *Dietmar Jazbinsek* haben eine solche Accuracy Study am Beispiel der Medienresonanz auf die ersten beiden Gentherapie-Versuche in Deutschland durchgeführt. Allein in den ersten drei Tagen nach Bekanntgabe der Versuche in Berlin und Freiburg im Mai 1994 erschienen über 100 Zeitungsberichte. Die Autoren haben diese Berichte einer quantitativen Inhaltsanalyse unterzogen und den beteiligten Experten ausgewählte Artikel zur Begutachtung vorgelegt. Neben einer Vielzahl von Fehlern bei der *Darstellung* der Ereignisse ergaben sich dabei fünf gravierende Fehlinformationen, die deren *Deutung* betreffen: (1.) Die Therapiestudien in Berlin und Freiburg wurden zu einem *Konkurrenzkampf* dramatisiert. (2.) Der Berliner Forschergruppe machte man den *Vorwurf der Geheimhaltung*, weil sie ursprünglich die Publikation ihrer Studie in einer Fachzeitschrift abwarten wollte. (3.) Noch bevor irgendein Ergebnis vorlag wurden die Therapie-Experimente zur *Medizin-Sensation* aufgewertet. (4.) Der optimistische Pressetenor hat zwangsläufig *falsche Hoffnungen* bei Krebspatienten geweckt. (5.) Die somatische Gentherapie wurde mit der Keimbahntherapie gleichgesetzt und als *Auftakt zur "Menschenzucht"* gedeutet. Der Vergleich der Expertenaussagen mit verschiedenen Primärinformationen (Pressemitteilungen, Pressekonferenz) machte jedoch deutlich, daß für die Produktion der Fehlinformationen nicht allein die Journalisten verantwortlich zu machen sind, sondern u.a. auch der Versuch der beteiligten Wissenschaftler, sich aus forschungspolitischen Gründen der Medien zu bedienen. Das Fallbeispiel der Gentherapie-Premiere entspricht den Autoren zufolge einem gängigen Muster des Medizinjournalismus: Experimentelle Therapieansätze werden zu "Wunderwaffen" stilisiert, die den Eindruck erwecken, der "Sieg im Krieg gegen den Krebs" stehe unmittelbar bevor. Die auf diese Weise immer wieder von neuem genährte Hoffnung auf ein Allheilmittel verdrängt die weniger spektakulären Möglichkeiten der Krebsprävention aus dem Blickfeld der Öffentlichkeit.

Während sich der Beitrag von Appel und Jazbinsek mit den "hard news" des Medizin- und Wissenschaftsjournalismus befaßt, hat die Kommunikationswissenschaftlerin *Lesley Henderson* die "soft news" zum Medienthema Genforschung im Unterhaltungsbereich untersucht. Ihre Fallstudie bezieht sich auf die Berichterstattung der britischen Medien über die Entdeckung der Brustkrebs-Gene BRCA 1 und BRCA 2 in den Jahren 1994/95. Die Inhaltsanalyse eines 3-Jahres-Samples von Zeitungsartikeln zum Thema Brustkrebs ergab, daß in mehr als einem Drittel aller Artikel die genetische Disposition im Vordergrund stand, obwohl sie nur bei rund 5 bis 10% aller Brustkrebserkrankungen als Ursache angesehen wird. Andere Risikofaktoren - vom Alter abgesehen - tauchten demgegenüber nur noch unter ferner liefen auf. Gleichzeitig verlagerte sich der Schwerpunkt der Berichterstattung von den „seriösen“ Nachrichten und Wissenschaftsseiten auf „populäre“ Genres wie Dokumentarfilme im Fernsehen, Seifenopern im Radio und Schicksalsberichte in Frauenzeitschriften. Der diagnostische Fortschritt und seine einzig greifbare therapeutische Konsequenz - die prophylaktische Brustamputation - wurden zum Gegenstand von Krankenhausserien und Familiendramen. Henderson geht von der These aus, daß durch derartige Programmangebote Publikumssegmente erreicht werden, die sich sonst kaum für Neuigkeiten aus der Welt der Wissenschaft interessieren. Um Genaueres über die Rezeption der Brustkrebs-Geschichten in Presse, Funk und Fernsehen zu erfahren, hat sie u.a. Experten aus Krebshilfe-Organisationen befragt und Gruppendiskussionen mit betroffenen Patientinnen durchgeführt. Dabei zeigte sich eine massive Verunsicherung der Frauen durch die Darstellung genetischer Risiken und ihrer möglichen Konsequenzen.

Öffentlichkeitsarbeit und Gesundheitspolitik

In ihrer viel zitierten Studie über journalistische Informationsquellen kommt Barbara Baerns zu dem Ergebnis, daß die *Themen* und das *Timing* der Medienberichterstattung weitgehend von der Öffentlichkeitsarbeit kontrolliert werden: "Informationen zu plazieren, Nachrichten zu initiieren, Themen zu forcieren und publizierte Wirklichkeit so zu konturieren, ist den belegten Proportionen zufolge überwiegend Informatoren, nicht Journalisten, zuzusprechen." (Baerns 1991: 98) Diese Beobachtung, die das Selbstverständnis des Journalismus als unabhängiger 'Wächterinstanz' in Zweifel zieht, läßt sich anhand der beiden folgenden Beiträge über den Einfluß von "Informatoren" auf die Gesundheitsberichterstattung und die Gesundheitspolitik an konkreten Beispielen nachvollziehen.

Als Reaktion auf das Erstarken der Umweltschutz- und Verbraucherschutzbewegung Anfang der 70er Jahre haben Industrieverbände in den USA eine Reihe von Forschungsinstituten gegründet, die sich mit der öffentlichen Kritik an ihren Produkten und Produktionsanlagen auseinandersetzen. Strategien zum "Management wissenschaftlicher Kontroversen" zielen darauf ab, die Reputation der Kritiker in Zweifel zu ziehen und der eigenen Stimme im Konzert der Lobbyisten mehr Gehör zu verschaffen. Bei derartigen PR-Kampagnen haben sich die Warnung vor möglichen Arbeitsplatzverlusten, die Denunziation der Gegenseite als "hypochondrisch" oder "stalinistisch" sowie der Appell an das Ausgewogenheitsgebot im Journalismus als besonders wirkungsvoll erwiesen. Der amerikanische Historiker *Robert N. Proctor* analysiert diese Rhetorik im Gewand der Wissenschaftlichkeit am Beispiel der Tabakindustrie. Die Institute der Tabakindustrie haben sich in besonderem Maße durch die 'uneigennützige' Förderung von Grundlagenforschung profiliert. Dabei geht es um Fragen wie: Sind die genetische Veranlagung oder der Persönlichkeitstyp nicht die eigentlichen Ursachen der Kanzerogenese? Ist das "sick building syndrom" nicht viel gefährlicher als der Tabakkonsum? Auf diese Weise werden Restbestände von Ungewißheit und methodische Streitfragen zum Anlaß genommen, um den noch bestehenden Forschungsbedarf herauszustellen und präventiv orientierte Gesetzesentwürfe abzublocken.

In dem 1900 erschienenen Heft 36 der *Fackel* hat Karl Kraus die Zuschrift eines Arztes abgedruckt, der den Einfluß der Anzeigenkunden auf die redaktionelle Linie der Fachzeitschriften beklagt. Einige Auszüge:

> "Die medicinische Zeitung ist ein geschäftliches Unternehmen, das sich um jeden Preis rentieren muß. (...) Den das Leben des Blattes erhaltenden Inserenten wird das möglichste Entgegenkommen garantiert. (...) Diese Abhängigkeit wird, insbesondere wenn es sich um neue Heilmittel handelt, nicht bloß dahin ausgenützt,dass die Zeitschrift keine absprechenden Urtheile bringen darf; sie muss auch auf Commando des Agenten *lobende* Berichte drucken (...). Auf solche Art wird wissenschaftliche Meinung gefälscht. Nicht bloß der fernerstehende *Arzt* wird über den Wert des Mittels getäuscht; was in Fachzeitungen stand, geht mit oder ohneZuthun des interessierten Inserenten in Tageszeitungen über und wird als echtes Geld der Wissenschaft in Cours gesetzt." (Kraus 1968: 22 ff.)

Daß sich auch hundert Jahre später an der Pressepolitik der Pharmaindustrie wenig geändert hat, schildert *Justin Westhoff* auf der Grundlage seiner praktischen Erfahrungen in den Bereichen Medizinjournalismus und Öffentlichkeitsarbeit. Auf den Trend zur Selbstmedikation, der von den Gesetzen zur Reform des Gesundheitswesens in Deutschland ausgelöst wurde, hat die Pharmaindustrie mit neuen Marketingstrategien reagiert, die direkt auf den Endverbraucher zielen. Die Versuche der Hersteller, in ihrem Sinne geschönte Arzneimittelinformationen über die Medien publik zu machen, reichen von handfester Bestechung bis zu subtiler Einflußnahme. Aufgrund ihrer Werbeabhängigkeit sind (bundesdeutsche) Fachzeitschriften für derartige PR-Praktiken ebenso anfällig wie Publikumszeitschriften. Qualitätsmängel und Qualifikationsdefizite auf seiten des Journalismus führen dazu, daß als redaktionelle Beiträge getarnte Werbetexte vom Produzenten an die Konsumenten weitergeleitet werden. Zu den affirmativen und naiven Journalisten gesellt Westhoff am anderen Ende der Skala die "Reflex-Kritiker", die - ebenfalls ohne große Sachkompetenz - jedem neuen Produkt auf dem Medikamentenmarkt mit Mißtrauen begegnen. Was die Perspektiven des Verbraucherschutzes angeht, kommt der Autor zu dem Schluß, daß die Voraussetzungen für einen kompetent-kritischen Medizinjournalismus durch den "Zwang zur Boulevardisierung" im Medienbetrieb untergraben werden.

Perspektiven für die Public Health-Praxis

In den letzten zehn Jahren hat die Strategie des "Medienlobbyismus" (media advocacy) in den Vereinigten Staaten, Kanada und Australien für Furore gesorgt. Sie zielt darauf ab, gemeindebezogene Public Health-Initiativen mit der Ebene der 'großen Politik' zu verknüpfen (Jazbinsek 1999). Die Umgestaltung gesundheitsgefährdender Verhältnisse in der Gesellschaft hat dabei Vorrang vor der Erziehung des Einzelnen zu einem gesundheitsbewußten Verhalten. Es geht mit anderen Worten darum, den Brennpunkt der öffentlichen Diskussion von den Informationsdefiziten in der Bevölkerung auf die Machtverhältnisse in der politischen Arena zu verlagern. Die Hauptzielgruppe sind daher nicht die Normalverbraucher, sondern die Entscheidungsträger in Parteien, Konzernen und Verbänden. Im Hinblick auf die Gesundheitsgefahren des Rauchens z.B. geht das Konzept von der Prämisse aus, daß strukturell ansetzende Maßnahmen wie Werbeverbote, Steuererhöhungen oder die Ausweitung von Nichtraucher-Zonen mehr Erfolg haben als Appelle an die Vernunft der Raucher. Den notwendigen politischen Rückhalt für solche Maßnahmen verschaffen sich die Public Health-Aktivisten über die Medien. "Medienaktivisten" müssen mit dem Arbeitsalltag in Redaktionen vertraut sein und über fundierte Kenntnisse der empirischen Kommunikationsforschung verfügen. Um in die Schlagzeilen zu kommen, wenden sie ähnliche Methoden des zivilen Ungehorsams an, wie sie in Deutschland von Protestgruppen wie Greenpeace praktiziert werden. Ähnlich wie Greenpeace verdanken die Public Health-Aktivisten ihre Erfolge nicht zuletzt dem Rückhalt in sozialen Bewegungen wie Bürgerinitiativen und Selbsthilfegruppen. Der Public Health-Forscher *Lawrence Wallack*, der zu den Pionieren des

Medienlobbyismus in den USA gehört, erläutert in einem Interview mit dem Herausgeber die Konzeption dieser strukturorientierten Präventionsstrategie.

In den westlichen Industriestaaten ist die Mehrzahl der Instrumente einer präventiv orientierten Gesundheitspolitik zum Gegenstand heftiger Auseinandersetzungen in der Öffentlichkeit geworden. Dies betrifft z.B. die Reglementierung des Waffenbesitzes, Maßnahmen zur Erhöhung der Verkehrssicherheit sowie Gesetzesentwürfe zur Verbesserung von Arbeits- und Umweltschutz. Public Health-Experten im angloamerikanischen Raum haben spezielle Taktiken für den 'Image-Krieg' mit Verbänden, Behörden und Parteien entwickelt. *Simon Chapman* bietet in Form alphabetisch geordneter Ratschläge zur Praxis des "Medienlobbyismus" einen Einblick in das Handwerkszeug der Medienprofis unter den Gesundheitsexperten. Im einzelnen geht es darum, wie man sich an die Schlagzeilen des Tages mit eigenen Geschichten 'anhängt'; wie man prominente Fürsprecher für Public Health-Projekte gewinnt; was in Presseinterviews alles falsch laufen kann; wie man sich den Bilderhunger des Fernsehens zu Nutze macht; wann man das Hörertelefon der Radiosender anrufen sollte; wie man in Talkshows die Provokationen der Gegenseite abwehrt; wie sich die Statistiken der Epidemiologie publikumswirksam veranschaulichen lassen; welchen Schaden der Bildungsdünkel unter Public Health-Experten anrichtet. Dem Schnellkurs in Sachen Medienlobbyismus wird eine Warnung vorangestellt: Mit zunehmender Routine bei Pressekontakten wächst die Gefahr, daß die Medienpräsenz der eigenen Gruppe zum Selbstzweck wird und das eigentliche Ziel aus den Augen gerät.

Public Health ist in besonderem Maße darauf angewiesen, in der Öffentlichkeit zu agieren, um dem eigenen Anspruch auf Praxisrelevanz gerecht werden zu können. Allerdings haben es die Gesundheitswissenschaften - ähnlich wie Psychosomatik, Geriatrie oder Pflege - besonders schwer, bei den Medien Interesse zu wecken, weil sie keine spektakulären Heilerfolge vorzuweisen haben. Wie gehen ihre Vertreter in Deutschland mit diesem Dilemma um? Die Journalistin *Rosemarie Stein*, die die Entwicklung der bundesdeutschen Public Health-Forschung von Beginn an publizistisch begleitet hat, zieht in ihrem Beitrag eine ernüchternde Zwischenbilanz. Schon die Kommunikation zwischen den verschiedenen Disziplinen, die an dem multidisziplinären Unternehmen Public Health beteiligt sind, hat sich bisweilen als problematisch erwiesen. Noch problematischer ist der weit verbreitete Dilettantismus bei der Öffentlichkeitsarbeit, die ja immerhin die Bevölkerung über die Bemühungen zur Förderung ihrer Gesundheit in Kenntnis setzen soll. Was sich konkret tun läßt, um den Umgang der Forschungsprojekte mit Presse, Funk und Fernsehen zu verbessern, wird am Beispiel der Vorbereitung einer wissenschaftlichen Fachtagung veranschaulicht. Das Resümee ihrer eigenen langjährigen Erfahrung als Medizinjournalistin ergänzt die Autorin durch Kurzbeschreibungen und Bezugsadressen von Arbeitshilfen, die Wissenschaftlern die Kontaktaufnahme zu Journalisten erleichtern sollen.

Wer sich für einen Medienberuf interessiert, muß nicht unbedingt Publizistik studiert oder eine Journalistenschule besucht haben. Der Journalismus - auch und gerade der Wissenschaftsjournalismus - ist nach wie vor offen für Quereinsteiger, die über eine solide Fachausbildung verfügen. Was das Fach Public Health angeht, so besteht in Deutschland seit Anfang der 90er Jahre an neun Hochschulen die Möglichkeit, sich die nötigen Kenntnisse in einem Zusatzstudium anzueignen.[12] Zu den Grundlagenfächern, die je nach Studienort unterschiedlich gewichtet werden, zählen Gesundheitspolitik und Gesundheitsökonomie sowie Epidemiologie und Medizinsoziologie. Public Health-Absolventen sind von ihrer Ausbildung her dafür prädestiniert, das traditionelle Feld des Medizinjournalismus durch eine neue Sichtweise zu erweitern. Gemeint ist die Einsicht, daß der Wandel der Bevölkerungsgesundheit ebenso sehr von Entwicklungen in der Verkehrspolitik, der Krankenversicherung oder dem Verbraucherschutz abhängt wie von den neuesten Errungenschaften der High-Tech-Medizin. Eine Gesundheitsberichterstattung im Sinne von Public Health wird daher für den Wirtschafts-, Lokal- oder Politikteil einer Zeitung ebenso relevant sein wie für die eigentlichen "Medizinseiten". Neben den Printmedien bieten auch Fernsehen, Hörfunk und Online-Dienste mögliche Tätigkeitsfelder für Gesundheitswissenschaftler. *Winfried Göpfert* gibt in seinem Schlußbeitrag praktische Tips für den Berufseinstieg und Hinweise dazu, wie man sich im Journalismus auf Dauer 'über Wasser hält'. Denn zu den Schattenseiten dieses 'Traumberufes' gehört es, daß Festanstellungen immer rarer werden und die sogenannten freien Journalisten aufgrund geringer Zeilenhonorare schnell an den Rand des Existenzminimums gelangen, wenn sie sich Zeit für sorgfältige Recherchen nehmen.

[12] Public Health-Studiengänge gibt es in Berlin, Bielefeld, Bremen, Dresden, Düsseldorf, Hannover, München und Ulm. Darüber hinaus wird an der Universität Heidelberg der Studiengang "Community Health and Health Management in Developing Countries" angeboten.

Danksagung

Ohne die Unterstützung durch eine Vielzahl von Personen und Institutionen wäre ein Buchprojekt wie das vorliegende Handbuch zur "Gesundheitskommunikation" nicht zu realisieren. Danken möchte ich zuallererst den beteiligten Autorinnen und Autoren für die Geduld, mit der sie die zum Teil recht weitgehenden Änderungswünsche des Herausgebers aufgenommen und die Verzögerungen bei der Fertigstellung des Buches abgewartet haben. Zu besonderem Dank bin ich Andrea Appel verpflichtet; sie hat nicht nur an unserem eigenen Beitrag mitgeschrieben, sondern auch eine Reihe anderer Manuskripte akribisch gegengelesen. Gabi Brunner hat mich bei der Korrektur der Beiträge unterstützt, ohne die Hilfe von Jens Vogelgesang wären die Formatierungsarbeiten kaum zu schaffen gewesen. An der Übersetzung der englischsprachigen Aufsätze haben Stefan Dreßke und Daphne Stelter mitgewirkt. Bei den Literaturrecherchen haben mir Bernd Meyer von der Fachinformationsstelle Publizistik der FU Berlin sowie die Kolleginnen und Kollegen von der Dokumentationsstelle Krankenhauswesen der TU Berlin geholfen. Darüber hinaus gilt mein Dank der Berliner Krebsgesellschaft und dem Stifterverband für die Deutsche Wissenschaft, ohne deren finanzielle Unterstützung der Workshop "Public Health & Public Opinion" nicht zustande gekommen wäre. Last but not least möchte ich mich bei meiner Tochter Esther für die Nachsicht mit ihrem gestreßten Vater bedanken. Für ihre und meine Streßbewältigung hat sich die Lektüre von Wenniges (1999) als äußerst förderlich erwiesen.

Literatur

Altgeld, Thomas/ Laser, Ina/ Walter, Ulla (Hrsg.) (1997): Wie kann Gesundheit verwirklicht werden? Weinheim

Atkin, Charles/ Wallack, Lawrence (Hrsg.) (1990): Mass Communication and Public Health. Complexities and Conflicts. Newbury Park

Backer, Thomas E./ Rogers, Everett M./ Sopory, Pradeep (Hrsg.) (1992): Designing Health Communication Campaigns: What Works? Newbury Park

Baerns, Barbara (1991): Öffentlichkeitsarbeit oder Journalismus? Zum Einfluß im Mediensystem. Köln

Benjamin, Walter (1972): Jahrmarkt des Essens. Epilog zur Berliner Ernährungsausstellung. Nachdruck des Artikels aus der Frankfurter Zeitung vom 2.9.1928. In: Benjamin (1972): 527-532

Benjamin, Walter (1972): Gesammelte Schriften. Bd. IV 1: Kleine Prosa. Frankfurt a.M.

Biere, Bernd Ulrich/ Liebert, Wolf-Andreas (Hrsg.) (1997): Metaphern, Medien, Wissenschaft. Zur Vermittlung der AIDS-Forschung in Presse und Rundfunk. Opladen

Braun, Dietmar (1991): Chancen und Probleme der Gesundheitswissenschaften in Deutschland. In: Mensch Medizin Gesellschaft 16: 114-122

Brosius, Hans-Bernd (1994): Agenda-Setting nach einem Vierteljahrhundert Forschung: Methodischer und theoretischer Stillstand? In: Publizistik 39: 269-288

Bunton, Robin/ MacDonald, Gordon (Hrsg.) (1992): Health Promotion. Disciplines and Diversity. London/ New York

Burdach, Klaus (1987): "Violence Profile" und Kultivierungsanalyse: die Vielseherforschung George Gerbners. In: Schenk (1987): 344-365

Cook, Fay Lomax/ Tyler, Tom R./ Goetz, Edward G./ Gordon, Margaret T./ Protess, David/ Leff, Donna R./ Molotch, Harvey L. (1983): Media and Agenda Setting: Effects on the Public, Interest Group Leaders, Policy Makers, and Policy. In: Public Opinion Quarterly 47: 16-35

Dearing, James W./ Rogers, Everett M. (1996): Agenda-Setting. Thousand Oaks/ London

Gerbner, George/ Gross, Larry/ Morgan, Michael/ Signorielli, Nancy (1981): Health and Medicine on Television. In: New England Journal of Medicine 305: 901-904

Gordijn, Bert (1998): Genetisierung: Die wachsende Rolle der Genetik in der Gesellschaft. In: Public Health Forum (22): 11

Grünbein, Durs (1996): Galilei vermißt Dantes Hölle. Aufsätze 1989-1995. Frankfurt a.M.

Hurrelmann, Klaus/ Laaser, Ulrich (1993): Gesundheitswissenschaften. Handbuch für Lehre, Forschung und Praxis. Weinheim/ Basel

Jazbinsek, Dietmar (1994): Keine Macht den Drögen. Wie Medien die Gesundheit fördern. In: Berliner Ärzte (9): 43-44

Jazbinsek, Dietmar (1999): Media Advocacy. Guerillastrategie im Kampf um die Prioritäten der Gesundheitspolitik. In: Impulse. Newsletter zur Gesundheitsförderung (22): 1

Karpf, Anne (1988): Doctoring the Media. The Reporting of Health and Medicine. London

Kickbusch, Ilona (1996): New Players for a New Era: How up to Date is Health Promotion? In: Health Promotion International 11 (4): 259-261

Kraus, Karl (1968): Ärzte und Presscorruption. Original in: Die Fackel 36/1900: 20-26. Abgedruckt in Bd. 2 des Reprints bei Zweitausendeins. Frankfurt a.M.

Lefebvre, Craig (1992): Social Marketing and Health Promotion. In: Bunton/ MacDonald (1992): 153-181

Lupton, Deborah (1994): Moral Threats and Dangerous Desires. AIDS in the News Media. London

Maibach, Edward/ Parrott, Roxanne (Hrsg.) (1995): Designing Health Messages: Approaches from Communication Theory and Public Health Practice. Thousand Oaks/ London

McKeown, Thomas (1982): Die Bedeutung der Medizin. Frankfurt a.M.

Mehl, Dominique (1996): La télévision de l'intimité. Paris

Nelkin, Dorothy/ Lindee, Susan (1995): The DNA Mystique. The Gene as a Cultural Icon. New York

Public-Health-Forschungsverbünde in der Deutschen Gesellschaft für Public Health e.V. (Hrsg.) (1999): Public-Health-Forschung in Deutschland. Bern/ Göttingen/ Toronto/ Seattle

Rogers, Everett M./ Dearing, James W./ Chang, Soonbum (1991): AIDS in the 1980s: The Agenda Setting Process for a Public Issue. Reihe 'Journalism Monographs'. Austin, Texas

Schenk, Michael (1987): Medienwirkungsforschung. Tübingen

Schwartz, Friedrich Wilhelm/ Badura, Bernhard/ Leidl, Reiner/ Raspe, Heiner/ Siegrist, Johannes (Hrsg.) (1998): Das Public Health Buch. München/ Wien/ Baltimore

Shorter, Edward (1991): Das Arzt-Patient-Verhältnis in der Geschichte und heute. Wien

Showalter, Elaine (1997): Hystorien. Hysterische Epidemien im Zeitalter der Medien. Berlin

Signitzer, Benno (1989): Gesundheitskommunikation. Ein neues Lehr- und Forschungsfeld. In: Medien Journal (4): 114-121

Signorielli, Nancy (1993): Mass Media Images and Impact on Health. A Sourcebook. Westport

Stein, Rosemarie (1994): Ohne Fremdwort geht es nicht. Zur Begriffsbestimmung von Public Health. In: TU Berlin - Forschung aktuell 11 (45-47): 15

Teysseire, Daniel/ Verry-Jolivet, Corinne (1993): Présentation. In: Tissot (1993): 7-29

Tissot, Samuel André (1993): Avis au peuple sur sa santé. Nachdruck der Ausgabe aus dem Jahr 1782. Paris

Troschke, Jürgen von (1996): Gesundheitsförderung und Prävention als zentrale Handlungsfelder einer New Public Health. In: Walter/ Paris (1996): 159-165

Virchow, Rudolf (1968): Mitteilungen über die in Oberschlesien herrschende Typhus-Epidemie. Neudruck der Zeitschriftenfassung in: Archiv für pathologische Anatomie und Physiologie und für klinische Medizin 2/ 1849: 143-322. Hildesheim

Walter, Ulla/ Paris, Walter (Hrsg.) (1996): Public Health. Gesundheit im Mittelpunkt. Meran

Wenniges, Oliver (1999): Prinzessin Horst. Pixi-Buch Nr. 984. Hamburg

Weßler, Hartmut (1995): Mediale Gesundheitskommunikation. Ein Beitrag zur Gesundheitsförderung? In: Prävention 18 (2): 59-62

Traditionen der Gesundheitsaufklärung

Die Ottawa Charta zur Gesundheitsförderung und die medizinische Volksaufklärung des 18. und 19. Jahrhunderts

Zur Aktualität einer historischen Bürgerinitiative

Holger Böning

Die medizinische Aufklärung ist ein Beispiel dafür, wie im 18. Jahrhundert damit begonnen wurde, naturwissenschaftliche Erkenntnisse und neues Wissen an breitere Bevölkerungskreise zu vermitteln. Eingebettet war dieses Bemühen um Wissensvermittlung in die vielleicht bedeutendste Bürgerinitiative und Reformbewegung jener Zeit, die sich selbst als Volksaufklärung bezeichnete. Von ihr wurden die emanzipatorischen Postulate des Universalismus und der prinzipiell alle Menschen einbeziehenden Öffentlichkeit formuliert und im praktischen Handeln zu verwirklichen gesucht. Sie bediente sich dabei eines großen Repertoires populärer Medien wie des Buches, des Kalenders, der Zeitungen und Zeitschriften, des Katechismus, der Intelligenzblätter und Flugblätter, des Romans und der Erzählung, der kleineren literarischen Formen wie der Fabel, des Liedes oder der Anekdote, schließlich und besonders aber auch der schmalen, sachlich erläuternden und erklärenden Schrift zu verschiedensten Krankheiten und zur Krankheitsvorbeugung, von denen viele große Verbreitung auf dem Lande fanden und zahlreiche Auflagen erlebten. Im folgenden soll zunächst in einigen wichtigen Grundzügen das Programm der Volksaufklärung und speziell der medizinischen Volksaufklärung dargestellt werden, um sodann danach zu fragen, wo es in ihrer Programmatik Parallelen zu aktuellen Ansätzen der Präventionspolitik und insbesondere zur Charta der 1. Internationalen Konferenz zur Gesundheitsförderung 1986 in Ottawa gibt. Die Ottawa Charta ist eines der Schlüsseldokumente der mit dem Schlagwort "New Public Health" verbundenen Umorientierung der Gesundheitsförderung in Richtung einer "gesundheitsorientierten Gesamtpolitik", die sich nicht mehr auf den engeren Bereich der Krankenversorgung beschränkt. Die in diesem Konzept "zentrale Entmachtung von Experten zur Förderung von Laienautonomie muß vielfältige Konflikte auslösen", so Jürgen von Troschke, einer der deutschen Teilnehmer an der Ottawa-Konferenz (Troschke et al. 1996: 11).[1] Durchaus vergleichbare Konflikte wurden auch von der medizinischen Volksaufklärung des 18. Jahrhunderts ausgelöst, worauf im Schlußkapitel eingegangen werden soll.

[1] Im Anhang des Bandes wird die deutsche Fassung der Ottawa Charta dokumentiert. Zum Stellenwert der Resolution für die Theorie und Praxis von Public Health vgl. auch Altgeld (1996), Heinemann (1997) und Rosenbrock (1998).

1. Entstehung und Programmatik der Volksaufklärung

Erste Anstöße zur Verbreiterung der Aufklärung entstehen aus einem neuen Selbstverständnis der Gelehrten. Beobachtbar ist eine Perspektivenverschiebung, ein Auffassungswandel, der zu Beginn des 18. Jahrhunderts einsetzt und um die Mitte des Jahrhunderts dann zur Volksaufklärung und speziell auch zur medizinischen Volksaufklärung führt. Die alltägliche Arbeit der großen Mehrheit der Bevölkerung gerät ins Blickfeld; Fragen der Land- und Hauswirtschaft rücken ins allgemeine Interesse und finden die Aufmerksamkeit der Naturwissenschaftler und Philosophen.[2] Die Geringschätzung, mit der vormals die alltäglichen Verrichtungen der Menschen bedacht worden sind, jetzt wird sie beklagt. Man kann von einer Entdeckung des Volkes in der deutschen Aufklärung sprechen.[3]

Dieses neue, aus größerer Wertschätzung der Naturwissenschaften erwachsende Denken, das sich mehr auf die praktischen Dinge des Lebens richtet und während der ersten Hälfte des 18. Jahrhunderts größere Verbreitung bei den "gesitteten Ständen" findet, schafft sich mit Zeitschriften und kleinen Traktaten neue publizistische Medien. Zugleich erwächst aus ihm um die Jahrhundertmitte ein neuer folgenreicher Gedanke: Über den bisher schon erreichten Leserkreis hinaus müßten Anstrengungen unternommen werden, auch die große Mehrheit der bäuerlichen Bevölkerung, den "gemeinen Landmann", anzusprechen. Beispielhaft dafür sind die 1755 in den "Leipziger Sammlungen" zur Diskussion gestellten "Zufällige[n] Gedanken über die bisanhero herausgegebene[n] Oeconomische[n] Schrifften und deren allgemeinen Nutzen" (Zincke 1755: 940-949). Ausführlich wird hier kritisiert, daß die ökonomischen Ratgeber vor allem ein Publikum erreichten, das sie am wenigsten benötigte:

> "Dem Bürger und Landmanne dargegen, der sich solcher am ehsten und besten zu Nutzen machen könnte und solte, [...] dem ist durch die Menge und deren Kostbarkeit der wahre Nutzen noch fast gäntzlich unwissend und entzogen. Hierbey aber fällt mir ein, was Gellert und die Wahrheit spricht: ‚Die Kunst sey noch so groß, die dein Verstand besitzet; Sie bleibt doch lächerlich, wenn sie der Welt nichts nützet'." (Zincke 1755: 947 f.)

Dieser Feststellung folgt die Bitte des Herausgebers um Beiträge, "welche Mittel enthielten, wie man aus den bisherigen und künfftigen öconomischen Schrifften, aufs kürtzeste und wohlfeilste, das brauchbarste und gewisseste in jedermanns, sonderlich des gemeinen Manns und Bauers Hände bringen, folglich dadurch unsere jetzt so häufigen öconomischen Bücher, sonderlich für diesen, gemeinnützlicher machen könne" (Zincke 1755: 949 ff.).

---

[2] Ein schönes Beispiel dafür ist Christian Wolff. Siehe dazu den 1993 erschienenen Nachdruck der Schriften von 1718 und 1719 (Wolff 1993).

[3] Die Ausführungen im folgenden stützen sich auf Quellen, die nachgewiesen und beschrieben sind bei Böning/ Siegert (1990 ff.). Zur Forschungsliteratur siehe Böning (1989). Dort nicht genannt sind Bartel (1989) und Göckenjan (1985).

Hatte das neue Wissenschaftsverständnis während der ersten Hälfte des Jahrhunderts dazu geführt, daß ein schnell größer werdender Kreis von Gebildeten sich der Dinge des praktischen Lebens anzunehmen begann, so bemühten sich diese Gebildeten nun darum, ihre neuen Kenntnisse nach unten weiterzugeben und die arbeitenden Stände zumindest als Zuhörende in die öffentliche Diskussion über Fragen der Alltagsarbeit einzubeziehen. Seit den siebziger Jahren des 18. Jahrhunderts wandelt sich die Volksaufklärung, indem sie ihr auf die wirtschaftliche Aufklärung konzentriertes Konzept aufgibt und nun bemüht ist, darüber hinaus zum Zwecke der sittlich-moralischen, religiösen und politischen Erziehung auf das "Volk" einzuwirken. Gleichzeitig beginnen starke Anstrengungen zur Verbesserung des Elementarschulwesens.

Getragen wurde die Volksaufklärung zunächst von Kameralisten, Naturwissenschaftlern, Gutsbesitzern sowie von den ökonomischen und gemeinnützigen Gesellschaften. Seit den siebziger Jahren des 18. Jahrhunderts traten als Hauptträger Geistliche beider Konfessionen sowie Ärzte, Schriftsteller, Publizisten und Wirtschaftsbeamte hinzu. Von einzelnen Regierungen zwar unterstützt, blieb die Volksaufklärung stets in erster Linie eine Privatinitiative. Unter "Volk" verstanden die Aufklärer den Teil der Bevölkerung, der keine höhere Bildung erfahren hatte, also nicht zu den "gesitteten Ständen" gehörte. Oder mit den Worten des Arztes Johann Karl Osterhausen: "Ich zähle zu dem Volke jeden Menschen, der sich seine weltbürgerliche Mündigkeit noch nicht erworben hat, unbekümmert welchen Stand er in der Gesellschaft, in welcher er lebt, einnimmt" (Osterhausen 1798: 34). In der Praxis wandte die Volksaufklärung sich vorwiegend an Bauern, daneben aber auch an Dienstboten, an die städtischen und ländlichen Unterschichten, an Handwerker, Seeleute, Soldaten, Hebammen und ländliche Wundärzte.

Gegenüber dem eigentlichen Adressatenkreis war - neben der unmittelbaren mündlichen Ansprache besonders durch Geistliche, neben dem zur Nachahmung reizenden Beispiel, der Aussetzung von Prämien für ökonomische Verbesserungen und der praktischen Unterstützung der bäuerlichen Bevölkerung - die Information durch Lesestoffe das wichtigste Mittel der Volksaufklärung. Schon 1738 erschien mit "Des Lehrnsbegierigen und Andächtigen Landmanns Getreuer Wegweiser", verfaßt von dem schweizerischen Pfarrer Johann Caspar Nägeli, eine erste volksaufklärerische Schrift (Nägeli 1992). Danach sind seit der Mitte des 18. Jahrhunderts drei Entwicklungsphasen der volksaufklärerischen Literatur zu unterscheiden. Zunächst bedienten sich die Aufklärer kleiner ökonomischer Schriften, mit denen der bäuerlichen Bevölkerung naturwissenschaftliche Kenntnisse und neue landwirtschaftliche Methoden vermittelt werden sollten. Diese Art von Sachliteratur stellt eine erste große Leistung der Volksaufklärung dar; mit mehreren tausend Schriften blieb sie von nun an ein ständiges Angebot der Hilfe. Nach ersten Erfahrungen bemühte man sich in einer zweiten Phase durch dialogische und katechetische Gestaltung - mehrere Gesundheitskatechismen sind Beispiele - die Lesestoffe den Lesebedürfnissen und -gewohnheiten der Adressaten besser anzupassen. Diesem Ziel diente dann mit ersten Versuchen seit den siebziger, verstärkt seit den 1780er Jahren in einer dritten Phase auch die unterhaltsame Einkleidung der zu vermittelnden Lehren.[4] Literarische Mittel waren neben der umfangreicheren romanhaften Erzählung besonders kleinere Formen wie die Beispielerzählung, die Moralische Erzählung, die Fabel, Gedichte, Lieder und Anekdoten. Es entstand die Konzeption des "unterhaltsamen Volksbuches", zu dessen erfolgreichstem Vertreter mit etwa einer halben Million Exemplaren ab 1788 das "Noth- und Hülfsbüchlein" Rudolph Zacharias Beckers wurde. Insgesamt suchten mindestens 2000 volksaufklärerische Schriften in unterhaltsamer Einkleidung ihre Leser. Die von der Volksaufklärung geschaffenen literarischen Formen blieben bis weit in das 19. Jahrhundert lebendig, beispielsweise in Heinrich Zschokkes "Goldmacherdorf" von 1817 oder in Jeremias Gotthelfs "Bauernspiegel" aus dem Jahre 1837.[5] Zur literarischen und publizistischen Volksaufklärung wurden auch Kalender, Predigten, Gesangbücher, Schulbücher, Flugblätter, Lied-Drucke, Theateraufführungen, Intelligenzblätter, Zeitungen und Zeitschriften genutzt. Eine weitere Leistung der Volksaufklärung stellt die Verbindung von Zeitung und Zeitschrift zu aufklärerischen "Volksblättern" dar, in denen besonders die Tradition der Moralischen Wochenschriften lebendig blieb und daneben aktuelle politische Informationen vermittelt wurden. Unter den mehr als 300 Periodika dieser Art sind die bekanntesten die "Zeitung für Städte, Flecken und Dörfer" (Wolfenbüttel ab 1786), "Das räsonnirende Dorfkonvent" (Erfurt ab 1786), "Der Bote aus Thüringen" (Frankfurt a.M. und Leipzig ab 1790), "Die aufrichtig-deutsche Volkszeitung" (Gera ab 1795) oder "Der Aufrichtige und wohlerfahrene Schweizerbote" (Luzern, später Aarau ab 1798) (vgl. Böning 1992b). Die volksaufklärerische Literatur stellt als Angebot zur Selbstbildung eine wichtige Quelle für die Volkskunde sowie für die Literatur-, Kirchen-, Medizin- und Pädagogikgeschichte dar.

2. Medizinische Volksaufklärung

Neben einer Aufklärung, die sich der Fragen von Land- und Hauswirtschaft oder der Naturkunde annahm, begannen früh auch die Bemühungen um eine Popularisierung medizinischen Wissens (Böning 1990). Die medizinische Volksaufklärung begriff sich stets als Teil einer allgemeinen Volksaufklärung, denn, so meinte man, "Allgemeine Aufklärung wird also medicinische Aufklärung nothwendig zur Folge haben" (Osterhausen 1798: 57). Mindestens tausend gedruckte Schriften der allgemeinen medizinischen Volksaufklärung wurden unmittelbar an das "Volk" adressiert; die Zahl wird sehr viel größer, wenn man medizinische Aufklärungsschriften zu speziellen Anlässen einbezieht. Dem lag eine einfache Überlegung zu Grunde, die der Arzt und Verfasser der medizinischen "Noth- und Hülfstafeln" Christian August Struve 1797 formulierte:

[4] Ein frühes Beispiel dafür ist Johann Friedrich Mayer. Siehe dazu den 1998 erschienenen Neudruck der Zeitschriftenfassung von 1776 (Mayer 1998).

[5] Siehe Zschokke (1817) und Gotthelf (1837). Vgl. auch Böning (1998).

> "Ein großer Theil der unter dem Volke herrschenden falschen Meinungen und schädlichen Vorurtheile in Rücksicht des Gesundheitswohls ist aus den Volkschriften des vorigen, und der ersten Jahrzehnte des itzigen Jahrhunderts geschöpft. [...] Schon die alten Kalender geben davon ein Beispiel. Aus den Schriften gingen diese Meinungen in die Tradition über. Es ist interessant, alte Volksbücher in dieser Rücksicht durchzugehen. Was ist natürlicher, als daß auch die bessern Schriften auf das Volk wirken würden, wenn sie nur immer für das Volk geschrieben wären, und dem gemeinen Mann in die Hände kämen." (Struve 1797: 1 ff.)

Die Literatur der medizinischen Volksaufklärung hat viele Facetten, sie umfaßt auch zahllose Schriften, bei denen die ausdrückliche Adressierung an das "Volk" fehlt. Ganz selbstverständlich werden in vielen volksaufklärerischen Büchern medizinische Themen mitbehandelt, das Beckersche "Noth- und Hülfsbüchlein" ist nur ein Beispiel dafür (Siegert 1978). Es entstehen medizinische Katechismen und Zeitschriften, in unterhaltsamer Form werden neue Kenntnisse vermittelt, Intelligenzblätter und Kalender entwickeln sich ebenso zu Medien der medizinischen Volksaufklärung wie Schulbücher. Geistliche nutzen die Predigt und die Sonntagslehre, ökonomische Gesellschaften verteilen kleine Anleitungen zur Gesundheitsvorsorge und Obrigkeiten verfassen Mandatsschriften, in denen Ratschläge zur Behandlung grassierender Krankheiten erteilt werden. Besonders typisch für die Volksaufklärung sind die kleinen Schriften, mit denen Anleitungen zur Hilfe bei Unglücksfällen gegeben wurde. Von ihnen erschienen mehrere hundert. Wie die weit mehr als 1000 Traktate zur Popularisierung der Pockenimpfung drücken sie eine größere Wertschätzung des einzelnen Menschenlebens aus, die sich mit der Aufklärung entwikkelt hatte. Kurz: Mit dem 18. Jahrhundert entsteht erstmals eine breite Öffentlichkeit über medizinische Fragen.

Die medizinische Volksaufklärung hatte gegenüber allen anderen Bemühungen der Aufklärer, den "gemeinen Mann" zu vernunftgerechtem Denken, Leben und Wirtschaften anzuhalten, einen unschätzbaren Vorteil. Sie gab Informationen und Ratschläge, die zumindest in Zeiten von Krankheit freiwillig, nicht unter Zwang wie andere, angenommen wurden. Noch heute fehlt in kaum einem ansonsten bücherlosen Haushalt ein "Praktischer Hausarzt". Mit dem Erstarken der Selbsthilfebewegung in den 70er Jahren des 20. Jahrhunderts hat sich auf dem Buchmarkt ein wachsendes Segment mit Literatur zur Selbstdiagnose und Selbstbehandlung, zu gesundheitlichem Verbraucherschutz und gesundheits-bewußter Lebensweise etabliert. Die Ratgeber zur Gesunderhaltung und zur Behandlung von Krankheiten durften zu allen Zeiten auf Interesse zählen. Neben der Vermittlung neuer Kenntnisse übernahmen sie im 18. Jahrhundert oft die Aufgabe, mit der Behandlung eines populären Themas leseungewohnte Adressaten überhaupt erst anzusprechen und so zur Verbreitung aufklärerischen Gedankengutes beizutragen.

"Aberglaube, Vorurtheile, Gewohnheiten, Unwissenheit, Eigensinn und schlechte Beyspiele", dies alles sah der Aufklärer beim gemeinen Mann wirksam und den Ratschlägen der Aufklärer entgegengesetzt. "Diese eckeln und landverderblichen Folgen einer unvernünftigen Erziehung", so schrieb 1767 der Hamburger Publizist Johann Ulrich Pauli,

> "sind eben so viel Klippen, woran täglich das Leben und die Gesundheit ungezählter Menschen scheitern muß. Der fühlbare Menschenfreund sieht diese drohende Gefahren mit theilnehmender Unruhe; er warnt seine Brüder mit liebevoller Bescheidenheit; er zeigt gleichsam mit Fingern die Stellen an, wo die Klippen am gefährlichsten sind" (Pauli 1767: 15).

Welches sind nun die Themen, derer sich die medizinische Volksaufklärung vorrangig annahm? An erster Stelle steht die Diätetik. Ein hervorragendes Beispiel hierfür ist der schweizerische Arzt Samuel André Tissot. Mit seiner 1761 erstmals erschienenen "Anleitung für das Landvolk in Absicht auf seine Gesundheit" hat er wie kein anderer die Programmatik der medizinischen Volksaufklärung bestimmt.[6] Die von ihm genannten Krankheitsursachen tauchen ebenso wie die dagegen angeführten Mittel in zahllosen volksaufklärerischen Schriften wieder auf, finden Eingang in Erzählungen, Schulbücher, Zeitschriften, Intelligenzblätter und Kalender. Das Tissotische Programm ist nicht ohne Aktualität, indem es in starkem Maße die vorbeugende Gesundheitspflege propagiert und so die Eigenverantwortung des noch Gesunden anspricht. Ratschläge zur Hygiene und zur richtigen Ernährung stehen im Mittelpunkt; Ratschläge, denen die potentiellen Adressaten der medizinischen Volksaufklärung wegen großer Armut und Mangel an hinlänglicher Nahrung nicht immer entsprechen konnten. Großen Raum nehmen die Aufforderungen ein, für Reinlichkeit und frische Luft zu sorgen, was, wenn man den Aufklärern glaubt, auf heftigen bäuerlichen Widerstand stieß.[7] Anschaulich und nicht ohne Humor schildert Johann Ulrich Pauli in der Vorrede der 1767 von ihm in Hamburg herausgegebenen Schrift Tissots, wie es gewöhnlich dem Tissotischen Rat ergehe, im Krankenzimmer für ausreichende Belüftung und stets frische Bettwäsche zu sorgen:

> "Der Arzt erlaubt nicht allein, sondern er verordnet sogar die Verwechselung der Wäsche und des Bettzeuges und die Erfrischung der Krankenzimmer durch reine Luft. Er findet diese Vorsicht unentbehrlich in Krankheiten, worin man den Leidenden gleich von Anfange lebendig in Betten zu vergraben pflegt, und ihn lieber in seinen giftigen Ausdünstungen umkommen sieht, ehe man die Centner-Lasten der durchgenäßten Decken vermindert, oder eine Thüre nur so weit und so lang öfnet, als nothwendig ist, einen Menschen durchzulassen. Der Arzt, der beim Eintritt die Gefahr fühlt, mit dem Kranken zugleich ersticken zu müssen, wiederholt seine weisen Verordnungen mit allem Nachdruck. Der unnöthige Schwarm ungerufener Rathgeber hört ihn mit Erstaunen, und jeder starrt ihn mit Blicken voll Unwillen und Widerspruch an. Die alte Großmutter beweint erst in einem duftigen Winkel des Zimmers den Ausspruch des Arztes in der Stille, und beschwert sich hernach öffentlich über die Anstalten zur Hinrichtung ihres geliebten Enkels. Die gutherzigen Nachbarinnen, entschloßner als die alten Mütter, lassen den Arzt ausreden, begleiten ihn freudig aus dem Krankenzimmer und führen in seiner Abwesenheit glücklich ihren mörderischen Plan aus" (Pauli 1767: 24 f.).

---

[6] Bis Anfang des 19. Jahrhunderts erlebte die Schrift mehr als zwanzig Auflagen und Nachdrucke.

[7] Die Schriften zur Erreichung "mehrerer Reinlichkeit beym gemeinen Mann" sind Legion. Vgl. dazu Buttler (1992), Kuchenbuch (1987).

Programmatisch ist für die medizinische Volksaufklärung die Empfehlung möglichst einfacher, problemlos zugänglicher und praktikabler Mittel zur Vorbeugung und Behandlung von Krankheiten. Tissot tritt nachdrücklich dem offenbar schon im 18. Jahrhundert verbreiteten blinden Glauben an die Wirksamkeit der Apothekerwaren entgegen und legt seinem Leser, wo immer es sich anbietet, die Verwendung von leicht beschaffbaren Hausmitteln ans Herz. Ganz im Mittelpunkt der aufklärerischen "Gesundheitspropaganda" steht die Empfehlung einer veränderten Lebensführung zur Vorbeugung und Heilung von Krankheiten. Der Bequemlichkeit kam das nicht entgegen, wie Pauli betont, und es gilt nicht nur für den "gemeinen Mann", daß man sich am liebsten...

> "demjenigen überläßt, dessen Behandlung am wenigsten unangenehm ist und unsern Leidenschaften am meisten schmeichelt. Der Arzt, der eine Lebensordnung vorschreibt, der auf die Enthaltung von gewissen Sachen dringet, der Zeit verlangt, und Regelmäßigkeit haben will, wird einem Kranken verdrießlich, der sich seinem Geschmack und seiner Laune zu überlassen gewohnt ist; der Quacksalber, der ihm alles erlaubt, bezaubert ihn. Die Vorstellung einer so langen und mit so vielen Schwierigkeiten verbundenen Cur setzt ein schweres Uebel zum voraus." (Pauli 1767: 641 f.)

Ein zentrales Thema der medizinischen Volksaufklärung ist schließlich die Aufwertung des Arztes und die Auseinandersetzung mit denjenigen Personen, die auf dem Lande traditionell für die medizinische Versorgung zuständig waren. Der an der Universität ausgebildete Arzt sollte als die einzige Person empfohlen werden, die zur Behandlung von Krankheiten qualifiziert und befugt war. Daraus ergab sich natürlich der Zwang, diejenigen zu diskreditieren, die seit Jahrhunderten als herumziehende "Wunderheiler" und "Marktschreyer", als "weise Frauen", "Pfuscher", "After-Aerzte" oder "Harn-Propheten" durchaus Ansehen genossen. In der volksaufklärerischen Literatur wird immer wieder von den "Lieblingsthorheiten und Vorurtheilen des Volkes" gesprochen. Dabei darf nicht vergessen werden, daß eine Reihe eben dieser Vorurteile noch während der ganzen ersten Hälfte des 18. Jahrhunderts dem Stand des schulmedizinischen Wissens selbst zugehörten. Nur ganz langsam entwickelte die Medizin sich zur Erfahrungswissenschaft, die als ihr Fundament die Erkenntnisse der Naturwissenschaften begriff; noch aber glaubten auch bedeutende Ärzte an die Wirkungen von Dämonen und empfahlen Amulette als Schutz gegen Krankheiten. Astrologie und Alchimie verloren erst während des aufgeklärten Jahrhunderts ihre Bedeutung für die Medizin. Für ein verächtliches Herabblicken auf den Volksglauben gab es deshalb nur wenig Anlaß. Große Teile der ländlichen Bevölkerung vertrauten einfach auf die Mittel, die ihnen gerade noch von den Medizinern empfohlen worden waren, nun aber als "abergläubisch" galten. Besonders die frühe medizinische Volksaufklärung muß so auch als Auseinandersetzung von aufklärerisch denkenden Ärzten mit der Geschichte des eigenen Faches begriffen werden. Entsprechend ist die ärztliche Kunst in vielen Zeitschriften und Kalendern häufiger Gegenstand des Hohnes und des Spottes als der lobenden Anerkennung. Noch 1775 kann man lesen, nirgendwo sei es leichter, einen Doktorhut zu erwerben, als an der medizinischen Fakultät, ein "halbgelehrter Medicus" vollende seinen "Cursum auf Kosten der Patienten" (Hess 1775: 30). Das nicht nur in den unteren, sondern in allen Ständen anzutreffende Mißtrauen gegen die akademisch gebildeten Ärzte war jedoch nicht allein auf den schlechten Ausbildungsstand und die nur unzureichend auf die ärztliche Praxis ausgerichtete universitäre Wissensvermittlung zurückzuführen. Es hatte seine Ursache auch in der einfachen Tatsache, daß die von den Ärzten empfohlenen Maßnahmen zur Behandlung von Krankheiten oft kaum über das hinausgingen, was traditionellen Praktiken der Selbstmedikation entsprach. Auch deshalb griff man auf volksmedizinische Kenntnisse zurück, und es stellte jeder der in den Städten wie auf dem Lande herumziehenden Wunderdoktoren eine ernste Konkurrenz für den Arzt dar. Anders als der Wundarzt mit seiner chirurgischen Tätigkeit, vermochte der Arzt nur auf Leistungen zu verweisen, die nach weitverbreiteter Meinung auch von anderen Personen erbracht werden konnten. Wo der Arzt seine Aufgabe bloß in der Verordnung von Medikamenten sah, die im 18. Jahrhundert ja noch jedermann frei zugänglich waren, da erschien er weiten Teilen der Bevölkerung als entbehrlich.

Die Bedeutung der volksaufklärerischen medizinischen und veterinärmedizinischen Literatur liegt zunächst in der unmittelbar praktischen Lebenshilfe. Nicht gering zu schätzen ist aber auch die Verbreitung von Kenntnissen, die ein Urteil über ärztliche Maßnahmen erlaubten. Die Autoren medizinischer Volksschriften - ein überwiegender Teil von ihnen übte selbst den Arztberuf aus - befanden sich in einer delikaten Situation. Zur Wahrung ihrer eigenen Glaubwürdigkeit mußten sie Stellung gegen viele ihrer Berufskollegen beziehen. Der Unterricht etwa, einen guten von einem schlechten Geistlichen zu unterscheiden, ist in der volksaufklärerischen Literatur fast undenkbar. Die Merkmale eines unfähigen Arztes jedoch wurden in den medizinischen Volksschriften durchaus bekannt gemacht. Entsprechende Unterweisungen sind häufig dadurch im besten Sinne aufklärerisch, daß sie dem Leser Maßstäbe vermitteln wollen, die ihn zum eigenen Urteil befähigen. Nur durch die Vermittlung allgemeiner medizinischer Kenntnisse, so das Credo vieler Aufklärer, können die Grenzen zwischen Scharlatanerie und seriösen Behandlungsmethoden jedem erkennbar werden. Auch die mit der Professionalisierung der ärztlichen Tätigkeit verbundene Tendenz zur Monopolisierung medizinischen Wissens ist häufig Gegenstand von Überlegungen in der volksaufklärerischen Literatur. Die Behandlung der Medizin als Geheimwissenschaft verbunden mit dem Gebrauch des Latein, so heißt es etwa 1792, leiste dem Quacksalber Vorschub:

> "Wenige Menschen wissen einen Unterschied zu machen, zwischen dem Betragen des Menschen, der eine geheime Arzney verordnet, und dessen, der mit mystischen Charakteren und einer unbekannten Sprache Vorschriften giebt. Auf diese Art gewährt das Verhalten des rechtschafnen Arztes, der keines Betruges bedarf, dem Betragen des Buben einen Schutz, dessen ganzer Werth auf Geheimnissen beruht." (Buchan 1792: XXXII f.)

3. Die medizinische Volksaufklärung und die Ottawa Charta

Wesentliche Teile der volksaufklärerischen Programmatik haben offenkundig wenig an Aktualität verloren. Wer die Berichte der internationalen Entwicklungshilfeorganisationen studiert, wird schnell entdecken, daß die aus den reichen Ländern entsandten Entwicklungshelfer im Umgang mit den Bevölkerungen der sogenannten Dritten Welt in ähnlicher Weise auf ihnen unvertraute und unverständliche Mentalitäten treffen wie die Volksaufklärer des 18. Jahrhunderts, die dieses Manko durch eine regelrechte Volkskunde und dadurch auszugleichen versuchten, daß sie dem "Volk" vertraute Personen als Träger der Volksaufklärung gewannen. In allen Alphabetisierungskampagnen der vergangenen Jahrzehnte wurden Erfahrungen gemacht, die von den Volksaufklärern im Zusammenhang mit ihrem Bestreben, den "gemeinen Mann" zum Lesen der aufklärerischen Literatur zu bewegen, intensiv diskutiert wurden. Gleiches gilt auch für die medizinische Volksaufklärung. Ihre programmatischen Aussagen und die praktischen Bemühungen zahlreicher Pfarrer und Ärzte lassen Parallelen zu heutigen Ansätzen der Gesundheitsförderung erkennen. Als Vergleichstext herangezogen wird im folgenden die sogenannte Ottawa Charta, die während der 1. Internationalen Konferenz zur Gesundheitsförderung am 21. November 1986 in Kanada verabschiedet worden ist.[8] Diese Resolution hat in der Folgezeit nicht nur die politischen Leitlinien der Weltgesundheitsorganisation maßgeblich beeinflußt, sondern zählt auch zu den konzeptionellen Grundlagen der bundesdeutschen Förderung von Public Health-Forschungsverbünden und Aufbaustudiengängen seit Anfang der 90er Jahre. Die Ottawa Charta ist in zwei Dutzend Sprachen übersetzt worden und kursiert mittlerweile in einer Auflage von mehreren Millionen Exemplaren. Es handelt sich bei ihr weder um eine theoretische Abhandlung noch um ein epidemiologisches Gutachten, sondern vielmehr um eine "visionäre Utopie mit pragmatischer Orientierung" (Milz 1996). Gerade deshalb ist es reizvoll, die Charta daraufhin zu untersuchen, welche der dort formulierten Gedanken auch schon von den medizinischen Aufklärern des 18. Jahrhunderts geäußert wurden. Dies soll nun am Beispiel der vier ersten Punkte der Ottawa Charta geschehen, die programmatischen Charakter haben und in ihren weiteren Teilen in unterschiedlichen Variationen immer wieder aufgegriffen werden.

3.1 "Gesundheitsförderung"

Die Gesundheitsförderung soll der Ottawa Charta zufolge darauf abzielen, "allen Menschen ein höheres Maß an Selbstbestimmung über ihre Gesundheit zu ermöglichen und sie damit zur Stärkung ihrer Gesundheit zu befähigen" (Ottawa Charta 1986: 182). Dieser Satz könnte fast wörtlich bei einem der Aufklärer des 18. Jahrhunderts abgeschrieben sein. Seinen Leitgedanken nach ist das Engagement der

[8] Die deutsche Fassung der Charta findet sich im Anhang zuTroschke et al. (1996: 182-187). Auf diese Ausgabe beziehen sich die folgenden Quellenangaben mit der Zitierweise „Ottawa Charta 1986“.

medizinischen Volksaufklärung darauf gerichtet, jedem Angehörigen der Gesellschaft und vor allem den unteren Ständen durch Informationen Entscheidungskompetenz und Selbstbestimmung in Fragen zu ermöglichen, die wie Gesundheit und Krankheit nach Auffassung der Aufklärer in ganz besonderer Weise traditionalistischen Denk- und Verhaltensmustern unterworfen waren. Recht verbreitet ist ja heute eine Sichtweise, die in der Aufklärung den Beginn einer verhängnisvollen Entwicklung zu erkennen glaubt, die den Menschen durch Wissenschaft und Technik zum Übermächtigen und Übermächtigten hat werden lassen. Ob dies im Sinne einer "Dialektik der Aufklärung" zutrifft, muß hier unerörtert bleiben. Die medizinische Volksaufklärung ist durchaus auch Ausdruck einer beginnenden Verwissenschaftlichung der Medizin und Teil ihrer Professionalisierungsbestrebungen. Doch ist in der Aufklärung ebenfalls das Bewußtsein für die Gefahren einer "zünftischen Monopolisierung" und einer vollständigen Verwissenschaftlichung des Gesundheitswesens vorhanden (Illich 1981: 11). Die Forderung, der Laie habe in der Diskussion über Mittel und Ziele der Medizin ein gewichtiges Wort mitzureden, ist ihrem Grundgedanken nach auch bei vielen Aufklärern zu finden, die energisch dafür eintraten, medizinische Kenntnisse aus dem Ghetto des Geheimwissens in den Bereich der Öffentlichkeit zu überführen. Nicht einer "Medikalisierung des Lebens" reden die Aufklärer das Wort, die heute einhergeht mit einer "pharmazeutischen Invasion", sondern sie plädieren für eine Prüfung der - aus der Schulmedizin wie der Volksmedizin - überkommenen Mittel und Heilverfahren auf der Grundlage der Naturwissenschaften und der Erfahrung. Wilhelm Buchan etwa spricht sich 1792 ausdrücklich dafür aus, die "Arzneykunde [auch] als eine Sammlung von Volkskenntnissen" zu betrachten, statt sie als eine Wissenschaft anzusehen, "die das Prärogativ einer einzelnen Classe von Menschen seyn müsse" (Buchan 1792: XXXVI).

Somit wollen wichtige Vertreter der medizinischen Volksaufklärung ihre Adressaten nicht allein zur Selbstbestimmung befähigen, sondern sie propagieren die Pflicht der medizinischen Wissenschaft, die Erfahrungen des "Volkes" zu studieren und ernst zu nehmen. Entsprechend ist eine Verachtung oder auch nur Geringschätzung der im "Volke" gebrauchten traditionellen Hausmittel - soweit sie nicht "abergläubischer" Natur waren - in der Literatur der medizinischen Volksaufklärung selten. Oft beschränken sich Autoren bei ihren therapeutischen Hinweisen ganz ausdrücklich auf solche Medikamente, die als Kräuter oder Früchte vom "Landmann" selbst geerntet werden können (siehe Wilde 1764, 1765). Schon 1761 macht es sich Peter Friedrich Körber zum Ziel, "dem geringsten und ärmsten Theil der Einwohner meines Vaterlandes, einheimische und wohlfeile Gesundheitsmittel" vorzuschlagen, da andere Medikamente "in Betrachtung der armseligen Umstände des Landmannes oft zu kostbar, zu unbekannt oder zu langweilig sind" und die bäuerliche Bevölkerung zu den ihnen bekannten Kräutern und Hausmitteln das größte Vertrauen habe (Körber 1761, unpaginierte Vorrede).[9]

[9] Vgl. zu Wilde und Körber detailliert Ischreyt, Irene/ Ischreyt, Heinz (o.J.): Aufklärerische Gesundheitserziehung in Liv-, Est- und Kurland. Das Manuskript dieses Aufsatzes stand mir dankenswerterweise zur Verfügung.

An der prinzipiellen Hochschätzung der "Volksarzneymittel" ändert sich auch bei Tissot und seinen Nachfolgern nichts. In Friedrich Eberhard von Rochows "Kinderfreund" schließlich, in dem sich die wichtigsten Ratschläge Tissots knapp und verständlich wiederfinden, kann man lesen:

> "Wieviele Menschen werden durch gewinnsüchtige Betrüger um ihr Geld und durch unrichtige Arzneimittel um ihre Gesundheit gebracht! Die vortrefflichsten Arzneimittel sind wohlfeil oder kosten nur die Mühe, sie kennen zu lernen und zu rechter Zeit in Vorrat zu sammeln. Die beste Zeit, die Wurzeln und Rinden zu sammeln, ist im ersten Frühling, die Kräuter aber um den Johannistag. Gelobt sei die Güte des Schöpfers, der oft in ein geringes Kraut, Wurzel und Rinde große Heilkräfte gelegt hat." (Rochow 1779: 41)

Dem entspricht eine Sichtweise des Arztes, "der keine Mühe, Zeit und Gefahr scheuete, um dereinst den Elenden, die Hülfe von ihm fordern könnten oder würden, nützlich zu werden, [...] der oft ganze Tage auf den Feldern mit Kräutersuchen" zubringt (Weiz 1772: 182-184). Gewarnt wird der Mediziner jedoch, bloßer "Rezeptierautomat" zu sein. Seine Aufgabe sei, aufbauend auf den "Volkskenntnissen", die Prüfung der Wirkungen und der möglichen Anwendungsgebiete.

3.2 "Voraussetzungen für die Gesundheit"

Als grundlegende Bedingungen und konstituierende Momente von Gesundheit werden in der Ottawa Charta "Frieden, angemessene Wohnbedingungen, Bildung, Ernährung, ein stabiles Öko-System, eine sorgfältige Verwendung vorhandener Naturressourcen, soziale Gerechtigkeit und Chancengleichheit" genannt. Jede Verbesserung des Gesundheitszustandes sei zwangsläufig an diese Grundvoraussetzungen gebunden (Ottawa Charta 1986: 182). Für diesen Grundgedanken kommt in der deutschen Öffentlichkeit den medizinischen Aufklärern das Urheberrecht zu. Es können hier die Anstrengungen der Volksaufklärer für die Sicherstellung der Ernährung und die wirtschaftliche Emanzipation der ärmeren Bevölkerungsschichten, für soziale Gerechtigkeit und Chancengleichheit nicht im einzelnen dargestellt werden, besonders hinzuweisen ist aber auf die vielfältigen Bemühungen, den Bildungsstand durch Verbesserung des niederen Schulwesens mittels individuellen Unterrichts durch Pfarrer, Ärzte und Gutsbesitzer oder mit literarischen und publizistischen Mitteln zu erhöhen. Bildung galt als Grundvoraussetzung für ein bewußtes und selbstbestimmtes Umgehen auch mit medizinischen Problemen. Vordenker wie Osterhausen sahen in der Erziehung "das vorzüglichste Mittel, wodurch medicinische Volksaufklärung befördert und allgemein werden kann", sie wollte man mit dem Unterricht vereinen (Osterhausen 1798: 38 f.).

Auch andere gesellschaftliche Bedingungen für Gesundheit werden früh erkannt, wenn beispielsweise über die Schäden diskutiert wird, die durch Leibeigenschaft und Frondienste hervorgerufen werden. Bereits der Klassiker der medizinischen Volksaufklärung, Samuel André Tissot, beschäftigt sich in seinem zuerst 1761 in Lausanne erschienenen Werk "Avis au peuple sur sa santé" ausführlich mit den sozialen Ursachen von Krankheit und Gesundheit. Der Gedanke der Ottawa Charta, die "Art und Weise, wie eine Gesellschaft die Arbeit, die Arbeitsbedingungen und die Freizeit organisiert, sollte eine Quelle der Gesundheit und nicht der Krankheit sein", könnte von ihm stammen (Ottawa Charta 1986: 184).[10] Besonders mit dem ersten Kapitel seiner Schrift, das nach den "Ursachen der Krankheiten des Volks" fragt, hat Tissot das Programm der medizinischen Volksaufklärung maßgeblich beeinflußt. Die von ihm genannten Krankheitsursachen tauchen ebenso wie die dagegen angeführten Mittel in zahllosen volksaufklärerischen Schriften wieder auf, finden, wie bereits gesagt, Eingang in Periodika und Kalender, ohne daß der geistige Urheber immer genannt würde.

Gleich als erste der "gewöhnlichsten Ursachen der Krankheiten unter den Landleuten" nennt Tissot die lang anhaltende und übermäßige Arbeit, hinzu komme "die große Armuth, Mangel an hinlänglicher Nahrung, schlechte Speisen und Getränke". Hier bleibt Tissot nur, im Konjunktiv zu sprechen: Gute Suppen und ein wenig Wein wären gegen diese "wahre Auszehrung" dienlich (Tissot 1767: 29 f.). Friedrich August Weiz, der in seinem "Chursächsischen Land-Physicus" Tissot fast wörtlich nachdruckt, fügt hinzu:

> "Wir müssen mit Wehmuth sagen, daß in unserem Sachsen viele tausend Menschen blos aus Armuth, und schlechter Wartung elendiglich untergehen. Es ist hier der Ort nicht, davon, wie es sich gehöret, zu reden, doch können wir uns nicht entbrechen, unserm Lande mehrere Hospitäler zu wünschen, wozu die Fonds leicht zu finden wären. Durch diese Anstalten würden viele tausend brauchbare Einwohner erhalten werden, die, weil sie in Krankheiten wenigere Wartung und Pflege, als krankes Vieh haben, auf eine erbärmliche Weise umkommen müssen" (Weiz 1772: 105).

Immer wieder werden in der gesamten volksaufklärerischen Literatur auch die weiteren von Tissot genannten Krankheitsursachen angesprochen, unter denen schlechte Wohnbedingungen und mangelnde Hygiene einen wichtigen Platz einnehmen.

3.3 "Interessen vertreten"

Unter diesem Punkt heißt es in der Ottawa Charta, gesundheitsförderndes Handeln ziele darauf ab, "durch aktives, anwaltschaftliches Eintreten" die genannten Voraussetzungen für die Gesundheit positiv zu beeinflussen (Ottawa Charta 1986: 183). Der "anwaltschaftliche" Charakter der Volksaufklärung ist in der Literatur häufig kritisiert worden, da man durch ihn die Selbstbestimmung des "Volkes" beeinträchtigt sah. Tatsächlich handelt es sich bei der Volksaufklärung um eine Art Bürgerinitiative, in der sich Gebildete aus den bereits genannten Berufen zu gemeinsamem Wirken zusammenfanden und sich verantwortlich zeigten für die Verbesserung der Lebensbedingungen der Bevölkerung. Besonders Geistliche - hier ist an den großen Bereich der Pastoralmedizin zu erinnern (vgl. Krause 1792) - und Ärzte wurden von den medizinischen Schriftstellern als Vermittler aufklärerischen Gedankengutes begriffen.

---

[10] Zur Rezeption der Tissotischen Schriften vgl. Ischreyt (1976).

Ohne Frage ist das Selbstverständnis der Volksaufklärung das einer Erziehungsbewegung, doch in ihren besten Vertretern begriffen besonders Ärzte die medizinische Volksaufklärung als nichts anderes als den "Ausgang eines Menschen aus seiner Unmündigkeit in Sachen, welche sein physisches Wohl betreffen" (Osterhausen 1798: 8 f.). Sie waren sich darüber im Klaren, daß das anwaltschaftliche Vertreten von Interessen nur ein vorübergehender Zustand sein konnte, der mit der Entlassung der Vertretenen in die Mündigkeit zu enden habe - ein Gedanke, der in der Ottawa Charta in diesem Punkt ein wenig zu kurz kommt. Aufklärung sei ein Gut, das sich jeder Mensch, wes Standes er auch sei, erwerben könne, schreibt der Arzt Johann Karl Osterhausen, und kommt auch auf die Konsequenzen zu sprechen:

> "So wie jeder Staatsbürger das Recht hat, nach vollendeten Jahren der Kindheit und des jugendlichen Leichtsinns, seine Vormünder zu verabschieden, sich ihrer Leitung zu entziehen, und seine bürgerlichen Geschäfte auf eigene Rechnung zu führen; so hat jeder Weltbürger das Recht, wenn seine Vernunft erwacht, die wichtigsten Angelegenheiten des Menschen, Recht, Pflicht und Zukunft seiner eigenen Untersuchung anzuvertrauen. Nur blödsinnige Personen müssen sichs gefallen lassen, lebenslänglich unter Vormundschaft zu stehen. [...] Wenn jeder Mensch nicht blos die Erlaubnis, sondern die Pflicht hat, von seiner Vernunft Gebrauch zu machen, und über Gegenstände, die ihm wichtig seyn müssen, wie z.B. über Recht, Religion, Zukunft u.s.w. selbst zu denken, warum sollte ihm diese Erlaubnis verwehrt, er dieser Pflicht entlassen seyn, wenn er von seiner Vernunft über Gegenstände, die sein physisches Wohl betreffen, Gebrauch machen will? - Warum sollte das Menschengeschlecht in diesem Punkte unter ewiger Vormundschaft stehen?" (Osterhausen 1798: 4 ff.)

3.4 *"Befähigen und ermöglichen"*

Gesundheitsförderndes Handeln, so heißt es in der Ottawa Charta, bemühe sich darum, "bestehende soziale Unterschiede des Gesundheitszustandes zu verringern sowie gleiche Möglichkeiten und Voraussetzungen zu schaffen, damit alle Menschen befähigt werden, ihr größtmögliches Gesundheitspotential zu verwirklichen." Dies umfasse unter anderem den Zugang zu allen wesentlichen Informationen, "als auch die Möglichkeit, selber Entscheidungen in bezug auf die persönliche Gesundheit treffen zu können" (Ottawa Charta 1986: 183).

Auch in diesem Punkt liegt die Bedeutung der medizinischen Volksaufklärung auf der Hand, denn sie konstituierte sich geradezu als eine Bewegung zur Vermittlung von zuvor nicht zugänglichen Informationen an die Gesamtbevölkerung und strebte programmatisch das Ziel an, soziale Chancengleichheit wenn nicht zu verwirklichen, so doch zumindest zu erhöhen. Erst durch die Aufklärung wurden Informationen zu Fragen des Alltagslebens allgemein zugänglich, sie zu verbreiten begriff man als das vorzüglichste Mittel "die Gestattung der Denk- und Preßfreiheit, oder die Erlaubnis, das, was ich über irgend einen Gegenstand denke laut und ungehindert sagen zu dürfen" (Osterhausen 1798: 35). An diesem Punkt erlangte eine ungehinderte Öffentlichkeit eine Bedeutung, wie sie im Punkt "Vermitteln und vernetzen" in der Ottawa Charta angesprochen ist. Durch sie nämlich sollte ein koordiniertes Zusammenwirken zum Zwecke der Volksaufklärung und damit implizit auch zur Gesundheitsförderung und medizinischen Aufklärung erreicht und - wie es in der moderneren Sprache der Charta heißt - die "Verantwortlichen in Regierungen, Gesundheits-, Sozial- und Wirtschaftssektor, in nichtstaatlichen und selbstorganisierten Verbänden und Initiativen" einbezogen werden (Ottawa Charta 1986: 183).

4. Die Kontroverse um den Nutzen und die Grenzen der Volksaufklärung

Ohne Frage kann man davon sprechen, daß in der medizinischen Volksaufklärung des 18. Jahrhunderts ganz wesentliche Grundgedanken, wie sie 1986 in der Ottawa Charta formuliert sind, bereits formuliert und diskutiert wurden. Es geschah dies unter den ganz anderen Bedingungen der Ständegesellschaft und in einer anderen Sprache, doch es ist in manchmal verblüffender Weise der gleiche Anspruch anzutreffen, der die Ottawa Charta durchzieht. Den Punkt "Persönliche Kompetenzen entwickeln" etwa in der Charta hätte die Mehrzahl der medizinischen Schriftsteller der Aufklärung ohne Vorbehalt unterschrieben:

> "Gesundheitsförderung unterstützt die Entwicklung von Persönlichkeiten und sozialen Fähigkeiten durch Information, gesundheitsbezogene Bildung sowie die Verbesserung sozialer Kompetenzen und lebenspraktischer Fähigkeiten. Sie will dadurch den Menschen helfen, mehr Einfluß auf ihre eigene Gesundheit und ihre Lebenswelt auszuüben, und will ihnen zugleich ermöglichen, Veränderungen in ihrem Lebensalltag zu treffen, die ihrer Gesundheit zugute kommen. Es gilt dabei, Menschen zu lebenslangem Lernen zu befähigen (...). Dieser Lernprozeß muß sowohl in Schulen wie auch zu Hause, am Arbeitsplatz und innerhalb der Gemeinde erleichtert werden." (Ottawa Charta 1986: 185)

Allerdings war man sich dessen bewußt, daß entsprechende Bemühungen keine schnellen und spektakulären Erfolge erwarten durften. "Wer den Gang der menschlichen Dinge kennt", so schreibt der Arzt und Volksaufklärer Christian August Struve,

> "weiß, daß der glückliche Erfolg unserer Bemühungen für das Gute nicht so schnell erwartet werden darf. Es ist vielleicht die Arbeit von mehr als einer Generation, nur die Aufklärung vorzubereiten, welche das künftige Zeitalter genießt. - Der Kampf mit der Finsterniß geht dem hellen Licht zuvor. Man darf sich von der Gegenwart nicht zu viel versprechen, sondern muß das meiste der Zeit überlassen, die das Gute zur Reife bringt" (Struve 1797: 2).

Die medizinische Volksaufklärung des 18. Jahrhunderts begriff sich als Teil einer politisch-philosophischen Basisbewegung im Säkulum der Aufklärung und stieß entsprechend auf Widerstände. Viele Aufklärer wollten durch die Vermittlung von Informationen und Kenntnissen ihren Beitrag zu einer vernunftgerechten Gestaltung aller Lebensbereiche leisten. Dadurch sahen sie zugleich das Ziel gefördert, ihre Ansprechpartner zu selbständigem Prüfen und Urteil zu befähigen. Wer in den Angelegenheiten der Gesundheit zum Gebrauch des eigenen Verstandes nicht in der Lage war, so meinten sie, würde zum Urteil in grundlegenderen Fragen erst recht nicht taugen.

Über die tatsächlichen Erfolge der Volksaufklärung und speziell der medizinischen Aufklärung läßt sich nur spekulieren. Auch wenn die Quellenlage sich mit etwa 10.000 aufgefundenen volksaufklärerischen Schriften inzwischen verbessert hat und in diesen auch mancher Rezeptionshinweis zu finden ist, so bleibt dennoch das Dilemma, daß sich aus Wirkungsabsichten, schnellen Auflagefolgen, zahlreichen Nachdrucken zwar Indizien für eine vorhandene Wirkung gewinnen lassen, dennoch aber die Frage bleibt, ob diese Schriften tatsächlich diejenigen erreichten, die sie ansprechen wollten. Subskriptions- und Pränumerationslisten, um nur ein Beispiel zu nennen, deuten darauf hin, daß die Rezeption sehr stark über gebildete Vermittler, über Pfarrer, Gutsbesitzer, Ärzte und Amtsleute vonstatten ging. In vielen Fällen jedoch, in denen Ratschläge der medizinischen Volksaufklärung in Kalender und Intelligenzblätter, vor allem aber auch in Schulbücher Eingang fanden, darf man annehmen, daß eine direkte Rezeption erfolgte. Auch die unzähligen Klein- und Kleinstschriften bis hin zu den obrigkeitlichen Mandatsschriften werden dafür gesorgt haben, daß das "Volk" unmittelbar mit den neuen Erkenntnissen konfrontiert wurde. Allgemein läßt sich sagen, daß gerade die medizinische Volksaufklärung ganz ungewöhnlich reichhaltiges Material für eine künftig hoffentlich intensivere Rezeptionsforschung bereithält.

Ein indirekter Beleg für die Wirksamkeit der Schriften sind Gegenbewegungen, die auf Vereinnahmung oder auf Zensur zielten. So läßt sich etwa annehmen, daß die Moralisierung der medizinischen Volksaufklärung seit Beginn der siebziger Jahre des 18. Jahrhunderts, die einherging mit einer Veränderung auch der literarischen Formen, ihre Ursache auch in der Resonanz bei den Adressaten hatte. Die Moralische Erzählung findet Eingang in die volksaufklärerische Literatur, in der unerbittlich stirbt, wer die aufklärerischen Gesundheitsregeln außer acht läßt, umgekehrt aber mit einem langen Leben und Zufriedenheit belohnt wird, wer sie sich zu eigen macht. Die nackte Mitteilung von Ratschlägen zur Gesunderhaltung und Behandlung von Krankheiten tritt zurück; sie finden sich nun oft moralisierend verpackt in Schriften "Ueber Gesundheit und Wohlanständigkeit" (Röver 1803).

Noch deutlicher reagieren Ärzte, die durch die medizinischen Volksschriften das Vertrauen des "gemeinen Mannes" zum Arzt untergraben sehen. Interessant ist die Schrift des in Berlin praktizierenden Arztes Michael Mayer, der solche dem ärztlichen Berufsstand nachteiligen Wirkungen weniger von umfangreichen Werken wie der Anleitung Tissots ausgehen sieht, als von den "ärztlichen Belehrungen in den Zeitungen und Volksblättern", denen er eine "größere Popularität" bescheinigt. Unter dem Titel "Vom Nachtheil der Volksbelehrung über Krankheiten" forderte Mayer eine Zensur aller Druckmedien, die vom "gemeinen Mann" gelesen werden. Pathologische oder therapeutische Notizen sollten nichtmedizinischen Lesern vorenthalten, die medizinische Volksaufklärung auf Anleitungen zur Hilfestellung bei Unglücksfällen und zur Gesundheitsvorsorge eingeschränkt werden (Mayer 1828: 29 f.).

Die auch heute noch erbittert geführte Diskussion, wieviel darf, kann und soll der Laie wissen, ist alt. Erst indem die Aufklärung eine größere Breite gewann und nach den gebildeten Ständen auch auf den gemeinen Mann überzugreifen begann, wurde in der Öffentlichkeit deren Brisanz empfunden und das Problem aufgeworfen, welches Ausmaß diese Aufklärung erlangen solle. Gefragt wurde dabei nicht in philosophischer Allgemeinheit nach dem Menschen und der Wahrheit, sondern in einer streng hierarchisierten Gesellschaft interessierte der einzelne Adressat der Aufklärung als Angehöriger eines bestimmten Standes. Nach dessen Bedürfnissen und Aufgaben suchte man in der Regel zu bestimmen, welche Wahrheiten als zuträglich und nützlich erschienen. Vielfältige Bedenken wurden in der öffentlichen Diskussion gegen die Volksaufklärung und gegen eine verbesserte Bildung des gemeinen Mannes vorgetragen. Würde ein Bauer, der sich mit Fragen der Philosophie, Religion und Politik zu befassen begann, noch bereit sein, sich auf die Aufgaben beschränken zu lassen, die ihm in der Gesellschaft des 18. Jahrhunderts zugewiesen waren? Und mußte es nicht hinreichen, den unteren Ständen die Kenntnisse zu vermitteln, die sie zu ihrer beruflichen Tätigkeit benötigten?

Interessante Beispiele für die mit diesen Fragen verbundene Diskussion sind 42 Schriften, die als Antwort auf eine der berühmtesten Preisaufgaben des 18. Jahrhunderts verfaßt wurden: "Kann irgend eine Art von Täuschung dem Volke zuträglich sein?" Friedrich der Große hatte seiner Berliner Akademie der Wissenschaften für das Jahr 1780 befohlen, diese Frage der Öffentlichkeit zur Beantwortung vorzulegen. Damit war ein Grundproblem jeder Aufklärung angesprochen: Sollte das Postulat des Universalismus für alle Bevölkerungsgruppen gleichermaßen Gültigkeit haben oder sollten Wahrheiten in einer verhältnismäßigen Aufklärung fein abgestuft zugeteilt werden? Zahlreichen Autoren gab die Preisfrage Anlaß, über Schaden und Nutzen und auch über das Maß der Volksaufklärung nachzudenken. Offenbar im Zweifel, welcher Antwort ihr Schutzherr den Vorzug geben würde, teilte die Akademie den Preis für eine bejahende und eine verneinende Antwort. Es soll hier zum Abschluß aus der gekrönten Preisschrift des Nein-Sagers Rudolph Zacharias Becker zitiert werden. "Dummheit, Unwissenheit, Mangel an Begierden und gewisse Arten des Wahnwizzes", so schreibt Becker, seien "bewährte Mittel, dem Menschen Ruhe und Zufriedenheit mit sich und seinem Zustande zu verschaffen". Sie würden, wolle man die Zulässigkeit der Volkstäuschung bejahen, zu Tugenden erhoben; das "Ideal der Glükkseligkeit" werde so zum "fühllosen Zustand eines Klozzes" degradiert. Alle Menschen, also auch das "Volk", hätten das Recht, durch stete Vervollkommnung den Zustand der Glükkseligkeit zu erlangen. Zu diesem aber sei nötig die Erkenntnis der Wahrheit, die identisch erscheine mit der Freiheit von Irrtum und Täuschung. "Wollte die Regierung", so Becker, "oder der aufgeklärtere Theil der Nation das sogenannte Volk geflissentlich in dergleichen Irrthümern unterhalten, wenn sie selbst bessere Einsichten hätten: so würden sie es um die Glükkseligkeit betrügen, die die Natur jedem Menschen darbietet" (Becker 1781: 148 ff.).

Literatur

Amburger, E./ Ciesla, M./ Sziklay, L. (Hrsg.) (1976): Wissenschaftspolitik in Mittel- und Osteuropa. Studien zur Geschichte der Kulturbeziehungen in Mittel- und Osteuropa. Berlin

Altgeld, Thomas (Hrsg.) (1996): Wie kann Gesundheit verwirklicht werden? Gesundheitsfördernde Handlungskonzepte und gesellschaftliche Hemmnisse. Weinheim

Bartel, Christian (1989): Medizinische Polizey und medizinische Aufklärung. Aspekte des öffentlichen Gesundheitsdiskurses im 18. Jahrhundert. Frankfurt a.M.

Becker, Rudolph Zacharias (1781): Beantwortung der Frage: Kann irgend eine Art von Täuschung dem Volke zuträglich sein, sie bestehe nun darinn, daß man es zu neuen Irrthümern verleitet, oder die alten eingewurzelten fortdauern läßt? Eine von der königlichen Akademie der Wissenschaften zu Berlin gekrönte Preisschrift, mit einer Zueignungsschrift an das menschliche Geschlecht. Teutsche, verbesserte und mit einem Anhange vermehrte Ausgabe. Leipzig

Böning, Holger (1989): Der "gemeine Mann" als Adressat aufklärerischen Gedankengutes. Ein Forschungsbericht zur Volksaufklärung. In: Das Achtzehnte Jahrhundert. Mitteilungen der Deutschen Gesellschaft für die Erforschung des 18. Jahrhunderts 12 (1): 52-80

Böning, Holger (1990): Medizinische Volksaufklärung und Öffentlichkeit. Ein Beitrag zur Popularisierung aufklärerischen Gedankengutes und zur Entstehung einer Öffentlichkeit über Gesundheitsfragen. Mit einer Bibliographie medizinischer Volksschriften. In: Internationales Archiv für Sozialgeschichte der deutschen Literatur 15 (1): 1-92

Böning, Holger (Hrsg.) (1992a): Französische Revolution und deutsche Öffentlichkeit. Wandlungen in Presse und Alltagskultur am Ende des achtzehnten Jahrhunderts. München

Böning, Holger (1992b): Zeitungen für das "Volk". Ein Beitrag zur Entstehung einer periodischen Presse für die unteren Stände und zur Politisierung der deutschen Öffentlichkeit nach der Französischen Revolution. In: Böning (1992a): 467-526

Böning, Holger/ Siegert, Reinhart (1990 ff): Volksaufklärung. Biobibliographisches Handbuch zur Popularisierung aufklärerischen Denkens im deutschen Sprachraum von den Anfängen bis 1850. Bd. 1 ff. Stuttgart/ Bad Cannstatt

Böning, Holger (1998): Volkserzählungen und Dorfgeschichten. In: Sautermeister/ Schmid (1998): 281-312

Buchan, Wilhelm (1792): Haus-Arzneykunde. Nach der elften englischen und der vierten französischen Ausgabe übersetzt und mit Zusätzen begleitet von Kurt Sprengel. Altenburg

Buttler, Christina (1992): Reinlichkeit in Niedersachsen. Zur Vermittlung einer Verhaltensweise durch die Volksaufklärung. Magisterarbeit im Fachbereich historisch-philologische Wissenschaften der Universität Göttingen. Göttingen

Göckenjan, Gerd (1985): Kurieren und Staat machen. Gesundheit und Medizin in der bürgerlichen Welt. Frankfurt a.M.

Gotthelf, Jeremias [Bitzius, Albert] (1837): Der Bauern-Spiegel oder Lebensgeschichte des Jeremias Gotthelf. Burgdorf

Heinemann, Horst (Hrsg.) (1997): Die Ottawa-Frage: Was wird in zehn Jahren von den Ideen der Ottawa Charta zur Gesundheitsförderung übrig sein? Antworten aus Gesundheitswissenschaft und Praxis. Frankfurt a.M.

Hess, Ludwig von (1775): Freymüthige Gedanken über Staatssachen. Hamburg

Illich, Ivan (1981): Die Nemesis der Medizin. Von den Grenzen des Gesundheitswesens. Reinbek bei Hamburg

Ischreyt, Heinz (1976): Zu den Wirkungen vonTissots Schrift "Avis au peuple sur sa santé" in Nordosteuropa. In: Amburger et al. (1976)

Körber, Peter Friedrich (1761): Versuch die gewöhnlichsten Krankheiten bey dem gemeinen Mannes und besonders denen Liefländischen Bauren auf eine leichte und wohlfeile Art zu heilen. Revall

Krause, J. (1792): Der medizinische Landpfarrer, oder kurzgefaßte medizinische Abhandlung und Heilart derjenigen Krankheiten, welche am meisten auf dem Lande vorkommen. Allen Herrn Seelsorgern und Wundärzten in den Orten, in welchen keineAerzte wohnen zu ihrem Gebrauch, undWidergenesung der Kranken redlichst gewidmet. Landau

Kuchenbuch, Ludolf (1987): "SäuischesWirthschaften" auf dem Lande als Problem der Volksaufklärung. In: Jahrbuch für Volkskunde. Würzburg/ Innsbruck/ Fribourg: 27-42

Mayer, Johann Friedrich (1998): Maximen in dem Lebenslaufe eines Bauren, welcher durch dieselben vermittelst eines geringen Vermögens ein reicher Mann geworden ist. Neudruck der Zeitschriftenfassung in: Beyträge und Abhandlungen. Bd. 6. Frankfurta.M. 1776. Mit einem Nachwort von Holger Böning. Stuttgart/ Bad Cannstatt

Mayer, Michael (1828): Vom Nachtheil der Volksbelehrung über Krankheiten und deren Heilung. Berlin

Milz, Helmut (1996): Gesundheit fördern – Trotz oder mit einer lebensbegleitenden Krankheit? Die Ottawa Charta als Herausforderung. In: Troschke et al. (1996): 86-103

Nägeli, Johann Caspar (1992): Des Lehrnsbegierigen und Andächtigen Landmanns Getreuer Wegweiser. Neudruck der ersten Ausgabe Zürich 1738. Mit einem Nachwort von Holger Böning. Stuttgart

Osterhausen, Johann Karl (1798): Ueber medicinische Aufklärung. Bd. 1. Zürich

Pauli, Johann Ulrich (1767): Erste vorläufige Abhandlung von der Unvollkommenheit der meisten deutschen praktischen Handbücher; und von den Vorzügen der Tissotischen Anleitung für den geringen Mann. In: Tissot (1767)

Rochow, Friedrich Eberhard von (1779): Der Kinderfreund. Ein Lesebuch zum Gebrauch in Landschulen, 2. Theil. Brandenburg/ Leipzig

Rosenbrock, Rolf (1998): Die Umsetzung der Ottawa Charta in Deutschland. Prävention und Gesundheitsförderung im gesellschaftlichen Umgang mit Gesundheit und Krankheit. Berlin

Röver, Johann Friedrich (1803): Ueber Gesundheit und Wohlanständigkeit. Zur Belehrung für Landleute. Göttingen

Sautermeister, Gert/ Schmid, Ulrich (Hrsg.): Hansers Sozialgeschichte der deutschen Literatur. Bd. 5. Zwischen Restauration und Revolution 1815-1848. München/ Wien

Siegert Reinhart (1978): Aufklärung und Volkslektüre. Exemplarisch dargestellt anRudolph Zacharias Becker und seinem "Noth- undHülfsbüchlein". Mit einer Bibliographie zum Gesamtthema. Frankfurt a.M.

Struve, Christian August (1797): Ueber Gesundheitswohl und Volksvorurtheile. Bd. 1. Breslau/ Hirschberg/ Lissa

Tissot, Samuel André (1767): Anleitung für den geringen Mann in Städten und auf dem Lande, in Absicht auf seine Gesundheit; von HerrnTissot. Nach der dritten rechtmäßigen, vom Verfasser selber vermehrten, Original-Ausgabe aus dem Französischen übersetzt, und mitzwoen fremden Abhandlungen begleitet. Die eine: Von der Unvollkommenheit der meisten deutschen praktischen Handbücher, und den Vorzügen derTissotischen. Die zweyte: Von den Mitteln, ein hohes Alter zu erreichen, aus dem Schwedischen des Herrn Dr. Schulz übersezt. Hamburg

Troschke, Jürgen von (1996): Einleitung. In: Troschke et al. (1996): 9-20

Troschke, Jürgen von/ Reschauer, Georg/ Hoffmann-Markwald, Axel (Hrsg.) (1996): Die Bedeutung der Ottawa Charta für die Entwicklung einer New Public Health in Deutschland. Freiburg

Weiz, Friedrich August (1772): Der Chursächsische Land-Physicus. Eine medicinisch-physikalische Monatsschrift, zum Besten des Landmannes, des Hauswirths und jeder anderer unmedicinischer Leser, unter der Direction des Friedrich August Weiz veranstaltet. Bd. 2. Naumburg

Wilde, Peter Ernst (1764): Der Hausvater in der Stadt und auf dem Lande welchersonderheitlich dem gemeinen Mann auf dem Lande diejenige leichte, und am wenigsten kostbare doch sehr bewährte Haus-Medicamenten anzeiget, die man in den meisten Krankheiten und Anliegen mit Nutzen gebrauchen solle; alles aus eigener Erfahrung zu allgemeinem Besten aufgezeichnet; nebst einigen andern Medicinischen Abhandlungen zum Vortheile eines jeden Hausvaters. Ulm

Wilde, Peter Ernst (1765): Der Landarzt, eine medicinische Wochenschrift. Mietau

Wolff, Christian (1993): Entdeckung der Wahren Ursache von derwunderbahren Vermehrung Des Getreydes. Nachdruck der ersten Ausgaben Halle 1718 und 1719. Berlin. Mit einem Nachwort von Holger Böning. Stuttgart/ Bad Cannstatt

Zincke, Georg Heinrich (Hrsg.) (1755): Leipziger Sammlungen vonWirthschafftlichen-Policey-Cammer- und Finantz-Sachen. Bd. 11. Leipzig

Zincke, Georg Heinrich (Hrsg.) (1755): Ohnmaßgebliche Vorschläge und Anmerckungen, als eine Antwort auf vorstehende zufällige Gedancken über die bishero herausgegebenen öconomischen Schrifften und deren allgemeinen Nutzen. In: Leipziger Sammlungen. Bd. 11. Leipzig: 949-967

Zschokke, Heinrich (1817): Das Goldmacher-Dorf. Eine anmuthige und wahrhafte Geschichte vom aufrichtigen und wohlerfahrnen Schweizerboten. Aarau

Sozialhygienische Filme und Propaganda in der Weimarer Republik

Ulf Schmidt

In den 20er Jahren wurden schätzungsweise über 500 sozialhygienische, medizinische und zum Teil eugenische Filme hergestellt und im Rahmen einer breit angelegten Gesundheitsaufklärung der Öffentlichkeit vorgeführt.[1] Bereits vor Ende des Ersten Weltkrieges hatten die verantwortlichen Behörden in Deutschland die Notwendigkeit erkannt, umfangreiche Gesundheitskampagnen durchzuführen, um eine Reduzierung der Kindersterblichkeit, einen Anstieg der Geburtenrate sowie eine allgemeine Verbesserung der hygienischen Lebensverhältnisse der größtenteils verarmten und an Infektionskrankheiten leidenden Bevölkerung zu erreichen. Hierbei machten es sich Sozialhygieniker zur Aufgabe, den Gesundheitszustand der verschiedenen Gesellschaftsschichten zu dokumentieren und die sozialen und ökonomischen Faktoren zu ermitteln, die für das Auftreten spezifischer Krankheiten und sanitärer Mißstände verantwortlich waren. Sie beschränkten sich aber nicht nur auf die Beobachtung und Analyse der bestehenden Verhältnisse, sondern agitierten mit allen ihnen zur Verfügung stehenden Mitteln für eine Verbesserung der hygienischen Situation. Filme und andere Medien der hygienischen sowie sexuellen Aufklärung der Bevölkerung sollten dazu dienen, Krankheiten wie Tuberkulose, Pocken, Syphilis, Fleckfieber und Krebs wirksam bekämpfen zu können. Die Gesundheitskampagnen konzentrierten sich zunächst auf die deutschen Großstädte und verlagerten sich Ende der 20er Jahre allmählich auch auf die ländlichen Gebiete. Neben der unmittelbaren Verbesserung der gesundheitlichen Lage der Bevölkerung war das übergeordnete Ziel, eine interventionistische Sozial- und Gesundheitsfürsorge zu etablieren (Nadav 1985; Antoni 1997).

Der vorliegende Beitrag befaßt sich mit der Einbeziehung des Films in die sozialhygienische, gesundheits- und bevölkerungspolitische Bewegung der Weimarer Republik (Kolb 1988; Weindling 1989, ders. 1995). Er gibt zunächst einen Überblick über das inhaltliche Spektrum der Filme, über ihre formale und dramaturgi-

---

[1] Bezüglich der Primär- und Sekundärquellen über die Bedeutung und Entwicklungsozialhygienischer Filme während der Weimarer Republik vgl. Bundesarchiv Berlin (BAB), R15.01, Nr. 10658; R86, Nr. 937; Staatsarchiv Hamburg (StAHH), Medizinalkollegium 352-3, II N35 und II N35a;StAHH, Medizinalkollegium 352-3, II S8; StAHH, Oberschulbehörde II 361-2V, 912b und 912e; Bayerisches Hauptstaatsarchiv, München (BHM), NK7, Kultusministerium, MK41163; National Library of Medicine, Bethesda (NLM), Adolf Nichtenhauser, A History of Motion Pictures in Medicine, a multi-volume unpublished typescript book (ca. 1950); Kulturabteilung 1919a; Kulturabteilung 1919b; Weiser 1919; Schweisheimer 1920; Vogel 1925a; Vogel 1926; Günther 1927; bezüglich der medizinischen Lehr- und Propagandafilme während der Weimarer Republik und des Nationalsozialismus vgl. Schmidt 2000; Schmidt 1995: 82-84.

sche Gestaltung, über den Rahmen, in dem die Filme vorgeführt wurden, sowie über die Organisation der Herstellung. Da die Bekämpfung der Geschlechtskrankheiten und des sogenannten Kurpfuschertums ein wesentliches Element der Gesundheitsaufklärung darstellten, wird in einem separaten Kapitel die Rolle von sexualwissenschaftlichen Filmen im Spannungsfeld zwischen den wirtschaftlichen Interessen der Filmtheater und der staatlichen Zensur behandelt. Obgleich die Rezeption und Wirkung der Massenmedien jener Zeit aufgrund unzureichender historischer Quellen nur bruchstückhaft untersucht werden kann, sollen Aussagen hinsichtlich des Erfolges einzelner Filme zusammengetragen und in den Kontext der Weimarer Gesundheitsfürsorge integriert werden. Zudem werden die verschiedenen Reformansätze diskutiert, mit deren Hilfe die Filmproduktion effizienter gestaltet und die Qualität der Filme verbessert werden sollte. Abschließend wird auf die fließenden Übergänge von den sozialhygienischen zu den eugenischen Vorstellungen einer wissenschaftsgläubigen und technikorientierten Gesundheitspolitik verwiesen und anhand einzelner Fallbeispiele zu klären versucht, inwieweit es personelle, inhaltliche und organisatorische Kontinuitäten und Brüche zwischen den Gesundheitsfilmen der 20er Jahre und der Filmpropaganda des Nationalsozialismus gegeben hat.

1. Übersicht über die Inhalte der Filme

Leider gelten die meisten Sozialhygiene-Filme der Weimarer Republik heute als verschollen, was eine Untersuchung dieses bislang weitgehend vernachlässigten Genres zusätzlich erschwert.[2] Wichtige Quellen, die Einblick in den thematischen Umfang und die inhaltlichen Schwerpunkte der Filmproduktion der Weimarer Republik ermöglichen, bilden daher die einschlägigen Filmverzeichnisse, Zensurkarten und Rezensionen sowie Aussagen einzelner Regisseure und Drehbuchautoren. Aufschlußreich ist vor allem der von dem Sozialhygieniker Martin Vogel 1925 herausgegebene Band *Hygienische Filme* (Vogel 1925a).[3] Er enthält eine Zusammenstellung von insgesamt 340 Filmen aus zehn verschiedenen Themenbereichen. Neben Filmen über Leibesübungen (113) und solchen zur persönlichen Gesundheitspflege (59) finden sich hier Filme über verschiedene Krankheiten (49), wie beispielsweise über Tuberkulose und Geschlechtskrankheiten, über soziale Fürsorge (33), Krankenpflege (19), Arbeits- und Gewerbehygiene (14) sowie zur Wohnungs- und Siedlungshygiene (12). Aber auch Filme zur Biologie (14) und über den Körperbau und die Lebensvorgänge des Menschen (8) stellte Vogel hier zusammen. Bereits das große Spektrum der verschiedenen Themengebiete läßt Rückschlüsse über seine weitreichenden Vorstellungen zur sozialen Hygiene im allgemeinen und zu Hygienefilmen im besonderen zu, obgleich er diese im Vorwort des Bandes leicht einschränkte. Für Vogel waren Hygienefilme "im engeren Sinne" diejenigen, die sich

[2] Selbst der Bestand im Bundesarchiv-Filmarchiv Berlin (BAFB) ist äußerst lückenhaft.

[3] Vgl. auch Günther 1927; Programme der Medizinischen Filmwoche I (1924) - II (1925/ 26); Medizin und Film III (1926); Internationale Lehrfilmschau 1 (1929) - 6 (1934).

mit der persönlichen Gesundheitspflege und den Krankheiten der Menschen sowie mit den großen "Volksseuchen" befaßten (Vogel 1925a: 3).

In dem Verzeichnis sind Produktionen aus dem Deutschen Reich und aus Österreich zusammengestellt. Neben Informationen zu Herstellern und Vertreibern, enthält es detaillierte Inhaltsangaben, die es Interessenten ermöglichen sollten, einen raschen Überblick über die Filme zu gewinnen. In der Rubrik "Gesundheitspflege" ging es u.a. um Filme über naturgemäße Lebens- und Ernährungsweisen, die Körperertüchtigung durch Gymnastik und Sport sowie die präventive und therapeutische Nutzung von Wasser, Massage, Sonne und Luft. Andere Gesundheitsfilme versuchten, die Säuglings- und Kleinkinderpflege zu popularisieren oder widmeten sich der Erziehung und sexuellen Aufklärung von Kindern und Jugendlichen. Ein Großteil der Filmproduktion hatte die Bekämpfung einzelner Krankheiten zum Gegenstand. So wurden in den Filmen über Geschlechtskrankheiten die gängigen Untersuchungs- und Behandlungsmethoden dargestellt und die Zuschauer z.B. über die Bedeutung der Wassermannschen Reaktion oder über die Wirkungsweise des Medikaments Salvarsan informiert. Dies geschah vor dem Hintergrund der 1918 in Kraft getretenen Verordnung zur Bekämpfung der Geschlechtskrankheiten und der Kurpfuscherei. Daneben gab es Beiträge über die Pocken und andere Infektionskrankheiten, über die gesundheitlichen und volkswirtschaftlichen Schäden des Alkoholismus und über die Fortschritte auf dem Gebiet der Diagnose und Therapie von Nerven- und Geisteskrankheiten. Ein spezieller Zweig waren Filme zur Fürsorge von Kriegsverletzten, in denen die Behandlungs- und Beschäftigungsmethoden in ‚Krüppelheimen' und anderen karitativen Einrichtungen präsentiert wurden. Ähnliche Filme gab es auch über die Betreuung von Blinden und Taubstummen. Im Bereich der Arbeits- und Gewerbehygiene wurden die Vorteile moderner Rationalisierungsmaßnahmen betont. Hier reichte die Bandbreite von Anweisungen zur ‚Taylorisierung' des Kartoffelschälens bis hin zu Darstellungen der maschinellen und daher hygienischen Herstellung von Nahrungsmitteln. Filme zur Stadthygiene erläuterten die Funktion der Abwasser- und Müllbeseitigung oder betonten die Bedeutung von Wohnanlagen für die Verbesserung der Gesundheit und Lebensqualität der Bevölkerung. Die Liste der Einrichtungen, die in filmischen Porträts vorgestellt wurden, ist lang: Sie reicht von der Kranken-, Unfall- und Invalidenversicherung über die Kindertagesstätten, den Jugend- und Altersheimen bis hin zu den Anstalten der Inneren Mission. Diese Filme versuchten, das Publikum auf das weit gespannte Netz von Hilfsangeboten des sich entwickelnden Sozialstaates aufmerksam zu machen und bestehende Vorurteile gegen Hilfebedürftige abzubauen.

2. Die formale Gestaltung der Filme

Bei der Betrachtung sozialhygienischer Filme in der Zeit der Weimarer Republik ist es wichtig zu bedenken, daß die Entwicklung der Filmtechnik es ermöglichte, zuvor unsichtbare und für den Laien unvorstellbare Lebens- und Bewegungsvorgänge auf der Leinwand zu zeigen. Die entsprechenden Techniken, wie Zeitraffer, Zeitdehnung (auch Zeitlupe genannt) oder die extreme Nahaufnahme und Vergrößerung, waren zwar vor 1918 entwickelt worden, bis dahin jedoch hauptsächlich in wissenschaftlichen Lehr- und Forschungsfilmen zum Einsatz gekommen. Durch ihre Verwendung in hygienischen Aufklärungsfilmen konnten die Ursachen bestimmter Krankheiten und deren Verlauf auf plastische Weise veranschaulicht werden. Auch die Mikro- und Röntgenkinematographie boten neue Möglichkeiten, dem Publikum die elementaren Lebensprozesse vor Augen zu führen (Weiser 1919; Kalbus 1922; Hay 1930). Zur Veranschaulichung innerer Vorgänge wurde zudem die Methode des sogenannten "schematischen Zeichenfilms" erarbeitet. Diese Tricktechnik ermöglichte es, komplexe wissenschaftliche Zusammenhänge auf einfache Weise grafisch zu verdeutlichen.

Extreme Vergrößerungen und naturalistische Aufnahmen von Krankheiten wurden als dramaturgische Mittel zur Abschreckung eingesetzt. Dieses Stilmittel verwendete man vor allem in den frühen Aufklärungsfilmen zur Vorbeugung von Geschlechts- und Infektionskrankheiten. Beliebt war auch die Gegenüberstellung von gesunden und ungesunden Lebensweisen. Der Ufa-Film "Die Folgen der Hungerblockade" (1921) nutzte beispielsweise solch einen visuellen Vergleich, um die gesundheitlichen Auswirkungen des Versailler Vertrages anzuprangern und die alliierte Nachkriegspolitik für das Leiden in der Bevölkerung verantwortlich zu machen. In einer Serie von Einstellungen kontrastierte der Film "Gesunde Gestalten aus Friedenszeiten" mit hungernden und kranken Menschen aus der Nachkriegszeit. Statistische Informationen, die einen Anstieg der Mortalitätsrate in der deutschen Bevölkerung verzeichneten und in Grafiken akzentuiert wurden, sollten zudem belegen, daß die alliierte Blockadepolitik einer "menschenverachtenden Methode" gegen "ein ganzes Volk" gleichkam.[4] Spielfilmregisseure bemühten sich darum, die gesundheitliche Aussage in eine fiktive Geschichte, möglichst in eine Liebesgeschichte, einzubinden. Dabei sollte der pädagogische Charakter der Gesundheitsfilme in den Hintergrund treten, um das Publikum durch 'harmlose Unterhaltung' möglichst unauffällig mit gesundheitlichen Gefahren am Arbeitsplatz, zu Hause und in der Freizeit vertraut zu machen.

Anhand des Films "Krebs" (1930) und der hygienischen Trickfilmserie "Lustige Hygiene" (1928-1930) sollen im folgenden zwei Filme mit unterschiedlichen filmdidaktischen Ansätzen vorgestellt werden, die bestimmend für die Diskussion über die Gesundheitsaufklärung in der Weimarer Republik waren. Während der Film "Krebs" auf das Mittel der Abschreckung in Verbindung mit wissenschaftlicher Information setzte, kamen in der Trickfilmserie "Lustige Hygiene" Humor und Unterhaltung zum Zuge. Beide Ansätze wurden während der 20er Jahre in vielfältigen Varianten und technischen Ausführungen verfolgt, ohne daß die Fachleute dabei zu einer letztlich gültigen Präferenz kamen. In der Geschichte des Mediums bedeutete die Einführung des Tonfilms seit 1929 einen wesentlichen Einschnitt; die Frage

[4] Vgl. BAFB Zensurkarte Nr. 4298. Thomalla bezeichnete diesen Film als "Auslandspropaganda auf wissenschaftlicher Basis"; vgl. Thomalla 1922: 608.

aber, ob die gesundheitliche Aufklärung auf gekonnte Unterhaltung oder abschreckende Informationen setzen sollte, blieb weiterhin bestehen.

Der Film "Krebs" wurde 1930 vom Deutschen Hygiene Museum in Dresden (DHM) in Zusammenarbeit mit dem Verlag wissenschaftlicher Filme hergestellt und war als Tribut an den Gründer des Museums, Karl August Lingner, gedacht, der 1916 selbst an Zungenkrebs gestorben war.[5] Die Betonung der modernen medizinischen Wissenschaft als Garant einer erfolgreichen Krebsbekämpfung steht im Vordergrund der Darstellung. Um die Zuschauer aufzurütteln und sie über Verlauf und Heilungschancen der verschiedenen Krebsformen zu belehren, setzt der Film fast alle damals verfügbaren filmischen Techniken ein, von naturalistischen Aufnahmen einzelner Krankheitsbilder über animierte Statistiken und Trickfilmszenen bis hin zu mikroskopischen Aufnahmen von Krebszellen, die das "undisziplinierte" und "anarchische" Wachstum des Tumors darstellen sollten (Weindling 1981).[6] Lediglich der Ton wurde noch nicht verwendet.

In der Einleitung des Films werden anhand statistischer Angaben zum allgemeinen Anstieg der Krebsmortalität die medizinischen, ökonomischen und bevölkerungspolitischen Gefahren der Krankheit aufgezeigt. Die Einführungssequenz besteht aus einer Szenenfolge mit Krebskranken, die von Geschwüren entstellt sind und chirurgischen Operationen unterzogen werden (siehe Abb.1). Die Überleitung auf Bilder von Friedhofsgräbern soll unmißverständlich auf den Ernst der Erkrankung hindeuten. Es folgen Reproduktionen aus dem "Handbuch des Deutschen Reiches".

Abb.1: Bildsequenz aus dem Film „Krebs" (1930) des Deutschen Hygiene-Museums

Quelle: Albrecht 1931: 89

Demnach kosteten 120.000 Krebskranke den Staat jährlich 500.000 Reichsmark - was einem Schaubild zufolge den Kosten für den Neubau von 50.000 Wohnungen

[5] Die folgenden Ausführungen beruhen auf der Sichtung des Filmmaterials und der dazugehörigen Zensurkarte. Beides befindet sich im Bundesarchiv-Filmarchiv in Berlin (vgl. BAFB, Zensurkarte Nr. B27368; vgl. auch Albrecht 1931: 88f.). Bezüglich der Krebsaufklärung und Filmpropaganda in den 30er und 40er Jahren siehe Proctor 1999.

[6] Die sprachliche und konzeptionelle Übertragung von Erkenntnissen der Zellbiologie auf die menschliche Gesellschaft, wonach der Mensch als "Zellenstaat" und Krebs als "Anarchie der Zellen" zu verstehen sind, bezog sich auf die Idee eines "sozialen Organismus", in dem das Individuum seine Existenzberechtigung lediglich aus der Gemeinschaft, dem Staat oder dem Volk und nach 1933 aus dem "Volkskörper" ableiten konnte.

entsprach.[7] Schließlich wird in einer Trickfilmszene die Darstellung der Krebssterblichkeit mit beunruhigender Symbolik verbunden. Während über einer Landkarte des Deutschen Reiches die wachsenden Zahlen von Krebstoten in Deutschland ausgebreitet werden, erscheint aus dem Hintergrund der Tod in Gestalt eines Sensenmannes, der seine schaurige Ernte einfährt.

In der nun folgenden Sequenz erscheint die Hauptbotschaft des Films auf zwei großen Texttafeln mit der Aufschrift "HILFE" und "BRINGT DIE WISSENSCHAFT". Durch die Trennung des Wortes "Hilfe" vom Rest des Satzes wird seine Doppelbedeutung im Sinne von Hilferuf und Rettung bewußt genutzt. Mit mehrfach wiederholten, kurzen und prägnanten Parolen wird der Zuschauer über das Krebsproblem belehrt. Merksätze wie "Krebs heilt niemals von selbst", "Im Zweifelsfalle sofort zum Arzt" oder "Krebs ist heute heilbar" richteten sich gegen das 'Kurpfuschertum'. Die Fortschritte der Krebsdiagnose und -therapie werden durch kaleidoskopartige Aufnahmen von Wissenschaftlern im Labor und technischen Apparaturen dargestellt. Neben der Röntgenuntersuchung stellt der Film die Radiumbehandlung vor, deren "geheimnisvolle Kräfte" eine Heilung versprachen (Proctor 1999). Auf die wissenschaftliche Erörterung dieser Verfahren und ihrer potentiellen gesundheitlichen Nebenwirkungen wird verzichtet. Ferner geht der Film auf die geschlechtsspezifischen Krebsarten ein und stellt verschiedene Maßnahmen der Krebsfrüherkennung vor, wie beispielsweise das regelmäßige Abtasten der Brust bei Frauen. Am Schluß des Films werden Aufnahmen von Krebsgeschwüren mit Bildern geheilter Patienten kontrastiert, um nochmals den Nutzen entsprechender Vorsorge und Achtsamkeit zu betonen. Der Film endet mit der Texttafel "KREBS IST HEUTE HEILBAR". Trotz dieser Kernbotschaft kritisierte der Berliner Professor Blumenthal, in dessen Institut Teile des Films aufgenommen worden waren, die "triste Stimmung" einzelner Einstellungen und bemängelte, das "Glück, das von der Heilung ausgeht", sei nicht richtig zum Ausdruck gekommen (Blumenthal 1931). Am 13. Dezember 1930 wurde der Film erstmals im Berliner Kaiserin-Friedrich-Haus vor einem geladenen Publikum in einer Probevorstellung vorgeführt.

Zwischen 1928 und 1931 brachte der Reichsausschuß für hygienische Volksbildung zehn kurze Trickfilme unter dem Titel "Lustige Hygiene" heraus, in denen eine Hauptfigur mit dem programmatischen Namen "Leberecht Klug" zusammen mit dem Sanitätsrat "Weise" eine Reihe von Abenteuern erlebt und dabei die Zuschauer über eine gesundheitsbewußte Lebensführung belehrt.[8] Das Manuskript zu

---

[7] Die Verbindung von Gesundheits- und Finanzpolitik, die in "Krebs" wohl erstmalig filmisch kommentiert wurde, kann aus dem Zusammenhang der Weltwirtschaftskrise und den verschiedenen Reformbestrebungen im Anstalts- und Fürsorgewesen erklärt werden. Nach 1933 entwickelte sich diese Art des Kostenvergleichs zu einem beliebten Propagandamittel in den Stummfilmen des Rassepolitischen Amtes der NSDAP, in denen der Aufwand für die Anstaltspflege attackiert und zur Sterilisierung von geistig und körperlich Behinderten aufgerufen wurde.

[8] Von den ursprünglich zehn Folgen der Trickfilmserie befindet sich heute nur noch eine im Bundesarchiv-Filmarchiv in Berlin. Die nachfolgende Beschreibung stützt sich deshalb vor allem auf die Berichte und photographischen Abbildungen, die in der Zeitschrift *Film und Bühne* veröffentlicht worden sind.

der Trickfilmreihe schrieb der damalige Leiter des Medizinischen Filmarchivs der Ufa, Curt Thomalla. Die einzelnen Episoden setzten sich u.a. mit Infektionskrankheiten und Impfungen sowie mit der Säuglings-, Haushalts- und Körperpflege auseinander. Die acht- bis zehnminütigen Filme bestanden aus sogenannten Kombinations-Trickaufnahmen, das heißt die Herstellerfirma Excentric-Film hatte in reale Aufnahmen von Menschen, Schwimmbädern, Wohn- und Schlafräumen Comic-Figuren, wie den klugen Raben, der "Leberecht Klug" bei seinen Abenteuern begleitet, hineinkopiert. Die Tricktechnik diente zudem dazu, Bakterien ‘sichtbar’ zu machen und die Verhaltensgebote durch Aussagen der Bakteriologie wissenschaftlich zu untermauern (Brecht 1999). So führt die Hauptfigur in der sechsten Folge einem verblüfften Dienstmädchen vor, daß es selbst auf äußerlich sauberen und weißen Wäschestücken von Bakterien nur so wimmelt, wenn diese nicht ordnungsgemäß gewaschen wurden. Die achte Folge behandelt die Reinlichkeit im Schlafzimmer (Verunreinigung der Luft durch Rauchen, unhygienische Federbetten, gesundes Schlafen bei offenem Fenster) und macht auf die Bedeutung des abendlichen Zähneputzens aufmerksam. Im neunten Abenteuer geht es um die allmorgendliche Toilette (gesundheitliche Nachteile durch zu spätes Aufstehen, Morgengymnastik, regelmäßiges kaltes Abreiben), im zehnten um ungesunde Verhaltensweisen während der Freizeit, insbesondere in Schwimmbädern und beim Sonnen. "Leberecht Klug" tritt dabei durchgängig als eine Art ‘hygienisches Gewissen’ im Alltag auf. Die Trickfilmserie fand Ende der 20er Jahre großen Anklang als sogenanntes Beiprogramm bei hygienischen Filmveranstaltungen und Vortragsreihen.

3. Der Präsentationsrahmen sozialhygienischer Filme

Sozialhygienische Filme wurden in den allgemeinen Programmkinos, in Fortbildungs- und Lehrveranstaltungen der Ärztevereine, in Schulen und Krankenhäusern, auf Betriebs- und Gewerkschaftsabenden sowie im Rahmen von Gesundheitswochen und Hygieneausstellungen einer breiten Öffentlichkeit vorgeführt. Das Repertoire der Vorführungen reichte von speziellen Lehrfilmveranstaltungen vor Fachvertretern der Ärzte- und Lehrerschaft über den Einsatz von Kurzfilmen als Bestandteil von Vorlesungen über Hygiene bis hin zu eigenständigen und abendfüllenden Programmfilmen ("Steinachfilm"), die in den städtischen Filmtheatern liefen. Filmvorführungen zur Gesundheitsaufklärung fanden zudem in Wanderkinos statt oder wurden mit Hilfe eines "Hygieneautos" mit integrierten Kinozelt in abgelegenen Ortschaften veranstaltet.[9]

Da es sich bei Gesundheitsfilmen in den 20er Jahren um Stummfilme handelte, wurde ihre Vorführung oft durch Vorträge ergänzt, insbesondere dort, wo der beleh-

---

Vgl. BAFB, "Lustige Hygiene"; Film und Bühne 3/ 1928: 191; Film und Bühne 3/ 1928: 81-84; Film und Bühne 6/ 1931: 23-24.

[9] Siehe DHM-Archiv: AG/ 26.33/ 4.

rende Charakter im Vordergrund der Veranstaltung stand.[10] Die Interpretation des Filmmaterials hing deshalb nicht zuletzt von der gesundheitspolitischen Ausrichtung des Vortrages sowie von den rhetorischen Fähigkeiten des Redners ab. Ein und derselbe Film konnte demnach sowohl zur Aufklärung über Möglichkeiten der Gesundheitsförderung als auch zur Propagierung rassenhygienischer Ideen verwendet werden. Das gesprochene Wort diente jedoch zunächst einmal der Anpassung der Filmaussage an die konkreten örtlichen und zeitlichen Gegebenheiten, nach dem Motto: "(...) vor pommerschen Landarbeitern wird man doch anders sprechen müssen als in einer westfälischen Industriestadt, vor Krankenschwestern anders als im Hausfrauenverein" (Thomalla 1922: 610).

Die Vorträge zu den Filmen wurden von Ärzten und Medizinalbeamten sowie von Pädagogen, "Wanderlehrern und -lehrerinnen" (Vogel 1925a: 62) gehalten, die in eigens dafür eingerichteten Fortbildungs- und Rhetorikkursen geschult wurden. Derartige Angebote richteten sich in erster Linie an Mediatoren, also an jene Berufsgruppen, zu deren professionellen Aufgaben die Wissensvermittlung gehörte. Dazu zählten insbesondere die Ärzte- und die Lehrerschaft sowie Vertreter sozialer Einrichtungen. Durch dieses Rekrutierungsprinzip erhofften sich die zuständigen Experten, die Breitenwirkung hygienischer Aufklärung zu erhöhen und gleichzeitig eine hohe inhaltliche und didaktische Qualität der Wissensvermittlung zu gewährleisten.

Besondere Aufmerksamkeit erlangten Sozialhygienefilme Mitte der 20er Jahre als Bestandteil groß angelegter Gesundheitskampagnen, beispielsweise während der Reichsgesundheitswoche (RGW) oder der reichsweiten Ausstellung *GeSoLei* mit ihren Schwerpunkten *Ge*sundheit, *So*ziales und *Lei*besübungen. Die Reichsgesundheitswoche kam auf Anregung des Sozialhygienikers und Reichstagsabgeordneten Julius Moses zustande. Er hatte bereits 1924 dem Hauptverband der Krankenkassen vorgeschlagen, eine derartige Kampagne nach englischem oder amerikanischem Vorbild zu veranstalten. Die Reichsgesundheitswoche, mit deren Organisation der Reichsausschuß für hygienische Volksbelehrung betraut war, wurde vom 18. bis 25. April 1926 in über 3.000 Orten durchgeführt, wobei aus organisatorischen Gründen die Veranstaltungen zunächst auf größere Städte beschränkt blieben. In ganz Deutschland fanden in Schulen, Universitäten und Kinos Filmvorführungen und Vorträge über die Bekämpfung der Tuberkulose und anderer ansteckender Krankheiten statt.[11]

Ausstellungen waren seit dem Ende des 19. Jahrhunderts ein integraler Bestandteil der Gesundheitsaufklärung, insbesondere nach dem großen Erfolg der Interna-

[10] Obgleich Musikbegleitung während der 20er Jahre ein fester Bestandteil der Filmvorführungen in großen Lichtspielhäusern war, scheint die musikalische Untermalung bei den Gesundheitsfilmen nur eine geringe Rolle gespielt zu haben.

[11] Der Reichsausschuß war selbst mit einem humoristischen Propagandafilm auf der RGW vertreten und auch die Ufa verband diese Veranstaltung mit der Vorführung der Filme "Geißel der Menschheit" (1926) und "Angeborene Syphilis" (1926). Der Sozialhygieniker Otto Neustätter veröffentlichte zudem die als Beiprogramm vorgesehenen "Schwanzfilme" zur Alltagshygiene; StAHH, Oberschulbehörde V, 361-2V, 912e, Bd.1 (1924-1928); Vogel 1926: 21-25.

tionalen Hygiene Ausstellung in Dresden im Jahre 1911.[12] Auch die Gesundheitsausstellungen während der 20er Jahre waren sehr erfolgreich, zumal sich bei ihrer Organisation die Vorstellungen über Sozialhygiene mit wirtschaftlichen und politischen Interessen verbanden (Vogel 1925a: 67f.). Von weitreichender Bedeutung war die im Sommer 1926 in Düsseldorf veranstaltete Ausstellung "*Ge*sundheit, *So*ziales und *Lei*besübungen, *GeSoLei*" (Weindling 1989: 313f.; StAHH 1928-1931: Bd.2). Sie ging auf eine Initiative des Sozialhygienikers Arthur Schloßmann zurück und verfolgte deutlich politische Ziele. Angesichts des Ruhrkampfes und der französischen Besatzung sollte sie als Symbol für die "Wiedererstarkung und Gesundung des deutschen Volkes" verstanden werden. Allein in Düsseldorf gab es 7,5 Millionen Besucher. Filmvorführungen über Arbeitsschutz und Gewerbehygiene sowie über Infektionskrankheiten und die persönliche Gesundheitsfürsorge waren ein fester Bestandteil des Ausstellungsprogramms. Die *GeSoLei* stand aber auch im Zeichen einer verstärkten Verbreitung eugenischer Ideen. Die zweite Hauptgruppe der Düsseldorfer Ausstellung lief unter dem Titel "Erblichkeitslehre und Rassenhygiene (Eugenik)". Inwieweit in diesem Kontext sozialhygienische Filme eingesetzt wurden, läßt sich heute nur schwer ermitteln.

Gesundheitsausstellungen zählten auch zu den Hauptattraktionen des Dresdener Hygiene-Museums (DHM). Zusammen mit dem Reichsausschuß und der Hygiene Akademie organisierte das Museum Wanderausstellungen, die nach einem festen Plan durch Deutschland reisten und von Filmvorführungen begleitet wurden. Allein 1929 organisierte das Museum in 150 Städten Gesundheitsausstellungen, die von schätzungsweise einer Million Menschen besucht wurden. Im selben Jahr veranstaltete es die Ausstellung "Der Mensch in gesunden und kranken Tagen", die in nur drei Wochen 93.000 Besucher zählte. Abgesehen von einzelnen Lehrfilmen nach Ende des Ersten Weltkrieges produzierte das Museum Ende der 20er Jahre eine Reihe von hygienischen Aufklärungsfilmen, die 1930 im Rahmen der II. Internationalen Hygieneausstellung der Öffentlichkeit präsentiert wurden (Weiser 1919: 144f.).[13] Der erste Film der Filmstelle des Museums - "Krebs" - wurde weiter oben bereits ausführlich beschrieben, der zweite - "Aus Not geboren" (1930) - setzte sich mit der Bekämpfung der Tuberkulose auseinander (Albrecht 1931: 88-90; Roth 1990; Film und Bühne 5/1930: 292; Vogel 1930). Wegen des großen Erfolges wurde die Hygieneausstellung im folgenden Jahr wiederholt, so daß noch zwei weitere

---

[12] Bezüglich Weimarer Ausstellungen vgl. StAHH, Medizinalkollegium II, N35, Bd.1 (1919-33); N35a, Bd.2 (1928-31); N35a, Bd.3 (1931-33); N36, Bd. 1 (1921-29); N62, (1929-35); Oberschulbehörde V, 361-2V, Internationale Kongresse und Ausstellungen für Schulhygiene. Vgl. auch Brecht 1999.

[13] Filme des Nationalen Hygiene-Museums in Dresden um 1919: "Die Stützschiene bei Fuß- und Beinverletzten"; "Das Stützkorsett bei Verletzungen der Wirbelsäule"; "Das Gehen mit künstlichen Gliedern"; "Die manuelle Massage und Krankengymnastik"; "Die Kriegsverletzten im landwirtschaftlichen Beruf. Schullazarett Jakobsberg bei Allenstein"; "Die Gehschule sowie das Arbeiten Amputierter. Lazarett Ettlingen"; "Die Korpsstation für Neurochirurgie und Hirnverletzte im stellvertretenen XII. A.K.“; "Die Behandlung der Neurotiker. Lazarett Hornburg" und "Der armlose Künstler Unthan. Ein Schulfilm für Armverletzte".

Filme des Museums zur Aufführung gelangten.[14] Die Filmarbeit des Museums war jedoch angesichts der Wirtschaftskrise nur von kurzer Dauer. Nach der Machtübernahme durch die Nationalsozialisten wurden zudem die Ausstellungen des Museums verstärkt auf rassenhygienische Gesichtspunkte hin ausgerichtet und die Herstellung eigener Filme weitgehend eingestellt.[15]

4. Die Organisation von Herstellung und Vertrieb sozialhygienischer Filme

Eine der ersten und bedeutendsten Produktionsfirmen medizinischer und sozialhygienischer Filme war bis Mitte der 20er Jahre das Medizinische Filmarchiv der Kulturabteilung der Universum Film AG (Ufa; Kulturabteilung 1919a). Es war noch während des Krieges gegründet worden, um einerseits der deutschen Ärzteschaft im In- und Ausland zu neuem Ansehen zu verhelfen und andererseits, mit Hilfe des Mediums Film die große Zahl von Kriegsverletzten einschließlich der sogenannten "Kriegsneurotiker" für spätere Studienzwecke zu dokumentieren. Zudem diente das Medizinische Filmarchiv zur Herstellung von Propagandafilmen über Hygiene, die u.a. zur Verringerung der Säuglingssterblichkeit und der Zahl der Abtreibungen sowie zur Eindämmung der Prostitution beitragen sollten.[16] Leiter des Archivs war seit 1919 der Neurologe und Sozialmediziner Curt Thomalla, der die Entwicklung des Genres der Aufklärungsfilme nachhaltig beeinflußte.[17] Noch während des Krieges hatte er sich für die Einrichtung eines medizinisch-psychiatrischen Filmarchivs eingesetzt (Thomalla 1919b). 1925 beendete er die Arbeit bei der Ufa und betätigte sich fortan als Drehbuchautor, beispielsweise schrieb er die Manuskripte für den "Steinachfilm" (1922), für den Film "Falsche Scham" (1925) oder für den eugenischen Film "Fluch der Vererbung" (1927). Zudem arbeitete er als Leiter der Filmsektion des Reichsausschusses. In dieser Funktion war er maßgeblich an der Organisation nationaler Gesundheitskampagnen beteiligt. Thomalla verstand sich selbst als Schriftsteller und Filmautor und hatte nur geringe wissenschaftliche Ambitionen. Er sah das Ziel seiner Arbeit in der möglichst effektiven Verbreitung sozialhygienischer und später auch rassenhygienischer Ideen.

Neben der Ufa produzierten Firmen wie die Industrie-Film GmbH, die Neue Kinematographische Gesellschaft, die Kulturfilm AG, die Deutsche Lichtbildgesell-

---

[14] Dies waren die Filme "Menschenwunder" (1930/ 31) und "Von Morgens bis Mitternachts – Hygiene des Haushalts" (ca. 1932).

[15] Nach 1933 stellte die Filmstelle des Hygiene Museums noch die Filme "Gesunde Zähne – glückliche Menschen" (1936) und den Film "Wegweiser Gesundheit" (1940) her; vgl. BAFK.

[16] Vgl. BAFB, "Die Geschlechtskrankheiten und ihre Folgen" (1919); "Die weiße Seuche" (1922); "Säuglings- und Kleinkinderpflege" (1919); "Krüppelnot und Krüppelhilfe" (1920).

[17] Thomalla war einer der bedeutendsten Filmautoren und Kommentatoren von sozialhygienischen Filmen während der Weimarer Republik. Er wurde 1890 in Oberschlesien als Sohn eines Medizinalrates geboren und hatte zunächst Jura und später Medizin studiert. Während des Weltkrieges arbeitete er als Facharzt für Neurologie und Psychiatrie an der Städtischen Nervenklinik in Breslau, wo er erste Erfahrungen mit medizinischen Filmen machte. Im Literaturverzeichnis sind einige seiner einschlägigen Publikationen aufgeführt.

schaft (Deulig), die Bildstelle des Zentralinstituts für Erziehung und Unterricht sowie der Bildspielbund Deutscher Städte regelmäßig Filme zur Sozialhygiene, die zumeist auf das Beiprogramm der Kinos zugeschnitten waren. Medizinische und wissenschaftliche Lehrfilme wurden dagegen im Medizinisch-kinematographischen Universitätsinstitut unter der Leitung von Alexander von Rothe an der Berliner Friedrich-Wilhelm-Universität produziert und interessierten Akademikern und Medizinstudenten kostengünstig als visuelles Anschauungsmaterial zur Verfügung gestellt.[18] Andere wichtige Organisationen, die sich für eine reichsweite gesundheitliche Aufklärung einsetzten, waren das Bayerische Arbeitermuseum, die Lingner Stiftung des DHM, das Reichsmuseum für Unfallverhütung und Gewerbehygiene mit seiner "Ständigen Ausstellung für Arbeiterwohlfahrt", das Museum der Preußischen Landesanstalt für Wasser-, Boden- und Lufthygiene, das 1927 eine Filmserie zur "Deutschen Stadthygiene" veranstaltete (Film und Bühne 11/ 1927: 82), sowie Dutzende von wissenschaftlichen und gesundheitsorientierten Vereinen, die sich nach dem Krieg in fast allen Städten etabliert hatten.[19]

Bis Mitte der 20er Jahre war die deutsche Sozialhygiene und ihre Vermittlung an die Öffentlichkeit durch eine dezentrale Organisation gekennzeichnet. Der stellvertretende wissenschaftliche Direktor des Deutschen Hygiene Museums, Martin Vogel, bezeichnete noch 1925 den organisatorischen Aufbau der Sozialhygiene als "buntgescheckt" und die Aufklärungskampagnen als wenig effektiv. Neben dem "Verein für Volkshygiene", den sozialhygienischen Reichsverbänden und dem Roten Kreuz mit seinen zahlreichen Gliederungen waren die allgemeinen Krankenkassen, die Ärztevereine, die sozialmedizinischen Forschungs- und Universitätsinstitute, die Wohlfahrts- und Gesundheitsämter, die privaten und staatlichen Fürsorge- und Beratungsstellen sowie die Volkshochschulen an einer umfassenden Gesundheitsaufklärung der Bevölkerung interessiert. Eine zentrale Koordination dieser verschiedenen Initiativen gab es aber bis zu diesem Zeitpunkt nicht. Sozialmediziner und Hygieniker drängten daher darauf, daß der Staat in stärkerem Maße Verantwortung für die Gesundheitsförderung übernehmen und das Gesundheitssystem reformiert werden sollte. Die Ufa forderte 1922 außerdem unter Hinweis auf die Unwirtschaftlichkeit von populärwissenschaftlichen Filmen staatliche Subventionen für zukünftige Filmprojekte. Die Forderung nach Subventionen von seiten des Staates war gleichzeitig Teil der allgemeinen Bestrebungen in Richtung einer stärkeren Zentralisierung der sozialhygienischen Dienste in Deutschland.

Ein erster Versuch, die gesundheitliche Aufklärungsarbeit staatlich zusammenzufassen und zu koordinieren, erfolgte durch die Gründung des Reichsausschusses für hygienische Volksbelehrung samt der dazugehörigen Landesausschüsse. Der erste Landesausschuß für hygienische Volksbelehrung war im Oktober 1919 in Zusammenarbeit mit dem Ministerium für Volkswohlfahrt in Preußen gegründet worden. Andere Länder folgten rasch dem preußischen Vorbild, so daß es bereits

---

[18] Humboldt Universitäts Archiv (HUA), Medizinische Fakultät, Nr. 270-271; HUA, Charité Direktion, Nr. 695, Alexander von Rothe; HUA, Charité Direktion, Nr. 1898.

[19] Eine Liste der entsprechenden deutschen Vereine findet sich bei Vogel 1925a: 64f.

zwei Jahre später, im Februar 1921, zur Gründung des Reichsausschusses für hygienische Volksbildung kam (siehe Abb. 2).[20] Seine Zentrale wurde zunächst nach Dresden verlegt, um eine möglichst enge Anbindung an das Hygiene Museum und die Lingner Stiftung zu gewährleisten, 1925 wechselte sie dann nach Berlin. Der Reichsausschuß besaß eine Propaganda- und Lehrmittelabteilung sowie ein Schul-, Film- und Pressereferat, um systematisch auf Ärzte, Fürsorger, Lehrer und Geistliche im Sinne der hygienischen Volksbelehrung einzuwirken. 1924 gab es insgesamt zehn Landesausschüsse in achtzehn deutschen Ländern. Die den Ausschüssen zur Verfügung stehenden finanziellen Mittel waren für gewöhnlich sehr gering und mußten während der Inflation hauptsächlich durch private Spenden aufgebracht werden (Vogel 1925a: 63).

Abb. 2: Logo des Reichsausschusses für hygienische Volksbildung

Quelle: StAHH, Medizinalkollegium II N35a, Bd.2 (1928-1931)

Seine Ziele hat der Reichsausschuß für hygienische Volksbelehrung auf die folgende Formel gebracht:

> "Es soll der Bevölkerung ein Verantwortungsgefühl dafür eingeflößt werden, was die Gesundheit für jeden einzelnen und für das Volksganze bedeutet und was demzufolge ein jeder sich selbst und dem *Volksganzen* in dieser Hinsicht schuldig ist. Es soll der Weg vom Wissen zum Gewissen, vom Verstehen zum danach Handeln gefunden werden."[21]

Diese Zielsetzung beinhaltete sowohl positiv eugenische, als auch volkswirtschaftliche Komponenten. Die ‚von Natur aus Schwachen' sollten gestärkt werden und sich die ‚Starken zu voller Leistungsfähigkeit entwickeln', damit der Zeitpunkt der individuellen ‚Leistungsunfähigkeit' - d. h. des Ausscheidens aus dem Berufsleben

[20] Zur Entwicklung des Reichsausschusses undder Landesausschüsse vgl. StAHH, Medizinalkollegium II N35, Bd.1 (1919-1933); BAK, R86, Nr. 937, Bd.1 (1926-1929); BAB, RMdI 15.01, Nr. 9572, (1923-1925); Neustätter 1921: 42-49; Nadav 1985: 160f.

[21] BAB, R86, Nr. 937, Reichsausschuß für hygienische Volksbelehrung.

durch Alter und Krankheit - hinausgeschoben und die durch die Kriegsjahre geschädigte ‚Volkskraft' wiederbelebt werden konnte. Den Hygienefilmen als der modernsten Form der populären Gesundheitsaufklärung kam in diesem Konzept eine besondere Bedeutung zu. Ein großer Teil dieser Filme, an deren Herstellung, Vertrieb und Vorführung der Reichsausschuß maßgeblich beteiligt war, zielte auf die sexuelle Aufklärung, um Geschlechtskrankheiten zu verhüten.

5. Die Grenzen des Zeigbaren: Sexualaufklärung zwischen Kommerz und Zensur

Die Grenzen zwischen sexualwissenschaftlichen Aufklärungsfilmen und erotischen Unterhaltungsfilmen, die unter dem Vorwand der "wissenschaftlichen Aufklärung" auf einen möglichst großen kommerziellen Erfolg abzielten, waren zu Beginn der 20er Jahre fließend. Nach der Aufhebung der Zensur im November 1918 durch den Revolutionären Rat waren zahlreiche pornographische Filme entstanden, die mit dem Etikett "Aufklärungsfilm" versehen worden waren und das Genre gesundheitlicher Volksbelehrungsfilme in Verruf brachten. Der Arzt und Sozialmediziner Waldemar Schweisheimer vertrat deshalb 1920 die Ansicht, daß Experten das "gute und die Sache richtig wiedergebende Wort Aufklärungsfilm" nicht mehr gebrauchen konnten, ohne mißverstanden zu werden (Schweisheimer 1920: 3). Vor diesem Hintergrund erließ die Regierung am 12. Mai 1922 das Reichslichtspielgesetz, das jeden in der Öffentlichkeit vorzuführenden Film der Genehmigung durch eine staatlich anerkannte Filmprüfstelle unterstellte. Alle Filme, die nach Ansicht der Zensoren die "öffentliche Ordnung und Sicherheit" gefährdeten, das "religiöse Empfinden" verletzten, "verrohend oder entsittlichend" wirkten oder die Gefahr beinhalteten, das "deutsche Ansehen" im Ausland zu diskreditieren, sollten verboten werden. Das große Spektrum möglicher Zensurgründe und das Fehlen einheitlicher moralischer oder ästhetischer Normen in der Urteilsbegründung der Zensoren führte zwangsläufig zu Verfügungswillkür und Begriffswirrwarr. Auch wenn spezifische Zensurentscheidungen aus heutiger Sicht schwer nachvollziehbar sind, so bleibt dennoch unzweifelhaft, daß der Anspruch vieler Filme auf gesundheitliche Aufklärung nur aus dem Grund postuliert worden war, nackte Frauen und Männer in unzweideutigen Posen zeigen zu können, ohne gleich von den staatlichen Behörden beanstandet oder verboten zu werden. So war Robert Reinert, der Regisseur des Films "Opium", vermutlich weniger an der Warnung vor den gesundheitlichen Folgen des exzessiven Opiumkonsums interessiert, zumal die Thematik für Deutschland nicht gerade von großer Relevanz war, als an der dramaturgischen Gelegenheit, einen "Opiumprofessor" dreimal eine Lasterhöhle inspizieren zu lassen, in der "nackte Dirnen mit ihren verlockenden und geilen Bewegungen" zu sehen waren (Zglinicki 1979: 571).

Produzenten von Kultur- und Gesundheitsfilmen wollten trotz der offensichtlichen Schwierigkeiten nicht auf die Herstellung von Aufklärungsfilmen zu Themen wie Geschlechtskrankheiten, Abtreibung, Alkoholismus, Prostitution und Homosexualität verzichten (Hohmann 1985: 247-292). Gerade die anspruchslose und belehrende Form der frühen medizinischen Ufa-Filme bürgte zwar für den nötigen 'sittlichen Ernst', beeinträchtigte jedoch zugleich ihren Publikumserfolg, auf den es letztlich ankam. Der Filmregisseur Richard Oswald (eigentlich Ornstein) erkannte als einer der Ersten, daß auch gesundheitliche und sexuelle Aufklärungsfilme einer dramatischen Form bedurften, um beim Publikum anzukommen. Einer seiner bekanntesten Aufklärungsfilme war "Es werde Licht" (1917), der unter der Schirmherrschaft der "Deutschen Gesellschaft zur Bekämpfung der Geschlechtskrankheiten" entstand und als Musterbeispiel für eine gelungene Verbindung von hygienischer Aufklärung und Unterhaltung galt. Berühmt geworden ist auch Oswalds Film "Anders als die Andern" (1919), in dem der gesellschaftliche Umgang mit der Homosexualität thematisiert wurde. "Anders als die Andern" schildert das Schicksal eines homosexuellen Violinvirtuosen, der in die Hände eines Erpressers gerät und am Schluß den Freitod wählt, um der gerichtlichen Verfolgung zu entgehen. Der Film propagierte die Abschaffung des §175, der Homosexualität unter Strafe stellte. Der Sexualwissenschaftler Magnus Hirschfeld arbeitete an dem Drehbuch des Films mit und übernahm selbst die Rolle des Arztes (Hirschfeld 1919: 4).[22] Ferner trat die skandalumwobene Tänzerin Anita Berber auf, was dem Film eine gewisse erotische Note verlieh und die Zuschauerzahlen in die Höhe schnellen ließ. Nach der Wiedereinführung der Filmzensur erhielt "Anders als die Andern" im August 1920 wegen seiner angeblich "entsittlichenden Tendenz" ein öffentliches Aufführungsverbot, "mit der Maßgabe, daß die Vorführung zugelassen wird vor bestimmten Personenkreisen, nämlich Ärzten und Medizinalbeflissenen, in Lehranstalten und wissenschaftlichen Instituten" (Usborne 1992: 76; Herrn 1997).[23]

Andere Filme der Genres widmeten sich der Frage der sexuellen Aufklärung von Kindern und Jugendlichen. Der Film "Wie sag ich's meinem Kinde" (1923) war Teil einer breit angelegten Kampagne zur "moralischen Jugenderziehung". Er beschwor die Gefahren frühzeitiger sexueller Erfahrungen und stellte sie als das Resultat einer verfehlten Erziehung dar (Film und Bühne 3/ 1928: 84). Filme wie "Hygiene der Ehe" (1923) oder "Falsche Scham" (1925) setzten sich mit dem Komplex der Geschlechtskrankheiten auseinander. "Hygiene der Ehe"[24] war zunächst nicht sonderlich erfolgreich, bis eine Berliner Verleihfirma ihn in "Menschenwerdung" umbenannte und in das Programm der Nachtvorstellungen aufnahm - wodurch der Film eine leicht anrüchige Note verliehen bekam. Überhaupt waren die Nachtvorstellungen während der 20er Jahre sehr beliebt, da sich hier die sexuelle Konnotation eini-

[22] Hirschfeld hatte bereits 1919 anläßlich der Vorführung von "Anders als die Anderen" konstatiert, daß "wer heute im Dienste der Aufklärung steht, nicht nur das Recht, sondern auch die Pflicht hat, neben Wort und Schrift auch den Film zu benutzen".

[23] Als weiterer Grund für das Aufführungsverbot wurde die Gefahr der Verführung zur Homosexualität genannt. Das Verbot wurde durch drei psychiatrische Gutachten von Albert Moll, einem wissenschaftlichen Kontrahenten Hirschfelds, Siegfried Placzek und dem Münchner Psychiater Emil Kraeplin 'wissenschaftlich' legitimiert.

[24] Der Film war 1923 von der Firma Panfilm in Zusammenarbeit mit dem Wiener Sozialmediziner Julius Tandler produziert worden; vgl. BAFB, Zensurkarte Nr. B7432.

ger Aufklärungsfilme mit der Sensationslust des Publikums für die Theaterbesitzer auf profitable Weise verband. Es kam vereinzelt zu heftigen Protesten gegen derartige Kinoprogramme, insbesondere von Seiten einiger süddeutscher Kirchenvereine, was nationalkonservative und völkische Kreise wiederum zum Anlaß nahmen, die Vorführungen von sozialhygienischen Aufklärungsfilmen generell in Frage zu stellen (Film und Bühne 3/ 1928: 85). 1929 forderte die Hamburger Ärztekammer einen "Überwachungsdienst" für jegliche Form der sexuellen Aufklärung - populärwissenschaftliche Filme und Vorträge eingeschlossen.[25]

Filme über Sexualität und Geburtenkontrolle wurden ohnehin einer strengen Kontrolle durch die Gesundheitsämter und Filmprüfstellen unterzogen, da angenommen wurde, daß deren bevölkerungspolitische und moralisch-religiöse Implikationen zu einer Gefährdung der 'öffentlichen Ordnung' führen könnten. Besonders restriktiv war die Filmzensur bei jenen Filmen, die das soziale Problem der Abtreibung thematisierten. So wurde im April 1925 die Vorführung des Films "Muß die Frau Mutter werden?" (1925) von der Oberprüfstelle Berlin verboten, weil er für die Abschaffung des Paragraphen 218 plädierte. Die Sachverständigen der Filmprüfstelle unterstellten, daß der Film "auf das gesunde Volksempfinden" geradezu verheerend wirken müßte und deshalb "direkt staatsgefährdend" sei. Der Film zeige - so hieß es weiter - eine der "Volksgesundheit abträgliche Form der Sinnlichkeit".[26]

Hinter den Entscheidungen der Zensurbehörden stand offenbar die Vorstellung, daß es zwischen der Botschaft der Filme und dem Verhalten der Zuschauer einen direkten und wissenschaftlich belegbaren Zusammenhang gäbe und das Publikum z.B. zur Homosexualität oder Prostitution 'verführt' werden könne. Die Zensur unterstellte den Aufklärungsfilmen mit anderen Worten eine weitreichende und nachhaltige Wirkung, die jedoch mit den zeitgenössischen Quellen zur Rezeption der Filme nicht in Einklang zu bringen ist.

6. Rezeption und Wirkung sozialhygienischer Filme

Bei einer Betrachtung der Rezeption und Wirkungsweise sozialhygienischer Filme ist es wichtig, sich sowohl über die bruchstückhafte Quellenlage insgesamt, wie über die zum Teil mangelnde Aussagefähigkeit einzelner Quellen von vornherein im Klaren zu sein. Der Einfluß der Sozialhygiene-Propaganda beispielsweise auf die Ansteckungsrate bei Geschlechts- und Infektionskrankheiten in den 20er Jahren läßt sich heute nicht mehr systematisch rekonstruieren, da die hierfür erforderlichen Publikumsbefragungen nicht vorliegen. Die folgenden Hinweise zum Erfolg oder Mißerfolg einzelner Filme stützen sich daher vor allem auf Aussagen von Produzenten, Filmemachern, Verleihern und Kritikern. Mit Erfolg oder Mißerfolg ist dabei gemeint, wie der Film bei den Zuschauern 'ankam', also ob sich das Publikum langweilte, ob es verärgert reagierte, sich gleichgültig zeigte oder begeistert applaudierte.

[25] StAHH, Medizinalkollegium II S8, Geschlechtliche Aufklärung der Jugend, 1907-1924, Bl. 62.
[26] Vgl. BAB, RMdI, 15.01, Nr. 9348, Maßregeln gegen Geburtenrückgang, 1925-26.

Zu Beginn der 20er Jahre zeigten sich Regisseure wie Curt Thomalla noch ganz vom Nutzen populärer Gesundheitsfilme überzeugt: "Der Schwindel der Pseudo-Okkultisten, die abergläubische Furcht des Laien vor dem Irrenhaus, der Alkoholismus und viele andere Schäden können nicht wirksamer bekämpft, gesunde Körperkultur, vernünftige Bevölkerungspolitik u.a. nicht einfacher propagiert werden, als durch den Film im Kinotheater" (Thomalla 1922: 593). Für Thomalla war das Publikum eine "urteilslose" und "träge Masse", die alles vermied, "was auch nur eine Spur geistiger Arbeit voraussetzt" (ebd.). Die Kinofilme boten seiner Ansicht nach ungeahnte Möglichkeiten, um Einfluß auf die Psyche der Zuschauer zu nehmen und sie zugleich über Gesundheitsgefahren 'sachlich' zu belehren. Schon bei den frühen Ufa-Filmen über die Verhütung von Geschlechtskrankheiten, die unter Thomallas Leitung im Medizinischen Filmarchiv hergestellt worden waren, erwies sich diese Erwartung als unrealistisch. Eltern und Lehrer äußerten ihre Sorge, daß derartige Filme bei jungen Menschen zu schwerwiegenden psychischen "Schäden" führen könnten:

> "Hypochondrisch oder ängstlich veranlagte Kinder würden durch derartig übertreibende Bilder, welche vereinzelte bösartige Fälle als typisch hinstellen, ohne daß zugleich die Heilungsmöglichkeiten gezeigt würden, in ihrer Lebensfreude leicht beeinträchtigt, indem sie einmal in jeder Kleinigkeit auch schwere Krankheitserscheinungen witterten, dann aber auch, falls sie sich wirklich mal eine Geschlechtskrankheit zuzögen, dauernd unter dem seelischen Druck stehen würden, über sie werde nun die ganze Flut der im Bilde gesehenen Krankheitsfolgen hereinbrechen. Dieser seelische Druck könne zu Selbstmord und anderen Folgen schlimmster Art führen."[27]

Bereits in diesen frühen Filmen der Ufa zeigte sich ein wesentliches Merkmal der gesamten Aufklärungskampagnen jener Zeit: Mit dem Mittel der Abschreckung sollte die Bevölkerung dazu gebracht werden, ihre bestehenden Lebensgewohnheiten zu ändern und die in den Filmen gegebenen Ratschläge zu befolgen. Bei manchen Zuschauern löste diese Informationsstrategie jedoch lediglich Angst und eine innere Abwehrreaktion aus, die alle intendierten Wirkungen der Filme zunichte machte. Die frühe Sozialhygiene-Propaganda bewegte sich demnach im Spannungsfeld zwischen den in Verruf geratenen kommerziellen 'Aufklärungsfilmen' auf der einen Seite und den als zu "aggressiv", aber auch als zu "didaktisch" empfundenen Lehrfilmen auf der anderen. In den Jahren nach dem Ersten Weltkrieg ließen sich sozialhygienische Filme nicht besonders gut verkaufen. Bereits im Februar 1922 wandte sich die Ufa daher in einer Denkschrift an das Preußische Ministerium für Volkswohlfahrt, in der sie eine staatliche Unterstützung bei der Herstellung und Verbreitung von populärwissenschaftlichen Filmen forderte.[28]

---

[27] StAHH, Medizinalkollegium II S8, Geschlechtliche Aufklärung der Jugend, 1907-1924.

[28] StAHH, Medizinalkollegium II N35, Reichsausschuss und Landesausschüsse für hygienische Volksbelehrung, Bd. 1 (1919-1933), Bl. 81-83; vgl. auch BAB, RMdI 15.01, Medizinische Filme, Nr. 10658, Bl. 18-20.

Erst mit der Zeit kamen Sozialmediziner zu der Einsicht, daß die größte Gefahr für die Gesundheitsaufklärung die Langeweile darstellte. Insbesondere die für Laien oft unverständlichen wissenschaftlichen Vorträge und Zwischentitel machten die Filme zu einer Qual für das Publikum. Ein interner Bericht der Anhaltinischen Regierung vom Juli 1923 machte deutlich, daß die in die Volksbelehrung gesetzten Erwartungen nicht erfüllt worden waren.[29] Als Beispiel hierfür wurde auf den Ufa-Film "Die Weiße Seuche" (1922) verwiesen, der sich mit der Vorbeugung und Behandlung der Tuberkulose befaßte. In manchen Städten war die Zuschauerresonanz so gering, daß die Gewerkschaften und zuständigen Ortskrankenkassen die geplanten weiteren Vorführungen absagen mußten. Vor dem Hintergrund solcher Erfahrungen kamen grundsätzliche Zweifel an der Wirksamkeit von Sozialhygienefilmen auf. In ungewöhnlich deutlichen Worten kritisierte der Bericht die früheren Erfolgsprognosen:

> "Hier sind Zweifel erlaubt. Dies gilt namentlich für die Wirksamkeit der Filme, die man eine Zeitlang gern als das wichtigste Aufklärungsmittel betrachtet hat. Die Erfahrung hat aber gezeigt, daß ihnen - unbeschadet ihrer großen Bedeutung für die Massenbelehrung - eine nennenswerte Dauerwirkung nicht inne wohnt, daß man sie in dieser Hinsicht ursprünglich überschätzt hat." (ebd.)

Die Mißerfolge der Gesundheitskampagnen wurden jedoch nicht allein auf die Machart der Filme zurückgeführt. Mit Blick auf die alliierten Reparationsforderungen notierten die Autoren, daß "für die betrübende Tatsache, daß der entscheidende gesundheitliche Aufstieg des gesamten deutschen Volkes noch immer nicht begonnen hat, (...) natürlich noch andere und viel mächtigere Umstände verantwortlich zu machen [sind] als etwa ein Fehlschlag der hygienischen Volksbelehrung" (ebd.).

Sozialhygieniker und Ärzte waren im Laufe der 20er Jahre zu der Überzeugung gelangt, daß der Film relativ wenig in der hygienischen Aufklärungsarbeit bewirke, da der Sinneseindruck "in der Seele keinen Wiederhall" fand (ebd.). Der von den Experten als bedeutend angesehene Zusammenhang zwischen Moral und Hygiene wurde von der Bevölkerung vielfach nicht verstanden oder einfach ignoriert. Offensichtliche Mißerfolge wurden insbesondere in der sexuellen Aufklärungsarbeit konstatiert. An die Stelle der enthusiastischen Erwartungen, die man nach dem Ende des Krieges in den Aufbau einer staatlich gelenkten Gesundheitsaufklärung gesetzt hatte, trat während der Inflationsjahre eine zunehmende Ernüchterung, die mit der Suche nach pragmatischen und effektiveren Lösungsmöglichkeiten einherging (Nadav 1985: 184-241). Im Vergleich zu der kostspieligen Filmproduktion und -distribution hatten Gesundheitsausstellungen weitaus größere Erfolge bei der Bevölkerung erzielt. Obgleich Filme nach wie vor als ein wichtiges Aufklärungsmittel angesehen wurden, sollten sie in der Zukunft in größere Zusammenhänge der öffentlichen Gesundheitsaufklärung eingebunden werden.

---

[29] BAP, 15.01, Nr. 9572 (1923-25), Bl. 72-76.

Während der Reichsgesundheitswoche und der *GeSoLei* schien dieses Konzept offensichtlich aufzugehen. Für Hamburg liegen statistische Angaben über die Zahl der Besucher und deren Altersstruktur vor, die ein relativ genaues Bild über die dortigen Filmvorführungen während der Reichsgesundheitswoche ermöglichen. In nur sechs Tagen besuchten über 20.000 Zuschauer sechs Hamburger Kinos. Allein im Lessing Theater sahen 5.000 Zuschauer Filme wie "Lungenfürsorge in Hamburg und Edmundstal", "Rachitis", "Die Ernährung des Menschen", "Gesunde Milch", "Am Lebensborn" (ein Film über das Turnen), "Krüppelfürsorge in Hamburg", "Erste Hilfe bei Unglücksfällen" oder "Der Volksfeind" (ein Film über den Alkoholkonsum).[30] Im Durchschnitt besuchten mehr Kinder als Erwachsene die Filmvorführungen. Während der *GeSoLei* wurde der von der Rex-Film AG hergestellte Film "So ist das Leben..." (1925) erfolgreich in Industriebetrieben, Schulen, öffentlichen Kinos und Krankenhäusern vorgeführt.[31] In einem Brief an die Produzenten schrieben die Organisatoren der Ausstellung, daß "So ist das Leben":

> "(...) einen großen Anklang bei den Besuchern unseresKultur-Film-Theaters gefunden [hat]. Obwohl eine große Anzahl von Filmen einschlägiger Art der Ausstellung seit ihrem Beginn zur Verfügung gestellt sind, dürfen wir doch feststellen, daß gerade der von Ihnen herausgebrachte Bildstreifen durch seine geschickte Art des Aufbaues und der Inszenierung wohl am meisten anspricht. Wir erblicken in Ihrem Film ein wertvolles Mittel der allgemeinen Volksbelehrung."[32]

Obwohl vereinzelt davon berichtet wurde, daß Zuschauer Filmdarbietungen als einen "großen Reinfall" empfanden und sich ihre Unzufriedenheit "heftig entlud",[33] war die Resonanz auf die Reichsgesundheitswoche und die dort vorgeführten Filme im allgemeinen ausgesprochen positiv. Einige Zeitungen veröffentlichten Sondernummern und berichteten täglich in eigens dafür illustrierten Beilagen über das Filmprogramm. So schrieb das *Berliner Tageblatt* über den Spielfilm "Falsche Scham" (1925):

> "Er zeigt die sozialen und biologischen Wege der Ansteckung, die einzelnen Arten der Geschlechtsleiden, ihre gesellschaftlichen und gesundheitlichen Wirkungen, die Behandlung und Heilung. Die Zuhörer empfingen offenbar einen starken Eindruck."[34]

Seit der Reichsgesundheitswoche und den daraus gewonnenen Erfahrungen versuchten Filmemacher, zusammen mit Pädagogen und Dramaturgen die hygienische Information mit einer humoristischen Spielhandlung zu verbinden. Filme wie "Mal-

---

[30] StAHH, Oberschulbehörde V, 361-2V, 912e, Bd.1 (1924-1928).

[31] Der Film "So ist das Leben" war ursprünglich unter dem Titel "Sonne und Regen" erschienen und seit August 1925 für öffentliche Vorführungen im Deutschen Reich zugelassen; BAFB, Zensurkarte Nr. 11006; vgl. auch StAHH, Medizinalkollegium II N35a, Bd. 2 (1928-1931).

[32] StAHH, Medizinalkollegium II N35a, Bd.2 (1928-31).

[33] Der Bildwart 5/ 1927: 84.

[34] BAB, RMdI, 15.01, Medizinische Filme, Nr. 10658, 1921-1927,Bl. 35; vgl. auch StAHH, Oberschulbehörde V, 361-2V, 912e, Bd.1 (1924-1928), Bl. 89.

chen, die Unschuld vom Lande" (1921)[35], "Eßt Obst, Obst ist gesund" (1927) oder "Hygiene des Kindes" (1928) bedienten sich dieses Stilmittels. Besondere Beachtung fand außerdem der Film "Die Fliege Majanka und ihre Abenteuer" (1927), der vom Reichsausschuß speziell für eine "Fliegenkampagne" hergestellt worden war und sich in erster Linie an die ländliche Bevölkerung richtete.[36] Allein in Westfalen lief der Film in den Jahren 1927/ 28 in 67 Orten und war offenbar besonders bei den Jugendlichen beliebt.

Solche erfolgreichen Filmprojekte blieben jedoch die Ausnahme. Ein zusammenfassender Bericht der Geschäftsführer der einzelnen Landesausschüsse von 1929 konstatierte, daß sich beim Publikum eine gewisse Müdigkeit für Vorträge und Filmvorführungen zur Sozialhygiene gezeigt hätte, und daß die Filme "oft gewagt und bezüglich des Erfolgs unsicher" seien (StAHH 1928-1931: Medizinalkollegium II. N35a; Schwalbe 1928). Einige Behörden stellten daraufhin jegliche finanzielle Unterstützung und Kooperation bei Filmproduktionen bis auf weiteres ein, zumal die für die Gesundheitsaufklärung zur Verfügung stehenden Etats aufgrund der Wirtschaftskrise ohnehin stark gekürzt worden waren (Der Bildwart 5/ 1927: 84). Deutsche Mediziner und Filmexperten waren mit ihrer Sorge um eine effektive Organisation zur Herstellung von Aufklärungsfilmen nicht allein. Auch in anderen europäischen Ländern, wie beispielsweise in Großbritannien, hatten sich die Hoffnungen in das neue Medium vielfach nicht erfüllt (Vogel 1925a: 71ff.).[37] Die Krise der Sozialhygiene-Propaganda löste eine intensive Diskussion um die Reform der Filmproduktion aus.

7. Konzepte zur Reform der Filmgestaltung

Auch wenn hier das Spektrum der Reform-Diskussion nur fragmentarisch wiedergegeben werden kann, so sollen doch drei Vertreter des Genres zu Wort kommen, deren Beiträge und Kommentare die Entwicklung der sozialhygienischen Filmproduktion in der Weimarer Republik maßgeblich beeinflußt haben.

Ein lebhafter Befürworter und Theoretiker des Mediums war der in München ansässige Arzt Waldemar Schweisheimer, der sich 1920 in seinem Buch über *Die Bedeutung des Films für soziale Hygiene und Medizin* eingehend mit den Zielen und Gestaltungsmöglichkeiten dieses Genres auseinandersetzte (Schweisheimer 1920,

---

[35] Zur Rezeption des Films vgl. StAHH, Medizinalkollegium II, N35, Bd.1 (1919-1933), Bl. 57-64; Oberschulbehörde V, 361-2V, 912e, Bd.1 (1924-1928).

[36] Bezüglich der "Fliegenkampagne" vgl. BAK, R86, Nr. 937, Bd.1 (1926-1929); StAHH, Medizinalkollegium II N35a, Bd.1 (1926-28); Der "Fliegenfeldzug" war Teil einer Kampagne des Reichsausschusses zur Verbesserung der Hygiene auf dem Lande. Zur Erhaltung der "Volkskraft" sollten Sauberkeit und Ordnung propagiert werden. Allein in Hamburg wurden 17.500 Flugblätter in 350 Schulen verteilt. Die Ufa brachte den Film "Gestachelte Plagegeister" heraus, der sich mit der Mücken- und Malariabekämpfung befaßte. Der Gesundheitsfeldzug auf dem Lande wurde allgemein als ein großer Erfolg gewertet; vgl. auch Film und Bühne 11/ 1927: 190.

[37] Bezüglich der Herstellung sozialhygienischer Filme in Großbritannien vgl. BAB, RMdI, 15.01, Medizinische Filme, Nr.10658, 1921-1927, Bl. 31; vgl. auch Lebas 1995.

1925, 1928 und 1933). Schweisheimer kritisierte sowohl die sexuell-erotischen und wirtschaftlich erfolgreichen "Aufklärungsfilme", als auch die wissenschaftlichen Volksbelehrungsfilme der Ufa, deren filmwirtschaftlicher und gesundheitspolitischer Mißerfolg den Experten nicht verborgen geblieben war. Seiner Ansicht nach durfte sich der sozialhygienische Film nicht auf die reine Belehrung des Publikums beschränken, sondern er sollte spannend und unterhaltend sein, um "unbeteiligte Herzen" zu erschüttern. Die dramatische Form, also der Spielfilm, schien ihm hierbei die geeignete Vermittlungsform einer wirkungsvollen hygienischen Volksbildung zu sein, als deren "Todfeinde" er Nüchternheit und Langeweile ansah:

> "Die dramatische Form ist es, die in den Lichtspieltheatern die Zuschauer am meisten fesselt und einzig ergreift. An hundert Einzelheiten erkennt man diese Tatsache bei der Betrachtung und Beobachtung der Zuschauer: der Film in dramatischer Form, sei es als Schauspiel, als Lustspiel, als Drama im eigentlichen Sinn, verkörpert am eindringlichsten die Wirkung des kinematographischen Bildes auf die großen Massen." (Schweisheimer 1920: 13)

Schweisheimer lehnte das Mittel der Abschreckung im Kampf gegen Geschlechts- und andere Infektionskrankheiten keineswegs ab, weil er von seiner Wirkung auf den Zuschauer überzeugt war: "Überhaupt wäre es verfehlt, allzu ängstlich, zart und sorgsam vorzugehen: soll in ein bis zwei Stunden eine Idee dem Zuschauer ins innerste Herz und Gewissen eingeprägt werden, so sind deutliche Worte, kräftige Akzente, aufrüttelnde Handgriffe vonnöten" (Schweisheimer 1920: 19). Ferner machte er sich Gedanken darüber, ob die hygienischen Ideen als Nebenthema mit der Handlung verwoben oder durch die Darstellung "in einem eigenen großen, dramatischen Tendenzfilm" übermittelt werden sollten - letzteres hielt Schweisheimer für wirkungsvoller. Wichtig war ihm vor allem die beständige Wiederholung der Filmbotschaften in immer neuen Varianten:

> "Es gilt, das gleiche unermüdlich immer wieder und wieder zu sagen; die Schwierigkeit besteht darin, den gleichen Inhalt in stets neue Form zu gießen, so daß die verschiedene Beleuchtung das Gefühl der Gleichförmigkeit gar nicht aufkommen läßt. Nicht ein einzelner Schlag, und sei er noch so zündend, kann den notwendigen Massenerfolg bringen, sondern gleichmäßiges Arbeiten des unaufhörlich, durch Jahre und Jahrzehnte fallenden Tropfens." (Schweisheimer 1920: 23).

Schweisheimer wollte trotz aller didaktischen Anstrengungen eine Bevormundung des Publikums vermeiden. Die Bevölkerung sollte sich vielmehr mit Hilfe des Mediums Film aus ihrer gesundheitlichen Unwissenheit und Unmündigkeit emanzipieren. In diesem Sinne sprach er sich offen für die Abschaffung paternalistischer Formen im Arzt-Patient-Verhältnis aus:

> "Der Standpunkt, den nicht fachmännischen Teil der Menschheit in Unwissenheit und Ahnungslosigkeit zu belassen, wird heute nicht mehr von allzuvielen Ärzten geteilt. (...) Abgesehen von der Erfolgsfrage entspricht es auch gar nicht der Richtung unserer Zeit, denkende Menschen als Blinde und Willenlose, sei es auch zu ihrem Heil, zu führen: Verstehende Mitarbeiter wollen gewonnen werden. Aufklärung und wieder Aufklärung

ist daher die Grundlage aller volksgesundheitlichen Bestrebungen, jedes sozialhygienischen Erfolges." (Schweisheimer 1920: 6)

Die Träger des Aufklärungsprojektes sollten sich jedoch nach wie vor aus einer intellektuellen und medizinisch geschulten Elite rekrutieren. Ebenso sollten die organisatorischen Strukturen der Filmherstellung zentralisiert, wenn nicht gar staatlich kontrolliert werden. Schweisheimer trat dafür ein, eine "begutachtende Zentralstelle" als eine Art Zensurbehörde zu etablieren, in der hygienische Filme durch Filmexperten, Regierungsvertreter und Ärzte auf ihren Nutzen für die Gesundheitsaufklärung hin geprüft und nötigenfalls verboten werden sollten.[38]

Zu den kritischen Befürwortern der Filmpropaganda gehörte auch Martin Vogel, der sich seit dem Ende des Ersten Weltkrieges aktiv für die Entwicklung der Sozialhygiene und deren Vermittlung einsetzte.[39] Vogel hatte sich 1919 zunächst als Arzt in Dresden niedergelassen und die Leitung der Volksborn-Gesellschaft für medizinisch-hygienische Aufklärung übernommen, die jedoch kurz darauf im Hygiene Museum aufging. Vogel arbeitete erst als Kustos und seit 1923 als stellvertretender wissenschaftlicher Direktor des Museums. Sein Aufgabengebiet reichte von der Herstellung von Ausstellungsgegenständen und Lehrmitteln über die Organisation von Wanderausstellungen zur Gesundheitsfürsorge bis hin zu seiner Tätigkeit im Reichsausschuß für hygienische Volksbelehrung. Nach dem Erfolg der Düsseldorfer Gesundheitsausstellung *GeSoLei*, an dem er wesentlichen Anteil hatte, wurde er im Dezember 1926 zum wissenschaftlichen Direktor des Hygiene Museums ernannt.

Bereits 1925 hatte Vogel die verschiedenen Aspekte der Gesundheitsaufklärung in seinem Buch *Hygienische Volksbildung* analysiert. Seiner Ansicht nach bedurfte es größter finanzieller, organisatorischer sowie kreativer Anstrengungen, bis sich aus der hygienischen Volksbelehrung ein eigenes wissenschaftliches Aufgabengebiet entwickeln würde. Der Aufklärungsfilm sollte dem Zuschauer einen allgemeinen Eindruck von der hygienischen Problematik vermitteln, ihn auf soziale Fragen hinweisen und emotional berühren (Vogel 1925a: 59f.). Wie Schweisheimer sah auch Vogel im Spielfilm das geeignete Genre für die hygienische Aufklärung. Seiner Ansicht nach waren viele der damals produzierten Filme zu lang und überladen

[38] Vermutlich fiel die Abfassung seines Buches in die kurze Periode nach dem Ende des Krieges, als es in Deutschland keine Filmzensur gab. Mit der Bekanntgabe des Reichslichtspielgesetzes im Mai 1920 wurde die Filmzensur wieder eingeführt.

[39] Martin Vogel wurde 1887 geboren und studierte Medizin in München und Freiburg. Als Mitglied im Guttemplerorden und Gründer der "Landeshauptstelle gegen den Alkoholismus" galt sein Interesse schon früh der Bekämpfung der Alkoholsucht und der Entwicklung von Naturheilverfahren. Zudem war er ein begeisterter Ernährungswissenschaftler, der sich für eine qualitative Verbesserung von Lebensmittel einsetzte. Nach 1933 ließ sich Vogel als Arzt für Naturheilverfahren in Dresden nieder und arbeitete unter anderem im dortigen Forschungsinstitut des Reichsgesundheits-, Prüfungs- und Beratungsdienstes. Im November 1938 trat er der NSDAP bei (rückdatiert auf Mai 1937). Vogel starb 1947; Bezüglich seiner Arbeit in der hygienischen Volksaufklärung vgl. Vogel 1925a; Vogel 1925b: 303-390; Vogel 1926: 21-25; Vogel 1928: 140ff; Zabel 1949: 335-337; Ich bin Claudia Lohse von der Universität Dresden dankbar, daß Sie mir Teile ihre biographischen Recherchen über Vogel zur Verfügung gestellt hat; vgl. Lohse (Doktorarbeit in Vorbereitung).

mit wissenschaftlichen und medizinischen Details, die dem Laien entweder unverständlich blieben oder ihn nicht interessierten. Die langatmigen Darstellungen von Laboratorien, Krankenhäusern und Patienten sowie Beschreibungen von Diagnose- und Behandlungsmethoden führten seiner Meinung nach dazu, daß die Zuschauer das Interesse verloren oder dem Beiprogramm ganz fern blieben.

Vogel befaßte sich zudem intensiv mit den Besonderheiten in der Gesundheitsaufklärung der Arbeiterschaft. Er war davon überzeugt, daß die Vorführung selbst einfachster Handgriffe in der Säuglingspflege durch eine Krankenschwester statt durch die "Mutter der Frau aus dem Volke" dem Arbeiterpublikum den Zugang zu Gesundheitsfilmen versperren konnte. Die Darstellung der perfekten persönlichen Hygiene beinhalte die Gefahr, ein für die Zuschauer unerreichbares Ideal zu propagieren. Für eine erfolgreiche Gesundheitsaufklärung sei es daher notwendig, so Vogel, daß die Filmemacher das richtige Verhältnis zwischen ernsthafter Belehrung und humorvoller Unterhaltung fänden. Um die Popularität und Qualität der Filme zu erhöhen, setzte er sich dafür ein, die Filmproduktion staatlich zu subventionieren und organisatorisch zu zentralisieren.

Dieselbe Ansicht vertrat auch der Leiter des Medizinischen Filmarchiv der Ufa, Curt Thomalla, der die Ursache für die anhaltende Misere in der hygienischen Aufklärung ebenfalls in der Zersplitterung des deutschen Lehrfilmwesens sah und die Notwendigkeit einer staatlichen und "planvollen Organisation" hervorhob, um die Produktion von "amtlichen Propagandafilmen" zu ermöglichen. Die bereits vorhandenen Organisationen des Reichsausschusses sollten dazu genutzt werden, die Bevölkerung überregional über Fragen der Hygiene und der sozialen Medizin zu unterrichten (Der Bildwart 5/ 1927: 85). Derartige Vorschläge wurden jedoch erst nach 1933 umgesetzt, als fast das gesamte deutsche Filmwesen dem Reichsministerium für Volksaufklärung und Propaganda (RMfVuP) sowie der Reichsstelle für den Unterrichtsfilm (RfdU) unterstellt wurde.

8. Eugenik und Rassenhygiene

Ende der 20er Jahre traten neben den Themen zur persönlichen Hygiene und allgemeinen Wohlfahrtspflege verstärkt eugenische Inhalte in den Vordergrund der Sozialhygiene-Propaganda.[40] Die Filme vermittelten nun oftmals eine Ästhetik, die 'das Gesunde' mit 'dem Normalen' gleichsetzte. Der Körperkulturfilm "Wege zur Kraft und Schönheit" (1925) versuchte, wie der Leiter der Ufa-Kulturfilmabteilung, Nicholas Kaufmann, es ausdrückte, "die deutsche Nachkriegsjugend in Ermangelung eines Wehrdienstes" der "Körperertüchtigung" zuzuführen. Das Leitmotiv "mens sana in corpore sano" sollte auf die bevölkerungspolitische Bedeutung von geistig und körperlich gesunden Mitgliedern der Gesellschaft aufmerksam machen. 1927 erschien der Ufa Film "Natur und Liebe", der die Entwicklung des menschli-

[40] Dies vor allem im Zusammenhang mit der 1927 erfolgten Gründung des "Kaiser-Wilhelm-Instituts für Anthropologie, Menschliche Erblehre und Eugenik" in Berlin-Dahlem, wodurch die Eugenik innerhalb der deutschen Wissenschaft institutionalisiert wurde; vgl. dazu Weindling 1985: 303-318.

chen Lebens und die "Entstehung der Menschenrassen" thematisierte. Das Manuskript hatte Kaufmann verfaßt. In den Schlußsequenzen wurde dem Film eine rassenanthropologische Tendenz gegeben, indem die "verschiedenen Menschenrassen mit dem Ausblick auf eine Höherentwicklung der Menschheit" dargestellt wurden.[41] Die sozialpsychiatrischen Filme der 20er Jahre wie "Abseits des Weges" (1926) versuchten dagegen, die herrschenden Vorurteile gegenüber Behinderten abzubauen, indem sie auf die Erfolge der Reformpsychiatrie, insbesondere auf die der Arbeitstherapie, verwiesen.[42] Die Verbreitung reformpsychiatrischer Ansätze war aber auch mitverantwortlich dafür, daß sich das Konzept der "Arbeitsfähigkeit" als entscheidendes Kriterium für die Beurteilung der Heilungschancen psychisch Kranker herauskristallisierte und nach 1933 im Rahmen der rassenhygienischen Propaganda instrumentalisiert wurde.[43]

Die Umsetzung eugenischer Vorstellungen in eine visuelle Form gestaltete sich jedoch ähnlich schwierig wie die der anderen Ansätze der Sozialhygiene. Im März 1927 hatte die Berliner Gesellschaft für Rassenhygiene ein Filmpreisausschreiben veranstaltet, um für ihre Ideen in der Bevölkerung zu werben. Der anvisierte Film sollte die Öffentlichkeit auf die Gefahren der "menschlichen Entartung" aufmerksam machen und zur Erhaltung und Vermehrung des "wertvollen körperlichen und geistigen Erbgutes" im deutschen Volk beitragen. Obgleich man ein Preisgeld von 300 Mark ausgesetzt hatte, war das Ergebnis enttäuschend. Von den 30 eingesandten Manuskripten waren die meisten vollkommen unbrauchbar.

Der erste deutsche Film mit einer expliziten eugenischen Tendenz kam 1927 unter dem Titel "Der Fluch der Vererbung" heraus, der Untertitel lautete: "Die nicht Mütter werden dürfen". Der Film war auf Anregung des Preußischen Ministeriums für Volkswohlfahrt und in Zusammenarbeit mit dem Deutschen Verein für Eugenetik und dem Deutschen Bund für Volksaufartung und Erbkunde von der Berliner Firma Bieber-Film hergestellt worden. Das Drehbuch hatte Curt Thomalla verfaßt, die Regie führte der Ufa-Regisseur Adolf Trotz. Die Uraufführung des Films fand am 26. August 1927 im Berliner Primuspalast statt. Anhand von Themen wie der Bluterkrankheit, des Alkoholismus und der Epilepsie sollten die Gefahren des "Erbfluchs" vor Augen geführt werden.[44] Mit dem Mittel der Abschreckung sollte die Öffentlichkeit langfristig auf die Einführung eines Gesetzes zur zwangsweisen Sterilisierung von "Erbkranken" eingestimmt werden. Der Film war als reiner Spielfilm

[41] BAFB, "Natur und Liebe" (1927); vgl. auch Film und Bühne 3/ 1928: 221-222.

[42] Ein sozial-hygienischer Aufklärungsfilm: "Abseits des Weges". In: Zeitschrift für psychische Hygiene 1931. 4. 87-88; vgl. BAFB, Zensurkarte des Films "Abseits des Weges" (1926), Nr. 12166.

[43] 1935 bediente sich beispielsweise das Rassenpolitische Amt der NSDAP des Titels "Abseits des Weges", um die finanziellen Aufwendungen für das Anstaltswesen anzuprangern und die zwangsweise Sterilisierung von Geisteskranken im Sinne des Gesetzes zur Verhütung erbkranken Nachwuchses (GzVeN) zu fordern; vgl. auch Siemen 1993.

[44] Der erste eugenische Film. In: Zeitschrift für Volksaufartung und Erbkunde 1927. 2. 105-106. Der erste amerikanische Film zur Eugenik erschien bereits 1916 unter dem Titel "The Black Stork"; vgl. Pernick 1996. Der Dokumentarfilm "Homo Sapiens 1900" (Regie Peter Cohen, Schweden 1999) enthält umfangreiches historisches Filmmaterial zu dieser Thematik.

konzipiert und wurde allein im Jahr 1927 mit 34 Filmkopien einer breiten Öffentlichkeit zugänglich gemacht. Die Reaktionen des Publikums waren größtenteils positiv, der Film war - einem Rezensenten zufolge - ein "unzweifelhafter Schlager", der "zum Nachdenken und zur Popularisierung der Eugenik stärker anregen [wird], als die meisten Vorträge und Zeitungsartikel".[45] Andere Rezensionen fielen dagegen weitaus weniger positiv aus und bemängelten die nur schwer zu ertragende Mischung von Sentimentalität und Grausamkeit. Zudem wurde die Auswahl der Bluterkrankheit als Hauptthema kritisiert, da sie von nur geringer Bedeutung für die Eugenik sei. Andere relativierten die Schwächen des Films mit dem Hinweis, es sei außerordentlich schwierig, "Vererbungswissenschaft in eine einigermaßen annehmbare Filmhandlung zu verweben". Tatsächlich sollte sich dieses 'Vermittlungsproblem' in den 30er Jahren noch als außerordentlich virulent herausstellen, als die NS-Regierung darum bemüht war, mit Hilfe von Filmdokumentationen das nationalsozialistische Sterilisierungsgesetz zu legitimieren. Der Versuch, rassenhygienisches und eugenisches Gedankengut in eine suggestive Filmsprache umzusetzen, ohne dabei in allzu durchsichtige Propagandatechniken zu verfallen, erwies sich bis auf wenige Ausnahmen als Fehlschlag.[46]

9. 1933 – Kontinuität oder Gleichschaltung?

Im Übergang von der Weimarer Republik zum Dritten Reich läßt sich ein Umbruch der Filmpropaganda im Rahmen der nationalsozialistischen Gesundheitspolitik feststellen, es gab aber auch personelle, institutionelle und inhaltliche Kontinuitäten. So machte der Drehbuchautor und Filmemacher Curt Thomalla, der verantwortlich für eine große Zahl von hygienischen Filmen in der Weimarer Republik war, nach 1933 im Rahmen der NS-Rassen- und Bevölkerungspolitik eine beachtliche Karriere. Seit April 1933 war er als Leiter des Referates "Volksgesundheit und Volkswohlfahrt" im Reichsministerium für Volksaufklärung und Propaganda tätig, wo er enge Kontakte zu den führenden Größen der NS-Gesundheitspolitik unterhielt.[47] Thomalla arbeitete zudem eng mit der Reichsarbeitsgemeinschaft für Schadensverhütung und der Nationalsozialistischen Volkswohlfahrt zusammen und editierte die Zeitschrift *Kampf der Gefahr*. 1936 gab er das Buch *Gesund sein – Gesund bleiben* heraus, das die Ideologie der Rassenhygiene mit einer stark antisemitischen Tendenz verband.

[45] Der erste eugenische Film. In: Zeitschrift für Volksaufartung und Erbkunde 1927. 2. 105-106.

[46] Die Propaganda zur Vernichtung "unwerten Lebens" war bereits mehrfach Gegenstand historischer Untersuchungen, vgl. Roth 1985; Rost 1987; Rost 1988; Burleigh 1994: 183-219.

[47] Vgl. Deutsches Ärzteblatt 1935. 65. 555-562; 1936. 66. 1253-1255; 1937. 67. 336; 1938. 68. 339. Ich bin Gerd Pfletschinger für diese Hinweise dankbar; vgl. auch IfZ, Fa 199/ 50, Curt Thomalla; BAB, BDC-Akte Curt Thomalla; Thomalla 1936: 124f. Thomalla nahm sich Anfang März 1939 aus bisher ungeklärten Gründen das Leben. Lediglich ein Vermerk in Goebbels Tagebüchern weist auf ein Zerwürfnis zwischen Thomalla und den nationalsozialistischen Machthabern hin; vgl. Fröhlich 1998: 275-276.

obgleich oftmals unter veränderten Vorzeichen. Nach 1933 wurde der Reichsausschuß in den "Reichsausschuß für den Volksgesundheitsdienst" umbenannt und streng auf die rassenhygienischen und bevölkerungspolitischen Vorstellungen hin ausgerichtet.[48] Die bereits vorhandene Infrastruktur der Landesausschüsse wurde der NS-Gesundheitspropaganda unterstellt. Die Schriftenreihe sowie die "Sonderschauen" des neuen Reichsausschusses begleiteten die Einführung rassenhygienischer Maßnahmen.

Bei einer Sichtung der Ufa-Kataloge aus den Jahren 1930, 1933 und 1937 kann man feststellen, daß sozialhygienische Filme aus der Weimarer Republik auch noch im Dritten Reich verliehen wurden. Ufa-Filme wie "Gerade Beine, gesunde Glieder" - ein Film zur Kindergymnastik -, "Der Körper des Kindes in Licht und Sonne" oder "Olympia unserer Kleinsten" konnten sich ohne nennenswerte Probleme im Verleihangebot behaupten. Auch Filme wie "Heimtückischer Feind", der zum Kampf gegen den Hausstaub aufrief, sowie Beiträge zur Arbeits- und Gewerbehygiene wie "Unfallverhütung im gewerblichen Bereich", "Menschenkräfte Schonen" und "Atmen ist Leben" konnten sowohl 1930 als auch 1937 von Interessenten ausgeliehen werden (Albrecht 1990: 13).

Von größerer Bedeutung sind jedoch die einschneidenden Brüche und tiefgreifenden Umwälzungen, die nach 1933 in allen Bereichen der Gesellschaft vollzogen wurden, einschließlich der medizinisch-hygienischen Filmindustrie und der öffentlichen Gesundheitsfürsorge. Bereits am 1. April 1933 beriet sich der Ufa-Vorstand darüber, die bestehenden Verträge mit jüdischen Filmproduzenten zu lösen. Mit der Einrichtung der Reichsfilmkammer im Sommer 1933 sollte die Filmförderung im Sinne des Regimes gelenkt und geeignete Projekte entsprechend gefördert werden. Im Bereich des Lehrfilmwesen kam es zu einer vollständigen Umstrukturierung, Zentralisierung und Gleichschaltung der ehemals bestehenden Vielfalt didaktischer Ansätze (Schmidt 2000). Die Gründung der Reichsstelle für den Unterrichtsfilm im Juni 1934 unter Leitung des SA-Mannes Kurt Gauger ermöglichte dem Reichserziehungsministerium, das gesamte deutsche Lehrfilmwesen unter staatliche Kontrolle zu stellen. Eine der wichtigsten Verleihfirmen von medizinischen Filmen, die "Deutsche Gesellschaft für wissenschaftliche Filme", die sich in jüdischem Besitz befand, wurde unter Druck der Gestapo an die Reichsstelle zu einem Spottpreis verkauft. Der medizinische Filmbestand wurde intensiv gesichtet und alle Filme, die von jüdischen Autoren hergestellt worden waren, aus dem Verleihangebot gestrichen.[49]

Als Beispiel sollen nochmals die Ufa-Kataloge aus den 30er Jahren herangezogen werden. Der Film "Unsere Kinder - unsere Zukunft", der sich mit der Säuglingssterblichkeit befaßte, entsprach offenbar nicht mehr den Vorstellungen des NS-Regimes von Gesundheitsfürsorge. Nach 1933 fehlten Filme wie "Sonniger Winkel" oder "Wochenende des kleinen Mannes", die sich mit den Gesundheitsproblemen in

---

[48] StAHH, Medizinalkollegium II N35, Bd.1 (1919-1933).

[49] Von 411 Filmen zog die Reichsstelle bis 1939 insgesamt 93 Filme zurück, die von "jüdischen" oder "vermutlich jüdischen Autoren" stammten; BAK, R169, No.15, Bl. 2-4, Bl. 259-281.

der Großstadt befaßten. Allem Anschein nach wurden vor allem solche Filme aus dem Verleih gezogen, die im Verdacht standen, beunruhigend auf die Bevölkerung zu wirken, weil sie das Leben als ‘gefährdet’ darstellten. "Kampf gegen den Erbfeind" (vor 1921) und "Die weiße Seuche" (1922), die sich beide mit der Tuberkulose auseinandersetzten sowie "Falsche Scham" (1925), "Geißel der Menschheit" (1926) oder "Angeborene Syphilis" (1926), die das Problem der Geschlechtskrankheiten ansprachen, verschwanden nach 1933 vollständig aus dem Verleihangebot der Ufa (Albrecht 1990: 14). Ferner wurden jene Filme zurückgezogen, die nach Ansicht der Zensoren veraltet und qualitativ schlecht waren.

Abschließend dürfen bei einer Betrachtung der geschichtlichen Entwicklung die spezifischen Widerstände, die den Nationalsozialisten von seiten namhafter Sozialmediziner entgegengebracht wurden, nicht übersehen werden. Anfang der 30er Jahre zählten viele von ihnen zu den schärfsten Gegnern einer ‘völkischen’ Gesundheitspolitik. Besonders jüdische Sozialhygieniker wie Julius Moses riefen zum Kampf gegen das Dritte Reich auf, um die sozialen Errungenschaften des Weimarer Sozialstaates vor einer diktatorischen und rassistischen Politik zu schützen (Moses 1932). Auch wenn ihre Stimmen ungehört blieben, so sind sie doch ein Indiz dafür, daß es keine gerade Linie von der Sozialhygiene und Eugenik der 20er Jahre zur NS-Rassenhygiene gab und die Entwicklung vielmehr als *twisted road* mit deutlichen Brüchen und Diskontinuitäten verstanden werden muß.

10. Zusammenfassung

Die sozialhygienischen Filme der Weimarer Republik bewegten sich im Spannungsfeld zwischen wissenschaftlichen Lehrfilmen und populären Unterhaltungsfilmen. Dieses Spannungsverhältnis bestimmte sowohl den Charakter der Filme als auch die bis Anfang der 30er Jahre anhaltende Diskussion um die Reform des Genres. Die Filme befaßten sich mit einer Vielzahl von medizinischen, hygienischen und sozialen Themen, um das Publikum umfassend über Fragen der Gesundheitsförderung und Krankheitsbekämpfung aufzuklären. Ihr übergeordnetes Ziel war es, die Zuschauer davon zu überzeugen, daß eine angemessene Lebensführung langfristig zu Gesundheit, Schönheit und Glück führen würde und somit für den Einzelnen ebenso erstrebenswert sei wie für das Gemeinwesen. In vielen der Filme trat ein ungebrochener Glaube an den technischen, wissenschaftlichen und soziokulturellen Fortschritt der industriellen Gesellschaft zum Vorschein. Gesundheitsfilme waren nicht nur auf die Darstellung von medizinischen Diagnose-, Behandlungs- und Forschungsmethoden beschränkt, wie das bei medizinischen Lehrfilmen der Fall war. Ihre Hersteller hatten vielmehr das Konzept der Hygiene auf soziale, bevölkerungspolitische und volkswirtschaftliche Aspekte im Sinne einer umfassenden Gesundheitsfürsorge ausgeweitet. Dahinter stand die Vorstellung, daß in einer modernen Industriegesellschaft gesundheitliche und soziale Probleme durch das Zusammenspiel von wissenschaftlicher Forschung, interventionistischem Sozialstaat sowie einer gezielten und permanenten Gesundheitsaufklärung zu lösen seien. Inwieweit

spiel von wissenschaftlicher Forschung, interventionistischem Sozialstaat sowie einer gezielten und permanenten Gesundheitsaufklärung zu lösen seien. Inwieweit einzelne Organisationen, Hersteller und Filmautoren zu den Vertretern eines *reactionary modernism* zu rechnen sind, kann aufgrund des derzeitigen Forschungsstandes nicht mit Bestimmtheit gesagt werden; einige Indizien deuten darauf hin (Herf 1984). Es bedarf jedoch noch weiterführender Studien, die das komplexe Gefüge gesundheitspolitischer, wissenschaftlicher und wirtschaftlicher Interessen analysieren, um zu einem besseren Verständnis der Sozialhygiene-Propaganda in der Weimarer Republik zu gelangen.

Literaturverzeichnis

Albrecht, Egon E. (1931): Das Deutsche Hygiene Museum und sein internationaler Gesundheitsdienst. Dresden

Albrecht, Gerd (1990): Medizin und Mediziner des Dritten Reiches. Eine kursorische Einführung. In: Benzenhöfer/ Eckart (1990): 4-21

Aly, Götz et al. (Hrsg.) (1985): Reform und Gewissen. "Euthanasie" im Dienst des Fortschritts. Berlin

Antoni, Christine (1997): Sozialhygiene und Public Health. Franz Goldmann (1895-1970). Husum

Beier, Rosemarie/ Roth, Martin (Hrsg.) (1990): Der Gläserne Mensch – Eine Sensation. Dresden

Benzenhöfer, Udo/ Eckart, Wolfgang U. (Hrsg.) (1990): Medizin im Spielfilm des Nationalsozialismus. Tecklenburg

Blumenthal, Ferdinand (1931): "Krebsfilm, Krebsaufklärung, Krebsbekämpfung". In: Medizinische Klinik (1), 2. Januar 1931

Brecht, Christine (1999): Das Publikum belehren - Wissenschaftzelebrieren. Bakterien in der Ausstellung "Volkskrankheiten und ihre Bekämpfung" von 1903. In: Gradmann/ Schlick (1999): 53-77

Burleigh, Michael (1994): Death and Deliverance, "Euthanasia" in Germany, 1900-1945. Cambridge

Fröhlich, Elke (Hrsg.) (1998): Die Tagebücher von Joseph Goebbels. München

Gottstein, Adolf et al. (Hrsg.) (1925): Handbuch der Sozialen Hygiene und Gesundheitsfürsorge. Berlin

Gradmann, Christoph/ Schlick, Thomas (Hrsg.) (1999): Strategien der Kausalität. Konzeptionen der Krankheitsverursachung im 19. und 20. Jahrhundert. Pfaffenweiler

Günther, Walther (Hrsg.) (1927): Verzeichnis Deutscher Filme. Berlin

Hay, Alfred (Hrsg.) (1930): Photographisches Praktikum für Mediziner und Naturwissenschaftlicher. Wien

Herf, Jeffrey (1984): Reactionary Modernism. Technology, Culture, and Politics in Weimar and the Third Reich. Cambridge

Herrn, Rainer (1997): Die Darstellung des Arztes in zwei frühen Sexualaufklärungsfilmen. In:Philips-Krug/ Hausheer (1997): 55-65

Hirschfeld, Magnus (1919): Aus der Bewegung. In: Jahrbuch für sexuelle Zwischenstufen 19: 4

Hohmann, Joachim S. (1985): Sexualforschung und -aufklärung in der Weimarer Republik: Eine Übersicht in Materialien und Dokumenten. Frankfurt a.M.

Internationale Hygiene-Ausstellung Dresden 1930 (1930). Dresden

Kalbus, Oskar (1922): Der Deutsche Lehrfilm in der Wissenschaft und im Unterricht. Berlin

Kater, Michael H. (1989): Doctors under Hitler. London

Kersting, Franz-Werner et al. (Hrsg.) (1993): Nach Hadamar. Zum Verhältnis von Psychiatrie und Gesellschaft im 20. Jahrhundert. Paderborn

Kolb, Eberhard (1988): Die Weimarer Republik. München

Kulturabteilung der Universum Film AG (Hrsg.) (1919a): Das Medizinische Filmarchiv. Berlin

Kulturabteilung der Universum Film AG (Hrsg.) (1919b): Der Lehrfilm. Berlin

Lebas, Elisabeth (1995): "When Every Street Became a Cinema". The Film Work of Bermondsey Borough Council's Public Health Department, 1923–1953. In: History Workshop Journal 39: 42-66

Lohse, Claudia: Der Arzt und Ernährungshygieniker Martin Vogel (1887-1947). Sein Beitrag zur hygienischen Volksaufklärung (Doktorarbeit in Vorbereitung)

Moses, Julius (1932): Der Kampf gegen das "Dritte Reich" - ein Kampf für die Volksgesundheit. In: Der Kassenarzt 9: 1-4

Nadav, Daniel S. (1985): Julius Moses (1868-1942) und die Politik der Sozialhygiene in Deutschland. Stuttgart

Neustätter, Otto (1921): Der Reichsausschuß für hygienische Volksbelehrung. In: Sozialhygienische Mitteilungen 5: 42-49

Pernick, Martin (1996): The Black Stork, Eugenics and the Death of "Defective" Babies in American Medicine and Motion Pictures since 1915. New York

Philips-Krug, Jutta/ Hausheer, Cecilia (Hrsg.) (1997): Frankensteins Kinder. Film und Medizin. Zürich

Proctor, Robert (1999): The Nazi War on Cancer. Princeton

Rost, Karl Ludwig (1987): Sterilisation und Euthanasie im Film des "Dritten Reiches". Husum

Rost, Karl Ludwig (1988): Propaganda zur Vernichtung "unwerten Lebens" durch das Rassenpolitische Amt der NSDAP. In: „1999“ (Zeitschriftentitel) 3: 46-55

Roth, Karl-Heinz (1985): Filmpropaganda für die Vernichtung der Geisteskranken und Behinderten im "Dritten Reich". In: Aly (1985): 125-193

Roth, Martin (1990): Menschenökonomie oder der Mensch als technisches und künstlerisches Meisterwerk. In: Beier/ Roth (1990): 39-67

Schmidt, Ulf (1995): Der medizinische Film in der historischen Forschung. In: Mitteilungen aus dem Bundesarchiv (3): 82-84

Schmidt, Ulf (2000): Medical Research Films, Perpetrators, and Victims in National Socialist Germany 1933-1945. Husum

Schwalbe, Julius (1928): Gegen das Übermaß medizinischer Volksbelehrung. In: Deutsche Medizinische Wochenschrift 32: 1-8

Schweisheimer, Waldemar (1920): Die Bedeutung des Films für soziale Hygiene und Medizin. München

Schweisheimer, Waldemar (1925): Bewahrung vor Krankheiten. München

Schweisheimer, Waldemar (1928): Die Liebe, nur eine Krankheit? München

Siemen, Hans-Ludwig (1993): Die Reformpsychiatrie der Weimarer Republik: Subjektive Ansprüche und die Macht des Faktischen. In: Kersting (1993): 98-108

Thomalla, Curt (1918): Ein medizinisches Filmarchiv. In: Berliner klinische Wochenschrift 55: 1052

Thomalla, Curt (1919a): Die Verwertungsmöglichkeit des medizinischen Lehrfilms. In: Kulturabteilung der Universum Film AG (1919a): 14-29

Thomalla, Curt (1919b): Ein psychiatrisch-neurologisches Filmarchiv. In: Zeitschrift für die gesamte Neurologie und Psychatrie 45: 87-97

Thomalla, Curt (1919c): Wissenschaftliche Kinematographie. In: Berliner klinische Wochenschrift 56: 321-325

Thomalla, Curt (1920): Der wissenschaftliche Lehrfilm in der Geburtshilfe und Gynäkologie. Berlin

Thomalla, Curt (1922): Hygiene und soziale Medizin imVolksbelehrungsfilm. In: Zeitschrift für Medizinalbeamte und Krankenhausärzte 21/ 23: 589-593, 606-610, 631-635

Thomalla, Curt (1923a): Steinachs Forschungen und Theorien im Lehrfilm. In: Zeitschrift für ärztliche Fortbildung 20: 52-56

Thomalla, Curt (1923b): Vom medizinischen Lehrfilm zum Steinach-Film. In: Der Bildwart (1): 170-171

Thomalla, Curt (1925): Vom Werdegang des medizinischen Lehrfilms. In: Der Bildwart (3): 776-781

Thomalla, Curt (1927): Milch ist Trumpf. Sechs Milch-Filme. In: Der Bildwart (5): 81-85

Thomalla, Curt (1929): Die Entwicklung des medizinischen und hygienischen Lehr- und Kulturfilms in Deutschland. In: Internationale Lehrfilmschau (4): 468-484

Thomalla, Curt (1934): Warum Bevölkerungspolitik? Eine deutsche Schicksalsfrage. Stuttgart

Thomalla, Curt (Hrsg.) (1936): Gesund sein – Gesund bleiben. Ein volkstümliches Hausbuch für den gesunden und kranken Menschen. Berlin

Usborne, Cornelie (1992): The Politics of the Body in Weimar Germany: Woman's Reproductive Rights and Duties. London

Vogel, Martin (1925a): Hygienische Volksbelehrung. Berlin

Vogel, Martin (1925b): Hygienische Volksbildung. In: Gottstein et al. (1925): 303-390

Vogel, Martin (1926): Das Experiment von Framingham. In: Der Hygienische Wegweiser 2: 21-25

Vogel, Martin (Hrsg.) (1926): Hygienische Filme. Dresden

Vogel, Martin (1928): Hygienische Volksbelehrung und psychiatrische Aufklärung. In: Zeitschrift für psychische Hygiene 5: 140ff.

Vogel, Martin (1930): Aus der Wissenschaftlichen Werkstatt des Deutschen Hygiene-Museums. In: Internationale Hygiene-Ausstellung Dresden 1930 (1930): 94-99

Webster, Charles (Hrsg.) (1981): Biology, Medicine and Society 1840-1940. Cambridge

Weindling, Paul (1981): Theories of the Cell State in Imperial Germany. In: Webster (1981): 99-155

Weindling, Paul (1985): Weimar Eugenics: The Kaiser Wilhelm Institute for Anthropology, Human Heredity and Eugenics in Social Context. In: Annals of Science 42: 303-318

Weindling, Paul (1989): Health, Race and German Politics between National Unification and Nazism, 1870-1945. Cambridge, New York

Weindling, Paul (Hrsg.) (1995): International Health Organisations and Movements, 1918-1939. Cambridge

Weiser, Martin (1919): Medizinische Kinematographie. Dresden

Zabel, W. (1949): Prof. Martin Vogel zum Gedenken. In: Hippokrates 12: 335-337

Zglinicki, Friedrich von (1979): Der Weg des Films. Hildesheim. New York

Krankheit und Ideologie

Eine Retrospektive der Gesundheitsausstellungen zum Thema Krebs

Susanne Hahn

In ihrem Buch "Krankheit als Metapher" versucht Susan Sontag zu zeigen, "daß Krankheit *keine* Metapher ist und daß die ehrlichste Weise, sich mit ihr auseinanderzusetzen - und die gesündeste Weise, krank zu sein - darin besteht, sich so weit wie möglich von metaphorischem Denken zu lösen" (Sontag 1991: 5). Ganz abgesehen davon, daß diese Ansicht durchaus nicht allgemein akzeptiert ist, weil Krankheitsmetaphern auch sinnstiftende Bedeutung beigemessen wird (Löffler 1995), bleibt sie ein frommer Wunsch, denn metaphorisches Denken in bezug auf Krebs ist sowohl in der Medizin als auch in der Bevölkerung weit verbreitet (Schwibbe 1989; Verres 1986). Wurde die Bezeichnung Karzinom bzw. "cancer" zunächst wegen äußerlicher Ähnlichkeiten mit einem Krebs gewählt und meinte daher nicht nur Geschwülste, sondern auch beispielsweise den Schanker - geschwürige Schwellungen bei Geschlechtskrankheiten -, sind es heute Analogien im vermeintlichen Verhalten eines Krebstieres mit dem Charakter der Krankheit, die empfunden werden (Cabanne et al. 1990; Dietrich 1986; Goerke 1984; Körbler 1973; Wolff 1907). So gilt der Krebs seiner den Tod überdauernden harten Schale wegen als Vanitassymbol (Floericke 1915), und das Sternbild Krebs, der Sage nach auf den Kampf des Herakles mit der Hydra verweisend, in den der Krebs entscheidend gegen den Helden eingriff, wird in astrologischer Deutung in Beziehung zur Brust und zum Unterleib gebracht (Chojecke 1967; Drössler 1984; Surya 1923). Seitdem gehört der Krebs zur Welt des Bösen (Klußmann 1990: 4). Er steht für sich zurückziehen, sich verkriechen, für einen weichen Kern in harter Schale (Meerwein 1981), einen "muskulären Panzer" und ein subjektiv erlebtes "Totsein" (Reich 1994: 172, 178). Krebs ist ein Stachel im Fleisch, ein feindliches Gegenüber, das aus dem tiefenpsychologisch mit Flut und Gefahr assoziierten Element Wasser urplötzlich mit seinen Scherenarmen zubeißt, uns von innen auffrißt und bei Lebzeiten zu Aas werden läßt. Die zwickende Zange beherrscht das Bild der Heiligen Agathe, zu der man bei Brustkrebs betete. "Ekelhaftes Viech" oder "Soldaten, die eindringen in den Körper" sagen die Menschen heute (Verres 1986: 148-150). Krebs wird gegenwärtig ähnlich metaphorisch belegt wie einst die Tuberkulose mit dem Bild der "Galoppierenden Schwindsucht" (Löffler 1995; Pfister 1993).

Die nachfolgende Untersuchung will prüfen, ob, in welcher Weise und warum die Gesundheitsaufklärung zum Thema Krebs, wie sie in unserem Jahrhundert u.a. durch Ausstellungen geschehen ist, mit solchen Metaphern aufgeräumt oder sich vielleicht ihrer auch bedient, sie unterhalten oder gar produziert hat.

Nachdem der renommierte Berliner Internist Ernst von Leyden (1832-1910) am 18. Februar 1900 bei der Gründungsversammlung des "Comité für Krebsforschung" konstatiert hatte, "(...) was uns auch bei anderen Seuchen gelungen ist, durch genaue Kenntnis ihrer Verbreitung, ihrer Ursachen, ihrer Sterblichkeit eine gewisse Prophylaxe zu finden, das liegt in den Grenzen der Möglichkeit" (Ebert 1992), begann eine breite Aufklärung der Bevölkerung über den Krebs.

So zeigte die Sonderabteilung Krebs der I. Internationalen Hygiene-Ausstellung 1911 in Dresden 438 Exponate, u.a.

- anatomische Präparate, Abbildungen und Wachsmoulagen,
- mikroskopische Präparate,
- Versuche und Ergebnisse der experimentellen Krebsforschung,
- epidemiologische Statistiken,
- therapeutische Möglichkeiten und
- Bedeutung und Methoden der Früherkennung.

Millionen von Menschen sahen diese umfassende Gesundheitsschau, die die Gründung des Deutschen Hygiene-Museums ermöglichte. Es war - so die zeitgenössische Einschätzung - "der Versuch gemacht worden, die Tatsachen, welche die Untersuchungen über die bösartigen Geschwülste zutage gefördert haben, in allgemeinverständlicher Zusammenfassung dem großen Publikum nahezubringen" (Sonderkatalog 1911: 5). Man folgte damit dem gesundheitsaufklärerischen Programm des Odol-Fabrikanten Karl August Lingner (1861-1916): "Der moderne Mensch will wissen und handeln. Der Mensch will selbst beurteilen, was er tun und lassen kann, er nimmt Belehrung entgegen und richtet danach sein Tun ein" (Lingner 1912: 11). Da die Exponate, vor allem die Präparate und Moulagen, jedoch vielfach weit fortgeschrittene Befunde abbildeten, ist anzunehmen, daß die Ausstellung nicht nur wissensvermittelnd wirkte, sondern die Besucher auch durch Angst und Abscheu beeindruckte (Walther et al. 1993).

In der Weimarer Republik gewann die Krebsaufklärung insofern noch an Bedeutung, als mit dem Rückgang der Tuberkulose der Anteil von Krebserkrankungen an der Todesursachenstatistik relativ zunahm (Gebhard 1933: 6). Die große Düsseldorfer Gesundheitsausstellung GeSoLei im Jahr 1926 oder die II. Internationale Hygiene-Ausstellung 1930 in Dresden im Neubau des Deutschen Hygiene-Museums integrierten das Thema Krebs. 1931 wurde eine spezielle Ausstellung "Kampf dem Krebs"[1] gezeigt, die anschließend in viele Großstädte Deutschlands wanderte.[2]

Konzeptionell stand natürlich die Wissensvermittlung über die Erkrankung im Mittelpunkt. Aber das pädagogische Herangehen der Ausstellungsmacher implizierte über die rationale Ebene hinaus die Vermittlung von Gesundheit als Wert:

---

[1] Wanderausstellung "Kampf dem Krebs!" (1931). Fotodokumentation 705. Archiv des Deutschen Hygiene-Museums.

[2] Fotodokumentation 315, besonders Foto 48. Archiv des Deutschen Hygiene-Museums.

"Wir wollen den Menschen zu Lebensbekenntnis und Lebenskunst erziehen, wir führen ihm den ganzen menschlichen Körper als Kunstwerk vor und suchen sein Interesse für die wunderbaren Einrichtungen dieses Kunstwerkes zu erwecken (...) in der Überzeugung, daß der Mensch die Gegenstände, die er liebt, auch mit Liebe zu behandeln versucht" (Seiring 1930: 48). Diesem Konzept entsprechend verschoben sich die Themenschwerpunkte und die didaktischen Mittel. Beispielsweise wurden die Folgen des Krebses für die Familie, die Volkswirtschaft und die Versicherungsgesellschaften eindrucksvoll in Schautafeln oder Dioramen demonstriert, die gleichzeitig ein Bild von der sozialen Situation, vom Arbeits- und Wohnungsmilieu vermittelten, in dem die meisten Menschen damals lebten. Bei der in der Weimarer Republik herrschenden Kurierfreiheit galt es als besondere Aufgabe, die Menschen davon abzuhalten, mit Krebsfrühsymptomen nichtärztliche Heilkundige oder gar Kurpfuscher aufzusuchen und somit eine oft tödliche Behandlungsverzögerung heraufzubeschwören. Sogar im Laientheater wurden die Folgen solchen Verhaltens demonstriert.[3] Auch die gestalterische Konzeption änderte sich. Die abschreckenden Moulagen wurden jetzt dezenter und vor allem Frühstadien abbildend eingesetzt (Schloßmann 1927).

Galt in der Weimarer Republik die zentrale Stellung des Menschen in der Gesundheitsaufklärung als "symbolisch für die ideelle Orientierung der ganzen Museumsarbeit" (Deutsches Hygiene-Museum 1930: 36), änderte sich das nach 1933. Nicht mehr der Mensch, sondern ideologische Zwecksetzungen - "das bevölkerungspolitische Programm der NSDAP und damit des nationalsozialistischen Staates in engster Zusammenarbeit mit den Gliederungen der Partei, den Behörden, der Deutschen Ärzteschaft und der Deutschen Arbeitsfront im In- und Ausland"[4] - rückten in den Mittelpunkt der Gesundheitsaufklärung.

Die Krebsforschung und -prävention erhielt durch erst in der Diktatur durchsetzbare Maßnahmen deutliche Impulse, z.B. durch die Einführung von Röntgenreihenuntersuchungen, die eigentlich die Tuberkulose anzielten, jedoch auch die Früherkennung von Bronchialkarzinomen ermöglichten, und durch die Förderung von gynäkologischen und andrologischen Vorsorgeuntersuchungen sowie die Einführung erster Formen eines Krebsregisters (Felgner 1996).

Die Ideologisierung, der Übergang von der Gesundheitsaufklärung in der Weimarer Republik zur "Gesundheitsführung" im Dritten Reich, nach der Gesundheit mit Leistungsfähigkeit gleichgesetzt und zur Pflicht erhoben wurde, wird beispielsweise deutlich an den Änderungen des Textes auf einer Tafel mit dem beliebten Vergleich von menschlichem Körper und Auto. Er lautete 1931: "Jeder Mensch über 40 sollte sich im Jahre einmal gründlich untersuchen lassen. Jedes Auto wird regelmäßig durchgesehen, das findet jeder selbstverständlich. Warum findet er es nicht selbstverständlich, daß die viel kompliziertere Maschine seines Körpers durchgese-

[3] Internationale Hygiene-Ausstellung 1930, Gruppe "Aberglaube und Gesundheit", Foto 3126. Archiv des Deutschen Hygiene-Museums.

[4] Satzung des Deutschen Hygiene-Museums e.V. vom 14. 6. 1935, S. 1, § 2. Archiv des Deutschen Hygiene-Museums.

hen wird?"[5] Wieder auftauchend 1937 bis 1939 in der Wanderausstellung "Ewiges Volk" ist dasselbe Motiv beschriftet: "Gesundsein ist Pflicht. Eine Maschine bedarf ständiger Wartung und Pflege, um leistungsfähig zu bleiben. Sorge Du durch ein vernünftiges gesundheitsgemäßes Leben dafür, daß das Wunderwerk Deines Körpers gesund bleibt und Du Deine Leistungsfähigkeit bis ins Alter Dir bewahrst."[6]

Das Deutsche Hygiene-Museum wurde in der Bombennacht des 13. Februar 1945 zu 80% zerstört. Noch ehe es wieder aufgebaut war, setzte es seine Arbeit mit Wanderausstellungen fort, die sich um Aufklärung über die stark angestiegene Tuberkulose, die in der Nachkriegszeit grassierenden Geschlechtskrankheiten und Krebs bemühten. Diese Ende der 40er Jahre produzierten und gezeigten handgemalten Papptafeln fixieren wichtige Charakteristika der Krebsaufklärung jener Zeit:

- Krebs ist häufig die Folge toxischer Einwirkungen, z.B. im Arbeitsmilieu. "Schluß mit den Atombombenexperimenten!", heißt es in einer Wanderausstellung Anfang der 50er Jahre.[7]
- Der Arzt ist ein allwissender Forscher.
- Der Patient ist ein bedauernswerter Mensch.
- Krebs ist bösartig und bedarf zielsicherer Bekämpfung, z.B. durch die Kobaltkanone.
- Der Betrachter nimmt den Blickwinkel des Arztes ein und beobachtet objektiv das Krankheitsgeschehen an konkreten Personen.
- Krebs ist, früh erkannt, heilbar, und man kann selbst etwas zur Früherkennung tun (siehe Abb.1).
- Das Totentanz-Thema - memento mori (bedenke, daß du sterblich bist) - wird aufgegriffen.

Die Gesundheitsaufklärung in der DDR, als Gesundheitserziehung verstanden und betrieben, war dann wieder nicht mehr frei von ideologischen Einflüssen. Ausstellungen wie Lehrmittel sollten "dem Besucher veranschaulichen, daß nur das sozialistische Gesundheitswesen eine umfassende gesundheitliche Betreuung aller Bürger gewährleistet, und (...) den Besucher überzeugen, daß er für seine Gesundheitserhaltung mitverantwortlich ist und die Pflicht hat, die Möglichkeiten, die ihm das sozialistische Gesundheitswesen dazu bietet, auszunutzen" (Kunkel 1961).

---

[5] Wanderausstellung 1931, siehe Anm. 1, S. 40, Bild 75.

[6] Wanderausstellung "Ewiges Volk" (1937-1939), Fotodokumentation 305, S. 16. Archiv des Deutschen Hygiene-Museums.

[7] Fotodokumentation Ka 7801-7825. Archiv des Deutschen Hygiene-Museums.

Abb.1: Memento mori. Kampagne zur Früherkennung von Krebs unter Einschluß arbeitsbedingter Risiken.

Quelle: Handgemaltes Plakat der Wanderausstellung „Krebs" des Deutschen Hygiene-Museum, Ende der 40er Jahre

Derartige Formulierungen fanden sich neben den Sachinformationen in vielen Diaserien, Filmen, Videos, Plakatreihen, Broschüren[8] und Wanderausstellungen. Die Krebsaufklärungsmaterialien wurden in Schulen, medizinischen Einrichtungen und vor allem auch in Betrieben verbreitet, oft als mentale Vorbereitung auf am Arbeitsplatz angebotene Vorsorgeuntersuchungen.[9] Manche Materialien wurden aber auch weltweit exportiert.[10] Bis Mitte der sechziger Jahre wurden zudem neue Moulagen geformt, nicht mehr schreckliche Krankheitsstadien, sondern Frühsymptome und

[8] Zum Beispiel: „Dem Krebs keine Chance". Deutsches Hygiene-Museum in der DDR. Dresden 1979.

[9] Siehe etwa: „Krebs. Früherkennung durch Vorsorge und Selbstuntersuchung." Aus einer Plakatserie der 80er Jahre. Sammlung des Deutschen Hygiene-Museums.

[10] Zum Beispiel: „Krebs". Leporello einer Wanderausstellung in Vietnam, Deutsches Hygiene-Museum 1954 (Archiv-Nr. 5435-5458), sowie das Leporello zu einer gleichnamigen Wanderaustellung in Indien, Deutsches Hygiene-Museum 1958 (Archiv-Nr. 4416-4439).

Behandlungsverläufe abbildend. Diese Materialien sind charakterisiert durch folgende Merkmale:

- Kanzerogene Einflüsse am Arbeitsplatz werden nicht mehr visualisiert; ökologische Probleme werden als ausschließlich typisch für das kapitalistische System geschildert und, wo sie in der DDR nicht zu übersehen waren, als schweres Erbe der Vergangenheit deklariert.[11]
- Der Arzt ist nach wie vor ein allwissender, fieberhaft arbeitender Forscher. Er wird zur Instanz anonymisiert oder als Sieger über den Krebs dargestellt, der dem Patienten die Schuld an seiner Krankheit zuweisen kann.
- Der Patient ist der Verlierer im Kampf gegen den Krebs.
- Die Militarisierung der Sprache schreitet fort: Krebs ist bösartig, wuchert und zerstört, er verlangt Bekämpfung, die mit Waffen geschieht (Leitsmann et al. 1982).
- Alkohol- und Nikotinabusus und damit die Eigenverantwortung des Menschen für seine Gesundheit werden jetzt thematisiert.
- Der Betrachterstandpunkt ist der eines Laien, der zwar sachkundig beraten wird, wenngleich seine Informationen allmählich anonymer werden und schwieriger zu entschlüsseln sind (siehe Abb.2).

Abb.2: Anonymisierung der Krebsaufklärung. Die Patientin ist als Person nicht mehr zu erkennen.

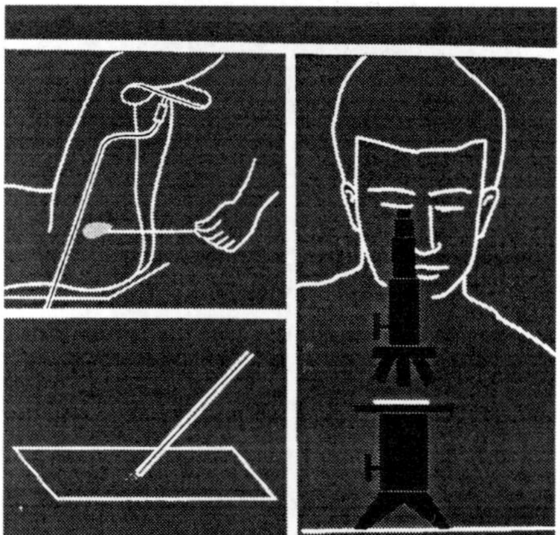

Quelle: Schematische Zeichnung aus der Wanderausstellung „Krebs" des Deutschen Hygiene-Museums, 70er Jahre

[11] „Wir und unsere Umwelt" (1972). Film des Ministerrates der Deutschen Demokratischen Republik in Zusammenarbeit mit dem Deutschen Hygiene-Museum. Archiv des Deutschen Hygiene-Museums.

In der Bundesrepublik wurde aufgrund der Teilung Deutschlands und der Lage des Deutschen Hygiene-Museums im Osten 1967 die Bundeszentrale für gesundheitliche Aufklärung in Köln gegründet, aus deren Arbeit hier nur eine Plakatserie aus den 80er Jahren herausgegriffen werden soll. Typisch für die relativ systemunabhängige Strategie der Krebsaufklärung sind auch hier das Fehlen von Hinweisen auf kanzerogene Einflüsse von Industrie und Atompolitik, die Darstellung des männlichen und omnipotenten Arztes (siehe Abb.3), das Totentanz-Motiv - "Jeder fünfte stirbt an Krebs", die Militarisierung der Sprache sowie eine noch stärker ausgeprägte Informationsverschlüsselung und Anonymisierung (siehe Abb.3). Erst in den letzten Jahren wird durch Broschüren wie "Leben mit Krebs" (1989) der Tatsache Rechnung getragen, daß ein Überleben des Krebses und Sinnerfüllung trotz der Krankheit für etliche Jahre durchaus real sind. Der Patient wird dabei zum Mitmenschen, und Krebsaufklärung hat nicht mehr ausschließlich das Ziel, seinen Zustand als bemitleidens- und keinesfalls lebenswert darzustellen.

Abb.3: Der allwissende Arzt.

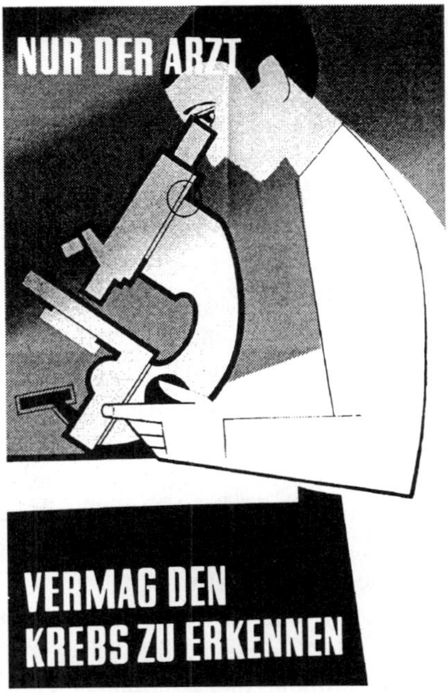

Quelle: Plakat aus der Reihe „Krebs" der Bundeszentrale für gesundheitliche Aufklärung, 80er Jahre

Ein besonders problematisches Beispiel ist jedoch die bereits im Titel sich militärisch gebende Kampagne "Europa gegen den Krebs", fußend auf dem 1990 in der Europäischen Union eingeführten und vier Jahre später revidierten "Europäischen Kodex gegen den Krebs" (Boyle et al. 1996). Wenn die gesamte europäische Bevölkerung diese Regeln befolgen würde, so die Meinung der Experten, rechne man mit einer Verhinderung von 50-75% der Krebsfälle; die Inzidenz von Krebs könnte um mindestens 40% gesenkt werden, und auch die Letalität falle ab. Der Kodex beinhaltet 10 recht kategorisch klingende Imperative:

1. Rauchen Sie nicht (...).
2. Wenn Sie Alkohol trinken (...), reduzieren Sie die Trinkmenge.
3. Essen Sie mehr Obst und Gemüse (...).
4. Vermeiden Sie Übergewicht (...).
5. Vermeiden Sie übermäßige Sonnenstrahlung und Sonnenbrand (...).
6. Wenden Sie strenge Richtlinien an, um die Exposition mit krebserzeugenden Substanzen zu vermeiden (...).
7. Gehen Sie zum Arzt, wenn Sie eine Schwellung, ein Geschwür, das nicht heilt (...), einen Pigmentfleck mit veränderlicher Form, Farbe oder Größe oder eine abnorme Blutung bemerken.
8. Gehen Sie zum Arzt, wenn Sie länger anhaltende Beschwerden haben, wie zum Beispiel chronischen Husten oder anhaltende Heiserkeit, veränderte Stuhlgewohnheiten, Probleme beim Wasserlassen oder einen ungeklärten Gewichtsverlust.
9. Lassen Sie sich regelmäßig einen Abstrich vom Gebärmutterhals machen (...).
10. Untersuchen Sie Ihre Brust regelmäßig (...).

Sehen wir einmal davon ab, daß insgesamt die Statistik, solange es kein europäisches Krebsregister gibt, auf tönernen Füßen steht (Günther 1996), gibt es auch wissenschaftlich erhebliche Einwände gegen diese undifferenzierten und monokausal begründeten Forderungen, z.B. den Zusammenhang von Sonnenexposition und malignem Melanom, von Vitaminmangel und Magenkrebs, Übergewicht und Krebsrisiko sowie Alkoholkonsum und Krebsinzidenz (Boyle et al. 1996).

Einerseits suggeriert der Europäische Kodex gegen den Krebs, "Den größten Einfluß aber hat das Individuum: Jeder einzelne ist für seinen Lebensstil verantwortlich (...)" (Boyle et al. 1996: 266), und beschwört damit die Verantwortung und auch die Schuld des "mündigen Bürgers" in bezug auf sein gesundheitliches Schicksal. Andererseits wird zugelassen, daß dieser mündige Bürger laufend durch Tabak- und Alkoholreklame in Versuchung geführt wird. Auch ist die Kampagne der Europäischen Union gegen den Krebs entgegen anderslautenden Proklamationen ihrer Vertreter nicht dazu angetan, die Kompetenz des Bürgers für seine Gesundheit zu stärken, ihn sachkundig zu informieren und begründete Verhaltensempfehlungen zu geben.

Obwohl es kritische Evaluationen dieser Geschichte der Krebsaufklärung bisher nur in Ansätzen gibt (Roeßiger/ Merk 1998; Breitbart et al. 1992; Gesundheitsausstellungen 1986; Munro 1997; Paul et al. 1992), kann man zumindest für den Ausstellungsbereich, wie er sich vor allem im Dresdener Hygiene-Museum, aber auch an anderen staatlich geführten Institutionen präsentiert, zusammenfassend sagen: Die Gesundheitsaufklärung über den Krebs war zum einen ideologischen Einflüssen gegenüber offen und hat zum anderen die in Medizin und Öffentlichkeit benutzten Metaphern aufgegriffen, immer wieder reproduziert und, gerade weil sie mit dem unverfänglichen Anspruch der "Aufklärung" auftrat, zur Norm gemacht. Das betrifft insbesondere:

- Die in den letzten Jahrzehnten zu beobachtende Tendenz, kanzerogene Umwelteinflüsse und die Atompolitik aus der Gesundheitsaufklärung auszublenden,
- die Medizin in Gestalt eines männlichen, omnipotenten, der Wissenschaft mehr als dem einzelnen Menschen dienenden Arztes darzustellen,
- den Patienten als Verlierer und manchmal sogar als Versager im Kampf gegen den Krebs zu kennzeichnen,
- den Umstand, Krebs nach wie vor als bösartiges Subjekt zu personifizieren und die Krebsbehandlung zu militarisieren und
- einerseits dem (noch) Gesunden bei der Krebsprävention immer mehr individuelle Verantwortung zukommen zu lassen, andererseits aber die Informationen an ihn zu verschlüsseln, zu anonymisieren und teilweise auch zu verfälschen.

Ohne in diesem Rahmen auf die Ursachen und weitere Indizien näher eingehen zu können, scheint die in diesem Jahrhundert realisierte Geschichte der Krebsaufklärung Susan Sontag recht zu geben, wenn sie meint, "(...) die modernen Metaphern (lassen) auf eine tiefreichende Gleichgewichtsstörung zwischen Individuum und Gesellschaft schließen (...)" (Sontag 1991: 88).

Literatur

Boyle, Peter/ Kornacker, Martin/ Diehl, Volker (1996): Europäischer Kodex gegen den Krebs. In: Medizinische Klinik 91: 262-267

Breitbart, E. W./ Ebert A./ Flatten G. et al. (1992): Ziele und Ergebnisse der Hautkrebskampagne. Deutsches Ärzteblatt 89: A 1199-1202

Bundeszentrale für gesundheitliche Aufklärung (Hrsg.) (1989): Leben mit Krebs. 7. Auflage. Köln

Cabanne, F./ Gérard-Marchant, R./ Destaing, F. (1990): Geschichte des Krebses. In: Illustrierte Geschichte der Medizin Bd. 5. Salzburg: 2757-2912

Chojecke, Ewa (1967): Astrologische und astronomische Darstellungen und Deutungen bei kunsthistorischen Betrachtungen alter wissenschaftlicher Illustrationen des XV. bis XVIII. Jahrhunderts. Berlin

Deutsches Hygiene-Museum (1930). In: Führer durch das Gesundheits- und Fürsorgewesen der Stadt Dresden. Dresden: 34-37

Dauschek, Anja/ Rymarcewicz Annett (Hrsg.) (1997): Ausstellungen als Medium der Gesundheitsförderung. Dresden

Dietrich, Dieter (1986): "Zivilisationskrankheit" Krebs. Frankfurt a.M.

Drössler, Rudolf (1984): Planeten, Tierkreiszeichen, Horoskope. Leipzig

Ebert, Andreas (1992): Das Protokollbuch I. Ein bemerkenswerter Fund zur Geschichte der Deutschen Krebsgesellschaft 1900-1907. In: Zeitschrift für die gesamte Innere Medizin 47: 127-130

Felgner, Cordula (1996): Erfassung, Beratung, Behandlung und nachsorgende Betreuung Krebskranker in den Jahren 1933-1945 unter den Bedingungen einer einzelnen Großstadt (Chemnitz) in Deutschland. Leipzig

Floericke, Kurt v. (1915): Gepanzerte Ritter. "Naturgeschichte der Krebse". Stuttgart

Gebhard, Bruno (1933): Kampf dem Krebs. Dresden

Gesundheitsausstellungen - Museen - Poster. Erster WHO-Workshop in Dresden, 23. Juni - 27. Juni 1986. Veranstaltet vom Deutschen Hygiene-Museum in der DDR und dem WHO-Kooperationszentrum für Gesundheitserziehung. Manuskriptdruck. Dresden

Goerke, Heinz (1984): Arzt und Heilkunde. München

Gottlieb-Duttweiler-Institut für wirtschaftliche und soziale Studien/ Schweizerische Krebsliga (Hrsg.) (1993): Krebs als Metapher II. Auf Krebs antworten. Erstbehandlung und Rehabilitation. Rüschlikon/ Zürich

Günther, Bernd (1996): Aufgaben und Ziele des Tumorzentrums Hannover: Perspektiven der medizinischen Telekommunikation. In: Medizinische Klinik 91: 72-74

Hahn, Susanne (1989): Entwicklungstrends der Betreuung chronisch Kranker im Rahmen der faschistischen Gesundheitspolitik in Deutschland. In: Thom/ Caregorodcev (1989): 111-126

Klußmann, Rudolf (1990): Der Krebskranke. Berlin/ Heidelberg

Körbler, Juraj (1973): Geschichte der Krebskrankheit. Wien

Kunkel, Otto (1961): 50 Jahre Deutsches Hygiene-Museum Dresden. In: Sächsische Heimatblätter (7): 244-248

Leitsmann, H./ Gibel, Wolfgang/ Semmler, Lore (1982): Krebsbekämpfung. Dresden

Lingner, Karl August (1912): Denkschrift zur Errichtung eines National-Hygiene-Museums in Dresden. Dresden

Löffler, Dagmar (1995): Aphasie und Metapher. Bonn

Meerwein, Peter (1981): Einführung in die Psychoonkologie. Bern/ Stuttgart/ Wien

Munro, Patricia (1997): Das Konzept des laufenden EU-Forschungsprojekts "Eine komparative Analyse gesundheitsfördernder Ausstellungen". In: Dauschek/ Rymarcewicz (1997): 145-153

Paul, E./ Agathos, M./ Balda, B.-R. et al. (1992): Verhalten und Einstellung gegenüber der Hautkrebsvorsorge und -früherkennung in Abhängigkeit vom Kenntnisstand. Untersuchungen an Besuchern einer Industriemesse. In: Gesundheitswesen 54: 325-330

Pfister, Paul O. (1993): Krebs und Sprache. Geeignete Metaphern - geeignete Sprechweisen. In: Gottlieb-Duttweiler-Institut für wirtschaftliche und soziale Studien/ Schweizerische Krebsliga (1993)

Reich, Wilhelm (1994): Der Krebs. Die Entdeckung des Orgons. Bd. 2. Köln

Roeßiger, Susanne/ Merk, Heidrun (Hrsg.) (1998): Hauptsache gesund. Gesundheitsaufklärung zwischen Disziplinierung und Emanzipation. Marburg

Schloßmann, Arthur (1927): Entwicklung, Wesen, Ziele und Erfolge der GE-SO-LEI. In: ders. (1927): 23-48

Schloßmann, Arthur (Hrsg.) (1927): GE-SO-LEI. Große Ausstellung in Düsseldorf 1926 für Gesundheitspflege, soziale Fürsorge und Leibesübungen. Bd. 1. Düsseldorf

Schwibbe, Gudrun (1989): Laientheorien zum Krankheitsbild "Krebs". Eine volksmedizinische Untersuchung. Göttingen

Seiring, Georg (1930): Das Deutsche Hygiene-Museum. In: Zerkaulen (1930): 44-49

Sonderkatalog der Gruppe Krebs der wissenschaftlichen Abteilung der Internationalen Hygiene-Ausstellung Dresden 1911. Dresden

Sontag, Susan (1991): Krankheit als Metapher. Frankfurt a. M.

Surya, G.W. (1923): Astrologie und Medizin. Berlin

Thom, Achim/ Caregorodcev, Genadij I. (Hrsg.) (1989): Medizin unterm Hakenkreuz. Berlin

Verres, Rolf (1986): Krebs und Angst. Subjektive Theorien von Laien über Entstehung, Vorsorge, Früherkennung, Behandlung und die psychosozialen Folgen von Krebserkrankungen. Berlin/ Heidelberg/ New York

Walther, Elfriede/ Hahn, Susanne/ Scholz, Albrecht (1993): Moulagen - Krankheitsbilder in Wachs. Dresden

Wolff, Jacob (1907): Die Lehre von der Krebskrankheit von den ältesten Zeiten bis zur Gegenwart. Bd. 1. Jena

Zerkaulen, H. (Hrsg.) (1930): Das Deutsche Hygiene-Museum. Festschrift zur Eröffnung des Museums und der Internationalen Hygiene-Ausstellung 1930. Dresden

TV-Genres

Patentrezepte per TV

Die Gesundheits- und Krankheitsvorstellungen in einschlägigen Informations- und Ratgebersendungen des deutschen Fernsehens

Andrea J. Appel

Allwöchentlich, wenn in der Realität die Praxen zu sind, lädt das Fernsehen zur *Visite*, bittet in die *Praxis,* wünscht *Gesundheit!,* ist auf dem *Quivive.* Was der Patient schon immer wissen wollte, bisher aber noch nicht seinen Arzt zu fragen wagte, aber auch Themen, auf die er allein nie gekommen wäre, all das wird dann 'TV-behandelt'. Aus Sicht der Medien, die sich vor allem mit dem Neuen und Spektakulären beschäftigen, bietet die Gesundheitspublizistik ein ideales Arbeitsfeld. Nicht nur, daß der medizinisch-technische oder pharmakologische Bereich nahezu permanent mit Neuigkeiten aufwarten kann, Gesundheitsthemen sind zudem oft politisch brisante, in denen es um Geld und Macht, um Erfolge und Skandale, um allgemein Interessierendes und zugleich herzzerreißend Individuelles geht. Allerdings müssen sich die seriösen Informations- und Ratgebersendungen - anders als noch vor zehn Jahren - gegen eine Flut von Talk-Shows (*Fliege, Hans Meiser, Ilona Christen,* etc.) und Magazinen (*Stern-TV, taff, explosiv*) behaupten, in denen ebenfalls zunehmend Gesundheitsthemen behandelt, oft mißhandelt werden[1]; ganz zu schweigen von den vielen Arzt- und Krankenhausserien, von denen unablässig mehr oder weniger korrekte Informationen über Krankheitsbilder, Diagnose- und Therapieverfahren und über den Medizinbetrieb allgemein in die Wohnzimmer gesendet werden.[2]

Welche direkten *Wirkungen* die durch das Fernsehen verbreiteten Gesundheitsinformationen auf die Zuschauer haben, darüber gibt es viele kontroverse Ansichten, empirische Studien liefern zum Teil einander widersprechende Ergebnisse (Flay 1982, Weßler 1995). Zwar gibt es durchaus plakative Beispiele für Wirkungen wie das Phänomen des "Morbus Mohl". Gemeint ist damit die Beobachtung, daß jeweils am Tag nach der Ausstrahlung des *Gesundheitsmagazin Praxis* im ZDF (Moderator: der 1998 verstorbene Hans Mohl) - und später anderer Gesundheitssendungen - deutlich mehr Patienten in den Arztpraxen erschienen, mit Symptomen von Krankheiten, die in der Sendung am Vorabend thematisiert worden waren. Hieraus läßt sich jedoch keine Aussage über eine allgemeine Wirksamkeit ableiten, ebensowenig wie aus den zahlreichen Briefen, die alle Gesundheitsredaktionen regelmäßig bekommen. Letztlich wird man sich mit dem zufrieden geben müssen, was Winfried Göpfert, langjähriger Moderator und Redakteur des *Ratgeber: Gesundheit* (ARD) in einem Vortrag resümierte:

---

[1] Bente/ Fromm (1997: 95) haben ermittelt, daß Gesundheitsthemen in thematisch gemischten Magazinen und Talk-Shows inzwischen einen Anteil von 10-15% haben.

[2] Siehe hierzu die Beiträge von Franke und Igersky/ Schmacke in diesem Band.

> "So bescheiden ich also im Einzelfall die Wirkung von Fernsehsendungen auch einschätzen mag, man darf nicht vergessen, daß derartige Sendungen immerhin mehrere Millionen Menschen erreichen. Und wenn man nicht Unmögliches erwartet, wie Verhaltensänderungen, sondern Wissenserweiterung und gewisse Einstellungsänderungen, wenn man Motivationen und affektive Impulse erwartet, dann kann man von einer ganzen Reihe sehr vieler kleiner Wirkungen ausgehen, die sich zu einem sehr großen, bunten Mosaik summieren." (Göpfert 1994: 13)

Die vorliegende inhaltsanalytische Untersuchung fragt daher zunächst gar nicht nach Wirkungen, sondern nach den impliziten, also unterschwelligen *Botschaften*, genauer: Welche Gesundheits- und Krankheitsvorstellungen vermitteln medizinisch-gesundheitliche Informationsprogramme im deutschen Fernsehen?[3] Denn soviel gilt inzwischen als sicher, daß das Medium Fernsehen zumindest in der Lage ist, Themen und Sachverhalte ins Bewußtsein zu rücken und ihnen damit eine bestimmte Tendenz und Bedeutung zu geben (*agenda-setting*). Ferner ist bekannt, daß Gesundheit und Krankheit nicht nur individuell-beliebig definiert werden, sondern auch als gesellschaftliche Übereinkunft aufgrund gängiger Krankheitskonzepte. Schließlich gibt es in den USA zumindest erste Erkenntnisse darüber, daß gesundheitsbezogene Medienbilder und die Darstellung gesundheitsrelevanter Verhaltensweisen im allgemeinen TV-Angebot die Einstellungen des einzelnen in gesundheitlichen Fragen beeinflussen (Neuendorf 1990).

Es gibt eine ganze Reihe solcher Krankheits- bzw. Gesundheitskonzepte innerhalb einer Gesellschaft, die theoretisch Einfluß auf die Programmacher der Gesundheitssendungen haben und durch sie transportiert werden könnten. Für die Untersuchung wurden fünf zugrunde gelegt, die jeweils eigene Antworten auf die Frage geben: Was ist *Krankheit* bzw. *Gesundheit*?

- *Das biomedizinische Modell* (Schipperges 1984)[4] ist das grundlegende, auf Virchows Zellularpathologie zurückgehende Konzept der modernen Medizin. Es ist wesentlich an Krankheit orientiert, die mit naturwissenschaftlichen Mitteln erkannt und vor allem mit Eingriffen von außen (OP, Medikamente, etc.) bekämpft wird. Entsprechend erfordert das Konzept Experten, während die Rolle des Laien lediglich die ist, sich behandeln oder instruieren zu lassen, d.h. *Patient* zu sein.

- *Das Risikofaktorenkonzept* (Schäfer/ Blohmke 1978: 176-183) ist eine Erweiterung des biomedizinischen Modells, die dem veränderten Krankheitspanorama Rechnung trägt. Auch hier steht Krankheit im Zentrum, genauer die *Zivilisationskrankheiten*, die vor allem auf ein Fehlverhalten des Individuums zurückgeführt werden. Gesundheit 'entsteht' in diesem Konzept, wenn Risikofaktoren vermieden werden - eine Aufgabe und Bestimmung des Einzelnen. Trotzdem sind Experten nötig, weil nur sie wissen, was schädlich bzw. gesundheitsfördernd ist.

---

[3] Die vollständige Untersuchung war eine (unveröffentlichte) Magisterarbeit an der Technischen Universität Berlin, im Postgraduiertenstudiengang "Gesundheitswissenschaften/Public Health", Mai 1996.

[4] Die Literaturangaben beziehen sich auf Arbeiten, in denen die Konzepte kurz und allgemeinverständlich dargestellt sind.

- Das *psychosomatische Konzept* (Adler et al. 1990) ist als Gegenkonzept zum biomedizinischen von Viktor von Weizsäcker entwickelt worden und hat inzwischen viele unterschiedliche Ausrichtungen erfahren. Wesentlich ist allen jedoch, daß sie nicht an Krankheiten, sondern am kranken Menschen orientiert sind. Grund für das Kranksein bzw. Gesundwerden ist nicht dieser oder jener einzelne Faktor, sondern die gesamte Lebensgeschichte, insbesondere die psychische Befindlichkeit. Es gibt Experten in diesem Konzept, aber die stehen nicht in einem hierarchischen Verhältnis zum Kranken, sondern im gleichberechtigten Dialog mit ihm.

- Das *Public Health-Konzept* (Kickbusch 1982) basiert auf dem WHO-Gesundheitsbegriff, wonach Gesundheit "ein Zustand vollständigen physischen, mentalen und sozialen Wohlbefindens und nicht nur die Abwesenheit von Krankheit und Behinderung" ist. Es ist überindividuell, d.h. nicht am Schicksal des Einzelnen, sondern an der Bevölkerungsgesundheit interessiert und weniger am Verhalten als an den krankmachenden Verhältnissen in der Gesellschaft. Entsprechend steht nicht die Therapie, sondern die Prävention im Mittelpunkt, wobei ein wesentlicher Grundsatz die Akzeptanz und Stärkung der Laienkompetenz in Gesundheitsfragen ist.

- Das *Ressourcenkonzept* (Antonovsky 1991) schließlich ist das Gegenkonzept zu der in der Medizin üblichen Orientierung an der Pathogenese. Zurückgehend auf den israelischen Soziologen und Streßforscher Aaron Antonovsky fragt es nicht, wie Krankheit, sondern wie Gesundheit entsteht (Salutogenese), welche Ressourcen jemand hat oder braucht, um krankmachenden Einflüssen widerstehen zu können. In diesem Sinne ist es einerseits ein individuelles Konzept, hat andererseits aber auch den Blick auf gesellschaftliche Verhältnisse gerichtet.

Ich habe nun untersucht, an welchem der verschiedenen Gesundheitskonzepte sich die Ratgebersendungen – implizit oder explizit – hauptsächlich orientieren.

Methode

Zum Zeitpunkt der Untersuchung im Jahr 1996 gab es 14 (heute sind es 13) regelmäßige Gesundheits- und Medizinsendungen im deutschen Fernsehen.[5] Nach wie vor bieten ARD und ZDF jeweils eine Sendung monatlich an und fast alle Dritten Programme mindestens eine wöchentlich. Die Sendelängen von 5 bis 45 Minuten sind eher auf die Bedürfnisse und Sehgewohnheiten älterer Menschen ausgerichtet, die auch allen Analysen zufolge (und allen Bemühungen der Programmacher zum Trotz) immer noch den größten Anteil der Zuschauer stellen.

In der Inhaltsanalyse wurden 10 der regelmäßigen Sendereihen innerhalb eines Vier-Wochen-Zeitraumes (Januar 1996) untersucht: *Ratgeber: Gesundheit* (ARD), *Gesundheitsmagazin Praxis* (ZDF), *Gesundheitstip* (ZDF), *Medizin-Magazin*

[5] Die Anzahl ist demnach konstant auf hohem Niveau, auch wenn in den letzten Jahren einige Reihen durch neue ersetzt bzw. inhaltliche Schwerpunkte und Präsentationsformen verändert wurden.

(WDR), *Tele-Praxis* (WDR), *Quivive-Medizin am Mittwoch* (B 1), *Die Sprechstunde* (BR), *Visite* (N 3), *Hallo, wie gehts?* (SWF), *Gesundheit* (n-tv).[6] Da die Sendereihen unterschiedlich häufig ausgestrahlt werden, erfolgte die Auswahl des Untersuchungsmaterials nach folgendem Prinzip: Die wöchentlichen Sendungen im Untersuchungszeitraum wurden vollständig berücksichtigt; von den täglichen Sendungen ist jeweils eine Sendewoche im Januar 1996 ausgewählt worden, und bei den monatlichen Sendungen wurde die eine aktuelle Sendung im Januar 1996 um zwei weitere Sendefolgen aus dem Jahr 1995 ergänzt.

Analyseeinheit war das Thema (wie z.B. „Verbrennungen"; „Wechseljahre"; „Abnehmen - aber wie?"), das bei der überwiegenden Zahl der Medizin- und Gesundheitsreihen identisch mit dem Thema der jeweiligen Einzelsendung ist. Sonstige Programmelemente wie Gesundheitsnachrichten, lexikalische Beiträge, Zuschaueraktionen sowie reine Ratgeberteile (Zuschauerfragen) wurden nicht berücksichtigt. Bei den Magazinsendungen sind die, in der Regel drei bis vier, Beiträge zu unterschiedlichen Themen einzeln als Analyseeinheit untersucht worden.[7] Das Sample umfaßte damit 44 Analyseeinheiten, insgesamt 830 Minuten Videomaterial, das mit Hilfe eines umfangreichen Kategorienkatalogs ausgewertet wurde. Die Leitfragen für diesen Katalog waren:

- Gesundheit oder Krankheit - was steht im Vordergrund?
- Auf welcher Ebene menschlichen Daseins wird Gesundheit bzw. Krankheit thematisiert? Geht es vor allem um körperliche Belange, um seelische Befindlichkeiten oder um soziale Umstände?
- Wie werden die Betroffenen dargestellt? Erscheinen sie in den Filmbeiträgen als selbständig redende und handelnde *Person* oder stumm, als *Objekt* medizinischer Maßnahmen? Sieht man Teile oder *einzelne Organe* von ihnen, oder dienen sie - als ganze Person zwar, aber anonym - nur der *Illustration* einer Aussage?
- Welche Rolle spielen die Experten?
- Wie ist die Darstellung von Ursachen, Therapien und Prävention gewichtet?

[6] Nicht berücksichtigt wurden Talk-Shows innerhalb der Sendereihen, da hier Experten oder Prominente lediglich ihre persönliche Meinung zum Thema wiedergeben und nicht die Einstellung der Sendung repräsentieren. Auch nicht berücksichtigt wurden Sendungen, bei denen es sich nur um eine Zusammenstellung bereits ausgestrahlter Gesundheits- und Medizinbeiträge anderer Sendereihen handelte.

[7] Eine Ausnahme stellt die Sendereihe *Quivive - Medizin* (B 1) dar, die seit Anfang 1996 von einermonothematischen Sendeform auf eine magazinierte umgestellt wurde. Hier gibt es aber immer noch ein Thema, das mit etwa 20 Minuten Länge den Hauptteil der Sendung bildet ("Im Blickpunkt") und auch in den Programmzeitschriften ausgedruckt wird. Ich habe dieses als Analyseeinheit gewählt und die anderen, kürzeren Beiträge unberücksichtigt gelassen.

Gesundheit oder Krankheit?

Das Themenangebot der TV-Gesundheitsreihen war (und ist) vielfältig. Immer wieder tauchen 'Klassikerthemen' wie Rheuma, Diabetes, Bluthochdruck, chronische Schmerzen und alternative Medizin auf. Mediengemäß werden in den täglichen oder wöchentlichen Sendungen auch aktuelle Daten oder Ereignisse berücksichtigt (Kongresse, Grippeschutzimpfungen). Deutlich zugenommen hat seit der Einführung des Privatfernsehens in den 80er Jahren das Bemühen, Sensationelles (live bei einer Herzoperation) oder Außergewöhnliches (Tourette-Syndrom) zu präsentieren, was sicher der Konkurrenz zu den zahlreichen Talk-Shows und Magazinen geschuldet ist.

Grundsätzlich zeigte sich jedoch: In der Mehrzahl der untersuchten Sendungen ging es nicht um Gesundheit, sondern um konkrete Krankheiten, um gesundheitliche Risiken oder Informationen zu medizinischen Verfahren (Tab. 1).

Tabelle 1: Verteilung der Beiträge auf die Themenkategorien (N= 44)

THEMA	ANZAHL	%
Krankheit insgesamt	18	40,9
Definierte Krankheitsbilder (z.B. Mukoviszidose, Diabetes)	*12*	*27,3*
Befindlichkeitsstörungen (z.B. Sodbrennen, Angstzustände)	*6*	*13,6*
Medizin insgesamt	13	29,5
Therapieverfahren (z.B. Laserbehandlung, Musiktherapie, OP-Saal 2000)	*11*	*25,0*
Organisation ("Mein Krankenhaus")	*1*	*2,3*
Sonstiges	*1*	*2,3*
Gesundheitsrisiken	4	9,1
Risikoverhalten (Übergewicht, Rauchen, Ernährung/ Cholesterin)	*3*	*6,8*
Sonstiges	*1*	*2,3*
Gesundheitspolitik (Kostenübernahme für alternative Methoden)	1	2,3
Sonstiges (z.B. Wechseljahre, Kindheit, Reisen)	8	18,2

Ort der Handlung war überwiegend eine Klinik oder ärztliche Praxis. Eckart Schibber, Redakteur und Moderator von *Quivive* (B 1), erzählte 1997 zum fünfjährigen Jubiläum seiner Sendung in der *Ärzte-Zeitung* (14.10.1997), Kriterien für die

Themenauswahl seien aktuelle Kongresse, häufig auftretende Krankheitsbilder, Experten aus der Berliner Medizinszene und interessante Fälle, die sich gut illustrieren lassen. "Beim Fernsehen bestimmen nun einmal die Bilder" (siehe Abb.1). Die Programmacher orientierten sich also im wesentlichen am biomedizinischen Konzept, d.h. Gesundheit wird als die Abwesenheit von Krankheit bzw. das Ergebnis erfolgreicher medizinischer Krankheitsbekämpfung verstanden. Dieses Ergebnis mag verwundern, da man annehmen sollte, daß die insgesamt stärker werdende medizinkritische Haltung in der Bevölkerung sich auch in den Gesundheitsprogrammen niederschlägt. Das tut sie durchaus, es gibt mehr medizinkritische Sendungen als noch vor 10 Jahren, diese beschränken sich jedoch nach Erkenntnissen von Bury und Gabe (1994) auf Einzelfälle und betonen zumeist das Besondere daran, so daß die Kritik sich an einzelnen Personen oder Institutionen festmacht und das System insgesamt davon unberührt läßt.

Abb.1: Szenenfoto aus Quivive mit Moderator Eckart Schibber (links)

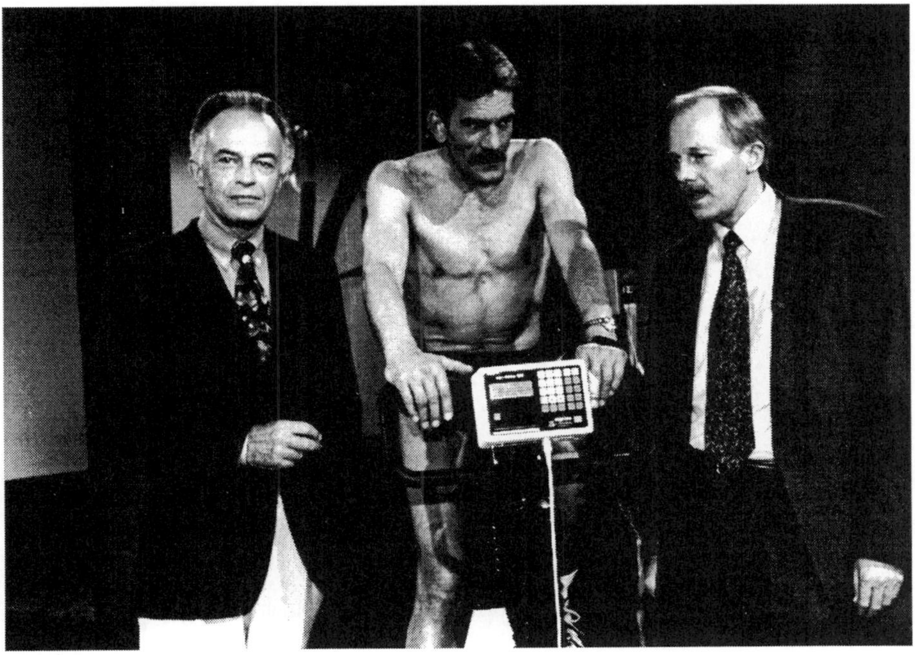

Quelle: Sender Freies Berlin

Deutlich wurden in den untersuchten Sendungen außerdem die Einflüsse des Risikofaktorenkonzepts, das Gesundheit immer als etwas potentiell Gefährdetes begreift. Einen positiven Gesundheitsbegriff, d.h. Gesundheit verstanden als Summe und Aktivierung von Ressourcen (Antonovsky 1987), hatten die Programmacher offenbar nicht, jedenfalls kam er in den Sendungen nicht zum Ausdruck. Und ebensowenig zeigte sich ein politischer Gesundheitsbegriff, wie die WHO ihn vorschlägt, wonach Gesundheit sich auch als gesellschaftliche Aufgabe stellt.

Physisches, psychisches und soziales Wohlbefinden?

Anders als in der WHO-Definition wurde Gesundheit bzw. Krankheit in den untersuchten Sendungen überwiegend auf der somatischen Ebene thematisiert. In 13 von 44 Beiträgen nahm das, was mit dem Körper geschieht, die halbe, in 19 von 44 Beiträgen die gesamte Sendezeit ein. Soziale Aspekte von Krankheit und Gesundheit wurden in den TV-Gesundheitsratgebern nur wenig angesprochen: In 7 von 44 Sendungen kamen sie mit *einem Satz* vor (wobei das nicht wörtlich zu verstehen ist, sondern im Verhältnis zur Gesamtzeit der Analyseeinheit), in fünf Sendungen nahmen sie ein Drittel, in drei Sendungen die Hälfte der Sendezeit ein.

Die Bedeutung der Psyche für das gesundheitliche Geschehen wurde zwar in den untersuchten Sendungen durchaus wahrgenommen, allerdings häufiger nur mit *einem Satz* abgehandelt (in 9 Sendungen). Und wenn psychische Aspekte angesprochen wurden, standen ganz konkrete Probleme, z.B. Ängste vor einer Operation oder vor der Diagnose Krebs, im Mittelpunkt. Die Auffassung der Psychosomatik, daß Gesundheit etwas mit der gesamten Lebensgeschichte eines Menschen zu tun hat, wurde kaum berücksichtigt (fünfmal). Lediglich einer der 44 Beiträge widmete sich ausschließlich dem psychischen Geschehen. Interessant war außerdem, daß in einigen Sendungen die 'Reserviertheit' von Ärzten und Patienten gegenüber dem psychosomatischen Ansatz deutlicher zum Ausdruck kam als positive Auffassungen. Im Kommentar einer Sendung zum Thema "Hautekzeme" heißt es:

> "Bei Neurodermitis soll ja auch die psychische Verfassung eine Rolle spielen. Ob das zutrifft, darüber werden sich die Ärzte wohl immer in die Haare kriegen." *(Arzt in sehr abfälligem Ton)* "Ich wehre mich, jemandem, der in einer akuten Phase steckt, ein psychisches Problem anhängen zu wollen. Da finde ich immer was! (...) Es hat eine Verschiebung in den letzten Jahren gegeben, von den psychosomatischen zu den genetischen Faktoren [bei Hautkrankheiten], und die würde ich auch auf jeden Fall ins Zentrum stellen." [8]

Und in einer Sendung über "Hypochondrie" sagt ein Patient, nachdem er seine Odyssee durch verschiedene Praxen und Kliniken geschildert hat:

> "Das Ende vom Lied war, daß man mich in die psychosomatische Schublade geschoben hat." (*Autorin*) "Würden Sie sich wünschen, daß man eine organische Ursache findet?" (*Patient*) "Ja. Muß ja nichts Schlimmes sein, aber es gibt soviel Unbekanntes im Körper."

[8] Die wörtlichen Zitate aus den Fernsehsendungen werden im folgenden in Anführungszeichen gesetzt, Erläuterungen zum Bild bzw. Ton erscheinen kursiv. Aus Gründen der Übersichtlichkeit wird hier auf Verweise zu den einzelnen Sendungen verzichtet. Genaue Quellennachweise finden sich in der o.g. Magisterarbeit.

Allerdings kann das Bemühen, dem Anteil 'der Psyche' an gesundheitlichen Problemen mehr Beachtung zu verschaffen, auch negative Auswirkungen in einer Gesundheitssendung haben, wie folgendes Beispiel zeigt:

Bei einem Studiogespräch mit einem Verbrennungsopfer fragt die Moderatorin den betroffenen jungen Mann, wie er sich jetzt, zwei Jahre nach seinem schweren Unfall, fühle. Er schildert eindrucksvoll seine schlimmen körperlichen Schmerzen. Sie fragt, ob nicht die „Narben auf der Seele" viel schlimmer seien. Er verneint das ausdrücklich. Sie versucht es andersherum und fragt, ob man so einen Unfall jemals vergessen könne. Der Betroffene betont noch einmal, daß alles nicht so schlimm wäre, wenn der Schmerz nicht wäre (er kann nur unter Morphium seinen Tag bestehen!). Die Moderatorin, offensichtlich entschlossen, nicht den Menschen, der ihr gegenüber sitzt, sondern ihre Überzeugung ernst zu nehmen, sagt daraufhin in der Ansage zum nächsten Beitrag: „Das Schlimmste aber sind die Narben auf der Seele."

Befund oder Befinden?

Ein wesentliches Kriterium zur Beurteilung der Gesundheits- und Krankheitsvorstellungen war die Frage: Wie wird mit den Betroffenen umgegangen? Zunächst einmal ist festzuhalten, daß sie in den untersuchten Sendungen recht zahlreich vertreten waren und dem Thema Krankheit bzw. Gesundheit damit zumindest auf den ersten Blick ein konkretes menschliches Gesicht gegeben wurde: In den 44 Analyseeinheiten kamen immerhin 104 Betroffene vor, also durchschnittlich mindestens zwei pro Analyseeinheit. Persönliche Erzählungen gehören inzwischen zu den bevorzugten Mitteln des Fernsehens, auch, weil sie so etwas wie einen Zugang "zum wirklichen Leben" suggerieren (Lalouschek 1999).

Interessant war allerdings die Dauer der Betroffenenäußerungen. Es zeigte sich, daß die Mehrheit der Betroffenen in den Sendungen jeweils mit nur *einem Satz* vorkam. Das Ergebnis ist noch auffälliger, wenn man bedenkt, daß alle Betroffenenäußerungen innerhalb einer Einheit zusammengezählt wurden. In 20% der Sendungen nahmen die Betroffenenäußerungen immerhin noch ein Drittel der Gesamtzeit ein, aber darüber hinaus ging es nicht. Und in acht Beiträgen kamen die Betroffenen gar nicht zu Wort. Wirklich erstaunlich ist dieses Ergebnis allerdings nicht, denn tatsächlich kann es im Massenmedium Fernsehen gar nicht um die individuelle Geschichte des Betroffenen gehen. Er soll vielmehr exemplarisch, als Repräsentant für das jeweilige Thema, die Diagnosefindung oder Therapiemaßnahme stehen.

Aufschlußreicher ist, wie der jeweilige Gesundheits- oder Krankheitszustand des Betroffenen dargestellt wurde, ob anhand medizinischer Befunde oder durch Schilderung des individuellen Befindens. Hier hat sich gezeigt, daß zum überwiegenden Teil zumindest *auch* Röntgenbilder, CT-Befunde, Laborwerte oder Testergebnisse zur Darstellung verwendet wurden. Die befragten Experten und die Kommentare schilderten Krankheit bzw. Gesundheit mehrheitlich als objektiven Zustand, d.h. anhand nachweisbarer 'Daten'.

Ein typisches Beispiel dafür, auch weil es so offenkundig ohne böse Absicht passierte, liefert eine Sendung über Zahnersatz, die mit dem Text beginnt: „Diese junge Frau..“., während das Bild dazu die Großaufnahme eines geöffneten Mundes zeigt. In einem anderen Fall erzählt ein Patient nach einer Operation, wie sein Zustand (bei einer schweren Augenkrankheit) sich gebessert habe. Der Kommentar schließt mit den Worten an: „Ob sein Empfinden stimmt, wird mit der Szintigrafie kontrolliert.“ Abbildungen von Krankheiten lassen leicht den kranken Menschen vergessen, und manchmal bringt es auch die Sprache an den Tag. In einer Sendung, die ausgerechnet "Das humane Krankenhaus" zum Thema hatte, erklärt ein Arzt einer Patientin am Röntgenbild, wo ihr Darm vom Krebs befallen ist und was genau operiert werden muß - mit den Worten: „Hier ist der Krebs sehr schön zu sehen.“

Auffällig war insgesamt der große Anteil von Operationsbildern und Informationen zu neuen medizinischen Geräten. Dabei bekam die Technik teilweise menschliche Züge, während die menschliche Seite des Themas nahezu verloren ging. In dem Bericht über eine Hüftoperation wurde das besonders deutlich:

> "Der Computer weiß jetzt genau, wie er den Knochen auffräsen muß. *(Computerbilder)* Der Fräsbohrer schwenkt in Position, 30 Minuten lang wühlt er den Knochen paßgenau aus *(Großaufnahme von der Arbeit in der blutigen Wunde).* Ein paar Hammerschläge noch, die Prothese sitzt" *(exakt so im Bild).*

Diese Art der Darstellung ist zum einen sicher ein Resultat der spezifischen Medienbedingungen, vor allem der Konkurrenz gerade auch im Bereich der Gesundheitsthemen. Mit der Hinwendung zur Präsentation von moderner Medizintechnik und Operationsbildern scheinen die Programmacher der Gesundheitssendungen auf der sicheren Seite zu sein, denn nach Aussagen eines der Verantwortlichen (der in dem Zusammenhang nicht namentlich genannt werden wollte) bringen die Bilder vom offenen Herzen stets „eine gute Quote“, während der kritische Bericht über die schweren Folgen des Schmerzmittelmißbrauchs gemessen an den Zuschauerzahlen "ein Flop" ist. In einem auffälligen Gegensatz zueinander stehen die Skepsis, mit der viele Patienten in der Realität 'dem Messer' und der 'seelenlosen Apparatemedizin' begegnen, und die Faszination, die von den spektakulären Aktionen der High-Tech-Medizin ausgeht.

Am Beispiel des *Ratgeber: Gesundheit* in der ARD, der 1971 erstmals ausgestrahlt wurde, läßt sich zudem zeigen, daß auch die Gesundheitsprogramme dem Zeitgeist unterliegen. Der Mitbegründer und langjährige Moderator der Sendereihe, Winfried Göpfert, hat sich früher dagegen ausgesprochen, "alle möglichen technischen Entwicklungen, neue Geräte, neue Verfahren etc. kritiklos vorzustellen. Stattdessen wollten wir die Kompetenz des Einzelnen stärken, seine Eigenverantwortlichkeit." (Göpfert 1989: 316) Merscheim (1984) hat seinerzeit für den *Ratgeber: Gesundheit* das Laiensystem als Bezugsgröße ausgemacht. Heute sieht man die Sendereihe zwar nach wie vor als eine für Laien, möchte aber nicht mehr so stark den "Selbsthilfegedanken" der 70er Jahre betonen. Daneben soll auch "der Medizinbetrieb in seinen neuesten Mitteln, Methoden und Erfolgen dargestellt werden, damit die Leute ihren Arzt danach fragen können." Das soll nicht den Voyeurismus bedienen, sondern "ein natürliches Interesse an der Sache".[9]

Gesundheit - reine Expertensache?

Die Orientierung der untersuchten Sendungen am biomedizinischen Gesundheitskonzept zeigte sich auch in der Art der Präsentation von Fachinformationen. Da Gesundheit (bzw. faktisch ja Krankheit) vor allem als Fall für die Medizin angesehen wurde, spielten medizinische Experten die Hauptrolle. In den 44 analysierten Beiträgen kamen 132 Experten vor, davon 103 Mediziner, also im Durchschnitt drei Fachleute pro Thema.

Im Gegensatz zu der Beobachtung, daß die meisten Betroffenen in den Sendungen mit nur einem Satz zu Wort kamen, war die Redezeit für den einzelnen Experten, verglichen mit sonstigen Fernsehgepflogenheiten, recht lang. Da zudem noch die Hälfte der Moderatoren selbst Mediziner ist, ist die Dominanz medizinischer Experten unabweisbar. Ein geradezu absurdes Beispiel für die Bedeutung, die dem Expertentum dabei mitunter zugeschrieben wird, gibt ein Arzt in einer Sendung zum Thema "Wechseljahre". Auf die Frage, was er denn tue, wenn eine Frau *keine* Östrogene nehmen wolle, antwortet der Gynäkologe: „Dann halte ich ihr einen Vortrag darüber, was das Leben ohne Hormone bedeutet".

Doris Partheymüller hat am Beispiel der *Sprechstunde* (BR) untersucht, welche Folgen diese Konzentration auf medizinische Experten haben kann und u.a. festgestellt, daß die Art der Moderation durch die Ärztin Antje Schaeffer-Kühnemann dafür sorgt, ...

> "... daß die Themen in lehrbuchhafter Reihenfolge behandelt werden können (Definition, Symptome, Ursachen/ Risikofaktoren, Diagnose, Therapie, Prophylaxe). (...) Durch die Sendung wird damit erreicht, daß sich die professionelle Unterteilung des Krankheitsgeschehens in bestimmte Phasen auch allmählich beim Publikum einprägt" (Partheymüller 1994: 39).

Partheymüller folgert daraus, daß damit innerhalb der Sendung zwar alle wichtigen Fragen zu einem Thema behandelt werden, der Informationsanspruch also erfüllt wird, aber der Laie in seiner Fähigkeit, seine *eigenen* Fragen zu stellen, nicht bestärkt, sondern vielleicht sogar entmutigt wird.

Auch hierfür gibt es Beispiele in den untersuchten Sendungen: Beim Thema "Hypochondrie" erklärt ein Patient vor der Kamera: „Ich habe begriffen, daß man durch Gedanken die Symptome hervorrufen kann, also das hab ich aus berufenem Munde erfahren - und denen glaube ich. Die Leute wissen's wohl, die sind ausgebildet."

Das *Laiensystem*, d.h. Verwandte, Partner, Freunde, Kollegen, das in der Realität eine so überragende Rolle im Gesundheits- und Krankheitsgeschehen spielt (Falter-

[9] Zitate aus einer Befragung der Redaktion im Rahmen der o.g. Magisterarbeit (dort im Anhang dokumentiert).

meier 1991), tauchte in den untersuchten Sendungen praktisch nur als unterstützendes Moment der medizinischen Versorgung auf. Die Laienkompetenz in gesundheitlichen Fragen wird offenbar gering eingeschätzt, was angesichts der Konzentration auf den medizinischen Bereich kaum verwundert. Manchmal zeigte sich darin sogar, vielleicht ohne Absicht, eine gewisse Mißachtung der Laien. In einer Sendung über "Multiple Sklerose" erzählt z.B. eine Patientin, *Cortison* sei zwar ein viel gegebenes Medikament, „aber das wollte ich lieber nicht mehr haben, es hat mir eh nicht geholfen". Die Moderatorin nimmt den Beitrag ab mit den Worten: „Und was sagt der Fachmann dazu?" Der Experte im Studiogespräch äußert sogar Verständnis für den Standpunkt der Patientin, nennt dann ein großes Spektrum von medizinischen Behandlungsmöglichkeiten der Krankheit. Die Moderatorin kommentiert abschließend: „Das bedarf aber der Behandlung durch Fachleute. Man muß sich immer wieder vertrauensvoll in deren Hände geben, damit einem geholfen wird."

Ursachen - Therapien - Prävention

Interessant für die Einschätzung von Gesundheits- bzw. Krankheitsvorstellungen ist schließlich auch, in welchem Verhältnis Ursache, Therapie und Prävention gesehen werden. Für die Sendereihen hat sich hier folgendes gezeigt:

Die Frage nach den Ursachen von Krankheiten nahm in den untersuchten Sendungen breiten Raum ein. Welche Bedeutung der medizinischen Diagnostik dabei zugesprochen wird, zeigt z.B. der Kommentar des Moderators in einer Sendung über Migräne: „Jetzt gibt es endlich den naturwissenschaftlichen Beweis, daß etwas im Gehirn vorgeht bei einem Anfall, damit steigen auch die Chancen auf eine bessere Therapie."

Bei einer gesonderten Betrachtung der Analyseeinheiten, in denen die Diagnose im Mittelpunkt stand, hat sich gezeigt, daß das immer dann der Fall war, wenn es um chronische oder schwer behandelbare Krankheiten ging (Rheuma, Multiple Sklerose, Hautekzeme, Migräne). Damit spiegeln die Sendungen ein Phänomen der modernen Medizin wider, nämlich, daß das Wissen über Krankheitsursachen sehr viel stärker gestiegen ist als die Heilungsmöglichkeiten. Pikanterweise wird in einer der Sendungen auf mögliche Folgen des biomedizinischen Denkens und Vorgehens hingewiesen. Im ihrem Schlußkommentar sagt die Autorin: „Der Leidensweg könnte erheblich kürzer sein, wenn Ärzte nicht immer das ganze Arsenal diagnostischer Maßnahmen auffahren würden" ...und die Autoren von Gesundheitssendungen dabei nicht so kräftig mitmachten, möchte man ergänzen.

Auch Therapien nahmen einen breiten Raum ein, in den 44 untersuchten Sendungen kamen sie 66mal zur Sprache, was m.E. zuerst darauf schließen läßt, daß Gesundheit prinzipiell für *machbar*, Krankheit für *beherrschbar* gehalten werden. Auffällig war außerdem, daß hauptsächlich die Therapieverfahren der klassischen Schulmedizin dargestellt wurden, ein weiteres Indiz für die Nähe der Programmmacher zum biomedizinischen Konzept.

Der Anteil an Darstellungen von Präventionsaktivitäten war dagegen relativ gering, in den 44 Sendungen wurden sie 29mal angesprochen. Hier zeigt sich ein Dilemma der Programmacher: Man kann durchaus davon ausgehen, daß sie die Bedeutung von Prävention im Gesundheitsbereich hoch einschätzen. Die Darstellung solcher Maßnahmen im Fernsehen ist aber vergleichsweise schwierig und nicht besonders attraktiv. Indem die Sendungen allerdings darauf verzichten, erwecken sie beim Zuschauer den Eindruck, als sei dies kein wichtiges Thema. Wo Präventionsmaßnahmen dargestellt wurden, vermittelten sie die Vorstellung, daß diese besonders in der Verantwortung des Einzelnen liegen. Nun ist aus der Sozialmedizin bekannt, daß ein überdurchschnittliches Krankheits- und Sterberisiko einhergeht mit geringerem Einkommen, weniger Bildung, fehlendem sozialen Einfluß und mangelnder sozialer Unterstützung (Kühn 1993). Trotzdem scheinen die TV-Gesundheitsratgeber auf diesem Auge blind zu sein und setzen weiter auf die Änderung des persönlichen Verhaltens. Diese Ausrichtung widerspricht inzwischen auch wissenschaftlichen Erkenntnissen: 1997 erschien im *British Medical Journal* eine Auswertung verschiedener Großstudien zur Prävention von Herzkrankheiten. Zwei der "key messages" lauteten:

- "The effectiveness of health education approaches modifying lifestyle to prevent coronary heart diseases is in doubt."
- "Health protection by fiscal and legislative means derserves a higher priority." (Ebrahim/ Smith 1997: 1666)

Zusammenfassung

Die Medien seien so etwas wie "das Nervengeflecht im Körper der deutschen Nation", meinte der ehemalige Berliner Ärztekammerpräsident Ellis Huber 1994 auf dem Kongreß "Gesundheit und Medien" in Düsseldorf.

> "Mehr Gesundheit heißt bessere Kommunikation. (...) Das heutige Versorgungssystem, das pathogenetisch, was macht die Krankheit, denkt, muß mit einer salutogenetischen Seite, wie bildet sich Gesundheit, ergänzt werden. Es geht darum, nicht nur mit perfekter Hand, mit den Maschinen zu leben, sondern auch mit kultiviertem Geist und fühlender Seele wahrzunehmen und einzugreifen." (Huber 1994: 167 und 170)

Schön, wenn es so wäre! Die reinen Zahlen mögen solchen Hoffnungen noch Nahrung geben: Über 20 Stunden monatlich strahlt das deutsche Fernsehen allein regelmäßige Gesundheitsprogramme aus, nicht zu reden von den vielen einzelnen Sendungen und Beiträgen zu gesundheitlichen Themen im laufenden Tagesprogramm. Allerdings wird inzwischen das permanente Bombardement mit Gesundheitsthemen aus dem Fernseher auch nicht mehr nur positiv gesehen. In der Glosse "Krankheit der Fernsehwoche" schrieb Joachim Huber im Berliner *Tagesspiegel* schon 1995 (27.7.):

> "Die größten Risiken und Nebenwirkungen stellen die Fernsehmediziner dar. Es könnte sein, daß Menschen, die sich vom Medium nicht die Krankheit der Woche verschreiben lassen wollen, gesünder leben als jene, denen die TV-Diagnostiker die Temperatur messen dürfen."

Erschwerend kommt hinzu, das hat diese Arbeit untersucht und mit Zahlen belegt, daß "die Kommunikatoren", auf die Ellis Huber seine Hoffnungen setzte, selbst oft eher "pathogenetisch" denken und lieber die "perfekte Hand" darstellen, die die Maschine führt, als den "kultivierten Geist" oder die "mitfühlende Seele". Das mag in erster Linie dem Konkurrenzdruck geschuldet sein, dem auch die Gesundheitsinformations- und Ratgebersendungen zunehmend ausgesetzt sind. Inzwischen ist vieles von dem, was Hans Mohl, ehemaliger Moderator des ZDF-*Gesundheitsmagazin Praxis*, 1990 als Horrorszenario entwarf, eingetroffen. Er befürchtete,

> "daß Irrtümer Hochkonjunktur haben, (...), daß der Show-Journalismus zunimmt, (...), daß der Wunderglaube an die Allmacht der Medizin durch Berichte von der vordersten Forschungsfront weiter genährt wird, daß die Medizin vor Ort nicht Schritt halten kann mit der Experten-Medizin in den Medien, (...), daß Superlativmedizin zum Leitbild der breiten Öffentlichkeit werden kann, (...), daß eine Medikalisierung der Medien einen verstärkten Nachfragedruck auslösen kann." (Mohl 1990: 151 f.)

Mohl glaubte allerdings, daß dies v.a. eine Entwicklung in den privaten Programmen sei, während die öffentlich-rechtlichen (seriösen) Gesundheitssendungen nach wie vor ihre Berechtigung hätten: "Ich bin davon überzeugt, daß gerade die Tele-Medizin neue Chancen in der Gesundheitserziehung, der Vorsorge, der Selbsthilfe, der Nachsorge bieten kann." (Mohl 1990: 154) Interessanterweise hatte er, als 'Chef' der großen ZDF-Sendung, dabei insbesondere die Regionalprogramme wegen ihrer größeren Zuschauernähe im Sinn.

Ich neige, aufgrund der Ergebnisse der vorliegenden Untersuchung, eher der englischen Public Health-Expertin Anne Karpf zu, die aus den Erkenntnissen ihrer Studien schon 1988 den Schluß zog, daß all den Gesundheitsprogrammen kein Erfolg beschieden sein kann, wenn das gängige Muster, hier der allwissende Experte, da der unbedarfte Laie, beibehalten wird:

> "The very act of propagandising the audience about the need to change their habits reinforces their subordinate position as the objects of other people's expertise, while simultaneously increasing their guilt. Orthodox media look-after-yourself programmes, if they have any effect at all, may be making the audience sicker." (Karpf 1988: 226)

Ausblick: Was tun?

Es gibt, zumindest in den USA, schon eine Reihe von Überlegungen, das Geschäft der seriösen, auf Vermittlung von Sachinformationen ausgerichteten Gesundheitsaufklärung gänzlich aufzugeben und sich beispielsweise der Mittel der Werbung zu bedienen: Gesundheitsbotschaften als kurze, grelle Pop-Videos mit Stars und Action. Anne Karpf, die diese Überlegungen in ihrem Buch darstellt, meldet allerdings gleichzeitig große Bedenken hinsichtlich des Erfolges an: Werbespots offerieren etwas, das dem Zuschauer unmittelbaren Nutzen verspricht, während Gesundheitsspots ihn letztlich überzeugen wollen, etwas zu lassen, was ihm eigentlich Spaß macht (rauchen, trinken etc.), einzig mit dem Versprechen, sich in ferner Zukunft vielleicht einer besseren Gesundheit erfreuen zu können (Karpf 1988: 223).

Ich selbst habe aufgrund meines Public Health-Studiums und der praktischen journalistischen Erfahrungen in meiner Magisterarbeit einige Ideen für andere Gesundheitsprogramme entwickelt, die hier kurz dargestellt werden sollen:

- Ausgangspunkt der Programmüberlegungen sollte in jedem Fall Gesundheit, nicht Krankheit sein. Zu diesem Zweck würde ich, ausgehend vom Salutogenese-Modell Antonovskys, gesunde Menschen vorstellen; nicht die jungdynamischen Vertreter der Fitneßbranche allerdings, sondern z.B. sehr alte Leute, die es geschafft haben, gesund zu bleiben. Sie sind ja durchaus ein Medienereignis, wenn auch meist nur als ‚bunte Meldung'. Denkbar wären auch Menschen, die schwere Krisen überstanden oder sich in belastenden Situationen zurecht gefunden haben.
- Des weiteren glaube ich, daß Informationen über den Umgang mit Krankheit (und Tod) in anderen Kulturen von großem Wert für die eigene Bewußtseinsbildung in Sachen Gesundheit sein können. Hier sind aber nicht die Berichte über exotische Medizinmänner, Geistheiler etc. gemeint, sondern das Alltagsleben etwa in der Art der Fernsehreihe *Kinder dieser Welt*. Genug 'Exotik' und damit Zuschauerinteresse hätten solche Darstellungen allemal.
- Selbstverständlich sollten Gesundheitssendungen auch gesundheitlich relevante Lebenssituationen hierzulande thematisieren. Dafür gibt es unzählige Möglichkeiten: Körperlich und psychisch belastende Arbeitsplätze, Lebensphasen (Pubertät, Wechseljahre, Berufsausstieg), Trauer, Trennung, Arbeitslosigkeit. Reportagen wiederum über konkrete Menschen wären hier sicher die angemessene Form.

Mir ist wohl bewußt, daß es solche Themen und Darstellungen bereits im deutschen Fernsehen gibt, nur sind sie eben nicht Teil der Gesundheitsprogramme.

Selbstverständlich sollten Gesundheitsprogramme auch Wissen über Krankheiten und den Medizinbetrieb behandeln. Allerdings würde ich auch hier die Gewichtung anders setzen:

- Informationen über neue Therapieverfahren, auch Operationen, sind wichtig, aber man sollte sie im Vergleich mit anderen vorstellen, auch z.B. im Vergleich von Kliniken und Städten untereinander.
- Das gilt ebenso für Informationen über bestimmte Experten. Damit ist aber kein 'Ärzte-Ranking' gemeint, sondern z.B. eine Vorstellung verschiedener Fachgruppen (wieder orientiert an einer Person). Also: "Was kann ein HNO-Arzt (oder sollte er können)?" - "Was passiert in einer psychosomatischen Klinik oder Abteilung?"
- Ganz wichtig wäre m.E. auch eine Art 'Fernsehseminar' für Patienten, wo man etwas über seine Rechte, aber auch über Möglichkeiten und Schwierigkeiten der Arzt-Patient-Kommunikation erfahren kann, z.B.: "Was sollte ich fragen, wenn ich diese oder jene Beschwerden habe?" - "Was muß der Arzt von mir wissen, damit er in konkreten Situationen helfen kann?"

Als dritten Aspekt meines Ausblicks möchte ich noch etwas ausführlicher *die* Gesundheitsreihe in Deutschland vorstellen, die ein anderes, dem Public Health-Gedanken näher stehendes Konzept hat: die *Bremer Gesundheitswerkstatt.*[10] Sie wird seit 1992 wöchentlich von Radio Bremen in N3 ausgestrahlt und entstand zunächst aus einem Unbehagen über die Orientierung der Präventionsaktivitäten auch der Medien (v.a. der Spots im Rahmen der Deutschen Herz-Kreislauf-Präventionsstudie) am Risikofaktorenmodell. Der verantwortliche Redakteur Klaus Haak und die Professorin für Gesundheitswissenschaften Annelie Keil wollten ein Gesundheitsprogramm machen jenseits des biomedizinischen Modells und jenseits des Risikofaktorenmodells und dabei den Gesundheitsbegriff der WHO mehr zum Tragen kommen lassen. Annelie Keil zufolge sollte allerdings zu der physischen, mentalen und sozialen Dimension noch eine "spirituelle" hinzukommen:

> "Sie können das auch, ähnlich wie Antonovsky oder andere, die Sinndimension nennen. Alle Untersuchungen zeigen ja, wie sehr das Krankheits- oder Gesundheitsgeschehen für die Leute auch mit der Frage nach dem Sinn oder der Bedrohung des Sinns von Leben zu tun hat."

Das hat der *Bremer Gesundheitswerkstatt* in Journalisten- und Wissenschaftlerkreisen den Ruf eingetragen, etwas "esoterisch" zu sein. Eine Kritik, mit der die Programmacher "leben können". Praktisch orientiert sich die *Bremer Gesundheitswerkstatt* vor allem am psychosomatischen Konzept Viktor von Weizsäckers, d.h.: "Wir wollen, obwohl wir das Medium Fernsehen wählen, mit den Zuschauern in einen Dialog treten, aber vor allen Dingen auch die biographische und lebensgeschichtliche Dimension direkt in den Mittelpunkt stellen." Die *Bremer Gesundheitswerkstatt* arbeitet deshalb sehr viel mit psychosomatischen Fallgeschichten, die von den Betroffenen selbst live in der Sendung erzählt oder von der Moderatorin aus Briefen vorgelesen werden. Der Betroffene wird hier also nicht als *Repräsentant* von

[10] Die Informationen und Zitate stammen aus einem Gespräch der Autorin mit den Redakteuren Annelie Keil und Klaus Haak über die Ergebnisse und Thesen der Magisterarbeit.

Krankheiten oder Beschwerden dargestellt, sondern als *Subjekt* ernstgenommen. Experten im üblichen Sinne haben in dem Konzept keinen Platz. In diesem Zusammenhang ist auch der Name *Werkstatt* zu verstehen:

> "*Werkstatt* heißt, wir wollen versuchen, *Werkzeuge* zur Verfügung zu stellen, Angebote zu machen, mit denen praktisch der Zuschauer selbst arbeiten kann, vor allen Dingen auch diejenigen, die an die vielen Programme, die es ja auch in der Gesundheitsförderung gibt, gar nicht herankommen, entweder weil die Leute zu alt sind, weil sie auf dem Land sind, weil sie von ihrer Bildungsperspektive her sagen, wir wollen nicht in diese Szeneangebote, etc."

Konkret bietet die *Bremer Gesundheitswerkstatt* vor allem mehrteilige "Kurse" an, wie "autogenes Training für Kinder", "Atem und Bewegung" oder "Rückenschule" (siehe Abb.2).

Abb.2: Szenenfoto aus der Bremer Gesundheitswerkstatt mit Moderator Klaus Haak (Bildmitte)

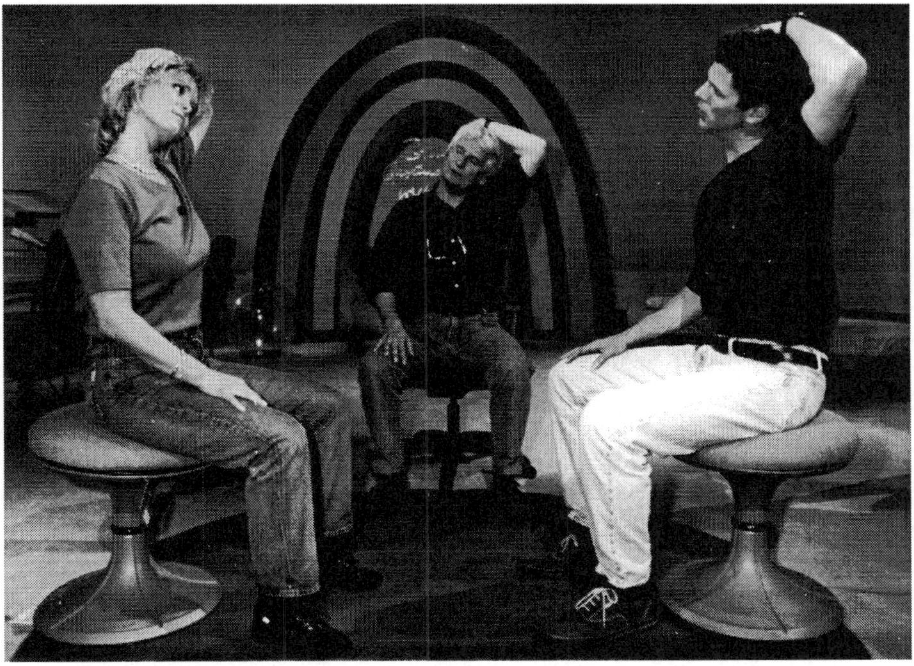

Quelle: Radio Bremen, Foto: Frank Pusch

Trotzdem sei das kein individualistischer Ansatz der Gesundheitsförderung, betonen Keil und Haak. In den zu allen Kursen gehörenden Einleitungssendungen und theoretischen Teilen werden immer auch die zugrundeliegenden Verhältnisse thematisiert:

> "Wir haben z.B. beim autogenen Training für Kinder eine Reihe von Sendungen gemacht zur Streßsituation Schule. Da kann man gar nicht anders argumentieren: Es sind die Verhältnisse, die heute einen Zustand hergestellt haben, daß viele Kinder nur noch mit Beruhigungsmitteln in die Schule gehen."

Dem Argument vieler Gesundheitsprogrammacher, Fernsehen brauche nun einmal Bilder, und die lieferten solche Themen nicht, hält Klaus Haak entgegen:

> "Vielleicht ist das auch ein wichtiger Aspekt, daß wir von Anfang an gesagt haben, wir wollen eben nicht der Informationsflut, die es schon dauernd gibt im Fernsehen, noch etwas hinzufügen, in dem wir sozusagen Bilder, die auch abgegriffen sind, in unsere Sendung reinbringen. Nur ein Beispiel: Als ich autogenes Training vorgeführt habe und gesagt habe, daß Skiabfahrtsläufer, wenn sie sich konzentrieren müssen, bevor sierunterfahren, eigentlich noch mal die Strecke im Kopfvisualisieren, dann wäre es fernsehüblich gewesen, daß wir so eine Szene gezeigt hätten. Das habe ich aber ganz bewußt nicht gemacht, weil ich mir gesagt habe, da schaltet jemand in die Sendung rein und denkt, 'ach es geht ums Skifahren', oder ein anderer schaut sich das an und denkt, 'habe ich denn auch einen so schönen bunten Skianzug wie der, der da oben steht?' Mir war wichtig, daß wir sozusagen in dieser Sendung eins zu eins in Kontakt blieben."

Was die Resonanz betrifft, fühlen sich die Macher der *Bremer Gesundheitswerkstatt* u.a. durch "die vielen Tausend Zuschauerbriefe" bestätigt. Auf dem ursprünglichen Sendeplatz (montags, 17.15-18.00 Uhr) erreichte sie konstant um die 100.000 Zuschauer, mehr als jede andere Sendereihe auf diesem Platz. Trotzdem wurde sie mehrfach in den letzten Jahren innerhalb des N3-Programms verschoben, zunächst auf den Montagnachmittag, dann auf den Sonntagvormittag (9.45-10.30 Uhr), schließlich auf den noch ungünstigeren Montagvormittag. Das hatte nicht nur eine veränderte Zuschauerschaft, sondern vor allem immer niedrigere Einschaltquoten zur Folge. Da sich inzwischen auch das öffentlich-rechtlichen Fernsehen an den Quoten orientiert, wurde die Sendereihe vom NDR ohne inhaltliche Diskussion mit den Redakteuren aus dem Programm gestrichen. Bis Ende 1999 laufen noch Bearbeitungen der Reihenthemen einmal im Monat, am Freitag nachmittag auf 3sat. Vor dem Hintergrund dieser existentiellen Bedrohung ihrer Arbeit betrachtet die Gesundheitswissenschaftlerin Annelie Keil die anderen Gesundheitsreihen im deutschen Fernsehen besonders kritisch. Die meisten stünden "in guten Schuhen" da, meint sie, weil sie "unverdächtig bleiben".

> "Die Mehrheit der Sendungen ist so, wie in der [vorliegenden] Untersuchung kritisiert. Das ist nämlich der Versuch, nur ja nicht aufzufallen. Unverdächtig zu sein, manchmal mit einem politischen Klopfer, aber ohne jede Konsequenz, was die Subjekte betrifft. Im Prinzip natürlich professionell, Weizsäcker hat das mal "professionelle Frigidität" genannt. Man kann sagen, der medizinische Gesundheitsbegriff ist perfekt in den Medien angekommen."

Klaus Haak möchte es sogar noch schärfer formulieren:

> "Die großen Erfolge der Gesundheitssendungen kommen ja gerade daher, daß genau nicht die Eigenkompetenzen gestärkt werden darin, selber wahrzunehmen, 'was ist los, woher könnte das kommen, wie kann ich mir helfen?', (...) sondern gerade die Abhän-

> gigkeit von Helfern, an die ich in der Regel noch nicht einmal selber herankomme. Da wird so getan, als wäre irgendein Professor in irgendeinem Schmerzzentrum sonstwo das Gelbe vom Ei und wer zu dem nicht hingehen kann, ist von vorne herein ein armes Schwein und braucht sich gar nicht mehr darum zu bemühen, ob er in seinem Lebenskreis, in dem er ist, noch irgend etwas tun kann."

Ob die Macher der *Bremer Gesundheitswerkstatt* ihr spezielles Konzept medialer Gesundheitsaufklärung weiterverfolgen können, ist angesichts des immer härter werdenden Konkurrenzkampfes auf dem Fernsehmarkt noch offen. Offen ist aber auch die Frage, ob die Gesundheitsinformationssendungen insgesamt in dem *alten* Massenmedium Fernsehen nicht ihre Bedeutung verlieren werden zugunsten des *neuen* Informationsmediums *Internet*, das sich mehr und mehr zu einem Massenmedium entwickelt.

Literatur

Abholz, Heinz-Harald/ Borgers, D./ Karmaus, W./ Korporal, J. (Hrsg.) (1982): Risikofaktorenmedizin. Berlin

Adler, Rolf/ Herrmann, J. M./ Köhle, K./ Schonecke, O.W./ Uexküll, Th. v./ Wesiack, W. (Hrsg.) (1990): Thure von Uexküll: Psychosomatische Medizin. 4., neubearbeitete und erweiterte Auflage. München/ Wien/ Baltimore

Antonovsky, Aaron (1987): Unraveling the Mystery of Health. How People Manage Stress and Stay Well. San Francisco

Antonovsky, Aaron (1991): Meine Odyssee als Streßforscher. In: Jahrbuch für Kritische Medizin 17: 112-129

Badura, Bernhard (Hrsg.) (1989): Zukunftsaufgabe Gesundheitsförderung. Berlin

Bente, Gary/ Fromm, Bettina (1997): Affektfernsehen. Motive, Angebotsweisen und Wirkungen. Opladen

Bury, Michael./ Gabe, Jonathan (1994): Television and Medicine: Medical Dominance or Trail by Media? In: Gabe/ Kelleher/ Williams (1994): 65-83

Ebrahim, Shah/ Smith, George D. (1997): Systematic Review of Randomised Controlled Trials of Multiple Risk Factor Interventions for Preventing Coronary Heart Disease. In: British Medical Journal 314: 1666 ff.

Faltermeier, Toni (1991): Subjektive Theorien von Gesundheit. Stand der Forschung und Bedeutung für die Praxis. In: Flick (1991): 45-58

Fischer, Heinz-Dietrich (Hrsg.) (1990): Medizin-Publizistik. Prämissen - Praktiken - Probleme. Frankfurt a.M./ Bern/ New York/ Paris

Flay, Brian R. (1982): Verhaltensänderungen durch Gesundheitsprogramme in Massenmedien: Theoriemodelle und Möglichkeiten ihrer Anwendung. In: Meyer (1982): 58-89

Flick, Uwe (Hrsg.) (1991): Alltagswissen über Gesundheit und Krankheit. Subjektive Theorien und soziale Repräsentation. Heidelberg

Gabe, J./ Kelleher, D./ Williams, G. (Hrsg.) (1994): Challenging Medicine. London

Göpfert, Winfried (1989): Gesundheitsförderung und die Möglichkeiten der Massenmedien. In: Badura (1989): 314-318

Göpfert, Winfried (1994): Gesundheit und Medien. Lebenshilfe aus dem Fernseher? Vortragsmanuskript zur Ringvorlesung "Die Produktion von Gesundheit" im Wintersemester 1993/ 94 an der FU Berlin

Huber, Ellis (1994): Gesundheit und Kommunikation. In: Communications 19 (2-3): 156-171

Karpf, Anne (1988): Doctoring the Media. The Reporting of Health and Medicine. London

Kickbusch, Ilona (1982): Vom Umgang mit der Utopie. Anmerkungen zum Gesundheitsbegriff der WHO. In: Abholz/ Borgers/ Karmaus/ Korporal (1982): 267-276

Kühn, Hagen (1993): Healthismus. Eine Analyse der Präventionspolitik und Gesundheitsförderung in den U.S.A. Berlin

Lalouschek, Johanna (1999): Tabuthema Brustkrebs? Die diskursive Konstruktion von medizinischer und kultureller Bedeutung in Gesundheitssendungen des Fernsehens. In: Psychotherapie und Sozialwissenschaft (1)

Merscheim, Horst (1984): Medizin im Fernsehen. Probleme massenmedial vermittelter Gesundheitsberichterstattung. Bochum

Meyer, Manfred (Hrsg.) (1982): Gesundheitserziehung in Fernsehen und Hörfunk. München/ New York/ London/ Paris

Mohl, Hans (1990): Medizinische Themen in Fernsehen und Neuen Medien. In: Fischer (1990): 149-155

Neuendorf, Kimberly A. (1990): Health Images in the Mass Media. In: Ray/ Donohew (1990): 111-135

Partheymüller, Doris (1994): Moderatorenfragen in der populärwissenschaftlichen Vermittlung medizinischen Wissens - eine exemplarische Analyse. In: Redder/ Wiese (1994): 132-143

Ray, Eileen B./ Donohew, Lewis (Hrsg.) (1990): Communication and Health. Systems and Applications. Hilsdale

Redder, Angelika/ Wiese, Ingrid (Hrsg.) (1994): Medizinische Kommunikation. Opladen

Schäfer, Herbert/ Blohmke, Maria (1978): Sozialmedizin. Zweite überarbeitete und erweiterte Auflage. Stuttgart

Schipperges, Heinrich (1984): Die Vernunft des Leibes. Gesundheit und Krankheit im Wandel. München/ Wien/ Baltimore

Weßler, Hartmut (1995): Mediale Gesundheitskommunikation. Ein Beitrag zur Gesundheitsförderung? In: Prävention 18 (2): 59-62

Talkshow-Transplantationen
Erfahrungen eines Studiogastes

Martin Franke

1. Talkshows – So selbstverständlich wie Strom aus der Steckdose

Wer heute über einen Kabelanschluß verfügt, kann sich (ausländische Sender und nächtliche Wiederholungen inbegriffen) rund um die Uhr Talkshows ansehen. Im deutschen Fernsehen laufen die "Daily Talks" an jedem Werktag von 11 bis 17 Uhr, teilweise zeitgleich auf verschiedenen Sendern. Das Genre der Talkshows hat sich seit Mitte der 80er Jahre ständig ausgebreitet. Waren 1991 durchschnittlich noch 39 Minuten täglich dem Format gewidmet, so hat sich die Sendezeit 1998 auf 398 tägliche Sendeminuten mehr als verzehnfacht (Krüger 1998: 612) und ist heute das Programmformat mit der meisten täglichen Sendezeit. Was aber genau ist eine Talkshow? Krüger hat hierzu zehn Abgrenzungskriterien erarbeitet (Krüger 1998: 609), die festlegen, was den Charakter einer Talkshow ausmacht. Hierzu gehören z.B. Aspekte wie das Gespräch vor einem überwiegend passiven Studiopublikum oder die periodische Ausstrahlung von gleichbleibenden Sendeplätzen. Von Eimeren/ Gerhard legen ihre Definition dagegen breiter an. "Demnach ist eine Talkshow zunächst eine Gesprächssendung zwischen einem Moderator, mehreren Gästen mit oder ohne Publikum, die sich über ein beliebiges Thema unterhalten" (von Eimeren/ Gerhard 1998: 601). Am 14.9.1992 führte RTL mit *Hans Meiser* nach dem US-amerikanischen Vorbild der *Oprah Winfrey-Show* die Daily-Talk-Show in Deutschland ein. Die Sendung wird seither ununterbrochen werktäglich von 16 – 17 Uhr ausgestrahlt und zieht durchschnittlich 2,3 Millionen Zuschauer vor den Fernseher. Mit 28,4 Prozent Marktanteil ist Meiser Spitzenreiter im hart umkämpften Talk-Business (Diehl/ Harth-Meyer 1998: 12). 1991 spielten "Dailies" mit nur acht Prozent im Ausstrahlungsrhythmus der Sender eine untergeordnete Rolle. Heute bestreiten sie 90 Prozent des Formats. Die restlichen zehn Prozent setzen sich aus wöchentlichen Sendungen zusammen. Seltener als wöchentlich ist heute keine Talkshow mehr auf Sendung (Krüger 1998: 613). Mit der mengenmäßigen Zunahme von Talkshows haben sich auch die Inhalte der Sendungen gewandelt und die Konzeptionen ausdifferenziert. Talkshow-Klassiker wie Werner Höfers *Internationaler Frühschoppen*, von 1953 – 1987 jeweils sonntagmittags ausgestrahlt, behandelten im Rahmen einer gesitteten Diskussion Themen aus Politik, Gesellschaft und öffentlichem Leben. Solche Fragen nahmen 1998 mit nur drei Prozent den geringsten Anteil ein. Völlig gewandelt hat sich dagegen die Sendehäufigkeit von Themen aus dem zwischenmenschlichen und privaten Bereich. Ihr Anteil hat sich seit 1991 (fünf Prozent) verzehnfacht (52 Prozent) und deckt damit heute über die Hälfte des

Themenspektrums ab (Krüger 1998: 615). Die sogenannten "Affekt-Talkshows", zu denen die meisten Dailies gehören, bilden den größten Anteil des Genres. Daneben existieren weitere Formen wie Comedy-Talk, Politische Talkshows, Sport-, Kultur-, "Late-Night"- und "Menschen"-Talkshows. Eine besondere Kategorie bilden die "Konfrontations-Talkshows", die sich nach einem Versuch Anfang der 90er Jahre in ihrer reinen Form in Deutschland nicht durchsetzen konnten. In den USA haben sie hingegen Hochkonjunktur.[1]

Wer sind die Rezipienten solcher Daily Talkshows? Das tägliche Angebot konkurriert um ein Seherpotential von 26 Millionen Zuschauer und damit 36,5 Prozent des gesamten Fernsehpublikums (ab 3 Jahren). Von der Gruppe der 14 bis 29jährigen Frauen wird fast die Hälfte (47,7 Prozent) erreicht. Den gleichen Erfolg erzielt das Format bei der Altersgruppe der über 50jährigen Frauen (46,9 Prozent). Das Publikumspotential bei den Männern ist deutlich geringer. Dies hat dem Genre den wenig respektvollen Namen "Hausfrauen-" oder "Bügelfernsehen" eingebracht. Publikumsgruppen mit niedriger Bildung werden besser ausgeschöpft (von Eimeren/ Gerhard 1998: 605-606).

2. Medienthema Herztransplantation

Die Zeiten, in denen die Nachricht einer geglückten Herztransplantation beim Adressaten entweder moralische Entrüstung oder ehrfurchtsvolles Staunen über die Möglichkeiten der modernen Medizin ausgelöst hat, sind endgültig vorbei. Transplantationsmedizin gehört heute zum medizinischen Routineangebot einer jeden größeren Universitätsklinik. Im Jahr 1997 wurden in 32 Kliniken 562 Herz- und davon in sechs Kliniken 31 Herz-Lungentransplantationen durchgeführt. Die Transplantationsquote liegt somit im Mittelwert bei ca. sieben pro Million Einwohner (Smit et al. 1998: 26, 40). Die erste Herzverpflanzung, durchgeführt am Grote-Schuur-Hospital im Dezember 1967 in Kapstadt, gilt als Meilenstein der modernen Transplantationsmedizin. 1969 versuchten deutsche Ärzte dem Südafrikaner Christiaan Barnard nachzueifern. Sie scheiterten jedoch, wie letzten Endes auch er, an der immunsuppressiven Therapie, die nach einer Organverpflanzung notwendig wird. Die Medien stilisierten "Chris" zu einem ruhmreichen Helden, der durch seine Pioniertat (scheinbar) den Tod besiegt hatte. Die Bilder des ebenso *scheinbar* genesenden Patienten Louis Washkansky ("Washy"), der wenige Wochen später elend an den Folgen der Transplantation verstarb, gingen um die Welt.

2.1 Mit 19 ein neues Herz

Erst Anfang der 80er Jahre gelang der Pharmaindustrie die Entwicklung neuer, effektiver Medikamente, mit denen das Problem der Abstoßungsreaktion einigerma-

[1] Nach einem Bericht des *Spiegel* (13/1999: 112-116) hat die Confrontainment Show *Jerry Springer* mit 8,55 Millionen Zuschauern dem Affekt-Talk *Oprah Winfrey* (7,45 Millionen) erstmals die Spitzenposition abspenstig gemacht.

ßen gut in den Griff zu bekommen war. Nicht mehr das gesamte Immunsystem wurde unterdrückt, sondern gezielt die Bereiche, die für eine Abstoßung des Transplantats verantwortlich sind. Glück für mich, denn ich erkrankte im Dezember 1983 im Alter von 18 Jahren und mitten im Abitur an einer Herzmuskelentzündung (dilatative Cardiomyopathie). Die Krankheit schritt sehr schnell voran und war gefürchtet, weil sie häufig zum Tod des Patienten führt. Schließlich wurde mir die Möglichkeit einer Herztransplantation eröffnet. Ich wartete in einer Bremer Klinik auf das Spenderorgan und den Transport in das Transplantationszentrum. Die Operation fand im März 1984 an der Medizinischen Hochschule Hannover statt, die in Deutschland neben der Münchener Uniklinik zum damaligen Zeitpunkt als einziges Krankenhaus diese logistisch aufwendige Operation durchführen konnte. Daß die Operation damals noch risikoreicher war als heute und weitreichende Veränderungen für die Lebensplanung und den Alltag mit sich bringt, ist sicher nachvollziehbar, soll aber nicht Thema dieses Beitrags sein.

1986 eröffnete das Deutsche Herzzentrum in Berlin. Viele der Patienten aus der Hannoveraner Klinik waren dem Transplantationsteam dorthin gefolgt. Noch im gleichen Jahr gründeten herztransplantierte Patienten eine Interessengemeinschaft, der ich bis 1993 als Vorstandsmitglied und bis 1994 als Geschäftsführer angehörte. Im Herbst 1986 zog ich nach Berlin um und studierte zunächst an der FU Berlin, später machte ich meinen Abschluß als Diplom-Sozialpädagoge an der Staatlichen Fachhochschule. Die gegründete Interessengemeinschaft betreute als Selbsthilfeorganisation bald bundesweit Organtransplantierte bei ihren psychischen, sozialen und medizinischen Schwierigkeiten nach dieser lebensverändernden Operation. Außerdem wurden Besuchsdienste für Patienten auf der Warteliste eingerichtet. Auch heute noch sterben rund die Hälfte dieser "Wartepatienten" wegen des Mangels an Spenderorganen vor der Operation. In der Öffentlichkeit warben wir mit Informationsständen und Veranstaltungen für mehr Bereitschaft zur Organspende.

2.2 Transplantationen – ein "öffentliches Thema"

Nahezu jeder kennt heute jemanden, der nierentransplantiert ist oder auf eine Transplantation wartet. Zwar ist bei der Dialyse die Lebensqualität stark eingeschränkt, durch den verfügbaren künstlichen Organersatz ist die Situation aber in der Regel nicht lebensbedrohlich. Herztransplantationen haben dagegen häufig ein weit größeres emotionales Potential. Auch die Darstellung in den Medien greift nur allzu gern auf die abgenutzten Klischees vom Herzen als Sitz der Seele, als Zentrum des Gefühls oder als "Lebensmotor" zurück. Für viele Menschen ist daher die Vorstellung, mit einem fremden Herzen zu leben, nach wie vor eine kleine Sensation. Sie löst beim unbeteiligten Leser, Zuhörer oder Zuschauer ein Gefühl der Anteilnahme, manchmal verbunden mit einem Schaudern, aus. Nur so ist das große Interesse der Medien am Thema Organtransplantation nachzuvollziehen. "Heart and artificial heart transplants fulfill almost every criterion of a good story. They're events, occurring within a day, featuring individuals with glamourous, dramatic illnesses, and abundant human interest." (Karpf 1988: 151) Noch 1971 lobte Schreiber die seriöse

Berichterstattung der drei, damals ausschließlich öffentlich-rechtlichen Fernsehprogramme. Über seine Frage, ob es verantwortbar sei, Operationen im Fernsehen zu zeigen, können wir heute nur noch lächeln. Dagegen geißelte er die Boulevardpresse und die Regenbogenblätter, die auf äußerst unseriöse Weise über Herztransplantationen und andere Gesundheitsthemen berichteten (Schreiber 1971: 30-33). Mit der Einführung des Privatfernsehens änderte sich der Bildungsanspruch des Fernsehens rasch. Kein Thema ist mehr tabu, keine persönliche Angelegenheit intim genug, um nicht dem sensationshungrigen Publikum präsentiert zu werden. Und so erging es auch dem persönlichen Schicksal der Menschen und ihrer Angehörigen, die auf die eine oder andere Weise, also als Organspender oder -empfänger, von einer Transplantation betroffen waren. Die Anonymität der Organspender und ihrer Angehörigen wurde von klinischer Seite aus grundsätzlich strikt gewahrt. Und auch uns Patienten schirmten die Ärzte zunächst vor den Anfragen der Medien ab. Erst später merkten die Transplantationsmediziner, daß sie Verbündete bei den Medien brauchten, wenn es in Deutschland mehr Transplantationen geben oder der gefundene gesellschaftliche Konsens wenigstens aufrecht erhalten werden sollte. Erstmals in der Geschichte der Medizin war mit der Organtransplantation zwischen das Arzt-Patienten-Verhältnis eine dritte Partei getreten: der Organspender bzw. dessen Angehörige. Der Arzt konnte gegenüber dieser dritten Partei nicht mehr als Helfer in der Not auftreten, sondern wurde als Interessenvertreter des schwerkranken Wartepatienten wahrgenommen, der nichts geben kann, aber in einer unmöglichen Situation viel haben will. Die Gegner der Transplantationsmedizin hatten es früh verstanden, diesen unlösbaren Konflikt mit Hilfe der Medien in die gesellschaftliche Diskussion zu bringen. In der Öffentlichkeit entbrannte – angeheizt durch den Streit um das Erlanger Baby[2], Auftritte von sich ausgenützt fühlenden Spenderangehörigen und Meldungen über Organhandel – eine leidenschaftliche Diskussion um die Anerkennung des Hirntodes und den ethischen Stellenwert der Transplantation überhaupt. Zu diesem Zeitpunkt lebte – vor allem auf Initiative der zahlenmäßig wesentlich stärkeren und einflußreicheren Patientenverbände der Nierenkranken – die jahrelange Diskussion um ein Transplantationsgesetz[3] wieder auf. Extrem lange Zeiten des Wartens auf eine Spenderniere bedeuteten für viele Dialysepatienten eine nicht akzeptable Einschränkung ihrer Lebensqualität. So ist es zu erklären, daß sich Anfang der 90er Jahre das von den Medien gelenkte öffentliche Interesse erneut dem Thema Organtransplantation zuwandte. Diesmal stand allerdings nicht der von Fortschrittsglaube geprägte Optimismus im Zentrum der Berichterstattung, sondern

[2] Eine hirntote Schwangere wurde im Herbst 1992 in Erlangen intensivmedizinisch bis zur Entbindung "konditioniert".

[3] Das Transplantationsgesetz (Bundesgesetzblatt, 11.Nov. 1997, S. 2631-2639) trat nach langen kontroversen Verhandlungen am 1.12.1997 auf der Basis der "erweiterten Zustimmungslösung" in Kraft.

eine kritische Beleuchtung des Themas von *allen* Seiten, die in der Bevölkerung eine starke Verunsicherung auslöste.[4]

3. "Bilder, die Sie erschrecken werden..."[5]

Mit dem Herüberschwappen der Talkshow-Welle aus den USA wurde neben anderen intimen, persönlichen und vertraulichen Themen auch die Organspende und -transplantation quotensteigernd verarbeitet. Fast jede Talkshow, die Anfang der 90er Jahre im deutschen Fernsehen lief, befaßte sich mit der Thematik:

Tab. 1: Talkshow-Sendungen zum Thema Transplantion

Sendung	**Sender**	**Sendedatum**	**Moderator/ Talkmaster**	**Thema**
AHA Streitfälle	DFF	10.2.1990	Antje Garden/ Dolf Künzel	Leben spenden nach dem Tod?
Live aus dem Schlachthof *	BR 3	11.11.1991	Sabine Noethen/ W. Schmidbauer	Tierversuche: Notwendigkeit oder Quälerei? [6]
Gott und die Welt	WDR 3	1992	Martin Blachmann	Biete Niere – suche Herz. Was spricht für, was gegen Organspende?
Talk täglich	SFB	24.3.1992	Helga Lensch	Leben mit einem neuen Herzen
Doppelpunkt	ZDF	4.6.1992	Michael Steinbrecher	Organspende
Hans Meiser*	RTL	15.9.1992	Hans Meiser	Organspende
Einspruch*	SAT.1	14.10.1992	Ulrich Meyer	Brauchen wir eine Pflicht zur Organspende?
So	N3	11/1992	Robert Hetkämper	Erlanger Baby
Ilona Christen*	RTL	21.3.1994[7]	Ilona Christen	Mein ist dein ganzes Herz - Leben mit einem fremden Organ

**Mitwirkung des Autors als Studiogast. (Die Aufstellung folgt meinem privaten Archiv und ist sicher nicht vollständig.)*

---

[4] Nach Mitteilung eines Transplantationskoordinators geht die Bereitschaft der Angehörigen zur Einwilligung in eine Organspende nach einem "negativen" Fernsehbeitrag jedes Mal für eine gewisse Zeit deutlich zurück.

[5] Hans Meiser bei der Anmoderation eines kurzen Filmbeitrags zur Organspende in seinerTalkshow am 15.9.92: "Bilder, die Sie erschrecken werden, aber die einen froh machen können."

[6] In der Sendung wurde vor allem das Für und Wider von Tierversuchen diskutiert. Zur Illustration der Nützlichkeit von Tierversuchen wurde ich als Herztransplantierter, der davon profitiert hatte, neben einem Vertreter des Bundesverbands der Pharmazeutischen Industrie plaziert.

[7] Produktionsdatum. Das Sendedatum war nicht mehr nachvollziehbar.

3.1 Von der Information zur Unterhaltung

Die Qualität und der Informationswert von Talkshows ist - je nach Konzept und Zielsetzung der Sendung - sehr unterschiedlich. Dabei ist ein Gefälle zwischen Produktionen der öffentlich-rechtlichen Sendeanstalten und denen der Privatsender feststellbar. Geradezu akademisch geht es zu, wenn sich Obermedizinalrat Dr. Dolf Künzel im Zusammenspiel mit seiner Kollegin Antje Garden im DDR-Fernsehen der Wendezeit des Themas annimmt. Unter dem Eindruck des gesellschaftlichen Umbruchs in der Noch-DDR diskutiert er im Kreis von sechs Experten (ausschließlich Männern) die medizinischen, rechtlichen, ethischen und theologischen Aspekte der Organspende. Er geißelt die westdeutsche Boulevardpresse und knüpft seine Moderation eng an einen Bericht der BILD-Zeitung ("DDR-Herzen rausgeschnitten, in den Westen geliefert"). Gemeinsam mit dem "Gast aus der BRD", einem Staatssekretär, werden die unterschiedlichen Rechtspositionen (Widerspruchslösung in der DDR, Zustimmungslösung in der Bundesrepublik) erörtert. Der Staatssekretär gehört einer 'Experten-Szene' an, die sich auch in späteren Sendungen immer wieder treffen wird. Die Betroffenen haben in dieser DDR-Produktion keinen Platz auf dem Expertenpodium. Sowohl Empfänger von Transplantaten als auch Angehörige von Spendern werden von der Ko-Moderatorin Antje Garden nur am Rande der Sendung und im Publikum sitzend mit einbezogen.

In kleiner Runde, ohne Studiopublikum und bei einer Tasse Kaffee erhalten bei *talk täglich* (SFB, März 1992) zwei transplantierte Patienten und "ihr" Chirurg die Möglichkeit, ihre Geschichte zu erzählen. Deutlich wird das Bemühen um eine differenzierte Darstellung, die nicht nur die Sensation der "Heilung" in den Vordergrund rückt, sondern sich auch angemessen mit den Problemen der Patienten auseinandersetzt. Geradezu platt wirkt es hingegen, wenn die Moderatorin den jungen Herztransplantierten unvermittelt, aber doch selbst verunsichert fragt "Wie ist das mit dem Sex? Ich frage Sie mal so. Sie brauchen nicht zu antworten, das ist ja doch eine sehr intime Sache." Hier wird bereits ein erstes Abgleiten auf das Niveau von Talkshows des Privatfernsehens erkennbar, das sich in späteren Jahren fortsetzen sollte.

"Fernsehen ist, wie es ist, ein Massen- und Fastfoodmedium. Wer einen anderen Anspruch hat, der muß Bücher lesen oder ins Kino gehen."[8] Eine präzise Analyse des Phänomens Talkshow liefert Johanna Lalouschek in ihrem Beitrag "Von Peinlichkeit, Ehre und kurzem Ruhm". Die österreichische Sprachwissenschaftlerin weist dem Medium neben der Aufgabe einer "emotionalisierten Unterhaltung durch Reden" auch soziale Funktionen für die beteiligten Studiogäste zu. Für den Bereich der Organspende ist dies zum Beispiel das Erzählen von "ruhmvollen Taten" oder "die Bestätigung des Moderators und vor allem der Applaus des Studiopublikums, das so die Richtigkeit des Tuns bezeugt – und damit auch die Richtigkeit der gesellschaftlichen Normen und Erwartungen." (Lalouschek 1998: 23-24)

---

[8] Talkmaster Harald Schmidt im Interview mit dem Berlin-Magazin *tip* über seinen Film "Late Show" (*tip* 5/99).

3.2 Schicksal als Show

Unter den 65 verschiedenen Talkshows, die 1998 ausgestrahlt wurden, nehmen die "Affekt-Talks" einen prominenten Platz ein. "Diese auf persönliche Betroffenheit bzw. Identifikation abzielenden Talkshows bedienen sich sehr stark der Emotionen, wobei die Grenzen zwischen der Darstellung von Emotionen und persönlicher Betroffenheit einerseits und provozierten Affekten im Sinne des Hervorrufens heftiger Gemütsregungen auf seiten der Gäste und der Zuschauer (=Affekt-Talk) andererseits fließend sind." (von Eimeren/ Gerhard 1998: 603). Affekt-Talks[9] können nicht, wie etwa Politik- und Kultur-Talkshows, zu den Sendeformaten mit Orientierungsfunktion gezählt werden. Sie definieren sich zwar selbst gerne als Ratgeber- und Lebenshilfesendungen, ihre Hilfe geht jedoch häufig nicht über das Einblenden von weiterführenden Informationsmöglichkeiten oder der Redaktionstelefonnummer hinaus. Vielmehr nutzen die Redaktionen die bei ihnen eingehenden Briefe teilweise gar zur Akquisition neuer Gäste bzw. zum Finden neuer Themen (Schilcher 1996: 14 ff.). Im Vordergrund steht das persönliche Schicksal der geladenen Talkgäste, das es gilt, möglichst emotionsreich und spannend zu präsentieren. Nicht zu unterschätzen ist die Dynamik, die von einer solchen Show ausgeht. Nur so ist es zu erklären, daß sich täglich Menschen dazu bereit erklären, vor einem Millionenpublikum ihre intimsten Sorgen und Probleme auszubreiten. Die Teilnehmer solcher Shows glauben, sie könnten die Kontrolle behalten, wenn sie dem Talkmaster von sich erzählen und jederzeit aussteigen. In Wirklichkeit aber werden selbst beherrschte Zeitgenossen durch geschickte Gesprächsführung und Fragestellung des Talkmasters dazu getrieben, ihr Privatleben vor der Kamera auszubreiten. Hinzu kommt der Prestigegewinn durch die intensive redaktionelle Betreuung (z.B. Besuch am Wohnort, Übernahme von Reise- und Hotelkosten) und ein gestärktes Selbstbewußtsein durch den "Auftritt im Fernsehen" (Goldner 1996: 23-24). Der Talkmaster wird von den teilweise wirklich verzweifelten Gästen der Sendung als Therapeut oder Seelsorger[10] angesehen, der Ratschläge geben und weiterhelfen kann. Daß sich das charmante Plaudern mit den "Gästen" mit dem Abschalten der Kameras schlagartig in Desinteresse wandelt, nehmen viele der Talkshow-Teilnehmer gar nicht wahr (Goldner 1996: 24; Bente/ Fromm 1997: 127ff.). Von den Talkmastern kann schließlich auch keine ernsthafte therapeutische Hilfe erwartet werden, denn die, die da vorne Tag für Tag stehen und häufig gleich mehrere Shows nacheinander abdrehen, haben teilweise nicht einmal eine formale journalistische Ausbildung, die sie zur Einhaltung ethischer Regeln veranlassen könnte. Vera Int-Veen (*Vera am Mittag*) beispielsweise arbeitete früher als Gemüseverkäuferin und kam dann als Einklatscherin bei *Herzblatt* und Gottschalks *late night* zum Fernsehen (Goldner 1996: 26). Die Konsequenzen ihres Tuns werden vielen Talkshowteilnehmern häufig erst nach der Sendung bewußt – wenn im alltäglichen Umfeld darauf reagiert wird. Wie

---

[9] Der Begriff wurde von dem Psychologen Gary Bente geprägt (vgl. Bente/ Fromm 1997).

[10] Die ARD macht sich durch den Einsatz von Pfarrer Jürgen Fliege (Motto: "Alles wird gut!") dieses Image unverblümt zunutze.

soll ein Ehepaar je wieder normal miteinander oder mit Kollegen und Freunden umgehen können, wenn die Frau vor laufender Kamera ihren verdutzten Mann anklagt: "Ich hatte in zwölf Ehejahren keinen einzigen Orgasmus" (Goldner 1996: 24)? Aber auch wer mit "ehrbaren Motiven" in eine Talkshow geht, ist hinterher häufig enttäuscht. Bente/ Fromm haben 40 Teilnehmer von Talk- und Beziehungs-Shows umfassend befragt. Dabei kam u.a. heraus, daß es nach dem subjektiven Eindruck der Hälfte der Befragten nur teilweise oder gar nicht gelungen ist, ein Anliegen durchzusetzen (Bente/ Fromm 1997: 128).

3.3 Zu Gast bei Meiser und Christen

Als Vorstandsmitglied der Interessengemeinschaft Herztransplantierter (später "Bundesverband der Organtransplantierten" BDO) hatte ich selbst Gelegenheit, als Studiogast an einigen Talkshows teilzunehmen. Wie bereits oben beschrieben, war es erklärtes Ziel dieser Patienteninitiative, in der Öffentlichkeit Werbung für die Organspende zu machen. Der Verband hatte bereits Kontakte zu den Medien aufgebaut und wurde häufig angefragt, wenn es um die Präsentation von Organempfängern in der Öffentlichkeit ging. Nahezu identisch spielte sich das Szenario bei *Hans Meiser* (15.9.1992) und *Ilona Christen* (21.3.1994) ab: Telefonische Kontaktaufnahme durch die Redaktion zwei Wochen vor dem Produktionsdatum. Die telefonischen Abmachungen wurden in einer schriftlichen Vereinbarung niedergelegt, in der sich der Vertragspartner "zur Mitwirkung als Talkgast" verpflichtete und Ort und Zeit der Produktion festgehalten wurden. "Er [der Talkgast] überträgt dem Sender das Recht, den Auftritt aufzuzeichnen und die Aufzeichnung exklusiv und ohne Einschränkung auszuwerten. Der Vertragspartner verpflichtet sich, bis zum Sendetermin dieser Produktion keine anderweitigen Gastauftritte bei anderen deutschsprachigen Fernsehsendern wahrzunehmen." Für den Auftritt zahlte der Sender eine einmalige Vergütung von 300 DM und übernahm die Reisekosten.

Zwei Stunden vor dem Aufzeichnungsbeginn treffe ich auf dem Maxima-Produktionsgelände, Studio 7 in Hürth-Kalscheuren ein. Die Szenerie erinnert an eine Verkaufsveranstaltung für Roßhaardecken. Wie am Fließband werden hier Talkshows auf Halde produziert. Während drinnen noch fleißig geklatscht wird, fährt draußen der Bus mit dem Studiopublikum für die nächste Produktion vor. Der gesamte Ablauf ist generalstabsmäßig durchorganisiert. Wir "Talkgäste" werden von einer freundlichen Assistentin an einem Seiteneingang empfangen und in die Räume der Redaktion geführt. Dort findet ein kurzes "Warming up" statt. Es gibt Schnittchen und ein Getränk. Die Regie schießt von jedem Gast ein Polaroid-Foto, das ich später an der Studiokamera wiederentdecke, und dann kommt der Talkmaster. Einige freundliche Worte werden ausgetauscht und der Ablauf der Sendung durchgesprochen. Mir wird erklärt, daß ich später in der Sendung mit "Martin und Sie" angesprochen werde.[11] Dann noch schnell in die Maske und pünktlich zum Produk-

[11] Hier wird mit zweierlei Maß gemessen: Die Experten und auch ältere Gäste werden später in der Sendung mit "Herr/ Frau ..." bzw. mit Titel angeredet.

tionsbeginn begrüßt der Talkmaster vor einem applaudierenden Publikum seine Bühnengäste. Präsentiert werden ein Dialysepatient, die ‚unglückliche' Mutter eines gegen ihren Willen zum Organspender gemachten Jungen, die glückliche Mutter einer achtjährigen Lebertransplantierten (sie sitzt im Publikum), ein Vater, der seinem Sohn eine Niere gespendet hat, und ich als erfolgreich Herztransplantierter. Das Casting ist perfekt und insbesondere die beiden Mütter, die sich nicht nur in ihrer Mutterrolle, sondern auch in ihrem Äußeren – bis hin zur Frisur – ähneln und doch so unterschiedliche Positionen vertreten, erweichen das Herz jedes Zuschauers. Was nun folgt, ist hinlänglich bekannt und kann tagtäglich auf dem Bildschirm verfolgt werden: Der Talkmaster gibt salbungsvoll ein paar Statements zum Thema ab. Er erinnert stark an "Herrn Kaiser von der Hamburg-Mannheimer" – immer korrekt gekleidet und je nach Bedarf verbindlich, betroffen oder anteilnehmend. Die Studioatmosphäre gleicht einem Wohnzimmer: Klein und gemütlich, im Hintergrund stehen Grünpflanzen, Kinder sitzen auf den Treppenstufen. Der überwiegende Teil des Publikums besteht aus Hausfrauen und Rentnern. Kurze Filmbeiträge aus dem Leben der Gäste stellen auf Anhieb eine Verbindung zwischen ihnen und dem Publikum her. Die Beiträge sind der Lebensrealität der Zuschauer angepaßt (Szenen aus dem Arbeitsleben, aus der Freizeit, aus der heimischen Küche etc.). Hierfür war das Filmteam einige Tage vorher nach Berlin gereist und hatte entsprechende Aufnahmen gemacht.[12] Aufschlußreich ist auch die Arbeit der Regie. Während der Moderator in der Regel ganz oder in der Halbtotale zu sehen ist, werden die Betroffenen auf der Bühne ganz nah und nur im Portrait gezeigt. Dazwischen fängt die Kamera immer wieder Bilder von faszinierten, betroffenen, sogar weinenden Zuschauern ein. Überhaupt sind im Publikum bewußt auch Zuschauer plaziert, die mit dem Thema zu tun haben.[13] Die Bildunterschriften, wenn eine längere Passage mit einem "Talkgast" folgt, wechseln im Laufe der Sendung. Haben sie zunächst nur die Funktion, über den Namen und die Art der Betroffenheit zu informieren, so werden mit ihrer Hilfe später den Gästen auch unabgesprochene Aussagen untergeschoben wie zum Beispiel "[Name]: Ärzte lassen sterben". Anders als bei der oben beschriebenen DDR-Produktion sitzen bei den heutigen Talkshows die ‚aktiven Betroffenen' auf der Bühne und die Experten im Publikum. Hier treffen wir auch den Staatssekretär wieder, der von Meiser als juristischer Experte *und* Betroffener vorgestellt wird. Er hatte seinen Sohn durch einen Unfall verloren und seine Einwilligung zu einer eventuellen Organspende gegeben. Im Gespräch mit einer Transplantationskoordinatorin folgt nach einer kurzen Vorstellung gleich die Bewertung ihrer Arbeit: "...das ist ein ganz wichtiger Job, den Sie da machen. Wenn da nicht ganz akkurat

---

[12] Vgl. hierzu auch den Beitrag von BarbaraSeuffert "Der bei Hans Meiser positiv bedachte Krebs". Die Autorin - eine Krebspatientin - schildert, wie sie für den Einspielfilm in einem Teppichhaus einen orientalischen Bauchtanz aufgeführt hat (Seuffert 1995).

[13] Aus meiner aktuellen Arbeit für die Pressestelle eines Wohlfahrtsverbandes sind mir regelmäßige Anfragen von Talkshow-Redaktionen bekannt, ob es möglich sei, interessierte Zuschauer mit Bezug zum Thema zu vermitteln.

gearbeitet wird, dann funktioniert dieses System nicht." Hans Meiser weiß Bescheid!

Die Kunst des richtigen Talkens besteht darin, aus den Gästen Äußerungen herauszulocken, die sie normalerweise nie *so* und in aller Öffentlichkeit von sich geben würden. Die Selbstverständlichkeit der Studiokameras und die heimelige Wohnzimmeratmosphäre lassen die unvorstellbare Menge der physisch nicht anwesenden Zuschauer schnell vergessen. Mit Suggestivfragen widerlegt der Talkmaster die Positionen der Gäste und verleitet Mediziner sowie andere Experten dazu, Statements für den gesamten Berufsstand abzugeben. Die Krönung ist allerdings der Versuch Meisers, die Mutter eines schwer lungenkranken Mädchens, das mit Sauerstoffgerät im Publikum sitzt, zur Einwilligung in die Lungentransplantation zu überreden ("Überlegen Sie mal, Frau R. ..."). Die von der Mutter zusammen mit den Ärzten wohldurchdachte Entscheidung, daß es momentan zu der sehr risikoreichen Transplantation noch zu früh ist, wird von dem allwissenden Talkmaster in Zweifel gezogen. Auch ich, als transplantierter Vorzeigepatient geladen, werde mit der Suggestivfrage konfrontiert, ob ich meinem Spender dankbar sei. Mein kategorisches "Nein!"[14] löst im Publikum Unruhe aus – eine Reaktion, die der Talkmaster gleich geschickt aufzunehmen versteht. Geschickt ist auch die Anmoderation nach dem Werbeblock. Die Anwesenden im Studio nehmen die Unterbrechung lediglich als Pause wahr. Auf der Bühne wird schnell die Maske aufgefrischt, ein Becher Mineralwasser gereicht, und schon geht's weiter: "Ich habe mir gerade während dieser Pause die Frage gestellt, ob überhaupt wir Menschen entscheiden können, wann ein anderer Mensch tot ist." – Meiser, der Philosoph. Als ich mir später zu Hause die Aufzeichnung der Sendung ansehe, bin ich über diese Werbepause besonders befremdet. Mitten im Gespräch über Organtransplantation und -spende wird von einem Moment auf den anderen mit einer Aerobic-Szene Werbung für *Yogurette* gemacht. Zum Abschluß der einstündigen Talkshow bekommen die Zuschauer einen weiteren Herzens-Kandidaten, zusammen mit "seinem" Chirurgen, präsentiert: "Ihre Geschichte, wenn ich die hier lese, das ist unglaublich! Dieser Mann hat ein neues Herz bekommen..." Es folgt eine Aufzählung von Erfolgsmeldungen aus der Rekonvaleszenz des Patienten, die an Übertreibungen und Halbwahrheiten kaum noch zu überbieten ist. Das Publikum quittiert die Wende zum Guten mit anerkennendem Applaus und Meiser findet salbungsvolle letzte Worte: "Die Tränen der Freude und die Tränen der Trauer liegen bei diesem Thema dicht beieinander."

3.4 Confrontainment – oder die Kunst sich anzuschreien

Was den Römern ihre Gladiatorenwettkämpfe waren, sind heutigen Zuschauern Talkshows der besonders deftigen Sorte. Glücklicherweise waren Confrotalks wie *Einspruch* (SAT.1) oder *Der heiße Stuhl* (RTL) eine vorübergehende Erscheinung und sind weitgehend in Vergessenheit geraten. Experten gehen jedoch davon aus,

[14] Wie ich später richtigstellen kann, bin ich nicht dem (toten) Spender dankbar, sondern dessen Angehörigen für ihre Einwilligung in die Organentnahme.

daß es im Rahmen der Ausweitung des täglichen Talkprogramms auch zu einem Revival der Combat-Shows kommen wird (von Eimeren/ Gerhard 1998: 606). Bislang einziger Hinderungsgrund sind Bedenken der Werbekunden, ihre Produkte in einem Sendeumfeld von Schreierei und Aggression zu präsentieren (Diehl/ Harth-Meyer 1998: 14). Im Herbst 1992 hatte ich Gelegenheit, als Studiogast an der Sendung *Einspruch* (14.10.92) teilzunehmen. Mir war die Show nicht bekannt und ich hoffte, durch meine Teilnahme die Zuschauer mit einer differenzierten Darstellung für das Thema Organspende sensibilisieren zu können. Die Kontaktaufnahme erfolgte über eine Redakteurin der privaten Produktionsgesellschaft von Ulrich Meyer, die mir bereits aus ihrer früheren Tätigkeit bei einer Zeitschriftenredaktion bekannt war. Produziert wurde die Live-Sendung in der Berliner Kulturbrauerei am Prenzlauer Berg. Auch bei *Einspruch* war der Ablauf perfekt durchorganisiert. Für die monatliche Sendung fand eine intensivere Recherche statt als bei Produktionen, die als Massenware hergestellt werden. Zwar stimmten die inhaltlichen Hintergründe, das Konzept der Sendung war aber darauf angelegt, Fronten zu bilden und den Konflikt lautstark auf der Bühne - wie in einer Arena - auszutragen. Für die Zuschauer besitzen solche Confrotalks einen hohen Unterhaltungswert, denn "leichte Unterhaltung durch starke Gefühle braucht Spannung und hohe Dynamik" (Lalouschek 1998: 23). Die Talkgäste wurden je nach Pro- oder Contraseite getrennt empfangen und trafen erstmals auf der Bühne aufeinander. Sie wurden vom Talkmaster einzeln mit aggressiver einpeitschender Musik begrüßt und standen sich an zwei gegenüberliegenden Barrieren jeweils in Dreiergruppen gegenüber. Der Talkmaster als Ringrichter stand dazwischen. Zum Einstieg gab es einen kurzen Filmbeitrag, in dem mit viel Blut, Tränen, Autowrack- und OP-Bildern die ganze Dramatik offenbar wurde. In meiner grenzenlosen Naivität war ich bereits vor der Sendung in die erste Falle getappt und hatte mich bei der Thematik der Sendung "Brauchen wir eine Pflicht zur Organspende?" auf der Gegnerseite aufstellen lassen. Natürlich ist schon die Formulierung ein Widerspruch in sich, denn wie kann eine Spende verpflichtend sein? Ich fand mich dort wieder mit jener ,unglücklichen' Mutter aus der *Hans Meiser*-Show und einem Pfarrer, der herztransplantierte Patienten in der Rehabilitation betreut. Auf der Seite der Befürworter standen ein Transplantationskoordinator, eine weitere Mutter, die ihrer Tochter eine Niere gespendet hatte, und ein österreichischer[15] Transplantationschirurg.

Allein schon optisch war ich für die unvoreingenommenen Zuschauer auf der Seite der Gegner deplaziert. Völliges Unverständnis erntete ich jedoch, als ich mich als jemand, der von der Organspende eindeutig profitiert hatte, kritisch zur Transplantationsmedizin äußerte. Wegen der aggressiven Stimmung im Raum wurde die Diskussion schnell laut und unsachlich – ein durchaus gewollter, quotensteigernder Effekt. Auch Meyer beherrscht die Kunst des richtigen Talkens. Durch geschickte Suggestivfragen und Übertreibungen polarisierte er seine Talkgäste immer mehr und

[15] Die Nationalität ist hier nicht ganz unwichtig, weil in Österreich – im Gegensatz zu Deutschland – die Widerspruchslösung für die Entnahme von Organen gilt.

verhärtete die durch die Studioeinrichtung bereits vorgegebenen Fronten. Hinzu kam, daß schon vom Sendungskonzept her die Moderation parteilich angelegt war (Bente/ Fromm 1997: 27) und für eine differenzierte Darstellung der Problematik keinen Platz ließ. Auch bei Meyer die unvermeidlichen Gäste im Publikum: ein Dialysepatient, der schon jahrelang auf eine Niere wartete, ein Wartepatient für eine Herztransplantation (ausgestattet mit Europieper), ein Geschwisterpaar, bei dem der Bruder seiner Schwester eine Niere gespendet hatte und nun selbst erkrankt und sozial abgestiegen war, und – als Überraschungsgast – ein bekannter Sportmoderator, der selbst nierentransplantiert ist. Fast stiehlt der geladene Moderator dem Talkmaster die Show. Es ist eine Live-Übertragung und der Gast profitiert eindeutig von seiner Popularität. Nach durchkämpfter Fernsehschlacht kam die Showparty, wo sich alle Gäste und Mitarbeiter der Produktion zum Smalltalk trafen. So rechte Partystimmung wollte allerdings nicht aufkommen, denn für die persönlich betroffenen Talkgäste war die Show mehr als nur "Unterhaltung".

4. Die Talkshow: Ein Ort für Gesundheitskommunikation?

4.1 Persönliche Konsequenzen? Nie wieder Talkshows!

Ich selbst bin mir erst nach und nach über die Konsequenzen meines Auftritts und meiner Äußerungen in der *Einspruch*-Sendung bewußt geworden. Offensichtlich hatte die Show – nicht nur bei mir – innerste Charakterzüge freigelegt und in einer sehr breiten, für mich nicht kontrollierbaren Öffentlichkeit starke Irritationen ausgelöst. Einer meiner betreuenden Ärzte schlug mir in einem Brief vor, psychologische Hilfe in Anspruch zu nehmen. Einige meiner Mitpatienten schnitten mich und nur von ganz wenigen Betroffenen kam eine positive Resonanz, Verständnis und Unterstützung. Noch ein Jahr später wurde ich in einem Hotel von einer mir völlig fremden Person auf die Sendung angesprochen. Auch meine Arbeit für den Bundesverband der Organtransplantierten konnte von der vermeintlich negativen Kritik an der Transplantationsmedizin natürlich nicht unberührt bleiben. In der Show war ich zwar als Privatperson aufgetreten, doch kannten mich viele Patienten und Ärzte von meiner Arbeit und hatten die Sendung wegen ihrer eigenen Betroffenheit natürlich mit Interesse verfolgt.

Aus der *Einspruch*-Sendung und den Auftritten bei *Meiser* und *Christen* habe ich Konsequenzen gezogen. Ich lernte, daß im Rahmen von Talkshows eine differenzierte Diskussion über das Thema Organspende nicht möglich ist. Johanna Lalouschek schreibt dazu:

> "Nur für einige geht es tatsächlich auch um Inhalte. Sie wollen über die plötzlich so einfach gewordene Möglichkeit eines Fernsehauftritts das eigene Anliegen einer Öffentlichkeit bekannt machen, die sie anders niemals erreichen könnten. Gerade für diese Gäste ist die Realität jedoch oft enttäuschend: um ihr Anliegen differenziert darzustellen, hätten sie in der Show mehr Zeit, mehr Ruhe und mehr Ernsthaftigkeit gebraucht. Doch sie haben das Wichtigste übersehen, den Deal. Dieser lautet: Fernseh-

> auftritt gegen Selbstoffenbarung, kurzer Ruhm gegen Intimes, Peinliches und Scham, einmal wichtig sein gegen Glück, Tränen oder Wut." (Lalouschek 1998: 23)

Dieser Deal drängte jedes Mal die Institution, für die ich auftreten wollte, nämlich den Selbsthilfeverband der Betroffenen, in den Hintergrund. Wurde die Organisation überhaupt genannt, dann nur in einem Halbsatz. Später versuchte ich, bei Medienauftritten durch Schwarz-Weiss-Malerei meiner Aufgabe als Funktionsträger gerecht zu werden. Dies gelang aber nicht, weil ich es gegen meine Überzeugung tat.

4.2 Für Aufklärung und Hilfe nur sehr bedingt geeignet

Nach Krügers Talkshow-Auswertung für den Zeitraum 1991-1998 (n=860) beträgt der Anteil der Kategorie "Soziales/ Gesundheit/ Arbeit" am Gesamtspektrum der Sendethemen durchschnittlich 15 Prozent (Krüger 1998: 616). Die Auszählung von Rössler/ Goldberg (1. Quartal 1997, n=449) kommt für den Bereich "Gesundheit" auf einen Anteil von 20 Prozent (Rössler/ Goldberg 1998: 43). Schilcher kommt in ihrer Auswertung (1. Halbjahr 1995, n=172) auf einen Themenanteil "Gesundheit und Schönheit" von 23 Prozent (Schilcher 1996: 24). Dieser relativ hohe Anteil des Themas Gesundheit wirft die Frage auf, ob Talkshows ein Ort zur Kommunikation von Gesundheitsprävention und Patientenunterstützung sein können. In der Literatur werden nur vereinzelt Fälle genannt, in denen tatsächlich ein Nutzen für eine bestimmte Patientengruppe oder Betroffene zu verzeichnen war. Schilcher erwähnt Einzelfälle, in denen z.B. aufgrund einer *Hans Meiser*-Talkshow eine Selbsthilfegruppe für postnatale Depressionen entstand oder Zuschauer für Talkshowgäste spendeten (Schilcher 1996: 47). Die überwiegende Mehrheit der Autoren hält hingegen Talkshows nicht für den geeigneten Ort, um über persönliche Probleme oder Gesundheitsfragen zu diskutieren (z.B. Goldner 1996: 26). Die umfassende empirische Untersuchung von Bente/ Fromm (1997) zu den komplexen Zusammenhängen und Interaktionen zwischen Zuschauern, Talkgästen, Moderator und Experten bestätigt in diffe-renzierter Form eine Erkenntnis aus den ersten Tagen meines Public Health Studiums: Medien sind Wirtschaftsunternehmen. An erster Stelle stehen die Einschaltquoten und die Werbeeinnahmen. Weitere Funktionen wie die Vermittlung von Informationen, Unterhaltung oder Aufklärung sind dem untergeordnet.

Literatur

Bente, Gary/ Fromm, Bettina (1997): Affektfernsehen. Motive, Angebotsweisen und Wirkungen.Opladen

Bose, Dorothee von/ Schilcher, Jutta (1996): Sprechstunden des Fernsehens.Talkshows als Programmform. Eichstätter Materialien zur Journalistik Bd. 6. Eichstätt

Diehl, Ute/ Harth-Meyer, Petra (1998): Reden ist Silber, talken ist Gold. Daily Talk – ein Glücksfall für Zuschauer und Werbungstreibende? In: Media Spectrum (5): 10-14

Goldner, Colin (1996): Meiser, Fliege & Co.: Ersatztherapeuten ohne Ethik. In: Psychologie Heute (6): 20-27

Eimeren, Brigit von/ Gerhard, Heinz (1998): Talkshows – Formate und Zuschauerstrukturen. In: Media Perspektiven (12): 600-607

Karpf, Anne (1988): Doctoring the Media. The Reporting of Health and Medicine. London

Krüger, Udo Michael (1998). Thementrends in Talkshows der 90er Jahre. In: Media Perspektiven (12): 608-624

Lalouschek, Johanna (1998): Von Peinlichkeit, Ehre und kurzem Ruhm. Talkshows im Fernsehen. In: Kunstpunkt (15): 23-24

Rössler, Patrick/ Goldberg, Christiane (1998): Dirty Talk – wer sucht, der findet. In: Sage & Schreibe (7-8): 42-43

Schilcher, Jutta (1996): Seelenstriptease für Voyeure oder Lebenshilfe für jedermann? Vier Tages-Talkshows im Vergleich. In: Bose/ Schilcher (1996): 8-49

Schreiber, Georg (1971): Die medizinische Sensation. Über das Spannungsfeld zwischen Ärzten und Journalisten. In: Der Journalist (19): 30-33

Seuffert, Barbara (1995): Der bei Hans Meiser positiv bedachte Krebs. Als Betroffene zu Gast in einer Fernseh-Talkshow. In: Signal (1): 26-27; (2): 26-28

Smit, Heiner et al. (1998): Organspende und Transplantation in Deutschland 1997. Deutsche Stiftung Organtransplantation. Neu-Isenburg

Und wo bleiben die Patienten...?
Eine Analyse von Arzt- und Krankenhausserien im deutschen Fernsehen

Sabine Igersky, Norbert Schmacke

Einleitung

Arzt- und Krankenhausserien haben sich inzwischen fast epidemisch im Abend- und Vorabendprogramm privater wie öffentlich-rechtlicher Fernsehanstalten ausgebreitet. Ihre Einschaltquoten sind hoch, wie untenstehende Tabelle auszugsweise dokumentiert (Tabelle 1). Sie übertreffen zeitweise die Spitzenzuschauerzahlen von Tagesschau und Fußball. Andere, nicht diesem Genre zugehörige vielbeachtete Fernsehserien wie die *Lindenstraße* haben bereits brisante und aktuelle gesundheits- wie gesellschaftspolitische Themen (z.B. AIDS und Abtreibung) ins Bewußtsein der Bevölkerung gebracht und zum Teil erst hoffähig gemacht. Bei den auf den ersten Blick - so suggerieren zumindest die Titel - rein medizinisch daherkommenden Arzt- und Krankenhausserien stellt sich also die Frage: Reihen sie sich ein in die Liste der Seifenopern und sind damit reine 'Unterhaltungsdrogen' für den Feierabend oder transportieren sie gesundheitsspezifische Botschaften in das Fernsehzimmer? Eine zusammenfassende Antwort auf diese schlichte Frage werden auch wir nicht liefern können, auf jeden Fall lohnt sich die Beschäftigung mit diesem Typ Fernsehunterhaltung auch und gerade für die Gesundheitswissenschaften. Wir werden durch unsere Studie zeigen, daß derartige Serien noch anderes transportieren als schlichte bis Ärger auslösende Klischees, so sehr diese tatsächlich auch in Form von heldenhaften Ärzten (Schmacke 1997) und dienenden Krankenschwestern, gewürzt mit sex and crime stories (Düperthal 1999), in das Wohnzimmer hineingetragen werden.

In Deutschland gibt es bislang nur wenige Untersuchungen zu diesem Thema. Weiderer beschreibt vielfältige Facetten der Arztrollen in verschiedenen deutschen Serien, wobei nach ihrer Untersuchung "das positive MedizinerInnen-Klischee des/ der helfenden, einfühlsamen Arztes/ Ärztin überwiegt" (Weiderer 1995: 63). Die weitgehend beschönigende Darstellung veranlaßt Weiderer zu der Befürchtung, daß bei den Zuschauern übersteigerte Erwartungen gegenüber den realen Ärzten und ihrer Einsatzbereitschaft geweckt werden könnten. Suchsland (1997) zeigt am Beispiel der amerikanischen Serie *Emergency Room (ER)*, daß mit ihr ein neuer Serientyp entwickelt wurde, der ein realistischeres Bild der Krankenhauswelt mit all ihren Widersprüchen zeichnet. Unsere Literaturrecherche ergab, daß die Welle an neuen Krankenhausserien insbesondere in den USA und England Anlaß zu umfangreichen wissenschaftlichen Betrachtungen gegeben hat. Aus den USA stammen die Arbeiten von Turow, der sich mit dem Wandel der Serien im gesellschaftlichen Kontext seit den 50er Jahren beschäftigt hat (Turow 1989 und 1996). Turow wie Bury et al. (1994) stellen vor allem heraus, daß die neueren Serien nicht mehr von dem heroischen Arztbild ausgehen, sondern auch persönliche und soziale Probleme der Ärzte betonen. Während Bury et al. zu dem Ergebnis kommen, daß Politik und Ökonomie des Gesundheitswesens ins Blickfeld gerückt werden, resümiert Turow, daß die Zuschauer fehlgeleitet werden könnten, weil ihnen die wirklichen Konflikte im Gesundheitswesen nicht gezeigt werden. Zudem übertragen Bury et al. Giddens' These der "mediated experience" auch auf Arzt- und Krankenhausserien: Danach wird das Gesundheitsverhalten nicht nur per TV *widergespiegelt*, sondern durch das Betrachten derartiger Serien auch *ausgebildet* und *geprägt.*

Am Beispiel der Darstellung von Wiederbelebungsmaßnahmen in TV-Filmen aus den USA (Diem et al. 1996) und Großbritannien (Gordon et al. 1998) wurde untersucht, ob Krankenhausserien ein unrealistisches Bild der Erfolgschancen der modernen Medizin zeichnen und insofern illusionäre Erwartungen bei den Zuschauern wecken können. Während die Analyse der US-Serien eine zu hohe Erfolgsrate der Wiederbelebungsmaßnahmen und damit eine Fehlinformation der Zuschauer konstatiert, spiegeln die untersuchten britischen Serien die Leistungsfähigkeit der heutigen Intensivmedizin einigermaßen realistisch wider. Inwieweit die Erwartungen der Öffentlichkeit durch diese voneinander abweichenden Darstellungen eines wichtigen Bereichs der modernen Medizin tatsächlich auch je unterschiedlich beeinflußt werden, bleibt bei dem Ansatz dieser Studien offen. In der Untersuchung von Pfau et al. (1995) geht es um die Darstellung von Ärzten in TV-Serien und ihren Einfluß auf die öffentliche Wahrnehmung. Hierzu wurden parallel zur Inhaltsanalyse der Sendungen auch Zuschauer und niedergelassene Ärzte befragt. Die Ergebnisse bieten Anhaltspunkte für die Hypothese, daß die Serien neuen Typs durch die starke Betonung von Problemen in der Versorgung und von persönlichen Schwächen der handelnden Ärzte langfristig das Vertrauen der Öffentlichkeit in die Medizin untergraben könnten. Die Frage nach der Langzeitwirkung moderner Arzt- und Krankenhausserien ist allerdings bisher nicht schlüssig zu beantworten.

Interessant sind jedoch die scheinbar paradoxen Schlußfolgerungen der genannten Studien. Einerseits wird das *zu positive* Arztbild als Störfaktor für das Arzt-Patient-Verhältnis betrachtet, andererseits gilt die zu starke Betonung der *Schwächen* der ärztlichen Profession als Gefahr für eine vertrauensvolle Arzt-Patient-Beziehung. Möglicherweise ist dies nicht nur der unterschiedlichen Datenlage geschuldet (alte versus neue TV-Serien), sondern auch den realiter vorhandenen Ambivalenzen in den Einstellungen gegenüber der Ärzteschaft. Die noch einmal gesondert zu stellende Frage, inwieweit die Rezeption derartiger Serien sich auf das Gesundheits- und Krankheits*verhalten* auswirkt, ist nach unserem Kenntnisstand bislang empirisch nicht untersucht.

Methodik

Auswahl der Untersuchungseinheiten

Wir haben im Zeitraum vom 14. bis 20. März 1998 eine Woche lang für uns zu empfangende Folgen von (Vor-)Abendserien deutscher Produktion (mit Kabelanschluß wäre das Angebot noch größer!) aufgezeichnet. In dieser einen Woche, so ergab eine Sichtung unserer Fernsehzeitschrift, lag die Gesamtsendezeit der ausgestrahlten Serien, deren Hauptakteure entweder Ärzte oder Krankenschwestern, der Schauplatz das Krankenhaus oder die Arztpraxis waren, bei fast 40 Stunden, wobei Wiederholungen nicht mitgezählt wurden. Mehr als zwei Drittel dieser Sendezeit wurde von den privaten Sendeanstalten bestritten.

Auch wenn unsere Auswahl nicht im strengen Sinne repräsentativ ist, deckt sie doch ein breites Spektrum dieser Serien ab. So sind bei unserer Analyse sowohl der Aspekt der zeitlichen Entstehung (*Schwarzwaldklinik* bis *alphateam*), der unterschiedlichen Handlungsorte (Praxis, Ambulanz, Klinik), der Hauptakteure (Arzt, Ärztin, Krankenschwester) und der Zielgruppen (Kinder, Erwachsene) berücksichtigt worden. Wir wollen hier allerdings nicht den Eindruck erwecken, vollständige Serien oder gar das Gesamtbild dieses Genres systematisch analysieren zu können.

Kategorienbildung und quantitative Analyse

Bei einer ersten Durchsicht haben wir zunächst protokollartig aufgelistet, worum es in den Folgen geht, d.h. welche *Themen* auftauchen, welche *Schauplätze* vorkommen und welche *Berufsrollen* im Mittelpunkt stehen. Charakteristische *Dialogsequenzen* wurden festgehalten. Im nächsten Schritt haben wir eine erste Systematik vorgenommen, die unterschied nach nicht-medizinischen Themen und solchen, die unmittelbar mit der gesundheitlichen Versorgung im Zusammenhang stehen. Es entstand nämlich der Eindruck, daß die dargebotenen »Medizinthemen« zum Teil lediglich den Rahmen für reine Unterhaltung darstellten, da sie auch in anderen Serientypen auftreten könnten.

Im Laufe der Kategorienbildung verdichtete sich der Aspekt der *Kommunikation* als wesentliches Element für unsere Fragestellung. Zunächst haben wir wiederum eine quantitative Analyse erstellt, die die jeweiligen Zeitkontingente unterschiedlicher Kommunikationsbeziehungen darstellt.

Tab.1: Zuschauerzahlen gesamt und in Marktanteilen (Reihenfolge nach Wochenchronologie)

Sender/ Serie	Folge (Titel)	Uhrzeit	Zuschauer Mio./ MA%
RTL **OP ruft Dr. Bruckner - die besten Ärzte Deutschlands** Krankenhausserie: Leitfigur Chirurg Bruckner	Blackout	20.15-21.15	3,73/ 11,3%
SAT.1 **Für alle Fälle Stefanie** Krankenhausserie: Leitfigur Stationsschwester Stefanie	Ein Mutterherz weint [Serienspecial]	20.15-22.15	3,84/ 12,1%
1 ARD **Die Schwarzwaldklinik** Der deutsche "Urtyp" des Genres: Leitfigur Chefarzt und Krankenhausleiter Brinkmann	Trennungen [Whlg.]	11.15-12.00	0,63/ 13,9%
1 ARD **Dr. Sommerfeld –** **Neues vom Bülowbogen** Arztserie: Leitfigur Hausarzt Sommerfeld	Lennarts letztes Match	18.55-19.52	3,35/ 12,8%
RTL **Dr. Monika Lindt - Kinderärztin, Geliebte, Mutter** Arztserie: Leitfigur niedergelassene Kinderärztin Lindt	Tauziehen um Melanie	20.15-21.15	3,92/ 12,0%
SAT.1 **alphateam -** **Die Lebensretter im OP** Krankenhausserie: Leitfiguren Team der Notfallambulanz	Schwere Entscheidung	22.15-23.15	4,30/ 23,3%
SAT.1 **Der Bergdoktor** Arztserie: Leitfigur Hausarzt Hallstein	Zwischen Himmel und Erde	20.15-21.15	5,30/ 16,4%
SAT.1 **Hallo Onkel Doc** Krankenhausserie: Leitfigur Stationsarzt der Kinderklinik Kampmann	Frederics Puppe	20.15-21.15	3,69/ 11,3%
SAT.1 **Hallo Onkel Doc** Krankenhausserie: (s.o.)	Extasy	21.15-22.15	3,60/ 11,3%

Tab.2: Zeitdauer verschiedener Gesprächskonstellationen pro Serie

	Bruckner	**Stefanie**	**Schwarz-waldklinik**	**Sommer-feld**	**Alphateam**	**Berg-doktor**
Dauer der Sendung (min)	60	125	55	60	60	60
Kommunikation Arzt-Patient (min:sec)	01:05	11:06	03:33	06:33	07:54	09:34
Kommunikation Patient-Personal (min:sec)	01:17	13:53	01:12	-	00:35	-
Kommunikation Arzt-Angehörige (min:sec)	03:32	05:17	-	03:46	01:52	00:50
Gesamtdauer Kommunikation (min:sec)	05:54	30:16	04:45	10:19	10:29	10:24

Unsere Untersuchung bestätigt nicht die Annahme, daß die TV-Serien Ärzte präsentieren, die unrealistisch viel Zeit für ihre Patienten haben. Passagen, in denen der Lebenskontext der Patienten berücksichtigt wird, sind die Ausnahme. Bei den hier untersuchten Serien schlägt *Stefanie* alle 'Kommunikationsrekorde', was die Interaktionen zwischen Patienten und ärztlichem wie auch nicht-ärztlichem Personal (hier: Pflegekräfte und Krankengymnastin) angeht, so daß man von einer Serie sprechen kann, in der das Krankenhaus mehr ist als eine bloße Kulisse für Alltagsdramen, die sich auch anderswo abspielen könnten (siehe auch Abb.1). Bei dem als Hausarzt agierenden *Bergdoktor* nehmen die Kontakte mit den Patienten den weitaus größten Raum ein. Deutlich wird der frappierende Unterschied in den Kommunikationsanteilen zur *Schwarzwaldklinik* - der extrem arztzentrierten Serie älteren Typs. Hier scheinen Patienten eine eher untergeordnete Rolle zu spielen, legt man die Kommunikationszeiten zugrunde. Auch die OP-Serie *Dr. Bruckner* weist nur geringe Anteile an Arzt-Patient-Kommunikation auf. Hier wird das spektakuläre Agieren der Ärzte mit der High-Tech Medizin ins Zentrum der Aufmerksamkeit gerückt. Patienten wirken fast wie notwendiges 'Beiwerk'.[1]

[1] Ein eigenes Sub-Genre stellen die »Kinderserien« dar (*Dr. Lindt*, *Hallo Onkel Doc*). Hier spielt die direkte Kommunikation der Ärzte mit ihren kleinen Patienten fast keine Rolle (im Gegensatz zu den Angehörigengesprächen); wir haben daher diese Serien für unsere weitere Fragestellung außer Betracht gelassen.

Abb. 1: Szenenfoto „Für alle Fälle Stefanie": Die Pianistin Susanne Limprecht trifft eine schwerer Schicksalsschlag, als ihr Baby entführt wird. Als sie daraufhin ohnmächtig zusammenbricht, muß sie ins Krankenhaus gebracht werden. Kommissar Schiller und Stefanie versuchen zu helfen...

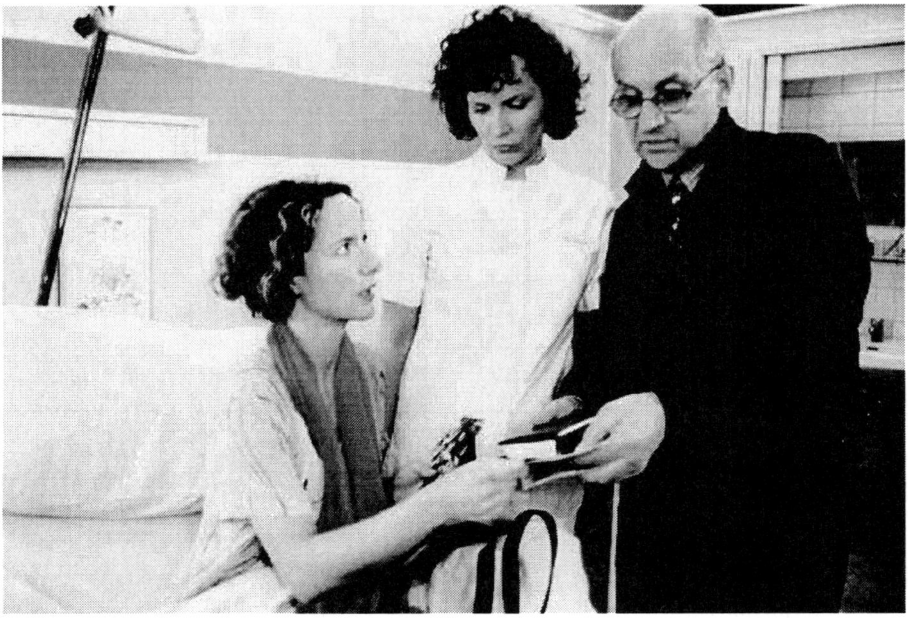

Quelle: SAT.1/ Flynn, Sendetermin 27.5.1999, 21.15 Uhr

Sicherlich könnten noch weitere Interpretationen aus der Tabelle entwickelt werden. Vielversprechender erschien es uns, Hypothesen auch qualitativ herzuleiten. Für die Intensivphase unserer Auswertung entwickelten wir daher folgende Leitfragen:

- Welche Themen tauchen in der Kommunikation auf?
- Lassen sich typische Kommunikationsmuster ableiten?

Detailanalyse

Angesichts der Fülle des Materials haben wir uns auf die Gespräche zwischen Ärzten und Patienten konzentriert. Bezüglich der Bedeutung von Kommunikation für die Arzt-Patient-Beziehung orientieren wir uns an den Einschätzungen von Roter und Hall (1992), die davon ausgehen, daß das Gespräch den Grundstein für eine gelingende medizinische Versorgung bildet. Der Wert aller medizinischen Bemühungen wie Diagnostik und Medikation wird demnach geschmälert ohne das Gespräch, welches die Lebens- und Krankheitsgeschichte für beide Seiten in ihrem Bedeutungszusammenhang erkennbar werden läßt. Wir haben uns bemüht, Beispiele für in diesem Sinne "gelungene" und "mißlungene" Kommunikation in der Arzt-Patient-Beziehung auszuwählen. Sämtliche Dialoge wurden transkribiert und zur Grundlage der Detailanalyse und Interpretation gemacht. Aus dem Material stellen wir exemplarisch die acht nachfolgenden Sequenzen vor.[2]

Bruckner

Der Chirug besucht die herztransplantierte Patientin, die operiert werden konnte, obwohl während der OP ein totaler Stromausfall eingetreten war.

A: *Sie haben es uns ja nicht leicht gemacht bei dem Stromausfall.*

P: *Ich möchte mich bei Ihnen bedanken. Ich frage mich die ganze Zeit, wessen Herz hier drinnen schlägt.*

A: *Frau K., da drinnen schlägt Ihr Herz. Es gehört Ihnen und niemandem sonst.*

P: *Ich würde der Familie dieses Menschen gern etwas Gutes tun.*

A: *Ja, dann werden Sie mal ganz schnell gesund und freuen sich auf Ihre Kinder. (Sie lächelt)*

Die Patientin äußert Gedanken und Gefühle nach einem für ihr Leben gravierenden Eingriff. Sie bringt sowohl ihre Freude wie ihre Zweifel zum Ausdruck, worauf der Chirurg nur vordergründig eingeht. Der Arzt weicht den Themen "fremdes Organ" und "Angehörige des Spenders" aus, möglicherweise aus Angst vor einem unvorhersehbaren Gesprächsverlauf. Den Fernsehzuschauern wird das Sachthema Transplantation zwar nahegebracht, die damit verbundenen emotionalen Aspekte kommen jedoch nur ansatzweise zur Sprache. Es bleibt ihnen überlassen, ob sie die Reaktion des Arztes als gelungene Beruhigung oder Beschwichtigung im negativen Sinne erleben. Insofern wird in dieser Folge der psychosozialen Dimension der Herztransplantation von Seiten des Drehbuchs wenig Raum gegeben.

Stefanie (1)

Ein Notfallpatient wird mit akuten Rückenschmerzen ins Krankenhaus eingeliefert. Nach der Computertomographie spricht der Arzt mit dem Patienten über den Befund.

A: *Ein Diskusprolaps - Bandscheibenvorfall. (Untersucht den Patienten)*

P: *Ach, das mit dem Rücken geht schon ewig. Ich habe einen Haufen Unterlagen mit. Meine Frau bringt sie nachher mit. Eigentlich sollte ich ja schon vor ein paar Wochen operiert werden, aber Sie wissen ja, wie das ist. Immer kommt ir-*

[2] Die Präsentation der Serien entspricht der Reihenfolge in Tabelle 2.

gend was dazw... Aber (stöhnt) diesmal scheint es mich wirklich voll erwischt zu haben.

A: *Sind neben den Schmerzen denn auch Ausfallerscheinungen aufgetreten? Taubheitsgefühle oder daß Sie die Kontrolle über die Gliedmaßen verlieren?*

P: *Pfff, das fehlte noch, daß ich mich nur noch wie'n alter Mann bewegen kann.*

A: *Na, wir kriegen Sie schon wieder hin. Sie können sich anziehen.*

P.: *(Stöhnt) Am besten, Sie operieren mich so schnell wie möglich.*

A: *Ich werde mit dem Chefarzt reden.*

P: *Wann ich wieder fit sein kann und wieder richtig arbeiten kann.*

A: *Nach der OP ein paar Wochen Rehabilitation und Sie sind wieder auf dem Posten.*

P: *Was? Ein paar Wochen? Kann ich mir nicht leisten. Eine, höchstens zwei.*

A: *Jetzt konzentrieren Sie sich erst mal auf ihre Gesundheit. Sie werden ja sicher nicht gleich Konkurs anmelden müssen.*

P: *Wenn Sie wüßten, was ein Tag ausmacht. Gerade heute müßte ich in der Firma sein. Aber Sie wissen ja, wie das ist, jetzt. Also, morgen früh.*

A: *Ich denke, das wird sich machen lassen. Das hängt natürlich von Ihren Unterlagen mit ab.*

Hier wird ein Patient gezeigt, der medizinisches Handeln forsch einfordert - mit ganz konkreten Erwartungen an den Arzt und mechanistischen Vorstellungen im Sinne von rascher ‘Reparatur‘. Er ist leistungsorientiert, das Erleiden von Krankheit möchte er aus seinem Leben ausklammern. Als Spiegelbild findet sich ein Arzt-Typ, der eine freundliche, aber ausschließlich am medizinischen Befund orientierte Gesprächsführung betreibt. Die erforderliche Anamnese bricht er unvollendet ab. Gesundheit wird nicht im Alltagskontext des Patienten (hier: Firma) thematisiert, wird also arztseitig von der Lebenswelt getrennt. Die Szene ist ein Beispiel für eine - von *beiden* Seiten unterstützte - mißlungene Kommunikation: ein "Einverständnis im Mißverständnis", wie Brucks et al. diesen reduktionistischen, organfixierten Kommunikationsstil beschrieben haben. Die Botschaft für die Zuschauer könnte in zwei Richtungen gehen. Entweder als Bestätigung des eigenen mechanistischen Weltbildes (Bandscheiben-OP und alles ist OK), oder als vorgehaltener Spiegel mit der Absicht, das eigene Patientenverhalten (und vielleicht auch die eigene Lebensweise) zu reflektieren.

Stefanie (2)

Der gleiche Arzt spricht mit einem anderen Patienten wegen einer aufgetretenen Komplikation nach seiner Blinddarm-Operation:

A: Na, Herr B, wie fühlen Sie sich?

P: Ich weiß nicht, ehrlich gesagt, schlechter als gestern.

A: Sie haben über 40 Fieber - Penicillin, schnell (Zum Pfleger).

P: 40 Fieber, das ist doch nicht normal, oder? Was ist denn mit mir?

A: Sie haben eine Peritonitis

Pfleger: Bauchfellentzündung

A: Eine operative Infektion, irgendwas ist da schiefgelaufen - Na los, los, los! Der OP soll fertig gemacht werden! (Zum Pfleger)

A: (Zum Patienten): Tut mir leid, aber das werden wir wohl noch mal aufmachen müssen.

P: Ne, ne, bevor Sie hier bei mir etwas aufmachen, will ich Doktor Stein sprechen.

A: Der ist noch nicht im Haus.

P: Dann den Chefarzt!

A: (Lächelt) Gute Idee.

Den Zuschauern wird gezeigt, daß der Patient auch in einer für ihn dramatischen Situation eine aktive Rolle übernehmen und das Urteil eines weiteren Arztes (hier: Chefarzt) einfordern kann. Der Arzt, der dominant auftritt und nähere Erläuterungen offenbar für unnötig hält, hat keine andere Wahl, als zuzustimmen, da der Patient für eine erneute Operation seine Einwilligung geben muß. Hier scheint das Drehbuch das Thema Selbstbestimmung und Entwicklung von Zivilcourage bei Patienten explizit vorgesehen zu haben.

Stefanie (3)

Ein Frauenarzt spricht mit einer langjährig tätigen Krankenschwester (S) über ihren Mammographie-Befund.

S: Ich weiß, es sind nur zwei Etagen mit dem Fahrstuhl von Ihrer Station zu meiner, ich hätte schon vor Monaten kommen müssen zur Routineuntersuchung, jetzt endlich habe ich es gepackt. Sie haben keine gute Nachricht für mich, nicht wahr?

Abb.2: Szenenfoto „Für alle Fälle Stefanie": Elisa Steinschütter möchte wieder zurück in Stefanies Fürsorge. Stefanie weiß, daß es der alten Frau viel schlechter geht, als sie behauptet...

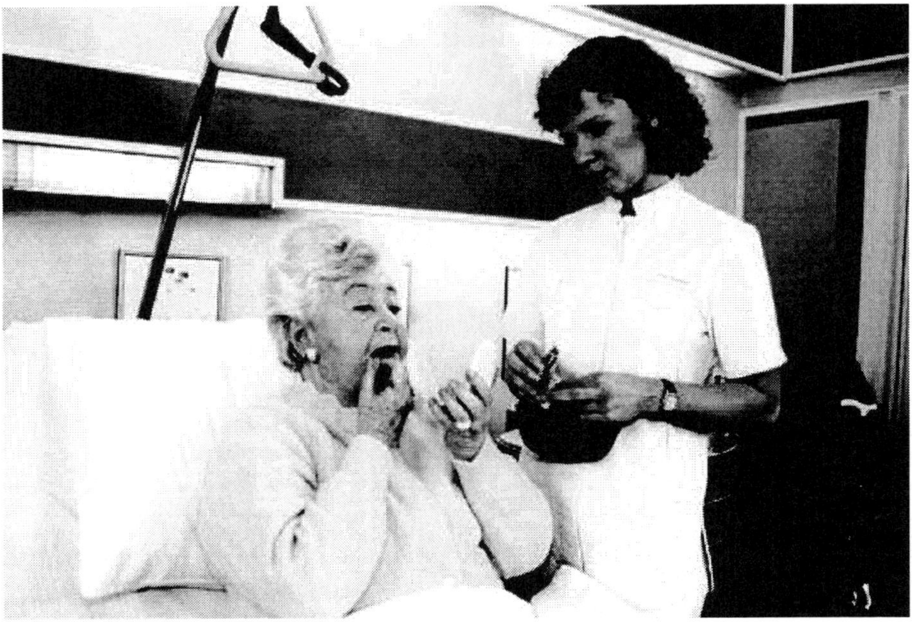

Quelle: SAT.1/ Flynn, Sendetermin 20.5.1999, 21.15 Uhr

A: Ich kann Ihnen nichts vormachen, Sie sind eine erfahrene Krankenschwester.

S: Ich weiß nicht, vielleicht sollten Sie mir was vormachen, ich habe nämlich eine Scheißangst.

A: Bitte! Es besteht trotzdem kein Grund zur Panik. Warten wir's ab. Der Knoten ist etwa so groß. (Zeigt)

S: Aber er ist nicht frei beweglich... (A nickt)

S: Ja, und nu, wie gehts jetzt weiter?

A: Wir dürfen keine Zeit verlieren. Ich brauche den Gewebebefund so schnell wie möglich, und deshalb schlage ich vor, Sie lassen sich jetzt gleich stationär aufnehmen.

(A spricht in die Sprechanlage, ohne die Reaktion der Patientin abzuwarten)

A: Ich brauche ein Einzelzimmer und zwar sofort. (Die Patientin ist völlig konsterniert)

A: Sie richten sich jetzt in aller Ruhe hier ein, ich besorge die Untersuchungstermine und morgen früh fangen wir mit den OP-Vorbereitungen an. Blut und so weiter.

S: Große OP-Vorbereitung für eine kleine Gewebsentnahme.

A: Sie kennen den Ablauf.

S: Ja, ich weiß. Sie entnehmen das Gewebe, und wenn es bösartig ist, dann nehmen Sie mir die rechte Brust ab.

A: Ja.

S: Tja.

Es wird deutlich, daß die Patientin trotz ihrer Professionalität in eine Abhängigenrolle gedrängt wird. Der Arzt bezieht sich auf ihr Fachwissen, um die Ängste der Patientin zu verdrängen. Die Kommunikation, die geprägt ist vom Nicht-Ernstnehmen und Ausblenden der Gefühle, findet fast in einem Telegrammstil statt. Es geht um scheinbar neutrale Fakten und Anweisungen, der Beziehungsaspekt zwischen den beiden Beteiligten bleibt unberücksichtigt. Anstelle einer an sich erforderlichen Aufklärung und Beratung über verschiedene therapeutische Verfahren entscheidet der Arzt über den Kopf der Patientin hinweg. Das Drehbuch zeigt eine klassische Beziehung zwischen Patientin und Arzt, die bei den Zuschauern entweder Wut oder Resignation über das so dokumentierte Ausgeliefertsein auslösen kann.

Schwarzwaldklinik

In der Schlußszene dieser Folge spricht ein junger Patient im Rollstuhl, der in Begleitung seiner Freundin am Sommerfest der Klinik teilnimmt, die anwesenden Ärzte an:

P: Na, was sagen die Mediziner? Kann ich meine Bretter bald wieder anschnallen?

A: Ja, als Skilangläufer. Das mit dem Wasserskifahren war nicht so Deine Stärke.

P: Sie haben mich ja auch so provoziert, damals.

Freundin: Ja, das kann ich bestätigen. Er hat Sie gesehen, ganz schneidig, und dann wollte er mir beweisen, daß er es auch kann.

(Der Patient wird von seiner Freundin weggefahren. Sein Stationsarzt und der Chefarzt tauschen sich jetzt über die ungewisse Prognose des Patienten aus.)

Während der Patient die Frage nach seiner Zukunft ernst meint, geht sein Stationsarzt flapsig über sein Anliegen hinweg. Der scheinbar lockere Umgangston verbirgt, daß eine Kommunikation, welche das Anliegen des Patienten (seine Zukunftsperspektive) berücksichtigt, nicht stattfindet. Die Botschaft zumindest dieser Folge der ersten Generation deutscher Arztserien an die Zuschauer könnte lauten: Wenn Patienten überhaupt zu Wort kommen, sind sie nicht mehr als Stichwortgeber.

Sommerfeld

Der Hausarzt hat erfahren, daß sein junger, an Multiple Sklerose erkrankter Patient auf ein Dach geklettert ist, um Selbstmord zu verüben. Er kann zu dem Patienten vordringen und ein Gespräch mit ihm beginnen. Während er bislang mit dem Patienten nicht über die Erkrankung gesprochen hat, beginnt er jetzt (!) den Dialog:

A: *Was weißt Du eigentlich über Multiple Sklerose?*

P: *Daß man daran krepiert!*

A: *Irgendwann sterben wir alle, Lennart.*

P: *Ja, aber bei manchen dauert es nicht solange.*

A: *Die Therapiechancen haben sich verbessert. Ich will nicht behaupten, daß Du wieder gesund wirst, natürlich nicht, aber Du sollst und kannst zwischen den Schüben ein normales Leben führen.*

P: *Ha, und vom Rollstuhl aus Wimbledon gewinnen, was?*

A: *Lennart, Deine - eine durchschnittliche Tenniskarriere dauert vielleicht zehn Jahre. Du hättest Dir also auch ohne Deine Krankheit etwas anderes ausdenken müssen*

P: *Ich will nicht als gelähmter Krüppel enden.*

A: *Dann lieber mit einem Kopfsprung in die Tiefe? Das ist dumm, Lennart, sehr dumm. Lennart, Dein Vater ist da.*

P: *Er hat mich angelogen! (Schreit) - So wie Sie!*

A: *Nein Lennart, Dein Vater hat Dich nicht angelogen, er wollte es Dir heute Abend sagen, dann kam dieses Tennisspiel dazwischen. Er wollte Dich ein letztes Mal völlig unbeschwert spielen lassen, Lennart komm, Lennart! (Er entfernt sich, nachdem der Vater Lennart in seine Arme geschlossen hat)*

Abgesehen davon, daß es sich um eine unglaubwürdig heldenhafte Inszenierung handelt, werden die vielfältigen Gefühle des Jungen deutlich. Der Arzt nimmt die Ängste des Patienten ernst. Er versucht Trost zu spenden, ohne zu beschönigen oder die Einbußen an Lebensqualität durch die Krankheit zu ignorieren. Die Zuschauer erfahren durch diese Art der Dramaturgie etwas über wichtige Aspekte des Krankheitsbildes Multiple Sklerose. Der Arzt wird in seiner Hilflosigkeit, gleichzeitig aber auch als Helfer in der Krise gezeigt. Insofern kann dieser Folge bezogen auf die Zuschauer auch ein pädagogischer Wert beigemessen werden, da Ansätze von nichtdirektiver Gesprächsführung zu erkennen sind.

alphateam

In der Notfallambulanz des Krankenhauses stehen Ärztin und Arzt vor dem Röntgenbild einer alten Dame, die sich den Oberschenkelhals gebrochen hat. Die Patientin nimmt den Dialog auf:

P: *Was ist denn?*

A: *Ich bereite mich schon mal auf die OP vor. (Zur Ärztin)*

A: *Frau R, wir werden Sie operieren müssen. Sie brauchen keine Angst zu haben, meine Kollegin erklärt Ihnen gleich, was wir machen werden. (Zur Patientin; faßt ihre Hand an.)*

P: *Werden Sie das Bein nicht schienen? (Zur Ärztin)*

Ä: *Nein, mit Schienen ist es leider nicht getan, sehen Sie hier Ihr Röntgenbild. Der Oberschenkelhals ist durch den Unfall gebrochen. Und die Gelenkpfanne ist eingestaucht. (Zeigt ihr das anhand des Bildes) Wir werden das operativ beseitigen müssen.*

P: *(Ängstlich) Wie, was meinen Sie?*

Ä: *Wir werden Ihnen ein neues Hüftgelenk einsetzen.*

P: *Oh mein Gott, nein. (Weint)*

Ä: *Es ist leider unumgänglich.*

P: *Werde ich je wieder laufen können?*

Ä: *(Lächelt) Natürlich, genauso gut wie vorher.*

P: *Mit einem Stück Metall im Körper.*

Schwester: Na, immer noch besser als im Rollstuhl! (Zur Patientin)

(Die Ärztin ist sichtbar verärgert über die Schwester.)

Ä: *Der Anästhesist wird gleich zu Ihnen kommen und sich über die Narkose unterhalten. Und dann müssen Sie uns vor der Operation noch Ihre Einverständniserklärung unterschreiben.*

Die Szene enthält ein Beispiel für eine aktive, die Beratung suchende und ihre Ängste artikulierende Patientin. Nachdem der Arzt sich bereits wortlos zur Operation entschieden hat, gelingt es der Patientin zunächst, die Ärztin zu einem Aufklärungsgespräch zu bewegen. Die Ärztin übernimmt damit die ihr von ihrem männlichen Kollegen wie selbstverständlich zugewiesene Rolle der Beraterin, ist dieser Aufgabe jedoch nicht gänzlich gewachsen. Sie weicht in übertriebenen Optimismus aus, anstatt die Patientin von dem Vorteil der vorgeschlagenen Operationsmethode mit der erforderlichen Geduld zu überzeugen, und fällt damit in ein klassisch dominantes Verhaltensmuster zurück. Die Zuschauer erfahren zunächst, daß Fragenstellen auch in kritischen Situationen lohnt und daß auch alte Menschen dazu in der Lage sind. Offen muß bleiben, ob diese positive Botschaft nicht durch die abrupte Beendigung des Dialogs konterkariert wird. (Im weiteren Verlauf erhält die Patientin dann doch die von ihr gewünschte ausführliche Erläuterung zur endoprothetischen Versorgung, gibt ihr Einverständnis zur OP und sagt: "Ich glaube, ich bin bei Ihnen in guten Händen.")

Bergdoktor

Die Patientin wird während ihres Urlaubs beim *Bergdoktor*, einem Arzt für Allgemeinmedizin, nach einem Kollaps mit heftigen Bauchschmerzen untersucht. Nachdem er eine Ultraschalluntersuchung durchgeführt hat, fragt der Arzt:

A: *Haben Sie öfter Kopfschmerzen überm rechten Auge?*

P: *Ja, warum? (Ängstlich)*

A: *Sind häufige Symptome bei Gallenleiden. Ja, ist so wie ich vermutet habe. Sie haben Gallensteine. So... (Wischt Gel ab)*

P: *Ach lassen Sie, ich mach schon, danke.*

A: *Sie können sich dann anziehen....*

A *(Am Schreibtisch): Die Kolik ist dadurch entstanden, daß sich ein Stein in den Gallenwegen eingezwängt hat. Dadurch kommt es dann in Folge zu Krämpfen und die Galle kann sich nicht mehr entleeren. (Patientin sitzt im Hemd auf dem Untersuchungstisch)*

P: *Ich habe gedacht, die Schmerzen bringen mich um. Sonst bin ich an und für sich nicht wehleidig.*

A: *Ja, diese Schmerzen gehören zu den schlimmsten.*

P: *Und was kann man dagegen tun? (Patientin zieht sich an)*

A: *Ich kann da im Augenblick leider nicht sehr viel für Sie tun. Sie müssen alles vermeiden, was die Galle weiterhin reizt. Da geb' ich Ihnen noch eine Liste mit. Aber auf jeden Fall sollten Sie die Steine so schnell wie möglich entfernen lassen.*

P: *Muß ich operiert werden?*

A: *Nein! Das ist nicht mehr nötig, da gibt es andere Möglichkeiten, z.B. die sogenannte extracorporale Stoßwellentherapie. Da werden die Steine mit Stoßwellen pulverisiert, so können sie leichter abfließen. Wir haben das an der Uniklinik in Innsbruck angewandt. Wenn Sie wollen, mache ich Ihnen da einen Termin.*

Die Patientin wird defensiv gezeigt, wobei dieses Verhalten möglicherweise Gründe in ihrer schwierigen privaten Situation hat (sie lebt heimlich mit einem Geistlichen zusammen und vermeidet daher Kontakte im Dorf). Der Arzt geht zwar auf die Beschwerden ein, legt aber letztlich ein sehr dominantes Gebaren an den Tag. Seine Erläuterungen zum therapeutischen Vorgehen sind einseitig bis fragwürdig. Es wird der Eindruck erweckt, daß es nur einen "richtigen" Weg der Behandlung gibt. Der Patientin wird ein schlechtes Gewissen bereitet für den Fall, daß sie den ärztlichen Rat nicht befolgen sollte.

Bringt man die hier gezeigten Kommunikationstypen in eine Systematik, so ergibt sich eine große Vielfalt von Umgangsformen, die nicht einem einheitlichen Muster zuzuordnen sind. Es lassen sich folgende Typen unterscheiden:

- Klassisch dominante Ärzte, die ihre Patienten kaum zu Wort kommen lassen (*Stefanie* 3 und *Bergdoktor*).
- Ärzte, die den Versuch einer ernsthaften Kommunikation überhaupt nicht erkennen lassen (*Bruckner* und *Schwarzwaldklinik*).
- Ärzte und Patienten, deren Kommunikation durch beiderseitige Fixierung auf Organ- bzw. Reparaturmedizin verengt ist (*Stefanie* 1: "Einverständnis im Mißverständnis" nach Brucks et al. 1987).
- Ärzte, die um einen patientenorientierten Kommunikationsstil sichtlich bemüht sind (*Sommerfeld*).
- Patienten, die sich aktiv verhalten und eine dialogorientierte Kommunikation einfordern (*Stefanie* 2 und *alphateam*).

Schlußfolgerungen und Ausblick

Die schrittweise Analyse, die sich auf die Interaktion zwischen Ärzten und Patienten konzentrierte, zeigt auf, daß sich auch die deutschen Arzt- und Krankenhausserien - der amerikanischen Entwicklung folgend - von dem "Urtyp" der Schwarzwaldklinik entfernt haben. Ärzte sind nicht mehr ausschließlich die unangreifbaren Halbgötter in Weiß. In vielen Sequenzen findet sich zwar nach wie vor der klassisch dominante Kommunikationsstil der Ärzte. Zugleich beginnen aber in den neuen Serien Patienten ihre Interessen zu artikulieren. Dies korrespondiert mit dem sichtlichen Bemühen von Ärzten um einen symmetrischen, patientenorientierten Kommunikationsstil. Der Teamaspekt der Arbeit im Gesundheitswesen findet Beachtung. Politik und Ökonomie tauchen in ihrer Bedeutung für die Patientenversorgung als Größen auf.

Diese Beobachtungen veranlassen uns zu der Schlußfolgerung, daß die Wissenschaft sich keinesfalls damit begnügen sollte, Kassandra zu spielen und es gewissermaßen als gegeben anzunehmen, daß derartige Massenproduktionen - wenn überhaupt - nur Schaden anrichten können. Es kommt vielmehr darauf an, zunächst einmal die Aufmerksamkeit der Forschung auf diese Serien zu lenken. Nichts spricht dafür, ein solch weit verbreitetes Freizeitverhalten wie den Fernsehkonsum und die mit ihm verbundenen neuen Sehgewohnheiten aus der Public Health-Perspektive auszuklammern. Gerbner et al. (1981) haben unter einem anderen Fokus (risikobehaftetes Verhalten) bereits auf das Problem hingewiesen, daß möglicherweise gerade die weniger gebildeten und einkommensschwachen Bevölkerungsgruppen gesundheitsbezogene Kernbotschaften aus der zeitintensiven Rezeption von Fernsehsendungen beziehen.

Was liegt näher als darüber nachzudenken, wie dieses Medium genutzt werden kann, um möglicherweise die einzig effektiven Zugangswege zu Bevölkerungsgruppen zu finden, die mit herkömmlichen Gesundheitsprogrammen schwer zu erreichen sind? Wenn Experten tatsächlich befürchten, daß die Inhalte derartiger Serien überwiegend problematische Effekte haben, stellt sich die Frage, wie Einfluß auf die Drehbücher genommen werden kann. Hughes (1996) und Rice (1996) beschreiben für die englische Serie *Casualty* sowie die amerikanische Serie *Emergency Room*, daß dies keine theoretische Überlegung bleiben muß, sondern daß Fernsehproduzenten durchaus Interesse an kompetenter Beratung haben. TV-Serien könnten weit stärker als heute so konzipiert sein, daß den Zuschauern Patienten gezeigt werden, die den Mut haben, Fragen zu stellen, und damit zugleich den Ärzten Diagnostik und Therapie erleichtern. Auf diese Weise könnten Serien möglicherweise sogar zur Entwicklung einer patientenorientierten und weniger paternalistischen Medizin beitragen. Eine solche Entwicklung setzt allerdings voraus, daß die Gesundheitsforschung überhaupt zur Kenntnis nimmt, daß Fernsehserien genauso zu den Informationsquellen der Bevölkerung gehören wie die unmittelbaren Erfahrungen im Gesundheitssystem selbst. Bury und Gabe (1994: 81) schreiben hierzu unter Berufung auf Giddens Klassiker "Modernity and Self Identity": "Mediated experience is no less important in health and medicine than in other areas of late modern culture. Thus the media not only reflect changes and conflicts in the social relations of health care but also influence more powerfully agendas being set".

Wir schlagen vor, den Serien noch eine andere positive Seite abzugewinnen. Die zweite Wirklichkeit dieser Inszenierungen könnte, wie unsere Kernstellen nahelegen, treffliches Material für die Aus- und Fortbildung der Fachberufe des Gesundheitswesens abgeben. Bewährt hat sich der Einsatz von ER-Folgen offenbar in Trainingseinheiten für nichtmedizinisch vorgebildete Epidemiologen und Biostatistiker (Østbye 1997). Professionelle Beratungsfirmen sind, wie der Bericht von Kruse-Keirath (1997) unter Beweis stellt, frei von der Überheblichkeit gegenüber den neuen Arztserien; die Autorin geht davon aus, daß niedergelassene Ärzte künftig ohne ein gezieltes Praxismanagement Probleme bekommen werden, Patienten an ihre Praxis zu binden. Manche verständnisvollen Arztfiguren der Fernsehserien könnten, so Kruse-Keirath „vielleicht doch Vorbild für die richtige Richtung sein". Wenn davon ausgegangen werden muß, daß einstweilen in der Medizinerausbildung ein Training in Arzt-Patienten-Kommunikation fast nicht vorkommt, dann wäre vermutlich ein gezielter, pädagogisch begleiteter Videoeinsatz von ausgewählten

Serienpassagen ein erfolgversprechender und ohne großen Aufwand realisierbarer Ansatz: Das Material muß nicht erst noch gedreht oder erfunden werden.

Die Gesundheitswissenschaften finden also mit den neuen Arzt- und Krankenhausserien eine Fülle von Themen vor, die - so unsere abschließende Anregung - in die Überlegungen zur weiteren Forschungsförderung im Bereich Public Health angemessen einbezogen werden sollten, z.B.:

- Inwieweit transportieren die Serien die Botschaft, daß Kranke keine ‘Fälle‘ sondern Menschen mit biographischem Hintergrund und sozialem Kontext sind?
- Wovon sind die Einschaltquoten abhängig?
- Gibt es verschiedene Zuschauertypen und verschiedene Wahrnehmungsmuster?
- Prägen die Serien tatsächlich das Gesundheits- und Krankheitsverhalten?
- Wie stark können die Aufklärungseffekte derartiger Serien sein?
- Gewinnen die Serien Einfluß auf die Realität des Gesundheitswesens selbst (z.B. auf das Selbstbild der Ärzte und Pflegekräfte)?
- Lassen sich die Serien sinnvoll in der Aus- und Fortbildung einsetzen, v.a. unter dem Aspekt gelungener oder mißratener Kommunikation zwischen Experten und Laien?

Abschließend möchten wir auf einen weiteren Aspekt in Sachen Patientenaufklärung und -beratung aufmerksam machen. Das Office of Public Affairs der Johns Hopkins School of Public Health hat im Internet eine Seite eingerichtet, in der Schlüsselsequenzen der aktuellen Folge von *Emergency Room (ER)* kurz vorgestellt und im Sinne von gesundheitlicher Aufklärung kommentiert werden. Die "Topics" reichen von der Frage, ob Kondome die HIV-Übertragung verhindern bis zur Beratung in Versicherungsfragen. Bemerkenswert ist für den Zusammenhang dieser Untersuchung z.B. ein Interview mit Debra Roter, Koautorin einer bahnbrechenden Publikation zur Arzt-Patient-Kommunikation (Roter und Hall 1992), in dem erläutert wird, warum eine offene Kommunikation zwischen Ärzten und Patienten als Schlüssel des Therapieerfolges zu werten ist. Über das Internet liefert die Johns Hopkins School of Public Health somit regelmäßig handfeste Patientenberatung. Hat *ER* in einer Folge vorgeführt, daß ein Arzt vergessen hat, eine vollständige Anamnese zu erheben und ein Patient deshalb einen allergischen Schock erleiden mußte, so erfahren die Zuschauer anschließend im Internet, welche Fragen sie selber ihrem Arzt unbedingt in welchen Situationen stellen sollten. Wird das Thema "Einholen einer ärztlichen Zweitmeinung" in *ER* behandelt, liefert die Internetseite konkrete Hilfestellungen, in welchen Situationen die Zuschauer heute auf der Einholung einer Zweitmeinung bestehen sollten. "Und wo bleiben die Patienten?" ist bezogen auf Fernsehserien längst keine Frage mehr, bei der Wissenschaft und Bildungseinrichtungen untätig beiseite stehen dürfen.

Literatur

Brucks, Ursula/ Salisch, Erdmann, von/ Wahl, Wulf-Bodo (1987): Soziale Lage und ärztliche Sprechstunde. Hamburg

Buresh, Bernice (1996): Nurses don't Fight Stereotypes on TV. A Loss for all Nurses. In: Revolution. The Journal of Nurse Empowerment (Spring): 82-85

Bury, Michael/ Gabe, Jonathan (1994): Television and Medicine.Medical Dominance or Trail by Media? In: Gabe et al. (1994): 65-83

Diem, S. J./ Lantos, J. D./ Tulsky, J. A. (1996): Cardiopulmonary Resuscitation on Television. Miracles and Misinformation. In: New England Journal of Medicine 334: 1578-1583

Düperthal, Gitta (1999): Liebe und Triebe in der Notaufnahme. Arzt- und Krankenhausserien im Fernsehen. In: Dr. Med. Mabuse (24): 24-27

Gabe J./ Kelleher, D./ Williams, G. (Hrsg.) (1994): Challenging Medicine. London/ New York

Gerbner, George/ Gross, Larry/ Morgan, Michael/ Signorielli, Nancy (1981): Health and Medicine on Television. In: New England Journal of Medicine 305: 901-904

Gordon, Patrick N./ Williamson, Sean/ Lawler, Paul (1998): As Seen on TV: Observational Study of Cardiopulmonary Resuscitation in British Television Medical Dramas. In: British Medical Journal 317: 780-783

Hughes, Geoff (1996): Casualty: The BBC Series - The Role of the Medical Adviser. In: Journal of Accident and Emergency Medicine 13: 299-301

Johns Hopkins University School of Public Health: "Following ER" - Communication between Doctor and Patient. http://er.jhsph.edu/previous.htm (August 28, 1997)

Johns Hopkins University School of Public Health: "Following ER" - Second Opinions Are an Important Part of Health Care. http://er.jhsph.edu/previous.htm (February 5, 1998)

Kalisch, Philip A./ Kalisch, Beatrice J./ Scobey, Margaret (1983): Images of Nurses on Television. New York

Kasper, Hartmut (Hrsg.) (1997): Deutsche Helden! Luis Trenker, Perry Rhodan, Steffi Graf und viele andere. Leipzig

Kruse-Keirath, Annette: Patientenorientiertes Praxismanagement - die eigene Praxis mit den Augen der Patienten sehen. Mitteilungen der Privatärztlichen Verrechnungsstelle Rhein-Ruhr GmbH. http://www.pvs-rr.de

Østbye, Truls/ Miller, Bill/ Keller, Heather (1997): Throw that Epidemiologist Out of the Emergency Room! Using the Television Series ER as a Vehicle for Teaching Methodologists about Medical Issues. In: Journal of Clinical Epidemiology 50: 1183-1186

Pfau, Michael/ Mullen, Lawrence J./ Garrow, Kirsten (1995): The Influence of Television Viewing on Public Perceptions of Physicians. In: Journal of Broadcasting & Electronic Media 39: 441-458

Rice, Marilyn (1996): Nurses Fight Stereotypes on TV. A Win for all Nurses. In: Revolution.The Journal of Nurse Empowerment (Spring): 76-81

Ross, Alan D./ Gibbs, Harlan (1996): The Medicine of ER. New York

Roter, Deborah L./ Frankel, R. (1992): Quantitative and Qualitative Approaches to the Evaluation of the Medical Dialogue. In: Social Science and Medicine 34: 1097-1103

Roter, Deborah L./ Hall, J. L. (1992): Doctors Talking With Patients - Patients Talking With Doctors. Improving Communication in Medical Visits. London

Sancho-Aldridge, Jane/ Gunter, Barrie (1994): Effects of a TV-Drama Series upon Public Impressions about Psychiatrists. In: Psychological Reports 74: 163-178

Scherler, Monika (1997): TV-Serien und Wirklichkeit. Krankenpflege/ Soins Infirmiers 8: 22-23

Schmacke, Norbert (1997): Ärzte. In: Kasper (1997): 16-20

Smith, Pete: Zehn Stunden am Tag Geschichten aus der weiten Welt der Medizin. In:Ärzte-Zeitung, 2. Februar 1998

Suchsland, Rüdiger (1997): Die Arztserie der neuen Generation. Zur Geschichte der Arztserien 2/ 1997. http://www.digitalmirror.de/cosmo/er/er.htm

Turow, Joseph (1989): Playing Doctor. Television, Storytelling and Medical Power. New York/ Oxford

Turow, Joseph (1996): Television Entertainment and the US Health-Care Debate. In: Lancet 347: 1240-1243

Weiderer, Monika (1995): Mensch oder Mythos? Befunde zum Berufsbild MedizinerIn in Arztserien und Spielfilmen des Deutschen Fernsehens. In: Münchner Medizinische Wochenschrift 137: 633-635

Weiss, Sabine (1996): Wo Medizin und Mull in Serie gehen. In: Berliner Illustrirte Zeitung (Wochenendbeilage der Berliner Morgenpost), 29. Dezember 1996

Patienteninformationen im Internet

Patienten als Kunden
Informationsbedarf und Qualität von Patienteninformationen aus Sicht der Public Health-Forschung

Marie-Luise Dierks, Friedrich Wilhelm Schwartz, Ulla Walter

Die Forderung nach mehr Orientierung an Patienten und Versicherten, an den Bürgern bzw. den Konsumenten im Gesundheitswesen ist in aller Munde und inzwischen auch erklärter politischer Wille (Bundesregierung 1999). Für viele ist der Begriff Kundenorientierung programmatischer Ausdruck dafür, den Patienten als einen mündigen Partner in den Organisationen des Gesundheitswesens zu sehen. Dennoch beobachten wir gegenwärtig mehr Rhetorik als tatsächlichen Fortschritt. Während in anderen gesellschaftlichen Subsystemen der politische Dialog über mehr Rechte für und mehr Beteiligung durch die Bürger bei öffentlichen Aufgaben in den 70er Jahren in vielen Teilen Europas ein Klima der Antibürokratisierung gefördert hat, in dessen Folge die Entwicklung kundenfreundlicher Strukturen und Dienste in weiten Bereichen der öffentlichen Verwaltungen begünstigt wurde, hat sich dieser Effekt im Gesundheitssektor wenig ausgewirkt. Wenn auch im Zuge der Planungen und Entscheidungen zur Gesundheitsstrukturreform in den 80er und 90er Jahren vordergründig über Patienteninteressen gesprochen wurde, war die Diskussion vorwiegend an ökonomischen Entwicklungen orientiert oder mündete in Debatten zwischen Institutionen, die sich über ihre Aufgabenabgrenzung verständigten (Schwartz et al. 1998b). Diese Entwicklung verwundert insofern, als die ökonomisch neoliberal inspirierte Reformdebatte spätestens der 90er Jahre eigentlich die Rolle des informierten Konsumenten gestärkt haben sollte, da ohne diesen ein funktionierender Markt im Gesundheitswesen undenkbar ist.

Offensichtlich stellt das Gesundheitswesen einen Dienstleistungssektor dar, auf den sich das ökonomisch orientierte Kundenmodell nicht ohne Friktionen übertragen läßt. Dieses Modell ist vor allem durch die Fähigkeit des Konsumenten charakterisiert, auf der Basis von ausreichenden Informationen rationale Entscheidungen zu treffen. Deshalb ist es auf den Umgang mit Gesundheitsgütern am ehesten da übertragbar, wo der Nutzer sich nicht in einer unmittelbaren physischen oder psychischen Abhängigkeit von den Anbietern der Gesundheitsdienstleistung befindet - z.B. dort, wo Bürger im Sinne von Community Participation in Entscheidungen einbezogen werden (Hoy et al. 1996), oder im Bereich von Gesundheitsförderung und Prävention. Je weiter sich der Nutzer jedoch auf dem Kontinuum zwischen Gesundheit und Krankheit in Richtung Krankheit oder Pflegebedürftigkeit bewegt, desto eher tritt die Fähigkeit zu rationalen Entscheidungen in den Hintergrund und wird überlagert durch Unsicherheit, Ängste, den Wunsch nach Hilfe, Fürsorge und Betreuung. Diese asymmetrische Situation wird dadurch verstärkt, daß die Anbieter von Gütern im Gesundheitswesen im allgemeinen bessere Informationen über die Eigenschaften der Güter haben als die Nachfrager. Dies ist charakteristisch für alle sogenannten Erfahrungsgüter, d. h. Güter, deren Qualitäten erst bei längerfristiger Nutzung erkannt werden können. So fehlen dem Patienten in der Regel individuelle Vergleichsmöglichkeiten, insbesondere bei chirurgischen Eingriffen oder Notfällen, da er sich verständlicherweise nicht aus puren Vergleichsgründen Wiederholungseingriffen unterziehen kann. Aber auch bei undramatischen Verläufen kann die Unterscheidung von schlechter und guter Qualität, allein aufgrund uninformierter Spontanbeobachtungen, für den einzelnen Konsumenten schwierig bis unmöglich werden. Letztlich würde eine Qualitätserkenntnis für den Patienten als Konsumenten in vielen Fällen zu spät kommen, da die bereits vollzogene Behandlung und ihre Folgen ja von ihm nicht folgenlos aufgekündigt oder abgelegt werden können wie eine materielle Ware. Das bedeutet jedoch nicht, daß sich Patienten nicht einen Eindruck von den Behandlungsbedingungen verschaffen und auf der Grundlage dieser Eindrücke entscheiden. Patienten wechseln ihren Arzt, wenn sie mit für sie wichtigen Aspekten der Behandlung oder des Praxismanagements unzufrieden sind (Richter-Hebel 1999), und sie vertrauen bei der Auswahl von Ärzten und Kliniken auf die Aussagen von Familienmitgliedern und Freunden (Edgman-Levitan/ Cleary 1996).

Dennoch müssen diese Entscheidungen aufgrund bislang nicht systematisch hergestellter Transparenz der Leistungen des Gesundheitswesens zwangsläufig subjektiv bleiben (Cleary/ Edgman-Levitan 1997).[1] Die in Deutschland in den letzten Jahren vorangetriebene Entwicklung von Qualitätszertifikaten für Gesundheitsinstitutionen dient ja nicht in erster Linie einer verbesserten Transparenz für das Publikum oder für die zuweisenden Ärzte, sondern den Interessen vertragsschließender Krankenkassen, da weder die Ergebnisse von Checklisten noch von selektierten Outcome-Daten im Sinne von Stärken oder Schwächen der jeweiligen Institutionen den Konsumenten zugänglich gemacht werden. Dies ist jedoch ein erklärter Wunsch der Konsumenten: So wünschen sich laut einer Umfrage der Zeitschrift *Focus* mehr als zwei Drittel der Bürger Informationen darüber, wie viele Fälle ein Arzt beispielsweise bereits operiert hat und welche Komplikationsraten bei ihm zu erwarten sind (*Focus* 39/ 1997: 200).

1. Der Informationsbedarf des Patienten und Versicherten

Die zivile und strafrechtliche Rechtsprechung aller wichtigen Industrieländer hat konsequent das Prinzip der vorherigen Einwilligung des vollständig informierten Patienten als eine allgemein akzeptierte Voraussetzung für medizinische Behandlungen etabliert. Ja, die Rechtsprechung geht so weit, daß Patienteneinwilligungen

---

[1] Die mangelnde Transparenz wird u.a. durch das Wettbewerbsverbot für Ärzte unterstützt. So hat beispielsweise der Bundesgerichtshof eine Publikation der Zeitschrift *Focus* mit dem Titel "Die 500 besten Ärzte Deutschlands" untersagt mit dem Argument, die Publikation fördere in rechtlich unzulässiger Weise den Wettbewerb der namentlich genannten Ärzte.

zu einer Behandlung nachträglich als nichtig angesehen werden können, wenn der Betroffene zuvor nicht vollständig über Wirkung und Risiken aufgeklärt wurde (Stegers 1997). Dies besagt nichts anderes, als daß dem Patienten im Augenblick seines Wahlaktes für oder gegen eine Behandlung im Prinzip dieselben Informationen zur Verfügung stehen müssen wie dem die Behandlung anbietenden bzw. vorschlagenden Arzt.

Ein strukturelles Dilemma bei der Realisierung der so umrissenen Informationspflicht des Arztes liegt allerdings zumindest im derzeitigen deutschen System darin, daß der Arzt durch seinen Wissensvorsprung die wesentlichen Nachfragen nach medizinischer Leistung selbst festlegt und zugleich das Leistungsangebot bereitstellt. An dieser Stelle versagt der Marktmechanismus. Das Dilemma ist nur auflösbar, wenn die Stellung des Patienten, des Konsumenten nachhaltig gestärkt wird und seine Autonomiebestrebungen durch institutionalisierte Maßnahmen unterstützt werden (Kranich/ Böcken 1997), zumal auch das an Einzelleistungen orientierte Vergütungssystem, durch das eine Einkommenssteigerung der Ärzte auf der Basis von Leistungsausweitungen (mengenmäßige oder preisintensive Ausweitung) möglich wird, zu einer Beschädigung der "Notarfunktion" des Arztes für eine bestmögliche Information des nachfragenden Patienten führen kann.

Andererseits ist eine Übertragung der gesamten Steuerungskompetenzen auch im Mikromanagement der medizinischen Behandlung auf gut informierte Manager im Krankenversicherungsapparat im Sinne von "Managed Care"[2], eine in den USA gleichermaßen erfolgreich etablierte wie gegenwärtig kontrovers diskutierte Organisationsform der gesundheitlichen Versorgung (Ginzberg 1999), nur beschränkt wünschenswert, weil sie die individuellen Aushandlungsmöglichkeiten zwischen Einzelpatient und Einzelanbieter stark einschränkt.

Die aus neoliberaler Sicht und unter dem Einfluß US-importierter Ideen geforderte Öffnung der Krankenversicherung in Deutschland für neue Wahlmöglichkeiten der Konsumenten hinsichtlich ganz neuer und unterschiedlicher Versicherungsprodukte auf dem Gesundheitsmarkt, die heterogene Leistungspakete und vorab definierte Versorgungspfade beinhalten, wird zukünftig das Informationsproblem für die Konsumenten verschärfen. Zu dem Markt immer neuer Gesundheitstechnologien und zu der hohen Vielfalt professioneller Leistungsanbieter und Versorgungsinstitutionen tritt dann auch noch eine komplexe Vielfalt unterschiedlicher Versicherungsmodelle hinzu. Nur ein gut informierter Patient kann dann die für sich besten Entscheidungen treffen. Das bedeutet umgekehrt, daß ohne eine nachhaltige Verbesserung der Informationsvermittlung eine Ausweitung von Selbstbeteiligung und ähnlichen finanziellen Selbstverantwortungsanreizen lediglich den Charakter

[2] Managed Care umschreibt ein Versorgungsprinzip, das auf eine effizientere Allokation von Mitteln und Ressourcen zielt, so daß jeder Patient die "richtige" Art und Menge an Leistungen erhält. Managed Care wird in einer Vielzahl unterschiedlicher Organisationsformen angeboten, z.B. in Health Maintenance Organizsations (HMO). Diese regulieren die Nachfrage nach Gesundheitsleistungen z.B. durch Budgetierung, Kopfpauschalen, Einkaufsmodelle, Case-Management und die Einschränkung der freien Arztwahl (Schwartz/ Wismar 1998).

einer zusätzlichen Finanzierungsquelle für das Gesundheitssystem darstellt. Im übrigen ist die Forderung nach ausreichenden und verständlichen Informationen als Entscheidungsgrundlage für Versicherte und Patienten auch in den USA, die ja als Vorbild für die avisierten neuen Modelle dienen, längst nicht realisiert: "Wenn es wahr ist, das Wissen Macht ist, dann sind viele Konsumenten in unserem marktorientierten Gesundheitswesen in Schwierigkeiten" - so das Ergebnis einer Studie zum Informationsbedarf von Konsumenten in den USA (Isaacs 1996).

Die Situation in Deutschland stellt sich sicher nicht anders dar. Für die Information von Versicherten und Patienten sind unterschiedliche Institutionen verantwortlich, vielfältige Medien - von allgemein informierender Art bis hin zu individuellen Beratungen - können genutzt werden. Dabei haben diese Medien einen unterschiedlich hohen Stellenwert bei den Nutzern, eine unterschiedliche Reichweite und auch unterschiedliche Effekte. Eine systematische Analyse der Qualität und der Effekte steht noch aus.

2. Informationen durch Ärzte

Nach wie vor ist die weitaus wichtigste Informationsquelle zum Thema Gesundheit aus der Sicht der Nutzer des Systems der Arzt, zu dem Patienten in der Regel großes Vertrauen haben (Infas 1998). Vor allem ältere Menschen wenden sich in gesundheitlichen Fragen an ihre Ärzte - mehr als 75% der über 55jährigen holen sich hier Rat, je ein Drittel dieser Altersgruppe bezieht ihre Informationen über die Apotheke und/ oder Zeitschriften (Wasem 1999: 27). In einigen Gesundheitsbereichen - insbesondere der Medikation - ist der Arzt für viele Patienten die einzige Informationsquelle (Makoul et al. 1995). Ähnliches gilt auch für die Prävention. Der Arzt ist die Instanz, deren Intervention und Beratung von den Patienten am ehesten erwartet und akzeptiert wird und dadurch den größten Erfolg verspricht (Dierks/ Bitzer 1994a). Bedenkt man zudem, daß Ärzte im sozialen Ansehen der Berufe bei der Bevölkerung mit Abstand an erster Stelle stehen, kommt diesen zweifellos eine besondere Verantwortung bei der gesundheitlichen Information der Patienten zu.

Für Patienten steht der Wunsch nach umfassender und verständlicher Information im oberen Drittel ihrer Erwartungen an den Arzt. In einer von uns durchgeführten Befragung von knapp 1000 Patienten zwischen 18 und 80 Jahren in Praxen niedergelassener Haus- und Fachärzte stuften 93% dieses Bedürfnis als "sehr wichtig" ein, "sehr zufrieden" mit den erhaltenen Informationen zeigten sich jedoch nur 50% dieser Patienten.[3] Allerdings muß hier zwischen der Information als solcher und dem Bedürfnis der Patienten, auf partnerschaftlicher Ebene mit dem Arzt Entscheidungen auszuhandeln, unterschieden werden. So wird in unserer Untersuchung auch deutlich, daß nur etwas mehr als 50% der Patienten den Wunsch nach Partnerschaft in der Arzt-Patienten-Beziehung als sehr wichtig bezeichnen. Je älter die Patienten,

[3] Im Vergleich dazu: Der Wunsch, als Mensch, nicht als Nummer behandelt zu werden, wird von 97% der Patienten als "sehr wichtig" angesehen; hier liegt die sehr hohe Zufriedenheit immerhin bei 74%.

desto eher präferieren sie die gewohnte Patientenrolle, die dem Arzt die alleinige Entscheidungskompetenz zuschreibt. Ähnliche Ergebnisse zeigt u.a. eine Untersuchung zum Informations- und Partizipationsbedarf von Krebspatienten (Cassileth et al. 1980).

Unabhängig davon, ob Patienten lediglich in Kenntnis gesetzt werden möchten oder Entscheidungsgrundlagen wünschen, nimmt die Information offensichtlich bei den Ärzten einen geringeren Stellenwert ein, als von den Patienten gewünscht wird (Laine et al. 1996). So wurden bei mehr als 60% der Interaktionen, die im Rahmen einer Studie zur Medikation analysiert wurden, weder vom Arzt noch vom Patienten Nebenwirkungen, Vorsichtsmaßnahmen und Risiken erwähnt (Makoul et al. 1995), auch ein Hinweis darauf, daß Patienten die Zeitknappheit des Arztes verinnerlicht haben und aus Rücksicht auf den Arzt keine 'unnötigen' Fragen stellen wollen (Buckland 1994, Dierks et al. 1994). Sogar nach eigener Einschätzung nehmen nur knapp 30% der Ärzte den Wunsch der Patienten nach Informationen adäquat wahr (Baum et al. 1996).

Dabei haben umfassende Informationen nicht nur einen positiven Effekt auf die Zufriedenheit der Patienten, sondern auch auf den Gesundheitszustand. So konnte nachgewiesen werden, daß z.B. bei chronischen Schmerzpatienten, bei Diabetikern, Rheumatikern und Patienten mit chronischen psychischen Problemen sowie bei Patienten, die an den Folgen einer schweren Kopfverletzung leiden, durch eine verbesserte Informations- und Entscheidungsbeteiligung auch bessere gesundheitliche Ergebnisse realisiert wurden (Segal 1998).[4]

Beunruhigende Ergebnisse dagegen zeigte eine von unserem Institut vor drei Jahren durchgeführte Befragung von ca. 1000 niedergelassenen Ärzten über ihre persönliche Bereitschaft, die Behandlung bei gut definierten Indikationen für sich selbst zu akzeptieren. Danach würde nur etwas mehr als die Hälfte von ihnen jene Behandlung persönlich durchführen lassen, die nach medizinischen Standards für Patienten als angemessen gilt (Schwartz et al. 1996). Statt also die eigene Skepsis im Hinblick auf Behandlungsverfahren mit den Patienten zu besprechen, werden letztere im Hinblick auf mögliche negative Konsequenzen der Behandlungen im unklaren gelassen. Im übrigen - Patienten scheinen durchaus in ihrem oben pauschal formulierten Vertrauen gegenüber den Ärzten dann verunsichert, wenn es um schwerwiegende Entscheidungen geht. So formulierten 84% der Befragten in der bereits zitierten *Focus*-Umfrage den Wunsch, vor komplizierten Eingriffen eine Zweitmeinung einzuholen (*Focus* 39/ 1997: 210).

---

[4]Allerdings muß auch unterschieden werden zwischen den Patienten, die sich subjektiv gut informiert fühlen und denen, die tatsächlich optimale Informationen erhalten haben (Buckland 1994: 92).

3. Informationsvermittlung durch persönliche Gespräche in Beratungsstellen und ähnlichen Einrichtungen

Persönliche Beratungen werden in Deutschland von unabhängigen Patienten-, Informations- und Beschwerdestellen angeboten, aber auch von Informationszentren der Gesundheitsbehörden, Verbraucherzentralen, Ärztekammern, Kassenärztlichen Vereinigungen oder Krankenkassen. Daneben hat sich im sogenannten "dritten Sektor", der Selbsthilfebewegung, durch die Initiative von Betroffenen ein differenziertes (und durchaus nicht immer systemkonformes) Expertenwissen entwickelt, das - in der Regel bezogen auf ein Krankheitsbild - an Interessierte und Betroffene weitergegeben wird (Trojan 1986). Kritisch merkt Kranich dazu an, daß es zwar in Deutschland bereits viele Institutionen gäbe, die sich um die Belange von Patienten kümmerten, diese seien aber ohne Unterstützung durch die Gesundheitspolitik entstanden, rein 'naturwüchsig', vielfach auf ehrenamtlicher Grundlage und nicht immer unparteiisch. "Was nach viel aussieht, ist in Wirklichkeit wenig" (Kranich 1997: 100). Auf diese Situation hat inzwischen die Gesundheitspolitik reagiert: In § 67 SGB V - Förderung von Einrichtungen zur Verbraucher- und Patientenberatung - werden die Landesverbände der Krankenkassen und die Verbände der Ersatzkassen ermächtigt, die Einrichtung von neutralen und unabhängigen Einrichtungen, die gesundheitliche Information, Beratung und Aufklärung für Versicherte zur Verfügung stellen sollen, zu unterstützen (Bundesregierung 1999).

Neben der persönlichen Beratung im "face-to-face"-Gespräch hat sich in den letzten Jahren ein weiterer Beratungsservice etabliert - telefonische Hotlines, über die Patienten oder Interessierte zu spezifischen Themen Informationen abrufen können. In der Regel sind diese Hotlines als Ergänzung zur individuellen ärztlichen Beratung konzipiert (Manfredi et al. 1993) und bieten Entscheidungshilfen, geben Materialien oder Adressen weiter. Bekannt in Deutschland ist beispielsweise der Krebsinformationsdienst (KID) in Heidelberg, der nach eigenen Angaben mit 20 Beraterinnen und Beratern aus den Bereichen Medizin, Biologie, Psychologie und Dokumentation täglich von 8.00 bis 20.00 Uhr Patienten bei Fragen zu Krebs berät (Stamatiadis-Smidt 1998). Dabei kann offensichtlich der tatsächliche Informationsbedarf zum Thema Krebs nicht hinreichend abgedeckt werden. Immer wieder, so die Aussage einer der Beraterinnen, klagen Anrufer darüber, daß die Leitungen tagelang besetzt seien.

Viele stationäre Einrichtungen bieten inzwischen zu körperlichen und psychischen Erkrankungen Informationshotlines an. Auch bei Krankenkassen können sich Mitglieder zu bestimmten Themen über Email oder Telefon beraten lassen (GEK Gesundheitsinformationsdienst 1999). In der Regel werden solche Beratungsangebote über reguläre Telefonnummern und entsprechende Tarife abgewickelt, so daß die Kosten für ein Gespräch für jeden Ratsuchenden erschwinglich bleiben. Anders sieht es mit Beratungsangeboten über 0190-Nummern aus. So findet man beispielsweise unter dem Stichwort "Guter Rat" Hotlines zu Ärzten, Psychologen und Heilpraktikern, aber auch zu Rechtsanwälten, Steuerberatern und Tierärzten, bei denen eine Telefongebühr von knapp 4,- DM pro Minute anfällt. Eine systematische Analyse der Qualität der Informationen und des Nutzens, den die Befragten durch die telefonisch abgefragten Entscheidungshilfen haben, steht noch aus.

4. Information durch Broschüren

Persönliche Beratungsgespräche durch Ärzte und Mitarbeiter anderer Professionen werden häufig ergänzt durch schriftliche Informationsmaterialien, die die Berater entweder selbst erstellen, in vielen Fällen jedoch auch von der Pharmaindustrie beziehen (Linden et al. 1999). Natürlich werden auch unabhängig von persönlichen Kontakten über die unterschiedlichsten Institutionen und zu vielfältigen gesundheitlichen Themen - von Gesundheitsförderung und Prävention über Diagnostik und Therapie bis hin zur Rehabilitation - schriftliche Informationsmaterialien erstellt, die dann über entsprechende Verteiler - Schulen, Betriebe, Arztpraxen, Apotheken, Krankenkassen etc. - die Zielgruppe erreichen.

Zunächst fällt bei der empirischen Analyse von Broschüren, Merkblättern und anderen Materialien auf, daß die vorherrschende Informationshaltung noch ganz von einer paternalistischen Sichtweise geprägt ist, der zufolge Patienten nicht mit "schlechten Neuigkeiten" umgehen können und deshalb hinsichtlich medizinischer Unsicherheiten unwissend "wie Kinder" gehalten werden müssen (Coulter 1998).

In einem Programm über Brustkrebs-Screening in Australien wurden beispielsweise 58 Informationsbroschüren analysiert. Nur eine der Broschüren thematisierte überhaupt das Risiko, an Brustkrebs zu sterben. Die anderen befaßten sich lediglich mit der Häufigkeit von Brustkrebserkrankungen und behaupteten, daß das Mammographie-Screening diese Inzidenz absenken würde. Dies ist objektiv falsch, denn das Mammographie-Screening als Früherkennungsverfahren erhöht kollektiv und individuell die Wahrscheinlichkeit, Brustkrebs zu entdecken. Auch Aussagen zur Sensitivität und zur Spezifität, und damit zum Risiko falschnegativer oder falschpositiver Fälle, blieben völlig unklar (Slaytor/ Ward 1998).

Für Asthma, mittlerweile eine epidemiologisch bedeutsame Volkskrankheit, ergab die Analyse von Informationsangeboten aus 70 englischen Allgemeinpraxen mit rund 170 verschiedenen Broschüren, daß sich für die Hälfte von ihnen die gültigen Behandlungsrichtlinien der British Thoracic Society überhaupt nicht anwenden ließen, von dem Rest waren immerhin 30% fehlerhaft. Eine Analyse der Verständlichkeit auf der Basis der sogenannten SMOG-Formel[5] zeigte, daß nur 3% der Broschüren geeignet waren, auch noch von den 22% der arbeitenden Bevölkerung verstanden zu werden, die einen geringen Bildungslevel haben (Smith et al. 1998). Auch Broschüren für ältere Patienten mit Diabetes stimmten zu mehr als 70% nicht mit medizinischen Richtlinien überein und waren schwer verständlich geschrieben

[5] Die Verständlichkeit eines Textes wird anhand einer Formel überprüft, die das Verhältnis mehrsilbiger Wörter zur Anzahl der Sätze ermittelt (McLaughlin 1969, US Dept. of Health and Human Services 1992).

(Petterson et al. 1994). An entsprechenden Studien in Deutschland zur Qualität hiesiger Patienteninformationen fehlt es bisher.

5. Informationen durch Bücher und andere Printmedien

Ein Blick auf den Buchmarkt für Patienten- oder Konsumenteninformationen zeigt eine Fülle von Publikationen in unterschiedlichen Preislagen, über deren Qualität der Konsument selbst wenig Aussagen machen kann. So findet man unter dem Stichwort "Gesundheit" allgemein mehr als 1.700 lieferbare deutschsprachige Bücher, unter dem Stichwort Krankheit ca. 700. Eine gezielte Suche mit unterschiedlichen Schlagworten (z.B. Schmerzen ca. 80 Bücher, Rückenschmerzen ca. 40, Rheuma ca. 100, Wechseljahre ca. 40, Osteoporose 44, psychische Erkrankungen ca. 170) zeigt immer noch so viele Titel, daß dem Konsumenten die Auswahl nicht leicht fallen dürfte.[6]

Dieses ungeordnete, qualitativ höchst unterschiedliche Informationsangebot wird ergänzt durch eine Fülle von gesundheitsbezogenen Themen in Zeitschriften und Journalen, deren Reichweite abhängig von der Betroffenheit und damit der Aufmerksamkeit des Lesers ist. So hatten selbst von den Frauen, die sich kurz vor einer intensiven regionalen Diskussion in Presse, Funk und Fernsehen über die Qualität der Früherkennungsmammographie einer solchen unterzogen hatten, lediglich 45% überhaupt eine Erinnerung an diese Debatte. Interessanterweise blieben im Gegensatz zu der kritischen Haltung der Medien die 'positiven' Argumente bei den Frauen eher im Gedächtnis (Dierks/ Bitzer 1994b). Offensichtlich ist jedoch die Konfrontation mit Erkrankungen prominenter Personen ein Anlaß für Menschen, ihr eigenes präventives Verhalten zu verändern. Die Berichterstattung über die Brustkrebserkrankung einer Präsidentengattin in den USA beispielsweise führte kurzfristig zu einem deutlichen Anstieg der Früherkennungsuntersuchungen bei Frauen (Lane et al. 1989).

6. Informationen über das Internet

Das Internet als jüngstes Medium der Informationsvermittlung für Patienten bietet einen weltweiten Zugang zu Informationen. Die Expansion ist enorm (Coulter 1998), beispielsweise werden in das Internetverzeichnis von Yahoo, einer der größten Suchmaschinen, täglich bis zu 60 neue für gesundheitliche Themen relevante Adressen aufgenommen (Sabbatini 1999). Die Websites machen es "absurd einfach", Informationen zu disseminieren (Wyatt 1997), und bieten für die Gesundheitskommunikation vielfältige Möglichkeiten einer globalen, kostengünstigen Verbreitung ihrer Botschaften (Mittmann/ Cain 1999). Diese können zudem ständig aktualisiert werden und ermöglichen interessante Formen des Lernens. Eine weitere

[6] Eine umfangreiche Studie zur Sozialgeschichte der Selbsthilfe-Literatur in den Vereinigten Staaten hat Steven Starker vorgelegt; siehe Starker, Steven (1989): Oracle at the Supermarket. The American Preoccupation with Self-Help Books. New Brunswick, N.J. (Anmerkung des Herausgebers)

Möglichkeit eröffnet sich durch die persönliche Anfrage über Email an Dienstleister (Ärzte, Berater). Diskussionsforen zu gesundheitlichen Themen bieten die Gelegenheit zu einem nationalen und internationalen Austausch von Erfahrungen und Wissen. Erste Studien über die Nutzer dieses neuen Mediums liegen vor.[7] So ließen sich über eine Email-Adresse einer deutschen Universitätsklinik vor allem Patienten beraten, die eine chronische Krankheit hatten und eine Zweitmeinung einholen wollten (Eysenbach/ Diepgen 1999). Die Vielfalt an Angeboten im Netz vermittelt einerseits eine Fülle von Einsichten, erlaubt es dem Nutzer allerdings nicht zweifelsfrei, zwischen soliden wissenschaftlichen Einsichten und freien Einfällen zu unterscheiden. Viel von dem offerierten Material ist inakkurat oder mißverständlich (Bader/ Braude 1998). Eine Qualitätsanalyse (McClung et al. 1998) zu internetbasierten Laieninformationen für ein wichtiges pädiatrisches Thema (akute kindliche Gastroenteritis) zeigte, daß nicht einmal die formale Qualität der Informationsquelle, z.B. akademisches medizinisches Zentrum, eine Garantie für die inhaltliche Korrektheit ist: Nur 20% der Informationen entsprachen den aktuellen wissenschaftlichen Richtlinien der American Academy of Pediatrics. Auch zeigt sich, daß die Verständlichkeit der Texte, wie bereits bei den Untersuchungen zu Broschüren und anderen schriftlichen Materialien deutlich wurde, einen hohen Bildungsstand voraussetzt. Konsequenterweise gibt es bereits Vorschläge für einen internationalen Kodex zur Qualitätssicherung von Informationen im Internet und eine übernationale Vereinigung zu ihrer Durchsetzung in Genf: Klarheit, Verständlichkeit, Nachprüfbarkeit, Interessenunabhängigkeit und Aktualität sind die zentralen Forderungen (Health on the Net Foundation 1999), deren Einhaltung durch ein Qualitätssiegel der Vereinigung attestiert wird.

7. Qualitätssicherung für Patienteninformationen als Aufgabe von Public Health

Die Agency for Health Care Policy and Research (AHCPR) in den USA hat 1997 einen ausführlichen Report zum Thema "Consumer Health Informatics and Patient Decision Making" herausgegeben. Health Informatic Tools, also Medien, die den Informationsstand der Nutzer verbessern und sie über medizinische Entscheidungen, Behandlungsalternativen und Nutzen und Risiken von Verfahren aufklären, sollen Patienten in die Lage versetzen, in einem gleichberechtigten Entscheidungsprozeß mit den Professionellen im Gesundheitswesen die für sie beste Therapie unter Berücksichtigung der individuellen Interessen und Lebensqualität auszuwählen. Dazu gehören Broschüren, Videos, Kassetten und Internet-Informationen (Agency for Health Care Policy and Research 1997).

Die Ergebnisse, die angesichts der Entwicklungen in diesem Feld sicherlich nur als Versuch einer gründlichen Momentaufnahme zu werten sind, lassen sich so zusammenfassen: Die Forschung über Qualität und Effekte von "Health Informa-

[7] Siehe hierzu auch den Beitrag von Scheiber/ Gründel im vorliegenden Band.

tics" für Konsumenten oder Patienten steckt erst in den Anfängen. Probleme bestehen in der Klärung des operationalen Kontextes, in dem solche Informationen angeboten und verwertet werden, Probleme bestehen darüber hinaus im Mangel an Klarheit über die anzuwendenden Meßinstrumente.

Das gilt in noch stärkerem Maße für die Situation in Deutschland. Neutrale aufklärende Informationen z.B. zu Möglichkeiten und Effektivität präventiver Maßnahmen, Vor- und Nachteilen therapeutischer Behandlungsmethoden sowie Entscheidungshilfen für operative Eingriffe liegen zur Zeit für den Patienten (und den Arzt) kaum vor. Eine solche Informationsgenerierung erscheint angesichts der oben genannten Kritikpunkte an der Informationsvermittlung als Optimum. Sie sollte nicht nur die Ergebnisse vorliegender Studien im Hinblick auf die Wirksamkeit der untersuchten Verfahren betrachten, sondern zugleich die Qualität der Studien selbst berücksichtigen (Preventive Services Task Force 1999).

Erste Schritte in diese Richtung werden zur Zeit von unserem Institut in Zusammenarbeit mit einer Krankenkasse entwickelt. Bewertungsgrundlage von Patienteninformationen sind Empfehlungen, die im Rahmen eines formellen Health-Technology-Assessment-Prozesses in Zusammenarbeit mehrerer Universitäten erarbeitet wurden (Schwartz et al. 1998c). Die Reports werden auf der Basis aller derzeit verfügbaren internationalen wissenschaftlichen Studien erarbeitet und informieren über den gesamten Diagnose- oder Behandlungsablauf, Vor- und Nachteile, Risiken und Nebenwirkungen eines Verfahrens und geben abschließend Auskunft darüber, wann und für welche Zielgruppe ein Einsatz nach aktuellem wissenschaftlichem Stand sinnvoll ist. Die Patienten können sich über Internet z.B. über die Früherkennungsmammographie, Magnetresonanztomographie, Osteodensitometrie, Rückenschulen und die Früherkennung von Prostatakrebs informieren; darüber hinaus gibt es die Möglichkeit, über Email oder einen telefonischen Beratungsdienst individuelle Fragen zu klären.[8]

Die Aufbereitung der Informationen erfolgt unter Berücksichtigung der folgenden Richtlinien für Konsumenteninformationen: Klare Zielsetzung, ausgewogene Information einschließlich der Vor- und Nachteile eines Verfahrens, Thematisierung von Unsicherheiten, Beschreibung des Verfahrens, Auswirkung des Verfahrens auf die Lebensqualität, Hinweis auf andere (ergänzende) oder ersetzende Verfahren, Hinweis auf Zusatzinformationen, Angaben aller Quellen inklusive Erscheinungsdatum (Charnock 1998).

Dies sind erste Ansätze, deren Effekte auf die Nutzer in begleitenden Untersuchungen analysiert werden. Generell scheint jedoch in der deutschen Public Health-Forschung die Bedeutung dieses Themas noch nicht hinreichend klar zu sein. Einigkeit besteht immerhin hinsichtlich des konzeptionellen Rahmens für Forschungsfragen, die sich beziehen sollten auf die Akzeptanz und die Nutzung von Informationsinstrumenten durch Konsumenten und Patienten, die Auswirkungen unter-

[8] Siehe http://therapie.net. Daß diese Aktivität auch im europäischen Kontext eine Innovation darstellt, wird nicht zuletzt daran deutlich, daß die renommierte European Healthcare Management Association (EHMA) den Baxter-Management-Preis 1999 für dieses Projekt verliehen hat.

schiedlicher Formen des Informationsangebots auf den Wissensstand, das Entscheidungsverhalten, die Arzt-Patienten-Beziehung, die Wahl der Behandlungen, das Gesundheitsverhalten, den Gesundheitszustand und die Kosten.

Darunter verbergen sich noch eine ganze Reihe von Nebenfragen wie Stil und Attraktivität der Präsentation, Lesbarkeit, Verständlichkeit, Genauigkeit und Zuverlässigkeit der Informationen, das Problem ihrer kontinuierlichen Aktualisierung sowie Fragen bezüglich der Angabe von Referenzen zu Informationsquellen, der Plausibilität der zugrunde liegenden Beweisführung, der Glaubwürdigkeit von Autoren und Herausgebern und nicht zuletzt der finanziellen Sponsoren (Coulter 1998).

Ein Sonderproblem ist, wie marginale oder 'vulnerable' Gruppen der Gesellschaft, die Armen, die Alten, diejenigen mit kulturellen oder sprachlichen Schwierigkeiten, sogenannte "hard-to-reach audiences" (Freimuth/ Mettger 1990), angemessene Informationen bekommen können. Hierfür wird es erforderlich sein, spezielle Strategien der Informationsvermittlung zu generieren und zielgruppenspezifische Informationskanäle zu nutzen.

Zusammenfassend läßt sich festhalten: Die Stärkung der Rolle des Konsumenten im Gesundheitswesen ist bislang zwar rhetorisch vorgetragen, aber kaum angemessen entwickelt worden. Die vorherrschende Orientierung ist geprägt von dem traditionellen Muster der patriarchalischen Arzt-Patienten-Beziehung. Eine fundierte, im wirklichen Sinne aufklärende Information, die Vor- und Nachteile eines Verfahrens, aber auch von Versorgungsstrukturen und alternativen Modellen thematisiert und dem Nutzer der Dienstleistung Entscheidungsgrundlagen bietet, ist Voraussetzung für mehr Autonomie der Patienten und partnerschaftliche Entscheidungen von Ärzten und Patienten. Die Qualität der verfügbaren Konsumenteninformationen ist heterogen und vielfach defizitär, ebenso die gegenwärtige Forschungslage. Die zugrunde liegenden Fragen einer optimierten Informationskultur berühren essentielle Fragen der Arzt-Patienten-Beziehung sowie Fragen der grundlegenden Systemgestaltung. Eine zukunftsweisende Public Health-Forschung ist gehalten, den hier umrissenen Problemhaushalt in angemessener Form aufzugreifen.

Literatur

Agency for Health Care Policy and Research (1997): Consumer Health Informatics and Patient Decision Making. AHCPR Publications No. 98-N001

Bader, Shelley A./ Braude, Robert M. (1998): "Patient Informatics": Creating New Partnerships in Medical Decision Making. In: Academic Medicine 73 (4): 408-411

Baum, Erika/ Donner-Banzhoff, Norbert/ Spangenberg, Edith/ Platt, Bettina (1996): Erwartungen der Patienten und ärztliches Handeln in Allgemeinarztpraxen. In: Lang/ Arnold (1996): 137-150

Buckland, Sarah (1994): Unmet Needs for Health Information: A Literature Review. In: Health Libraries Review 11 (2): 82-96

Bundesregierung (1999): Arbeitsentwurf GKV-Gesundheitsreform 2000. 30.04.1999

Cassileth, Barrie R./ Zupkis, Robert V./ Sutton-Smith, Katherine/ March, Vicki (1980): Information and Participation Preferences Among Cancer Patients. In: Annals of Internal Medicine 92: 832-836

Charnock, Deborah (1998): The DISCERN Handbook. Quality Criteria for Consumer Health Information on Treatment Choices. University of Oxford and The British Library. Radcliffe

Cleary, Paul D./ Edgman-Levitan, Susan (1997): Health Care Quality. Incorporating Consumer Perspectives. In: Journal of the American Medical Association 278 (19): 1608-1612

Coulter, Angela (1998): Evidence Based Patient Information. Editorial. In: British Medical Journal 317: 225-226

Dierks, Marie Luise/ Bitzer, Eva Maria (1994a): Akzeptanz der Mammographie. In: Frischbier et al. (1994): 155-158

Dierks, Marie Luise/ Bitzer, Eva Maria (1994b): Akzeptanz der Mammographie - der Einfluß von Massenmedien. In: Frischbier et al. (1994): 180-183

Dierks, Marie Luise/ Bitzer, Eva Maria/ Haase, Ingo/ Schwartz, Friedrich Wilhelm (1994): Focus-Group-Discussions - Eine Methode zur Erhebung von Patientenbedürfnissen in derhausärztlichen Versorgung aus der Perspektive der Patienten. In: Zeitschrift für Allgemeinmedizin 70: 623-628

Edgman-Levitan, Susan/ Cleary, Paul D. (1996): What Information do Consumers Want and Need? In: Health Affairs 15 (4): 42-56

Eysenbach, Günther/ Diepgen, Thomas L (1999): Patients Looking for Information on the Internet and Seeking Teleadvice: Motivation, Expectations and Misconceptions as Expressed in E-mails Sent to Physicians. In: Archives of Dermatology 135 (2): 151-156

Freimuth, Vicki S./ Mettger, Wendy (1990): Is there a Hard-to-Reach Audience? In: Public Health Report 105 (3): 232-238

Frischbier, Hans Joachim/ Hoeffken, Walter/ Robra, Bernt P. (1994): Mammographie in der Krebsfrüherkennung. Qualitätssicherung und Akzeptanz. Stuttgart

GEK-Patienteninformationsdienst (1999): In: Gesundheit konkret 2 (159): 14-15

Ginzberg, Eli (1999): The Uncertain Future of Managed Care. In: New England Journal of Medicine 340 (2): 144-146

Health on the Net Foundation (1999): http://www.hon.ch/home.html

Hoy, Elizabeth W./ Wicks, Elliot K./ Forland, Rolfe A. (1996): A Guide to Facilitating Consumer Choice. In: Health Affairs 15 (4): 9-30

Infas (1998): Wie zufrieden sind die Kunden? Gesundheitsdienstleistungen im Urteil der hessischen Bevölkerung. Ergebnisse einer Repräsentativbefragung im Auftrag der AOK - Die Gesundheitskasse Hessen

Isaacs, Stephen L. (1994): Consumers' Information Needs: Results of a National Survey. In: Health Affairs 15 (4): 31-41

Kranich, Christoph (1997): Institutionen der Patientenunterstützung. In: Kranich/ Böcken (1997): 95-101

Kranich, Christoph/ Böcken, Jan (Hrsg.) (1997): Patientenrechte und Patientenunterstützung in Europa. Anregungen und Ideen für Deutschland. Baden-Baden

Laine, Christine/ Davidoff, Frank/ Lewis, Charles E./ Nelson, Elliot/ Kessler, Ronald C./ Delbanco, Thomas L. (1996): Important Elements of Outpatient Care: A Comparison of Patients' and Physicians' Opinions. In: Annals of Internal Medicine 125 (8): 640-645

Lane, David/ Polednak, Anthony/ Burg, Mary A. (1989): The Impact of Media Coverage of Nancy Reagan's Experience on Breast Cancer Screening. In: American Journal of Public Health 79 (11): 1151-1152

Lang, Erich/ Arnold, Klaus (Hrsg.) (1996): Die Arzt-Patient-Beziehung im Wandel. Bd. 8. Schriftenreihe der Hamburg-Mannheimer-Stiftung für Informationsmedizin. Stuttgart

Linden, Michael/ Gothe, Holger/ Ryser, Martin (1999): "Was man schwarz auf weiß besitzt... ". In: Deutsches Ärzteblatt (22): C-638-639

Makoul, Gregory/ Arntson, Peter/ Schofield, Theo (1995): Health Promotion in Primary Care: Physician-Patient Communication and Decision Making about Prescription Medications. In: Social Science and Medicine 41 (9): 1241-1254

Manfredi, Clara/ Czaja, Ronald/ Buis, Marianne/ Derk, David (1993): Patient Use of Treatment-Related Information Received From the Cancer Information Service. In: Cancer 71 (4): 1327-1337

McClung, Juhling/ Murray, Robert D/ Heitlinger, Leo A. (1998): The Internet as a Source for Current Patient Information. In: Pediatrics 101 (6): E2

McLaughlin, Graham (1969): SMOG grading: A New Readability Formula. In: Journal of Reading 12 (8): 639-646

Mittmann, Robert/ Cain, Mary (1999): The Future of the Internet in Health Care. Institute for the Future. http//www.Iftf.org

Petterson, Tanya/ Dornan, Timothy L./ Albert, Tobias/ Lee, Ping (1994): Are Information Leaflets Given to Elderly People with Diabetes Easy to Read? In: Diabetic Medicine 11 (1): 111-113

Richter-Hebel, Felix (1999): Warum kommen Patienten nicht wieder? Eine Praxis-Untersuchung. In: Zeitschrift für Allgemeinmedizin 75: 389-392

Sabbatini, Renato ME (1999): Searching for Medical Information on the Internet. http://www.epub.org.br/intermedic

Schwartz, Friedrich Wilhelm/ Dörning, Hans/ Bitzer, Eva Maria/ Grobe, Thomas (1996): Akzeptanz von Standardtherapien - Potentiale für die Qualitätssicherung. In: Die Krankenversicherung 48 (3): 75-83

Schwartz, Friedrich Wilhelm/ Wismar, Matthias (1998): Planung und Management. Management von Profit- und Nonprofit-Organisationen im Gesundheitswesen. In: Schwartz et al. (1998a): 558-573

Schwartz, Friedrich Wilhelm/ Badura, Bernhard/ Leidl, Reiner/ Raspe, Heiner/ Siegrist, Johannes (Hrsg.) (1998a): Das Public Health Buch. München/ Wien/ Baltimore

Schwartz, Friedrich Wilhelm/ Kickbusch, Ilona/ Wismar, Matthias (1998b): Ziele und Strategien der Gesundheitspolitik. In: Schwartz et al. (1998a): 172-188

Schwartz, Friedrich Wilhelm/ Köbberling, Johannes/ Raspe, Heiner/ von der Schulenburg, Matthias, J. (Hrsg.) (1998c): Bestandsaufnahme, Bewertung und Vorbereitung der Implementation einer Datensammlung 'Evaluation medizinischer Verfahren und Technologien' in der Bundesrepublik. *Health Technology Assessment.* Schriftenreihe des Deutschen Instituts für Medizinische Dokumentation und Information im Auftrag des Bundesministeriums für Gesundheit. Baden-Baden

Segal, Leonie (1998): The Importance of Patient Empowerment in Health System Reform. In: Health Policy 44: 31-44

Slaytor, Emma K./ Ward, Jeanette E. (1998): How Risks of Breast Cancer and Benefits of Screening are Communicated to Women: Analysis of 58 Pamphlets. In: British Medical Journal 317: 263-264

Smith, Helen/ Gooding , Susan/ Brown , Richard/ Frew, Anthony (1998): Evaluation of Readability and Accuracy of Information Leaflets in General Practice for Patients with Asthma. In: British Medical Journal 317: 264-265

Stamatiadis-Smidt, Hildegard (1998): Krebsforschung heute. Deutsches Krebsforschungszentrum. Heidelberg

Stegers, Christoph M. (1997): Deutschland (1): Patientenrechte. In: Kranich/ Böcken (1997): 78-94

Trojan, Alf (1986): Wissen ist Macht. Eigenständig durch Selbsthilfe in Gruppen. Frankfurt a.M.

U.S. Preventive Services Task Force (1999): Guide to Clinical Preventive Services. http://text.nlm.nih.gov/ftrs/tocview

US Dept of Health and Human Services (1992): Making Health Communication Programs Work. A Planner's Guide. Baltimore

Wasem, Jürgen (1999): Das Gesundheitswesen in Deutschland: Einstellungen und Erwartungen der Bevölkerung. Delphi. Studienreihe zur Zukunft des Gesundheitswesens. Neuss

Wyatt, Jeremy C. (1997): Commentary: Measuring Quality and Impact of the World Wide Web. In: British Medical Journal 314: 1879-1881

Virtuelle Gemeinschaften?
Das Internet als Informations- und Diskussionsmedium für Krebspatienten

Anke Scheiber, Matthias Gründel

Internet und Gesundheitsinformationen

Das Internet spielt als Informationsquelle und Kommunikationsmedium für Patienten und deren Angehörige eine immer wichtigere Rolle. Hintergrund dieser Entwicklung ist die ständig steigende Zahl von Internetnutzern, die für das Jahr 1998 in Deutschland auf 6 Millionen geschätzt wird, sowie ein sich rapide entwickelndes Angebot an gesundheitsrelevanten Informationen im World Wide Web (WWW). Etwa 7% der deutschen Bevölkerung hat heute bereits einen Zugang zum Internet, weltweit haben schätzungsweise 4% einen Internetzugang. Damit hat sich der Anteil der Internetnutzer an der deutschen Gesamtbevölkerung von 1996 bis 1998 in etwa verdoppelt.

Neben geographischen Unterschieden bei der Verbreitung des neuen Mediums müssen bei der Beurteilung von Reichweite und Nützlichkeit des Internets erhebliche soziale und soziodemographische Verwerfungen zwischen dem Nutzer- und Nicht-Nutzerkreis beachtet werden (Batinic et al. 1997; Schierl 1997: 69 ff.). So sind nach einer Befragung deutschsprachiger Internetnutzer der Marktforscher Fittkau und Maas[1] von 1998 etwa 84% der Internetnutzer männlich, das Durchschnittsalter liegt bei 35 Jahren und ca. 64% haben das Abitur. Vergleiche mit älteren Erhebungen (Batinic et al. 1997: 202-204) zeigen, daß der Frauenanteil beständig zunimmt, daß das Durchschnittsalter der Nutzer steigt und der Anteil der weniger gut ausgebildeten Nutzer ebenfalls wächst. Die fast ausschließliche Nutzung des Internets in der geschäftlichen oder beruflichen Sphäre gehört der Vergangenheit an. Das Internet hält zunehmend Einzug in den privaten Bereich: Inzwischen nutzen Menschen das World Wide Web häufiger für private, als für berufliche Zwecke.[2]

Wie auch immer man das Eindringen elektronischer Medien in unseren Alltag beurteilt, ob als eine Chance zur Emanzipation aus den Zwängen traditioneller Medien oder als Gefahr zur weiteren Polarisierung der Gesellschaft (Schmutzer 1997: 231), Tatsache ist, daß Informationssuchende vermehrt auf diese Informationsquelle zugreifen und dort gefundenen Hinweisen Vertrauen schenken. Es bereitet dank automatischer Suchmaschinen heute den meisten Internetnutzern wenig Mühe, Tau-

---

[1] 6. W3B-Umfrage, N=16248, siehe http://www.w3b.de/ergebnisse/w3b6/demographie.html

[2] 6. W3B-Umfrage, http://www.w3b.de/ergebnisse/w3b6/nutzung2.html

sende von WWW-Seiten zu einem Thema nachgewiesen zu bekommen.[3] Es existieren aber bisher nur in sehr beschränktem Umfang Instanzen oder Verfahren, die es dem Einzelnen erlauben würden, die Qualität der dort vorgehaltenen Informationen hinsichtlich Reliabilität und Validität einzuschätzen. Ein besonders eklatantes Beispiel fehlender Informationsfilter sind die WWW-Seiten der Eltern eines krebskranken Kindes, die in Opposition zu schulmedizinischen Therapien eine regelrechte Gegenöffentlichkeit im Internet geschaffen haben, in der Außenseiterverfahren angepriesen werden.[4] Geht es also um die Nutzung des Internets als Informationsmedium für Patienten und Angehörige, so beschäftigt die medizinische Fachwelt vor allem die Frage, wie eine verbesserte Kontrolle der Informationsinhalte realisiert werden könnte sowie in welcher Weise eine transparente, d.h. für den einzelnen Laiennutzer durchschaubare Angebotsstruktur zu etablieren sei (Eysenbach/ Diepgen 1998: 1499; Jadad/ Gagliardi 1998).

Eine weiteres Potential der Internetnutzung liegt in der Herausbildung virtueller Gemeinschaften mit Hilfe von elektronischen Kommunikationsmöglichkeiten per Email, Newsgroups oder in Chatrooms. Hier sind es die mittelbar oder unmittelbar Betroffenen selbst, die Erfahrungswissen, Ansichten und Informationen miteinander austauschen. In einigen Fällen nutzen auch professionell Betroffene wie Pflegekräfte oder Ärzte gemeinsame Foren der virtuellen Selbsthilfe. Inwieweit sich elektronische Unterstützungsnetzwerke von traditionellen Selbsthilfegruppen unterscheiden und ob auch der deutschsprachigen Selbsthilfebewegung mit dem Medium Internet eine neue Kommunikationsbasis erwachsen kann, wird im weiteren diskutiert werden. Zunächst jedoch einige einführende Hinweise zur Situation von Krebspatienten und ihrem Umgang mit der Krise einer lebensbedrohenden Erkrankung.

Bewältigung von Krebserkrankungen

Jährlich erkranken in Deutschland ca. 330.000 Menschen an Krebs. Obwohl ein mit vielen geteiltes Schicksal, ist die Diagnose für die meisten Menschen eine Katastrophe, eine kaum zu steigernde Bedrohung. Und dies, obgleich mittlerweile etwa die Hälfte der Erkrankten geheilt werden kann. Der "Sturz aus der normalen Wirklichkeit" (Gerdes 1989) bedeutet, sich einer Lebensgefahr ausgesetzt zu sehen. Die körperliche Integrität, die Lebensqualität und die Leistungsfähigkeit sind z.T. dramatisch eingeschränkt. Zum einen durch die Erkrankung selber, aber zum anderen auch durch die medizinischen Behandlungsformen. 'Stahl, Strahl und Chemo', also chirugische, radiologische und zytostatische Therapie, sind nicht selten mit unangenehmen und belastenden Nebenwirkungen verbunden. Nicht nur der Körper ist betroffen. Auch das psychische Gleichgewicht gerät zumindest kurzfristig abhanden, weil das Selbstbild ebenso bedroht scheint wie wichtige Sozialbeziehungen und berufliche Möglichkeiten. Die 'Stunde Null' (Kruse/ Wöller 1995) ist geprägt von

---

[3] So weist die Suchmaschine Altavista (http://www.altavista.de) für die Suchbegriffe "Krebs +erkrank*" im April 1999 53.849 WWW-Seiten nach.

[4] http://www.pilhar.com (vgl. hierzu Appel/ Jazbinsek 1999).

Ängsten und depressiven Gefühlen. Was hilft in einer solchen Situation? Die Diagnose Krebs setzt lebensgeschichtlich erworbene Mechanismen zur Bewältigung von Krisen in Gang. Sie können sehr unterschiedlich sein und betreffen die Ebenen des Fühlens, des Denkens und des Handelns gleichermaßen. Ein Teil dieser Mechanismen wie z.B. Verleugnung, Bagatellisierung, selektive Wahrnehmung oder Regression haben den Schwerpunkt auf der unbewußten Abwehr der Bedrohung. Andere Bewältigungsmechanismen wie Informationssuche, Sinngebung oder Ablenkung sind eher bewußt und kognitiv gesteuert.

Nach vorliegenden empirischen Erkenntnissen über Natur und Nutzen von Bewältigungsformen bei Krebskrankheiten (Muthny/ Bermejo 1993) scheint gesichert,

- daß Krebserkrankungen eine deutlich stärkere psychische Belastung darstellen als andere chronische Krankheiten und in der Folge auch größere Bewältigungsanstrengungen erfordern;
- daß Bewältigung weder eindeutig noch statisch ist, sondern situationsabhängig, und ihre Form im Verlauf des Verarbeitungsprozesses wechselt;
- und daß aktive, problembewußte und zukunftsorientierte Stile der Bewältigung sich möglicherweise günstig auf die Lebensqualität auswirken.

Jedem Betroffenen stellt sich die Aufgabe, einen eigenen Weg der Bewältigung von Krankheit und Behandlung zu finden, der zu seiner Situation paßt und seine Ressourcen nutzt. Bei jeder als Unterstützung initiierten Intervention von außen, sei es durch Familie, Freunde, Selbsthilfegruppen oder durch die professionellen ärztlichen/ pflegenden/ psychososozialen Begleiter ist immer zu bedenken, daß es den ‚Königsweg' nicht gibt. Die für den Anpassungsprozeß günstigste Balance zwischen Wissen und Nichtwissen muß ständig neu austariert werden. Dieser Zwischenzustand, als ‚middle knowledge' (Weisman 1979: 49 ff.) bezeichnet, beinhaltet je nach Persönlichkeit und Situation verschiedene Elemente von Akzeptanz der Realität und gleichzeitigem Nichtwahrhabenwollen. Beides ist unverzichtbar: Ein gewisses Maß an Verleugnung ermöglicht ausreichende psychische Stabilität und damit Handlungsfähigkeit; ein Maß an Realisierung und Akzeptanz ist dagegen notwendig für die "Compliance", die Kooperationsbereitschaft mit den Behandelnden (Rüger/ Friedrich 1996). Die Anforderung, die Krankheit und Behandlung an die Betroffenen stellen, ist also komplex und schwierig, ihre Bewältigung von existentieller Bedeutung.

In der Selbsteinschätzung von Patienten wird neben 'Trost im religiösen Glauben', 'Selbstermutigung' und 'Vertrauenssetzung in die Ärzte' häufig der 'Kampfgeist' als hilfreichste Bewältigungsform genannt. Wie äußert sich eine solche Kampfansage an die Krankheit?

Zum einen sicher oft in einer großen Bereitschaft, die Behandlung mitzutragen, alle Verhaltensvorschriften zu befolgen und die Nebenwirkungen zu akzeptieren. Zum anderen bedeutet es für viele Patienten zugleich eine phasenweise aktive Auseinandersetzung mit der Erkrankung. Lediglich ein kleinerer Teil, vornehmlich ältere Patienten, will nicht mehr als grundlegende Informationen, die Symptome erklären und Verhaltensvorschriften während der Therapie ausreichend rechtfertigen können. Detailwissen würde diese Patienten eher verwirren; sie delegieren die Aufgabe, den Überblick zu behalten, an das Behandlungssystem. Bei einer steigenden Zahl von Patienten setzt jedoch die erlebte existentielle Bedrohung Energien frei, die oft schon bald nach dem eher lähmenden Diagnoseschock für eine umfassende Informationssuche genutzt werden. Patienten und Angehörige lernen, sich in einer bislang fremden Fachsprache zurechtzufinden. Sie sammeln Auskünfte über Genese und Dynamik der Erkrankung, über verschiedene Behandlungsverfahren, über die therapeutischen Spektren verschiedener Kliniken, über Außenseitermethoden und nicht zuletzt über Erfahrungen von ebenfalls Erkrankten, die schon einen Teil dessen hinter sich haben, was man selber noch vor sich hat. Aktive Bewältigung heißt für diese Patienten zunächst einmal, genau herauszufinden, gegen was und mit welchen Mitteln man kämpfen kann.

Von ärztlicher Seite wird zunehmend über Patienten berichtet, die mit Informationen aus dem Internet zur Sprechstunde erscheinen und Erläuterungen zu diesem Material verlangen. Diese Besorgnis über 'zu ausführlich' informierte oder desinformierte Patienten ist Anlaß für eine Reihe von Untersuchungen über den negativen Effekt von ärztlicherseits ungefilterten medizinischen Informationen für Patienten auf deren Krankheitsbewältigung und Kooperationsbereitschaft (McClung et al. 1998). Dabei ist der Stellenwert von Informationen bzw. der Effekt einer besseren Informiertheit der Patienten auf ihr Krankheitserleben durchaus unklar. Wie eine Studie von Berner et al. zeigt, begrüßten Krebspatienten zwar zusätzliche schriftliche Informationen, wußten aber im Vergleich zu einer lediglich mündlich informierten Kontrollgruppe letztlich nicht mehr über ihre Erkrankung, trafen keine anderen Therapieentscheidungen und suchten von sich aus auch nicht nach weiterführenden Informationen (Berner et al. 1997). Tatsächlich scheint nicht der Grad der Informiertheit die relevante Einflußgröße für das subjektive Wohlbefinden der Patienten zu sein, sondern das Gefühl, alle notwendigen Informationen zur Verfügung gestellt bekommen zu haben. Im Fall dieser Studie waren beide Patientengruppen bereits nach der mündlichen Konsultation mit ihrem Arzt mit ihrer Informationslage zufrieden. Das stimmt mit der klinischen Erfahrung überein, nach der das Informationsbedürfnis zwar generell steigt, aber im Einzelfall so erheblich differiert, daß ein auf den individuellen Patienten ausgerichtetes Vorgehen durch allgemeine Maßgaben nicht zu ersetzen ist. Der Wandel des kommunikativen Verhältnisses von Arzt und Patient durch die elektronischen Medien und der Zuwachs an Informiertheit auf Patientenseite wird jedoch nicht durchweg mit Skepsis betrachtet, sondern auch positiv beurteilt. Und zwar im Sinn einer wesentlich aktiveren Rolle, die der informierte Patient in der Kommunikation spielt, woraus sich wiederum ein 'Empowerment-Effekt' ergeben kann, also eine Stärkung der Eigenkompetenz (Mandl et al. 1998). Ein solcher Wandlungsprozeß im Arzt-Patienten-Verhältnis setzt allerdings eine Veränderung des Selbstverständnisses und der Selbstwahrnehmung beider Parteien voraus. Visionär gesehen könnte ein besser informierter Patient den Arzt nicht mit Fragen 'quälen', sondern tatsächlich mehr Verantwortung für seine Therapieentscheidungen übernehmen und so die Beziehung von unerfüllbaren Heilungserwartungen an den Arzt entlasten.

Das Internet als Informationsmedium

Die Angebotsstruktur elektronischer Gesundheitsinformationen hat in den jeweiligen Sprach- und Kulturräumen eine unterschiedliche Entwicklung genommen. Neben kulturspezifischen Affinitäten zu den Kommunikationsmöglichkeiten des Internets spielen insbesondere die durch das Gesundheitssystem der jeweiligen Staaten bestimmten Rahmenbedingungen für den Umfang und die Ausgestaltung der Angebotsstruktur eine wesentliche Rolle.

Länder, in denen das Gesundheitssystem über eine zentralistische Verwaltungsstruktur mit klaren Zuständigkeiten und Entscheidungsbefugnissen organisiert ist (z.B. Großbritannien, Vereinigte Staaten) oder die einen ausgeprägten gemeindebezogenen Ansatz unter aktiver Einbeziehung von Laien verfolgen (z.B. Kanada), haben sich bereits frühzeitig mit Fragen der Nutzung des Internets in der Gesundheitskommunikation beschäftigt. Zur Gewährleistung eines Mindestmaßes an Zuverlässigkeit und Gültigkeit der medizinischen und gesundheitsbezogenen Informationen ist man in diesen Ländern dazu übergegangen, einschlägige Informationsangebote für Laien an bereits eingeführte und als verläßlich geltende Institutionen anzusiedeln.[5] Die Bindung an eine solche Institution transportiert Auswahlkriterien und Orientierungshilfen aus der realen Welt in die virtuelle Realität des Internets. Damit wird die Information in einen nachvollziehbaren Kontext eingebunden und so einem mangelnden Bewußtsein über die realen Auswirkungen, die falsche oder irreführende Internet-Informationen im Einzelfall haben können, entgegengewirkt. Ein mögliches "context deficite" (Eysenbach/ Diepgen 1998: 1497) sowie die Zerstückelung von Informationszusammenhängen in kleine Einheiten (WWW-Seiten), deren Bedeutungszusammenhang vom Autor eines html-Dokuments wesentlich weniger verbindlich festgelegt werden kann als dies in einem traditionellen Text möglich ist, bergen die Gefahr einer desorientierenden Unverbindlichkeit des Informationsangebots. Je mehr der Einsatz des Internets dem eines Massenmediums gleicht, d.h. je mehr es sich um eine elektronische one-to-all Verbindung handelt, desto rückständiger zeigt sich die soziale Verbindlichkeit der Kommunikation in den neuen Medien. Dies betrifft nicht allein die Konstanz und den Charakter zwischenmenschlicher Kommunikationsbeziehungen, sondern auch die Sorge um den Wahrheitsgehalt und die Verläßlichkeit der angebotenen Information. Die Herausbildung funktionierender bindender Vereinbarungen und Verfahren der Kommunikation im Internet, die theoretische und praktische Erschließung des "sozialen Artefakts" In-

---

[5] Beispiele: Der englische Anbieter OMNI (http://www.omni.ac.uk), ein Ableger des Virtual Library Projects der Vereinigung englischer wissenschaftlicher Bibliotheken, wendet sich an Professionelle im Gesundheitswesen; der US-amerikanische Dienst Healthfinder (http://www.healthfinder.org) ist ein Informationsangebot der amerikanischen Regierung für die allgemeine Bevölkerung.

ternet und "die Frage nach dessen sozialer Konstruktion und den damit einhergehenden Bedeutungszuweisungen" (Höflich 1997: 86) werden uns sicherlich noch eine Weile beschäftigen.

Eine ähnliche Entwicklung wie im angelsächsischen, nordamerikanischen und australischen Raum ist für das deutschsprachige Informationsangebot nicht zu vermelden: Lediglich für medizinische Fachinformationen existiert mit dem deutschen Medizinserver an der Universität Frankfurt *Frankfurter Index*[6] eine zentrale Datenbank zu deutschsprachigen Online-Ressourcen. Dieser Dienst wendet sich vornehmlich an Mediziner und ist in seiner Erschließung für Laien wenig transparent und hilfreich.

Daneben existiert eine Reihe von Medizinservern, die ihr Angebot auf Patienten und Laien ausrichten, ohne jedoch eine ähnlich große thematische, ressourcentypische und mengenmäßige Bandbreite wie englischsprachige Dienste anbieten zu können oder an eine unabhängige wissenschaftliche Einrichtung angeschlossen zu sein.

Patienteninformationsstellen als Anbieter elektronischer Dienste spielen zur Zeit noch eine untergeordnete Rolle. Dies könnte sich durch die Neuorientierung der deutschen Gesundheitspolitik, in der Patientenrechten und einer Verbesserung der Informationslage von Laien ein hoher Stellenwert eingeräumt wird, mittelfristig ändern.[7] Je mehr auch die deutschen Universitäten in einen Wettstreit um Studierende und finanzielle Zuwendungen Dritter treten und sich demzufolge in der allgemeinen Öffentlichkeit zu profilieren suchen, desto eher werden sie an der Ansiedlung solcher publikumswirksamer Dienstleistungen an ihren Institutionen interessiert sein. Andockstellen der elektronischen Informationssysteme sind neben medizinischen oder gesundheitswissenschaftlichen Fakultäten die Universitätsbibliotheken, die sich zu regionalen bzw. sektoralen Informationsdienstleistern entwickeln könnten. In Deutschland würde damit eine Entwicklung nachvollzogen, wie sie in anderen Ländern schon seit längerem zu beobachten ist. Für bestimmte gesundheitliche Themen und Probleme sind auch im deutschsprachigen Raum bereits zentrale, elektronisch erreichbare Informationsstellen entstanden bzw. haben bereits bestehende Einrichtungen ihr Informationsangebot um eine Online-Komponente erweitert (z.B. die Giftnotzentrale der Universität Bonn und der Krebsinformationsdienst des Deutschen Krebsforschungszentrums Heidelberg).

Kommerzielle Anbieter versuchen neben Ärzten verstärkt auch Laien ein attraktives Informationsangebot zu bieten. Meist werden dabei medizinische mit gesundheitlichen und sog. Lifestyle-Themen kombiniert, beispielsweise beim Bertelsmanndienst *Lifeline* oder dem Online-Angebot des *ZDF Gesundheitsmagazin Praxis*. Bisher sind diese Angebote wenig evaluiert bzw. keine Evaluationsergebnisse veröffentlicht. Es kann aber davon ausgegangen werden, daß aus der Perspektive von

---

[6] Dieser Dienst ist unter dem Namen *Dr. Antonius* unter der Adresse http://www.dr-antonius.de zu erreichen.

[7] Siehe hierzu die Eckpunkte des gesundheitspolitischen Programms der Bundesregierung 2000 unter der Adresse http://www.bmgesundheit.de

Laien die Seriosität des jeweiligen Anbieters und damit die Zuverlässigkeit der angebotenen medizinischen Informationen vom Bekanntheitsgrad des Anbieters abhängt. Relativ wenige deutschsprachige Internetseiten stammen bisher von Organisationen oder Vereinigungen der Patienten oder Angehörigen selbst. Zwar bietet beispielsweise die Deutsche Krebshilfe einige Informationen auch über das World Wide Web an, doch beschränkt sich das Angebot auf eine Auswahl von bereits verfügbaren gedruckten Materialien, die dann letztlich wiederum über den normalen Postweg bestellt werden müssen. Die besonderen Vorteile und Möglichkeiten des elektronischen Mediums bleiben so weitgehend ungenutzt. Im englischsprachigen Raum ist hingegen ein umfangreiches elektronisches Informationsangebot zum Thema Krebs verfügbar.

Beispiel Oncolink

Oncolink[8] ist eine der beiden zentralen Anlaufstellen für Krebspatienten und deren Angehörige im US-amerikanischen Raum. Der Dienst wird vom Cancer Center der University of Pennsylvania betrieben, d.h. die Informations- und Kommunikationsangebote werden dort erstellt und elektronisch veröffentlicht. Finanziert wird das Angebot durch Spenden von Privatpersonen, einem Förderverein und durch Sponsoring von Pharmafirmen.

Wie eine Nutzeranalyse von Oncolink aus dem Jahr 1997 zeigt[9], sind ein Drittel der Nutzer Angehörige von Krebspatienten, 16% haben selbst Krebs, 12% sind Ärzte, 13% gehören einer anderen Profession des Gesundheitswesens an und 7% haben Freunde, die erkrankt sind. Zusammengenommen sind demnach Angehörige und Professionelle, nicht die Patienten selbst, die Hauptnutzergruppen des Dienstes. Aufgerufen werden Oncolink-Seiten von etwa 200 000 verschiedenen Rechnern pro Monat, dies bedeutet, daß der Dienst schätzungsweise eine halbe Million Nutzer monatlich bedient. Eine Übersicht über die am meisten besuchten Angebote des Dienstes zeigt, daß Nutzer in der Mehrzahl nach Grundinformationen zu verschiedenen Krebserkrankungen suchen und sich diese anschließend ausdrucken, gefolgt vom *Virtual Classroom*, einem Angebot an Audio/ Dia-Shows zu bestimmten Erkrankungen (siehe Abb.1). Auch Informationen über sich zur Zeit noch in der klinischen Erprobung befindliche Therapieverfahren werden häufig aufgesucht.

In einzelnen Fällen sind in die Internetseiten bereits interaktive Elemente integriert, Nutzer können beispielsweise per elektronischer Post Fragen an Experten richten und werden individuell beraten (Online Consulting). Damit sind allerdings erhebliche rechtliche Probleme verbunden, und auch die Qualität solcher Ferndiagnosen ist umstritten (Eysenbach/ Diepgen 1999). Trotz des in diesem Zusammenhang gern benutzen, weil Teilnahme und Attraktivität versprechenden Schlagworts

---

[8] Zu erreichen unter der Adresse http://www. oncolink.upenn.edu

[9] Oncolink Survey 3: Oncolink Access and SocioEconomic Issues, http://www.oncolink.upenn.edu/survey/survey3_results.html

Interaktivität, beruhen doch die meisten im WWW realisierten Dienste auf einer One-to-all-Kommunikation. Von einem Informationsaustausch zwischen annähernd gleichen Partnern sind diese Angebote (noch) weit entfernt. Die relativ neue und zunehmend populäre Integration von Diskussionsforen in WWW-Seiten, die eingehende Email-Nachrichten in automatisch generierte WWW-Seiten umsetzen und so frei verfügbar machen (z.B. auf den Seiten der Deutschen Krebshilfe) hat eher den Charakter eines "Schwarzen Bretts", an dem Nachrichten *veröffentlicht* werden, denn einer verbindlichen Kommunikationssituation zwischen Partnern. Auch diesem Angebot mangelt es an der für eine Kommunikation über Lebensfragen notwendigen, Vertrauen schaffenden Privatheit und an einer Überschaubarkeit der in die Situation involvierten Personen.

Abb.1: WWW-Seite des Anbieters Oncolink. Rubrik „Confronting Cancer Through Art“

Quelle: http://www.oncolink.upenn.edu/psychosocial/art/ccta/1996/data

Anders sieht es für den elektronischen Postdienst des Internet aus. Hier können einzelne Personen miteinander Nachrichten austauschen (one-to-one) oder auch via einer elektronischen Postverteilerliste eine Nachricht an die Teilnehmer dieser Adressenliste versenden (one-to-many). Solche elektronischen Diskussionslisten werden über ein elektronisches Postamt (mailserver) abgewickelt, Teilnehmer müssen sich per Email mit ihrer Email-Adresse in diese einschreiben und sind damit einander namentlich bekannt. Daneben existieren sog. Newsgroups, die zwar auch über den Email-Dienst realisiert werden, im Unterschied zu den Diskussionslisten ist der Kreis der Empfänger einer Nachricht aber nicht nachvollziehbar, da keine persönliche Einschreibung in Teilnehmerlisten erfolgt.

Elektronische Diskussionslisten könnten demnach virtuelle Gemeinschaften bilden, die zur individuellen Krankheitsbewältigung als ortsungebundene Selbsthilfegruppen beitragen. Fraglich ist jedoch, was virtuelle Gemeinschaften überhaupt sind sowie ob sie Einfluß auf das reale Erleben ihrer Mitglieder haben und damit auf den Krankheitsbewältigungsprozeß einwirken.

Virtuelle Gemeinschaften

Jones weist zu Recht darauf hin, "that reality is not constituted by the networks CMC (computer mediated communication, d. A.) users use; it is constituted in the networks" (Jones 1995a: 12). Gemeinschaften entstehen nicht zwangsläufig aus der Tatsache, daß über ein Medium Informationen oder Nachrichten ausgetauscht werden, sie entstehen dann, wenn elektronische Medien der interpersonalen Kommunikation bzw. der Gruppenkommunikation dienen und "eine Nutzung nur zusammen mit anderen möglich bzw. eine gegenseitige Bezugnahme der Kommunikationspartner vorausgesetzt ist" (Höflich 1997: 92). Virtuelle Realität konstituiert sich ebenso über soziale Interaktionen wie dies auch für die direkt erfahrbare Wirklichkeit der Fall ist.

Die Diskussionslisten sind nur dann existent oder auch real, wenn mehrere einander per Adresse bekannte Teilnehmer aktiv Nachrichten schreiben, die sich inhaltlich aufeinander beziehen. Allein die Verbreitung von Informationen in Form von Email-Nachrichten hat für die Teilnehmer wahrnehmbar nur die Funktion eines elektronischen Postverteilers, ohne daß das Gefühl entstünde, einer Gemeinschaft anzugehören. Ohne Interaktion keine Gemeinschaft.

Interaktion in einem Medium bedarf zudem spezifischer Regeln und Vereinbarungen, um die soziale Konstruktion einer virtuellen Wirklichkeit zu ermöglichen:

> "Wenn ein Medium verwendet wird, dann befindet sich dessenNutzer, handlungstheoretisch gewendet, in einer spezifischen Mediensituation respektive in einemdistinktiven (bedeutungsvollen) Medienrahmen. (...) Bezogen auf einen Medienrahmen bedeutet dies, daß immer dann, wenn man sich für ein Medium entscheidet, daran Erwartungen an ein medienadäquates soziales und kommunikatives Handeln geknüpft sind. Ein Medienrahmen ist ein sozial konstruierter Rahmen; er kann so oder anders sein, abhängig von der Definition der Mediensituation." (Höflich 1997: 103)

Kriterium für die Existenz einer virtuellen Gemeinschaft wäre demnach, ob sie über einen solchen Medienrahmen verfügt. Die sog. *Netiquette*[10], ein Kunstwort gebildet aus den Begriffen Net und Etiquette, ist das allgemein anerkannte Regelwerk zur Steuerung und Gewährleistung von Kommunikation in virtuellen Gruppen. Darin wird beispielsweise festgelegt, wie mit Gefühlen im virtuellen Raum umgegangen werden soll oder auch, daß in der Email-Kommunikation keine künstlichen Identitäten verwendet werden oder anonyme Nachrichten versandt werden sollen. Sie

[10] Der Text der Netiquette kann beispielsweise unter der Adresse http://faq.online.de/netiquet.htm eingesehen werden.

fungiert als Verfassung aller virtuellen Gemeinschaften, ohne daß sie jemals einen anderen Legitimationsprozeß durchlaufen hätte als die faktische Anerkennung durch die Teilnahme an der virtuellen Welt. Verstöße gegen diese Regelung ziehen eine Störung der elektronischen Kommunikation nach sich bzw. werden mit Hilfe einer wachsamen virtuellen Öffentlichkeit sanktioniert. Teilnehmer, die der Netiquette zuwiderhandeln, droht schlimmstenfalls der Ausschluß aus den jeweiligen Listen, sie erhalten kritische Nachrichten von anderen Teilnehmern, die auf die Einhaltung der Netiquette pochen, das Fehlverhalten wird gruppenöffentlich diskutiert. Je nachdem, wie eng virtuelle und nicht-virtuelle Welt miteinander verwoben sind, kann ein Regelverstoß auch in der anderen Realität bekannt werden und Unannehmlichkeiten nach sich ziehen.

Wie Baym feststellt, können verschiedene Einflußgrößen die Herausbildung virtueller Gemeinschaften generell fördern oder behindern: "The factors of temporal structure, external contexts, system infrastructure, group purposes, and participant and group characteristics have been put forward as the most salient preexisting forces on the development of computer-mediated community" (Baym 1995: 161). Wie groß der Einfluß dieser Faktoren auf das Geschehen und die Entwicklung in den Gemeinschaften ist und in welchen Wechselwirkungen sie zueinander stehen, ist bislang noch nicht ausreichend erforscht. Empirisch begründet läßt sich aber sagen, daß sich in virtuellen Gemeinschaften im Sinne des kommunikativen Handelns grundsätzlich nichts wesentlich anderes zu ereignen scheint als in traditionellen Gruppen, daß sie aber Besonderheiten in der Zugangsvoraussetzung zum verwendeten Medium aufweisen. Auch scheinen einige Kerngrößen der Wechselseitigkeit von Kommunikation, wie beispielsweise Raum und Zeit, in der virtuellen Gemeinschaft eine andere Bedeutung zu haben (Krotz 1998; Jones 1995a: 16f). Trotz Multimediaeinsatzes unterscheidet sich computerbasierte Kommunikation in ihrer Wirkung vom Medium Fernsehen. Sie fördert die Verschmelzung von schriftlicher Interaktion (per Email) mit für mündliche Kommunikation typischen Merkmalen (Stil, Länge, Inhalt, Synchronizität) und stärkt im Ergebnis die Schriftkultur und nicht die visuelle Wahrnehmung (Schweiger/ Brosius 1997: 180ff).

Zusammenfassend kann man festhalten, daß entgegen einem verbreiteten (Vor-) Urteil eine gelungene Interaktion in virtuellen Gruppen möglich ist. Sie kann zu einer Erweiterung traditioneller Unterstützungsnetzwerke insbesondere im Fernbereich führen, während im Nahbereich das soziale Netzwerk durch neue medienvermittelte Kontakte weder gestört wird, noch sich erweitert (Gräf 1997: 114 ff.). Wie fügen sich virtuelle Gemeinschaften nun in den Krankheitsbewältigungsprozeß von Krebspatienten ein?

Virtuelle Selbsthilfe

Die psychosoziale Versorgung von Krebspatienten läßt viele Wünsche offen. Ob man als Patient in dieser Hinsicht kompetent betreut wird, ist eher zufällig als berechenbar, zumindest nicht den Ausbildungsplänen des ärztlichen und pflegerischen

Personals geschuldet.[11] Die "strukturelle Empathie der Institution" (Ullrich 1993) ist gering, die psychosoziale Versorgungslücke mitunter erheblich. Diese Mängel im professionellen Bereich sind der eine Hintergrund, vor dem sich die Selbsthilfebewegung in den letzten 20 Jahren rapide entwickelt hat. Ein anderer ist die seit den Bürgerinitiativen der 70er Jahre gestiegene Bedeutung des Prinzips der Selbstorganisation und Eigenverantwortung. Selbsthilfe ist also gleichzeitig als Reaktion auf professionelle Defizite und als "Befreiung aus der Expertokratie" (Trojan 1986) zu verstehen. Gewöhnlich wird in der gesundheitlichen Selbsthilfe unterschieden zwischen überregional arbeitenden Selbsthilfeorganisationen und lokal aktiven Selbsthilfegruppen.

Folgende Merkmale lassen sich bei aller Unterschiedlichkeit der einzelnen Gruppen für ihre überwiegende Mehrzahl benennen (Hasebrook 1995):

- Die Teilnehmer befinden sich aufgrund derselben Erkrankung in einer vergleichbaren Lebenssituation;
- keine oder geringfügige Mithilfe professioneller Helfer;
- keine Gewinne aus gewerblicher Tätigkeit der Gruppe;
- individuelle und/ oder soziale Veränderung als Zielvorstellung.

Als typische Funktionen von Selbsthilfegruppen nennt Cope (1995):

1. Sie dienen dem Informationsaustausch (Anfragen, Bereitstellung von Informationen durch andere Teilnehmer, Vorbereitung einer Therapieentscheidung).
2. Sie dienen dazu, das Krankheitserleben zu bewältigen (Gefühle mitteilen, mit Therapiefolgen leben, Reaktionen des sozialen Umfelds berichten).
3. Sie bieten Schutz und Stärke in der Krise (gegenseitige Unterstützung, Anteilnahme, Gefühl der Zugehörigkeit zu einer Gemeinschaft).

Damit soll Ängsten und Beeinträchtigungen der Lebensqualität von Patienten und Angehörigen begegnet werden. Laut McKenna et al. sind die Ziele der Selbsthilfe, dem Gefühl der Erniedrigung, der Isolation, der Furcht vor der Behandlung sowie Fehlinformationen und Mißverständnissen bei Patienten entgegenzuwirken (McKenna et al. 1995; nach Klemm/ Visich 1998: 31).

Subjektiv scheinen sich die Ziele und Inhalte von Selbsthilfegruppen mit dem Unterstützungsbedarf einer Reihe von Patienten im Einklang zu befinden, was sich nicht allein in einer umfangreichen nicht-wissenschaftlichen Literatur zum Thema Krebs zeigt. Der wissenschaftliche Nachweis der praktisch und individuell wenig strittigen Effektivität von Krebsselbsthilfegruppen ist allerdings weitaus schwieriger

[11] Eine Erhebung der Beitrittsmotive bei Mitgliedernkrankheitsbezogener Selbsthilfegruppen spiegelt die Misere: mangelnde Aufklärung (85% Zustimmung), autoritärer ärztlicher Entscheidungsstil (82%), Zeitmangel des Personals (79%), Undurchschaubarkeit undUnpersönlichkeit des Versorgungssystems (79%) sowie juristische/ finanzielle Fragen (75%) wurden am häufigsten genannt (Trojan 1986: 59).

zu erbringen (Bottomley 1997).[12] Vor allem stellt sich die Frage, wie der überraschend geringe Organisationsgrad von Krebspatienten in Selbsthilfegruppen zu erklären ist. Noch Mitte der 80er Jahre waren lediglich 3% der Erkrankten in einer Gruppe aktiv (Hasebrook 1995). Ursache hierfür ist die Vermutung vieler Betroffenen, die Gruppenteilnahme würde die Belastung eher vergrößern als verringern und die Rückkehr in eine krankheitsfreie Normalität erschweren. Den Berichten der anderen, so wird befürchtet, sei man schutzlos ausgeliefert; zudem könnten mögliche negative Verläufe die eigene Angst aktualisieren. Obwohl die meisten während der Behandlung auch Erfahrungen mit Solidarität unter Patienten gemacht haben, ist ihnen der Kontakt in den Selbsthilfegruppen zu dicht, zu unentrinnbar und zu bedrohlich.

Mit der Verbreitung von elektronischer Post (Email) und Nachrichten-Boards im WWW haben sich virtuelle Selbsthilfegruppen gebildet. Die Frage liegt auf der Hand, ob und wie sich virtuelle Gemeinschaften von 'realen' unterscheiden und, daran anschließend, ob virtuelle Gemeinschaften traditionelle Selbsthilfegruppen ergänzen, ersetzen oder einfach parallel existieren.

Einige der Unterschiede zwischen virtuellen und traditionellen Selbsthilfegruppen lassen sich unmittelbar benennen:

- Die personale Begegnung, die für einige Teilnehmer das eigentlich Hilfreiche und Wesentliche ist, ist bei virtueller Selbsthilfe nicht möglich. Einander zu sehen, zu hören und zu spüren, die Dynamik einer Gruppe zu erleben, der man sich zugehörig fühlt, für all das ist die reale Präsenz unverzichtbar. Sozialer Isolation infolge einer auch das Umfeld ängstigenden Krankheit kann durch reale soziale Eingebundenheit am besten entgegengewirkt werden. Virtuelle Selbsthilfe kann die Qualität dieser Erfahrung schwerlich ersetzen. Die Initiativen von Teilnehmern virtueller Selbsthilfegruppen, ein reales Treffen der virtuellen Gemeinschaft zu organisieren, weisen in diese Richtung (Sharf 1997: 74).

- Die lokale Begrenztheit der Gruppen wird bei virtueller Selbsthilfe aufgehoben. Damit wird Selbsthilfe für Patienten zugänglich, die aufgrund ihres Wohnortes nicht in der Lage sind, an herkömmlichen Selbsthilfegruppen teilzunehmen. Im ländlichen und kleinstädtischen Raum, der bislang weitgehend von Selbsthilfeaktivitäten abgeschnitten war, ist virtuelle Selbsthilfe vielfach die einzige Möglichkeit, einen hilfreichen Kontakt zu anderen Erkrankten aufzubauen.

- Ähnliches gilt für Patienten, deren Mobilität nicht ausreicht, um Gruppentreffen zu besuchen. Da die Symptome der Grunderkrankung genauso wie die Nebenwirkungen onkologischer Therapien oft mit körperlichen Belastungen verbunden sind, ist die Unabhängigkeit vom räumlichen und zeitlichen Rahmen von Bedeutung. Der Zugang zur Selbsthilfe kann erfolgen, wann und wo es die individuelle körperliche und psychische Verfassung zuläßt.

---

[12] Empirische Hinweise sogar auf negative Wirkungen von Selbsthilfegruppen beiKollenbaum et al. 1995.

- Selbsthilfegruppen finden sich in der Regel diagnosespezifisch, damit sie einen gemeinsamen Erfahrungshintergrund nutzen können. Selbst in urbanen Ballungsräumen finden daher oft nur Patienten mit häufig vorkommenden Krebserkrankungen eine entsprechende Möglichkeit. Mit Hilfe virtueller Gruppen können dagegen auch Menschen mit seltenen Erkrankungen, experimentellen Behandlungsplänen oder anderen ungewöhnlichen Umständen zueinander Kontakt finden und sich unterstützen.

Unter den zuletzt genannten Bedingungen ist die virtuelle Selbsthilfe durchaus in der Lage, einem Interessentenkreis den Zugang zu ermöglichen, dem er bislang verschlossen war. Darüber hinaus ist zu erwarten, daß zum Teil solche Patienten und Angehörige die virtuelle Selbsthilfe nutzen werden, die aus eigenem Entschluß keinen Kontakt zu traditionellen Selbsthilfegruppen haben. Die Möglichkeit, nicht nur Ort und Zeit der Nutzung, sondern auch Nähe und Distanz des Kontaktes zu bestimmen, steht im Gegensatz zu zentralen Erfahrungen mit Krankheit und Behandlung: Das Empfinden, die Kontrolle über die Funktionen des eigenen Körpers zu verlieren, zählt zu den größten Zumutungen im Krankheits- und Behandlungsverlauf. Daß sich bösartige Zellen im Körper ausbreiten, ohne daß man sich dagegen wehren kann, wird oft als ängstigender und demütigender Kontrollverlust erlebt. Hinzu kommt eine Behandlung, bei der man sich einem detaillierten, meist langwierigen und aufwendigen Therapieplan unterwerfen muß. Die Möglichkeit zur Mitgestaltung, zur Akzentsetzung oder zur Orientierung am eigenen Tempo gibt es nur in Ausnahmefällen. Wie die Erkrankung selbst ist also auch die Behandlung mit erheblichen Einbußen an Selbstbestimmung verbunden. Das wird von Patienten sehr unterschiedlich erlebt. Während es für einige bzw. in einigen Phasen stabilisierend sein kann, daß andere - sozusagen verbündete Spezialisten - genau festlegen, was wann warum zu geschehen hat, ist es für andere oder in anderen Phasen ein zusätzlich schwächender Verlust an Autonomie und Selbstwert. Hier hat die Selbsthilfe einen schon angestammten Platz, um Möglichkeiten zur Mitbestimmung, Mitverantwortung und Mitgestaltung zu eröffnen. Virtuelle Selbsthilfe kann dabei unter dem Kontrollaspekt eine besondere Rolle spielen. Die eigene Steuerungsmöglichkeit wird von einer Reihe von Patienten als angenehme Gegenerfahrung zur Krankheits- und Behandlungsdynamik erlebt. Der Patient selbst bestimmt, was er wann auswählt, welchen Link er anklickt, welche Quelle er damit anzapft, mit welchem Aspekt der Thematik er sich befassen will. Er ist niemandem Rechenschaft schuldig, warum er sich für oder gegen eine Botschaft entscheidet. Die elektronischen Diskussionslisten ermöglichen zwar Kontakt und Austausch, erzwingen ihn aber nicht. Aus Information kann Kommunikation werden, jedoch nur wenn und solange die Beteiligten das wollen. Unverbindliches 'Reinschnuppern', gelegentliche Besuche sind ebenso möglich wie kontinuierliches Engagement. Diese Besonderheit der Nähe-Distanz-Regulation erlaubt ein Maß an Eigenaktivität, das den individuellen Bedürfnissen angepaßt und damit der Lebensqualität förderlich ist.

Gewissermaßen als Kehrseite dieses Vorzuges ist jedoch zu beachten, daß damit eine Unverbindlichkeit der Informationssammlung und des Kontaktverhaltens möglich wird, die sich unter Umständen auch problematisch auswirken kann. Krisenschilderungen aufgrund von progredientem Krankheitsverlauf, Behandlungskomplikationen oder Rückfällen beispielsweise, können bei Lesern angstvolle oder panische Reaktionen auslösen, die nur dann von anderen aufgefangen werden können, wenn sie durch eigene Entscheidung mitgeteilt werden. Gerade dies ist aber bei depressivem Erleben durch die damit verbundene Antriebshemmung erschwert. Es ist zu hoffen, daß individuelle Nutzung virtueller Selbsthilfe auch heißt, daß die Teilnehmer lernen, die verfügbaren Informationen und Botschaften anhand der Betreffzeile zu filtern und somit belastende Inhalte aktiv zu vermeiden.

Ein positiver Nebeneffekt der computerbasierten Kommunikation des Erfahrungswissens ist, daß die einzelnen Nachrichten in thematischen Datenbanken erfaßt und nach ihrem Inhalt erschlossen werden. Damit wird dieses Wissen dokumentiert und kann über das WWW auch von anderen Betroffenen, die nicht Teilnehmer der aktuellen Diskussion waren, gelesen werden. Ein Beispiel hierfür sind die Nachrichtenarchive der *Association of Cancer Online Ressources* (ACOR), einer gemeinnützigen Patientenorganisation, die 1996 von dem Geschäftsmann Gilles Frydman gegründet wurde, nachdem seine Frau an Brustkrebs gestorben war.[13]

Das Ziel dieser Initiative ist es, einen Beitrag zur Weiterentwicklung, Unterstützung und Erschließung von Internetressourcen zu leisten, die hochqualifizierte und aktuelle Informationen für Krebspatienten, ihre Angehörigen und Pflegende bieten sowie die Kommunikation zwischen Patienten und Professionellen zu fördern. Hierzu werden auf ihrem Listenserver 69 elektronische Diskussionslisten geführt, archiviert und moderiert, d.h. alle zu versendenden Nachrichten werden auf die Zuverlässigkeit ihres Inhalts hin überprüft. Beispielsweise werden keine kommerziellen Nachrichten und solche, die für unabgesicherte Therapiemethoden werben, versandt. Zur jeweiligen Nachricht werden entsprechend ihrem Inhalt automatisch eine Reihe weiterer elektronischer Informationsressourcen angezeigt, u.a. die Grundinformationen des National Cancer Institutes für die betreffende Krebsart sowie der Link zu einem Screeningdienst, der sich *Quackwatch* nennt und Außenseitermethoden in der Krebstherapie bzw. Wunderheilungen versprechende Mittel und Verfahren kritisch diskutiert. Die Nachrichtenarchive von ACOR können frei nach Themen, Krebsarten, Behandlungsformen u.ä. abgesucht werden, man muß nicht in einer Liste als ständiges Mitglied eingeschrieben sein, um die gesuchten Informationen zu erhalten. ACOR versendet allein über seine Listen etwa 1 Mio. Nachrichten pro Woche.

Aussagen über soziodemographische Merkmale der Mitglieder elektronischer Diskussionslisten zu machen oder Vergleiche zwischen Teilnehmern von traditionellen und virtuellen Gruppen anzustellen, ist aufgrund der wenigen vorliegenden Studien äußerst schwierig. Allerdings scheint virtuelle Selbsthilfe für Männer eher ein Mittel im Rahmen der Krankheitsbewältigung zu sein als face-to-face Gruppen; während in traditionellen Selbsthilfegruppen das zahlenmäßige Verhältnis zwischen Frauen und Männern etwa bei vier zu eins liegt, scheint es im virtuellen Bereich,

[13] Siehe http://www.acor.org

abhängig von der Art der Krebserkrankung, zu einem ausgeglichenen Verhältnis zu tendieren (Klemm/ Visich 1998; Fernsler/ Manchester 1997).

Um zu untersuchen, welche Informationen in virtuellen Selbsthilfegruppen ausgetauscht werden, haben Paula Klemm und Lori Visich die Nachrichten einer Email-basierten Selbsthilfegruppe für Darmkrebspatienten und deren Angehörige über einen Zeitraum von sechs Monaten nach Inhalt, Sendern und Diskursstruktur analysiert (Klemm/ Visich 1998). Die in der Gruppe ausgetauschten Nachrichten dienten in fast einem Viertel der Fälle dem Informationsaustausch untereinander, gefolgt von Ratschlägen und Meinungsäußerungen, aufmunternden Nachrichten und Erfahrungsberichten. Dies spiegelte eine Inhaltsstruktur wieder, wie sie auch für traditionelle Selbsthilfegruppen typisch ist (Klemm/ Visich 1998: 34). Gerade die kritische Diskussion von Meldungen über neue bzw. wunderverheißende Therapien und Durchbrüche in der Krebsforschung ist eine wesentliche Funktion der virtuellen Listen (Sharf 1997: 71; Klemm/ Visich 1998: 35). Die wesentlich höhere Anzahl von Teilnehmern (oftmals über 100 Mitglieder) könnte im Vergleich zu traditionellen Gruppen einen Kompetenzvorteil bei der Beurteilung von neuen Entwicklungen in der Krebstherapie und von Außenseitermethoden bedeuten.

Neben der Diskussion von übergreifenden Meldungen und Themen wird in virtuellen Gemeinschaften aber auch spontan und emphatisch auf individuelle Krisen und Befindlichkeiten eingegangen (Sharf 1997: 72 f.). Allerdings sind auch dies lediglich vorläufige, da nur an wenigen Beispielen belegte Befunde. Zur Frage nach der Reichweite virtueller Selbsthilfe hinein in die individuelle Realität, beispielsweise bei einer Therapieentscheidung oder zur Unterstützung eines Konfliktes in der realen Welt, schreibt Sharf:

> "I posted a question to the members of the List as to wether and how these dialogues have been empowering, to which I recieved several responses. These include being better informed; having feelings ignored by medical professionals validated by other survivors; reassurance that life continues after diagnosis and treatment; and the abilities to mobilize action and to influence others." (Sharf 1997: 74)

Zusätzlich zu den generellen Regeln und Formen der sozialen Kommunikation im Internet (Netiquette) wird wenig über spezifische Normen für den Umgang miteinander in virtuellen Selbsthilfegruppen berichtet. Lediglich Sharf versucht ein geschlechtsspezifisches Diskussionsverhalten in den Normen und Regeln einer virtuellen Selbsthilfegruppe nachzuvollziehen (Sharf 1997).

Ausblick und Fragen

Bisher sind der Stellenwert des Internets in der Gesundheitskommunikation, die Einsatzmöglichkeiten neuer elektronischer Medien in der Gesundheitsförderung sowie die Effekte der Mediennutzung im Krankheitsbewältigungsprozeß nur rudimentär dokumentiert und erforscht. Mit der zunehmenden Verbreitung der Internetzugänge und dem Sinken der Kosten einer Internetnutzung ist davon auszugehen, daß sich das Internet zu der wichtigsten nicht-personalen Informationsquelle für Patienten und ihre Angehörige entwickeln wird. Noch zu lösende praktische Probleme sind in diesem Zusammenhang eine mangelnde Qualitätskontrolle medizinischer Informationen sowie ein lückenhaftes und schlecht erschlossenes Angebot im deutschsprachigen Raum. Aber auch Fragen nach den Konsequenzen einer solchen Entwicklung stehen bislang unbeantwortet im Raum: Erleben umfangreicher informierte Patienten ihr Wissen als Hilfe zu einer unabhängigeren Therapieentscheidung, dient es also einem gesteigerten "sense of coherence" (Antonovsky), oder verkehrt sich die neu gewonnene Unabhängigkeit zu einer zusätzlichen Belastung? Ein Mehr an Information und damit einhergehend ein Mehr an persönlich zurechenbarer Verantwortung während des Krankheitsbewältigungsprozesses könnte auch als Belastung und Verpflichtung zur Recherche empfunden werden. Wenn aus der Möglichkeit der umfassenden, kontinuierlichen Erweiterung des Wissens über die Erkrankung eine Verpflichtung zur Information erwächst, scheint die Option des Autonomiezuwachses für Patienten und Angehörige verspielt.

Die mittelbar von der Erkrankung Betroffenen wie Angehörige und Freunde sind eine bislang völlig aus der Wahrnehmung der Forschung herausfallende Nutzergruppe von elektronischen Gesundheitsinformationen. Besieht man aber die Ergebnisse der Nutzeranalyse des Dienstes Oncolink und bedenkt die Ergebnisse der Studie über die Informationszufriedenheit von Patienten (Berner et al. 1997), so läßt sich folgern, daß Patienten ihr Informationsbedürfnis zumindest teilweise im Gespräch mit ihren behandelnden Ärzten befriedigend stillen können, während mittelbar Betroffene und auch andere Professionelle aus dem Umfeld der Patienten diese Informationen nicht erhalten. Erkrankungen wie Krebs betreffen aber selten einen Menschen allein, vielmehr sind weitreichende Veränderungen des gesamten sozialen Umfelds der Patienten die Regel. Die psychosoziale Situation der Angehörigen und der daraus resultierende Bedarf an Unterstützung, professioneller Begleitung und eben auch Information zeigt sich in ihrem hohen Anteil unter den Nutzern von Informationsangeboten im WWW und in elektronischen Diskussionslisten.

Virtuelle Selbsthilfe und Informationssuche mit Hilfe des Internets sind dabei, sich zu einer zusätzlichen Ressource zu entwickeln, die wahrscheinlich eine wachsende Zahl von Patienten und deren Angehörigen nutzen wird. Sie wird die traditionellen Formen der Selbsthilfe nicht ablösen, sondern um eine Variante erweitern und so für eine Patientengruppe einen Zugang zur Selbsthilfe ermöglichen, der dieser bislang verschlossen war. Die Formen, mit denen Patienten Krebserkrankungen und ihre Behandlung bewältigen, sind so vielfältig und individuell, daß eine Ausweitung des Spektrums von Unterstützungsmöglichkeiten durch elektronische Medien begrüßt werden kann. Die Möglichkeit der selbstbestimmten Regulation von Nähe und Distanz zum Thema und den Interaktionspartnern ist dabei von besonderer Bedeutung. In Deutschland beginnt der Entwicklungsprozeß virtueller Selbsthilfe gerade erst und ist im Vergleich zum englischen Sprachraum noch wenig differenziert. Wichtig scheint im Moment, den Prozeß mitzugestalten und so zu strukturieren, daß die Gefahr von Desinformation, der Verbreitung von Scharlatanerie und ungedeckten Heilsversprechen minimiert werden kann. Das bedeutet die Bereitstellung und Betreuung von virtuellen Strukturen, die die Chancen des Mediums nutzen und die gleichzeitig auf die besondere Situation von Krebspatienten und ihren Angehörigen zugeschnitten sind. In Frage dafür käme eine auch real existierende, verläßliche und kompetente Institution wie etwa die Deutsche Krebshilfe, die sich diesen Ruf schon im Vorfeld erworben hat und geeignet scheint, den 'Vertrauens-Transfer' in das elektronische Medium zu unterstützen.

Die professionellen Begleiter der Patienten, vor allem Ärzte, Pflegende und psychosoziale Mitarbeiter, sind vor die Aufgabe gestellt, bei der virtuellen Selbsthilfe konstruktiv mitzuarbeiten. Das betrifft sowohl die aktive Teilnahme an virtuellen Gruppen, die Bereitstellung von Informationen und fachlichen Hilfen im Netz, aber auch die Aufarbeitung, Ergänzung und ggf. Korrektur von im Netz Erfahrenem im persönlichen Kontakt mit den Patienten. Die herausragende Bedeutung eines personalen, vertrauensvollen Arzt-Patient-Kontaktes wird durch die beschriebenen Entwicklungen nicht gefährdet. Je mehr die Professionellen ihrerseits einen Nutzen in der virtuellen Selbsthilfe für sich selbst erkennen, da sie durch die Teilnahme an virtuellen Gruppen einen besseren Einblick in das Erleben von Krankheit und Behandlung bekommen können, desto geringer ist die Gefahr, daß sich eventuelle Kränkungen wegen einer Beschneidung des Informationsmonopols zu Lasten der Patienten auswirken.

Die Gesundheitswissenschaften schließlich sind aufgerufen, die Entwicklung forschend, erklärend, problematisierend und gestaltend zu begleiten. Viele der beschriebenen Zusammenhänge sind eher Vermutungen als Erkenntnisse, die meisten Fragen um die virtuelle Selbsthilfe, sowohl was die theoretische Einordnung als auch was die Empirie betrifft, sind noch ungeklärt. Hierbei offene Fragen sind aus unserer Sicht:

- Wie unterscheidet sich der Kreis der Teilnehmer an virtuellen und traditionellen Gruppen hinsichtlich soziodemographischer Merkmale und spezifischer psychosozialer Befindlichkeiten?
- Welche Methoden und Modelle aus der soziologischen Analyse traditioneller Netzwerke lassen sich auf virtuelle Gemeinschaften übertragen?
- Gibt es Affinitäten zwischen bestimmten Erkrankungen und Betroffenengruppen (z.B. Kinder, Frauen) und virtueller Selbsthilfe?
- Wie wirken sich die Veränderungen der Informationsmöglichkeiten durch das Internet auf das Arzt-Patient-Verhältnis aus?
- Ergänzen oder ersetzen virtuelle und traditionelle Selbsthilfe einander, d.h. nimmt mit der Teilnahme an virtuellen Gruppen beispielsweise die Bereitschaft zur Teilnahme an realen Beratungs- und Unterstützungsangeboten ab?
- Wie kann virtuelle Selbsthilfe einerseits in der Öffentlichkeit des Internets stattfinden und gleichzeitig der Persönlichkeitsschutz gewährleistet bleiben?

Literatur

Appel, Andrea/ Jazbinsek, Dietmar (1999): Olivia und die Onkologie. Über das Thema Krebsmedizin in den Medien. In: Koch, Karin/ Quehl, Adelheid (Hrsg.) (1999): Jahrbuch 1998/ 99 des Tumorzentrums Potsdam. Potsdam

Batinic, Bernad et al. (1997): Der "Internetler". Empirische Ergebnisse zum Netznutzungsverhalten. In: Gräf/ Krajewski (1997): 196-215

Baym, Nancy K. (1995): The Emergence of Community in Computer-Mediated Communication. In: Jones (1995): 138-161

Beck, Klaus/ Vowe, Gerhard (Hrsg.) (1997): Computer-Netze – ein Medium öffentlicher Kommunikation? Berlin

Berner, Eta S./ Partridge, Edwar E./ Baum, Susan K. (1997): The Effects of the PDQ Patient Information File (PIF) on Patients' Knowledge, Enrollment in Clinical Trials, and Satisfaction. In: Journal of Cancer Education 72: 121-125

Bottomley, Andrew (1997): Cancer Support Groups - are they Effective? In: European Journal of Cancer Care 6: 11-17

Cope, Diane G (1995): Functions of a Breast Cancer Support Group as Percieved by Participants: An Ethnographic Study. In: Cancer Nursing 18 (6): 472-478

Eysenbach, Gunther/ Diepgen, Thomas L (1998): Towards Quality Management of Medical Information on the Internet: Evaluation, Labelling, and Filtering of Information. In: British Medical Journal 317: 1496-1502

Eysenbach, Gunther/ Diepgen, Thomas L (1999): Patients Looking for Information on the Internet and Seeking Teleadvice. Motivation, Expectations, and Misconceptions as Expressed in E-mails Sent to Physicians. In: Archives of Dermatology 135: 151-156

Fernsler, Jayne I./ Manchester, Laura J. (1997): Evaluation of a Computer-Based Cancer Support Network. In: Cancer Practice 5 (1): 46-51

Gerdes, Nikolaus (1989): Desiderate an die zukünftige psychoonkologische Forschung. In: Verres/ Hasenbring (1989): 274-282

Gräf, Lorenz (1997): Locker verknüpft im Cyberspace. Einige Thesen zur Änderung sozialer Netzwerke durch die Nutzung des Internets. In: Gräf/ Krajewksi (1997): 99-124

Gräf, Lorenz/ Krajewski, Markus (Hrsg.) (1997): Soziologie des Internets. Handeln im elektronischen Web-Werk. Frankfurt a.M./ New York

Hasebrook, Joachim (1993): Krebs-Selbsthilfegruppen. In: Muthny/ Haag (1993): 260-275

Höflich, Joachim R (1997): Zwischen massenmedialer und technisch vermittelter interpersonaler Kommunikation – der Computer als Hybridmedium und was die Menschen damit machen. In: Beck/ Vowe (1997): 85-104

Jadad, Alejandro R./ Gagliardi, Anna (1998): Rating Health Information on the Internet. Navigating to Knowledge or to Babel? In: Journal of the American Medical Association 279: 611-614

Jones, Steven (1995a): Understanding Community in the Information Age. In: Jones (1995): 10-35

Jones, Steven (Hrsg.) (1995): Cybersociety. Computer-Mediated Communication and Community. Thousand Oaks

Klemm, Paula/ Visich, Lori (1998): A Nontraditional Cancer Support Group. The Internet. In: Computer in Nursing 16 (1): 31-36

Kollenbaum, V.-E./ Schimmel, T./ Gerber, W.-D./ Hasenbring, M. (1993): Profitieren Brustkrebspatientinnen von der Teilnahme an Selbsthilfegruppen? In: Muthny/ Haag (1993): 276-286

Krotz, Friedrich (1997): Hundert Jahre Verschwinden von Raum und Zeit? Kommunikation in den Datennetzen in der Perspektive der Nutzer. In: Beck/ Vowe (1997): 105-126

Kruse, J./ Wöller, W. (1995): Das Trauma der Erkrankung. Krisen der Selbstwertregulation bei Krebskranken. In: Zeitschrift für psychosomatische Medizin 41: 370-385

Mandl, Kenneth D./ Kohane, Isaac S./ Brandt, Allan M. (1998): Electronic Patient-Physician Communication: Problems and Promise. In: Annals of Internal Medicine 129: 495-500

McKenna, R. J./ Wellisch, D./ Fawzy, R. I. (1995): Rehabilitation and Supportive Care of the Cancer Patient. In: Murphy G. P. et al. (1995): 635-654

McClung, Juhling H./ Murray, Robert D./ Heitlinger, Leo A. (1998): The Internet as a Source for Current Patient Information. In: Pediatrics 101 (6): http://www.pediatrics.org/cgi/content/full/101/6/e2

Murphy, G. P./ Lawrence, W. JR/ Lenhard, R. E. (Hrsg.) (1995): American Cancer Society Textbook of Clinical Oncology. Atlanta

Muthny, Fritz A./ Bermejo, Isaac (1993): Krankheitsverarbeitung bei Krebs. In: Muthny/ Haag (1993): 58-85

Muthny, Fritz A./ Haag, Gunter (Hrsg.) (1993): Onkologie im psychosozialen Kontext. Spektrum psychoonkologischer Forschung. Zentrale Ergebnisse und klinische Bedeutung. Heidelberg

Schierl, Thomas (1997): Das Internet auf dem Weg zum Massenmedium? Möglichkeiten und Gefahren. In: Beck/ Vowe (1997): 63-81

Schmutzer, Rupert (1997): Vorstellungen über die Merkmale und die Folgen von neuen Medien. InGräf/ Krajewski (1997): 216-234

Schweiger, Wolfgang/ Brosius, Hans-Bernd (1997): Internet und Sprache - Zusammenhänge zwischen Online-Nutzung und dem individuellen Schreibstil. In: Beck/ Vowe (1997): 159-183

Sharf, Barbara F. (1997): Communicating Breast Cancer On-Line: Support and Empowerment on the Internet. In: Women & Health. 26 (1): 65-84

Ullrich, Gerald (1993): Rollen und Aufgaben psychosozialer Mitarbeiter in der Kinderklinik. In: Praxis der Kinderpsychologie und Kinderpsychiatrie. 42: 260-265

Trojan, Alf (1986): Wissen ist Macht. Selbsthilfegruppen als Befreiung aus der Expertokratie. Frankfurt a.M.

Verres, Rolf/ Hasenbring, Monika (Hrsg.) (1989): Jahrbuch der medizinischen Psychologie 3. Psychosoziale Onkologie. Berlin/ Heidelberg

Weisman, Avery D. (1979): Coping with Cancer. New York

Medienthema Genforschung

"Der Gen-Sieg über den Krebs?"
Über die Akkuratheit der Berichte zu den ersten Gentherapie-Versuchen in Deutschland

Andrea J. Appel, Dietmar Jazbinsek

1. Die Fallstudie: "Deutschland im Gentherapie-Fieber"

Wenn man die journalistische Zeitrechnung zugrunde legt, begann die Ära der molekularen Medizin in Deutschland am 4. Mai 1994 um 11.45 Uhr. Dies war der Moment, in dem die Deutsche Presse-Agentur eine Meldung mit dem Titel "Erste Gentherapie in Deutschland begonnen" verbreitete. Der dpa-Nachricht lag eine Pressemitteilung der Freiburger Albert-Ludwigs-Universität vom selben Tag zugrunde, in der die Durchführung einer Therapiestudie unter Leitung des Onkologen Roland Mertelsmann bekannt gegeben wurde. Die Freiburger Arbeitsgruppe hatte bereits knapp zwei Jahre zuvor als erstes deutsches Forscherteam die Genehmigung für einen Gentherapie-Versuch erhalten, den Versuch selber jedoch aufgrund technischer Schwierigkeiten mehrfach verschoben. Am 22. April 1994 – beinahe vier Jahre nachdem in den USA die weltweit ersten Experimente dieser Art stattgefunden hatten - war es dann endlich soweit. Den definitiven Beginn der Studie hatte Mertelsmann in einem Vortrag auf einer Fachtagung publik gemacht, einige der dort anwesenden Journalisten baten ihn daraufhin um eine offizielle Pressemitteilung, die dann von der Pressestelle der Freiburger Universität verfaßt und an dpa übermittelt worden ist.

Noch vor ihrer Veröffentlichung erfährt der Berliner Molekularbiologe Burghardt Wittig von der dpa-Meldung über die Premiere in Freiburg. Wittig hatte bereits sechs Wochen zuvor gemeinsam mit Kollegen vom Institut für Molekularbiologie und dem Rudolf Virchow-Klinikum der Freien Universität Berlin einen ersten Gentherapie-Versuch bei einem Patienten mit Nierenzellkrebs unternommen. Die Berliner Arbeitsgruppe hatte an sich vereinbart, die Publikation der Studienergebnisse in einer Fachzeitschrift abzuwarten, bevor sie die Öffentlichkeit darüber informiert. Angesichts der Agenturmeldung über den Freiburger Prioritätsanspruch entschließt sich Wittig jedoch zu einer Kurskorrektur. Mit einigen Mitarbeitern verfaßt er noch am selben Tag eine Pressemitteilung, in der klargestellt wird: "An der Freien Universität Berlin wurde die erste Gentherapie an Krebspatienten in Deutschland durchgeführt. (...) Damit ist die FU der Universität Freiburg zuvorgekommen, die heute die erste Gentherapie für sich beansprucht hatte." Dpa leitet diese Information innerhalb kürzester Zeit weiter, um 17.03 Uhr signalisiert ein Klingelzeichen den von dpa versorgten Redaktionen den Eingang einer entsprechenden Eilmeldung.

Abb.1: Ausriß der beiden dpa-Meldungen zur Gentherapie-Premiere vom 4.5.1994, 11.45 Uhr und 17.03 Uhr

Erste Gentherapie in Deutschland begonnen =

Freiburg (dpa) - In Deutschland hat die erste Gentherapie beim Menschen begonnen. Nach Angaben des Freiburger Klinikums vom Mittwoch werden dort derzeit zwei Krebspatienten mit gentechnisch veränderten

Berliner Mediziner hat erste deutsche Gentherapie vorgenommen =

Berlin (dpa) - Nicht die Universität Freiburg, sondern die Freie Universität (FU) Berlin hat nach eigenen Angaben die erste Gentherapie in Deutschland vorgenommen. Prof. Burghardt Wittig vom

Quelle: Deutsche Presse-Agentur

Diese für eine Wissenschaftsnachricht vergleichsweise dramatische Chronologie der Ereignisse hat zur Folge, daß die Gentherapie-Premiere am folgenden Tag, dem 5. Mai 1994, nicht nur die Schlagzeilen auf den Titelseiten der bundesdeutschen Presse bestimmt, sondern auch zu den Topmeldungen in sämtlichen deutschen TV-Nachrichten gehört. Das Thema wird in der Folgezeit von fast allen Wochenzeitungen und Zeitschriften aufgegriffen, im *Spiegel* und *Focus* ist es jeweils die Titelgeschichte (mit einer Woche Unterschied). Wie auch immer die Erfolgsaussichten der Gentherapie im einzelnen beurteilt werden, für die Journalisten unstrittig ist, daß der Beginn der Versuche in Berlin und Freiburg ein Ereignis von historischer Tragweite, eine "Zeitenwende" darstellt. Der Pressetenor spiegelt sich auch in den beiden großen Nachrichtenmagazinen wider: "Eine neue Ära der Medizin beginnt – nun auch in Deutschland: Genspritzen sollen Krebskranke heilen, Erbkrankheiten werden repariert." (*Spiegel*, 9.5.94); "Deutschland im Gentherapie-Fieber. Der Bann scheint gebrochen.... Auch der deutsche Gentherapie-Boom wird nun nicht mehr lange auf sich warten lassen." (*Focus,* 16.5.94)

Die Perspektiven der molekularen Medizin waren in der zweiten Hälfte der 90er Jahre eines der zentralen Themen der Wissenschaftsberichterstattung, insbesondere der Krebsberichterstattung in den deutschsprachigen Medien. Im Rahmen einer Teilstudie des Public Health-Projektes "Medienthema Krebsmedizin" haben wir versucht, den Ausgangspunkt dieser Themenkarriere, das Medienereignis vom Mai 1994, unter dem Gesichtspunkt zu rekapitulieren, welche Verständigungsprobleme damals zwischen Journalisten und Wissenschaftlern aufgetreten sind.[1] Die Leitfragen der Fallstudie lauteten: Wie oft kommen Fehler in den Medienberichten über eine experimentelle Behandlungsmethode vor, und wie kommen diese Fehler zustande? Die Vorgehensweise orientierte sich dabei an einem Studientyp der empirischen Kommunikationsforschung, den sogenannten Accuracy Studies.

2. Das Forschungsdesign: Zur Tradition der Accuracy Studies

In dem Zweig der Kommunikationsforschung, der sich - vor allem in den USA - unter der Bezeichnung *Accuracy Studies* etabliert hat, geht es um die schlichte Frage, ob das eigentlich stimmt, was wir tagtäglich in der Zeitung zu lesen oder im Fernsehen zu sehen bekommen. Die "Akkuratheit" eines journalistischen Textes wird dabei ex negativo an der Zahl der in ihm enthaltenen Fehler gemessen. Ein Fehler liegt definitionsgemäß dann vor, wenn die an der Geschichte hauptsächlich beteiligte Person ihn als solchen markiert (Blankenburg 1970: 376). Damit ist zugleich die wichtigste Methode der Accuracy-Forschung genannt: die Begutachtung der Medienprodukte durch die darin direkt oder indirekt zitierten Quellen.[2] Üblicherweise bekommen die Gutachter per Post den betreffenden Artikel sowie einen Fehlerkatalog zugeschickt, in dem Rubriken möglicher Beanstandungen aufgelistet sind. Gängige Anhaltspunkte für die Textkritik sind z.B. irreführende Überschriften, Tippfehler, Auslassungen oder Betonungen von Nebensächlichem.

Dieses Verfahren zur Beurteilung der Informationsqualität von Presseartikeln ist Mitte der 30er Jahre von Mitchell V. Charnley ausgearbeitet worden (Charnley 1936). Sein Konzept wurde in rund 50 Folgestudien weiterentwickelt, wobei man alle möglichen *Mediengattungen* mit einbezogen und eine ganze Reihe von denkbaren *Einflußfaktoren* auf die Fehlerquote untersucht hat (z.B. die Arbeitsteilung und Personalfluktuation in den Redaktionen oder die Berufsauffassung und -erfahrung der Journalisten).[3] Der Praxisbezug der Accuracy-Forschung besteht vor allem darin, aus den Ergebnissen Vorschläge für einen effizienteren Informationsaustausch zwischen Wissenschaftlern und Journalisten abzuleiten.

---

[1] Die beiden anderen Teilstudien des Projektes "Medienthema Krebsmedizin" umfassen eine Patientenbefragung und eine Inhaltsanalyse der Krebsberichterstattung in der Hauptstadtpresse von 1994 bis 1999. Das Projekt ist in das Berliner Zentrum Public Health eingebunden und wird von der Berliner Krebsgesellschaft und dem Bundesforschungsministerium (Förderkennzeichen 01 EG 9522) finanziert. Projektleiter ist Prof. Winfried Göpfert vom Arbeitsbereich Wissenschaftsjournalismus der Freien Universität Berlin.

[2] Bei den Gutachtern muß es sich nicht unbedingt um Experten eines bestimmten Fachgebietes handeln, es können auch die Akteure oder Augenzeugen des Geschehens sein, über das berichtet wurde.

[3] Bei der Gesamtzahl von ca. 50 einschlägigen Untersuchungen handelt es sich um eine grobe Schätzung, zu der wir aufgrund der uns vorliegenden Studien und der darin angegebenen Fachliteratur gekommen sind (siehe u.a. die Übersicht bei Singletary 1980). Zusammenfassungen der Accuracy Studies speziell zum Thema Wissenschaftsjournalismus haben Sharon Dunwoody (1982) und Robert McCall (1988) vorgelegt. In Deutschland hat es bislang nur relativ wenige vergleichbare Untersuchungen zur Faktentreue von Presseberichten gegeben. Einzelne Elemente dieses Studientyps finden sich in den Arbeiten von Haller (1987), Schröter (1995) und Hagen (1996).

Der größte Schwachpunkt des Forschungsdesigns scheint der ungeprüfte Einsatz standardisierter Kategorienschemata im Rahmen der Accuracy Studies zu sein. Bei systematischen Vergleichen der Untersuchungsergebnisse hat sich nämlich herausgestellt, daß die Schlüsselgröße der Begutachtung - die Fehlerquote in den Pressetexten - je nach Gestaltung des Erhebungsinstrumentes erheblich variiert. James W. Tankard und Michael Ryan (1974) haben den bislang umfangreichsten Fehlerkatalog entwickelt und sind damit auf eine durchschnittliche Fehlerzahl gekommen, die erheblich höher lag als in früheren Studien (6,2 Fehler pro Artikel). Dies nahm Lynn Pulford (1976) zum Anlaß, die Untersuchung von Tankard und Ryan mit einer reduzierten Liste (11 statt 42 Kategorien) zu wiederholen, wobei die durchschnittliche Fehlerzahl deutlich niedriger ausfiel (2,1). Pulfords Kontrollstudie läßt nicht nur den Verdacht aufkommen, daß es sich bei der Fehlerquote um ein methodologisches Artefakt handeln könnte, sondern legt auch die Frage nahe: "...who checks the scientist?" (McCall 1988: 89).

Der Frage, wie der Wissenschaftler eigentlich zu seinen Bewertungen der Medienprodukte kommt, stellt sich auch noch aus einem anderen Grund. Wenn man das Selbstverständnis der meisten Journalisten zugrunde legt, das der 'kritischen Distanz' gegenüber dem Gegenstand der Berichterstattung großes Gewicht beimißt, dann erscheint die Methodik der Accuracy Studies wegen ihrer 'Expertenhörigkeit' als zweifelhaft. Der Verdacht liegt nahe, daß Wissenschaftler, wenn sie die Mängel journalistischer Texte beurteilen sollen, eher auf die darin möglicherweise enthaltene Kritik reagieren als auf sachliche Fehler. Akkuratheit im Sinne eines Wissenschaftlers kann es - so die Unterstellung - nur geben, wo die Journalisten sich auf "unumstrittene Mitteilungspartikel" (Schröter 1995: 29 f.) zurückziehen, d.h. Tatsachen präzise wiedergeben und sich jeglicher Wertung enthalten.

Um derartige Vorbehalte auszuräumen und ein möglichst objektives Bild von den subjektiven Anteilen der Textkritik zu bekommen, haben wir vier Modifikationen der bisher in den Accuracy Studies üblichen Forschungsstrategie vorgenommen:

1. Wir haben den beteiligten Wissenschaftlern die Presseberichte zwar ebenfalls per Post zukommen lassen, die Begutachtung selbst erfolgte jedoch im Rahmen eines *Leitfaden-Interviews*, wodurch wichtige Voraussetzungen der Expertenurteile wie Lesegenauigkeit oder persönliche Einstellungen zum Gegenstand bzw. zu den Akteuren der Berichterstattung erfaßt werden konnten.
2. Da die zeitliche Distanz zwischen dem Medienereignis und der Befragung mehr als vier Jahre betrug, haben wir anhand der verfügbaren *Primärinformationen* (Pressemitteilungen, Pressekonferenz) überprüft, inwieweit die retrospektive Sichtweise der Gutachter mit ihren Stellungnahmen zum Zeitpunkt der Berichterstattung übereinstimmt.
3. Wir sind von der sonst üblichen "one person per story"-Methode (Berry 1967: 489) abgewichen und haben mehreren der beteiligten Wissenschaftler sowie unbeteiligten Fachleuten dieselben Artikel vorgelegt und ihre Stellungnahmen

nach dem Prinzip der "Triangulation" (Denzin 1970: 297 f.) systematisch auf Übereinstimmungen und Abweichungen hin analysiert.

4. Wir haben zwei der Journalisten, die maßgeblich an der damaligen Berichterstattung mitgewirkt haben, zu ihrer Version des Geschehens befragt. Darüber hinaus haben wir zwei unbeteiligte Medienvertreter um eine *Beurteilung ausgewählter Berichte aus journalistischer Sicht* gebeten.[4]

Die Materialbasis unserer Accuracy-Fallstudie ist - gemessen an den Standards der angloamerikanischen Untersuchungen - recht breit (siehe Tab.1).[5] Insgesamt umfaßt das Sample exakt 100 dpa-bezogene Presseartikel sowie 46 Autorenberichte aus insgesamt 123 Zeitungen und Zeitschriften.[6] Allein was die Tagespresse angeht, sind von den 137 publizistischen Einheiten, die es im Mai 1994 in der Bundesrepublik gab, 83 % in unserer Artikelsammlung vertreten.[7] Darüber hinaus wurden sämtliche verfügbaren Primärinformationen sowie alle dpa-Meldungen und TV-Nachrichtenbeiträge (Sendetermin: 5. Mai 1994) in die Untersuchung mit einbezogen.

Tab. 1: Materialbasis der Accuracy Study

Primärinformationen	4.-5. Mai 1994	Pressemitteilung der Universität Freiburg Pressemitteilungen der FU Berlin Pressekonferenz FU-Institut (Videomitschnitt)
Agenturmeldungen	4.-5. Mai 1994	11 Meldungen der Deutschen Presseagentur (dpa)
unmittelbare Medienresonanz	5.-6. Mai 1994	100 dpa-bezogene Presseartikel 17 Autorenberichte/ Printmedien 8 TV-Nachrichtenbeiträge
spätere Hintergrundberichte	7.-31. Mai 1994	29 Autorenberichte/ Printmedien

[4] Um medienspezifische Fragen erörtern zu können, haben wir einen Fernsehredakteur und einen Zeitungsjournalisten ausgewählt (im folgenden zitiert als "Journalist X" und "Journalist Y").

[5] Die einschlägigen Pressetexte haben wir über eine Artikelsammlung der FU-Pressestelle (die uns Burghardt Wittig freundlicherweise zur Verfügung stellte) sowie über die Recherche in diversen Pressedatenbanken (u.a. Genios, GBI) bekommen. Diesen Grundbestand haben wir anhand der Ausschnittdienste des Max-Delbrück-Centrums für molekulare Medizin (MDC) und des Robert-Koch-Instituts in Berlin auf seine Vollständigkeit hin überprüft und ergänzt.

[6] Als "Autorenberichte" bezeichnen wir Artikel, die von den Redaktionen eigenständig recherchiert worden sind. Zu den "dpa-bezogenen Berichten" zählen wir Texte, die über eine mehr oder weniger umfangreiche Bearbeitung des Agenturmaterials nicht hinausgehen. In 12 der 100 dpa-bezogenen Berichte fehlt die Quellenangabe, in weiteren 4 Artikeln erscheinen die Namen der dpa-Redakteurinnen als Autorennamen, auch hier ist der Hinweis auf die eigentliche Quelle weggelassen worden - möglicherweise um den Lesern des jeweiligen Blattes ein höheres Maß an Eigenrecherche zu suggerieren.

[7] Der Prozentsatz wurde anhand der Vergleichsdaten der zweiten und dritten gesamtdeutschen Zeitungsstatistik ermittelt (vgl. Schütz 1994 & 1996).

Die Auswahl der Gutachter erfolgte nach dem Prinzip des "theoretical sampling". Dieses Auswahlverfahren beruht auf Vorüberlegungen dazu, welche Positionen im Forschungsfeld zu einer jeweils eigenen Sichtweise prädestinieren, um mit einem kleinen Sample von Stellungnahmen eine möglichst große Variationsbreite abzudecken (Flick 1995: 87 ff.). So kamen wir auf folgende Experten:

- *Kronzeuge* Burghardt *Wittig.* Der Molekularbiologe stand als Interviewpartner im Mittelpunkt der Berichterstattung vom Mai 1994.
- Wittigs *Kollege* Dieter *Huhn.* Der Onkologe sollte die Texte von einer anderen Position innerhalb des Berliner Forscherteams - der des behandelnden Arztes - aus beurteilen.
- Wittigs *Konkurrent* Roland *Mertelsmann.* Der Freiburger Gentherapeut war in den Medien zum Gegenspieler des Berliner Forschers stilisiert worden.
- Wittigs *Kritiker* Wolfgang *Löhr.* Der Vertreter des Gen-ethischen Netzwerks war in den ausgewählten Artikeln mehrfach als "Gentechnik-Skeptiker" zu Wort gekommen.[8]
- Zwei *neutrale Experten* für molekulare Medizin. Sie sollten die Artikel aus der Sicht von Fachleuten beurteilen, die an dem Medienereignis im Mai 1994 selbst nicht aktiv beteiligt waren.[9]

Um den Zeitaufwand für unsere Gesprächspartner in zumutbaren Grenzen zu halten, haben wir die Begutachtung auf einige exemplarische Artikel unseres Samples konzentriert. Hierzu gehörten drei große dpa-Berichte, fünf Autoren-Artikel (*Bild, Berliner Morgenpost, Stuttgarter Zeitung, Der Tagesspiegel* und *die tageszeitung*) sowie eine Zitaten-Liste, zusammengestellt aus den Titelgeschichten in *Spiegel* und *Focus.* Für die Auswahl der Texte waren die Gesichtspunkte Auflagenhöhe, Erscheinungsort, politische Ausrichtung und 'Meinungsführerschaft innerhalb der Presse' ausschlaggebend. Nach der Befragung wurden die übrigen Artikel auf Fehler hin durchgesehen, die mit den in den Interviews genannten Kritikpunkten identisch oder vergleichbar waren. Die 100 dpa-bezogenen Presseberichte haben wir dabei einer quantitativen Inhaltsanalyse unterzogen, die restlichen Autorenberichte wurden anhand einer Checkliste qualitativ ausgewertet. Die folgende Darstellung faßt die wichtigsten Ergebnisse der Teilstudie in exemplarischen, chronologisch geordneten Abschnitten zusammen.

---

[8] Das Gen-ethische Netzwerk ist eine 1986 gegründete Initiative mit Sitz in Berlin, die sich die kritische Aufklärung der Öffentlichkeit in Sachen Gentechnologie zum Ziel gesetzt hat und zu diesem Zweck u.a. einen regelmäßig erscheinenden Informationsdienst herausgibt.

[9] Um den Standortfaktor zu berücksichtigen, haben wir einen Berliner und einen Freiburger Experten ausgewählt (im folgenden zitiert als "Experte A" und "Experte B").

3. Einblicke in die Produktion von Fehlinformationen

3.1 Fehler in den Berichten der Deutschen Presseagentur

Am 4. und 5. Mai 1994 veröffentlicht dpa insgesamt 11 Meldungen zum Beginn der Gentherapie-Studien. Die folgende Fehleranalyse konzentriert sich auf zwei Berichte vom ersten Tag, die von der Mehrzahl der bundesdeutschen Tageszeitungen aufgegriffen worden sind. Dabei handelt es sich zum einen um die 17.25 Uhr verbreitete Zusammenfassung der Tagesereignisse (dpa 1). Darin werden vor allem die Konkurrenz Berlin/ Freiburg thematisiert und die Methoden der beiden Forschergruppen beschrieben. Der zweite Text ist ein Korrespondentenbericht, der um 17.40 Uhr an die Redaktionen ging (dpa 2). Darin werden die deutschen Versuche in den internationalen Kontext eingeordnet und Warnungen vor übertriebenen Erwartungen an das experimentelle Verfahren publiziert. Die Kritik der Experten an den beiden Agenturberichten läßt sich drei Fehlerquellen zuordnen:

Falsche Begriffe:

- Sofort ins Auge fallend (und doch nur von einem der befragten Gutachter bemerkt): der falsche Begriff "Nieren*fell*krebs" in dpa 1 (statt "Nieren*zell*krebs").
- Die Formulierung: Dem Patienten wurde Blut entnommen, "das außerhalb des Körpers mit gentechnisch vermehrten Zellen angereichert" wurde (dpa 1), ist falsch, da es sich bei der Zellvermehrung nicht um einen gentechnischen Vorgang handelt.
- Falsch ist auch die Aussage "Im Reagenzglas wird in jede dieser Zellen ein Gen eingeschleust" (dpa 2). Dazu Dieter Huhn: "Wir wären froh, wenn wir das in jede Zelle einschleusen könnten, und es wird auch der Eindruck erweckt, daß diese Zellen dann sehr lange funktionieren. Das Problem ist, zumindest zu der damaligen Zeit, daß sie nur wenige Tage wirksam sein konnten."

Falsche Zitate:

In dpa 1 geht es u.a. um den Gesundheitszustand des Berliner Patienten. In diesem Zusammenhang wird Burghardt Wittig die Aussage zugeschrieben: "Das Wachstum der Töchtergeschwulste sei gestoppt worden, doch bestehe für den Patienten kaum Hoffnung." Die Behauptung ist nicht nur inhaltlich unkorrekt: "Zu dem Zeitpunkt, wo diese Sache hier gemeldet wurde, war keinesfalls von irgendeiner klinischen Wirkung die Rede" (Huhn); sie stammt - nach dessen eigenem Bekunden - auch überhaupt nicht von Wittig: "Woher das kommt, ist mir völlig schleierhaft."[10] Tatsächlich starb der erste deutsche Gentherapie-Patient drei Wochen nach Bekanntwerden seiner Behandlung.

Auslassungen:

In keiner der beiden Agenturmeldungen wird erwähnt und erläutert, daß es hier lediglich um klinische Phase-I-Studien ging. Der Zweck solcher Studien ist es, Aufschluß über mögliche Risiken und Nebenwirkungen eines neuen Verfahrens zu bekommen; das eigentliche Therapieziel - in diesem Fall: die Wirkung auf den Tumor - steht dabei im Hintergrund. Für Phase-I-Studien kommen zudem nur Patienten in Betracht, bei denen das gesamte konventionelle Behandlungsrepertoire ausgeschöpft ist; die eigentliche Zielgruppe des neuen Verfahrens kann jedoch eine ganz andere sein, z.B. Patienten im Anfangsstadium einer Krebserkrankung. Dazu Experte A: "So etwas muß man eigentlich auch wissenschaftsjournalistisch immer wieder klar machen. Also wenigstens zu sagen: 'Das sind jetzt hier die ersten Versuche, dann gibt es ein gestaffeltes Verfahren, wenn das überhaupt erfolgreich ist, kommt es zum zweiten Stadium, und deshalb sind es nur so wenig Patienten'." Der letzte Punkt ist von besonderer Bedeutung, da es in den Tagen nach der Veröffentlichung zu einem Ansturm von Krebspatienten auf die beiden Kliniken gekommen ist. Nicht nur in den dpa-Meldungen, sondern auch in sämtlichen uns vorliegenden Presseberichten fehlt der Hinweis darauf, daß es keinen Sinn hat, sich um einen Therapieplatz zu bewerben, "weil man für diese Phase-I-Studien, wo die Praktikabilität einer Behandlung und die Nebenwirkungen geprüft werden, nur relativ wenig Patienten braucht, und die hat man in der Regel im eigenen Patientenkollektiv" (Dieter Huhn).

In den Interviews sind noch weitere mehr oder weniger gravierende Mängel der dpa-Meldungen zur Sprache gekommen. Sie lassen sich zum Teil auf Mängel der Primärinformationen zurückführen, die den Mitarbeitern der Agentur damals zur Verfügung standen. So hatte die Freiburger Pressestelle einen Text veröffentlicht, der selbst journalistischen Mindestanforderungen nicht gerecht wird: "Sehr kompliziert, als Pressemitteilung nicht gut zu verwenden", so das Urteil der dpa-Redakteurin Silvia Kusidlo, die wir zum Ablauf der Ereignisse befragt haben. Die Pressestelle der FU Berlin war laut Aussage der beteiligten Wissenschaftler und Journalisten praktisch "nicht existent". Hinzu kommt der ungeheure Zeitdruck, unter dem die Agenturberichte verfaßt werden mußten, um noch rechtzeitig vor Redaktionsschluß an die Zeitungen weitergeleitet werden zu können.[11] Allerdings war die

---

[10] Im übrigen wird in dpa 1 eine Passage aus der Freiburger Pressemitteilung als wörtliches Zitat Mertelsmanns ausgegeben. Hier wie auch in vielen der späterenPresseberichte bestätigt sich eine alte Erkenntnis der Accuracy Studies: "The survey revealed a rather reckless disregard of the sacredness of quotation marks - that they declare to the reader: 'These are the exact words of the speaker'." (Brown 1965: 13)

[11] Zum Faktor "Stress" als Fehlerquelle siehe Singletary 1980: 3 f.

personelle Situation zum Zeitpunkt des Geschehens bei dpa relativ gut. Sowohl in Berlin wie in Freiburg waren die Wissenschaftsredakteure vor Ort erreichbar - sie haben persönlich zu den Hauptakteuren Wittig und Mertelsmann Kontakt aufgenommen. Die beiden in der Hamburger Zentrale für die Wissenschaft zuständigen Journalistinnen hatten bereits vorher mehrmals Berichte zum Thema molekulare Medizin veröffentlicht.[12] Im Fall der Gentherapie-Premiere positiv zu vermerken ist, daß ein Hauptanliegen der beiden Forschergruppen, die Warnung vor verfrühten Hoffnungen, in den Agenturmeldungen breiten Raum einnimmt. In manchen Presseberichten der folgenden Tage sah das dann schon ganz anders aus.

3.2 Fehler in den Artikeln, die sich auf dpa beziehen

Die Deutsche Presse-Agentur ist mit Abstand der größte Lieferant von Wissenschaftsmeldungen unter den deutschsprachigen Nachrichtenagenturen. Auch die Abdruckquote ist bei dpa-Berichten höher als bei denen der Konkurrenz. Eine aktuelle Studie hierzu ergab, daß rund ein Drittel der gesamten Wissenschaftsberichterstattung in bundesdeutschen Zeitungen auf die Texte der beiden zuständigen dpa-Redakteurinnen zurückgeht (Kunisch 1999). Im unserem konkreten Fall kommt hinzu, daß sich Burghardt Wittig mit seiner Erwiderung auf die Freiburger Premieren-Meldung exklusiv an dpa gewandt hatte. Die anderen Agenturen spielten deshalb bei der unmittelbaren Presseresonanz auf dieses Ereignis keine Rolle. Vor allem die Regionalzeitungen ohne eigene Wissenschaftsredaktion haben sich in ihrer Berichterstattung über die Gentherapie-Versuche ausschließlich auf das dpa-Material gestützt. Dies geschah jedoch in keinem einzigen der 100 uns vorliegenden, auf dpa basierenden Pressetexte exakt in der Form, wie sie von der Agentur vorgegeben worden war. Im folgenden dokumentieren wir die Änderungen, die von den Redaktionen vorgenommen worden sind, unter dem Gesichtspunkt ihrer sachlichen Angemessenheit.

Überschriften:

Die Überschriften der dpa-Berichte sind von keiner Zeitung wortwörtlich übernommen worden. In 8 von 100 Fällen wurde der dpa-Titel lediglich minimal abgewandelt (z.B. "Erste Gentherapie" statt "Erstmals Gentherapie"). Alle anderen Redaktionen haben die Überschriften der Agentur substantiell verändert. In welcher Weise dies geschah, soll am Beispiel der Zusammenfassung der Tagesereignisse vom 4. Mai 1994 (dpa 1, siehe oben) illustriert werden. Der Originaltitel lautete: "Erstmals Gentherapie in Deutschland - Berlin vor Freiburg." Zu dieser Überschrift haben die Redaktionen drei Varianten formuliert:

---

[12] Es kommt vor, daß die Umstände in vergleichbaren Situationen weniger günstig sind: "Wenn der einzige dpa-Wissenschaftsredakteur auf Dienstreise ist, brechen in Hamburg die Dämme, und aller Schund ergießt sich ungefiltert in die Regionalpresse," so der Wissenschaftsredakteur der *Frankfurter Allgemeinen Zeitung*, Rainer Flöhl (zit. nach Pietzsch 1991: 17).

- Es wurde ergänzt, daß die ersten Gentherapien in Deutschland im Zusammenhang mit der *Krebsbehandlung* stehen (28 mal);
- die *Warnung vor falschen Hoffnungen* ist 14 mal in die Überschrift mit aufgenommen worden;
- die Aussage zur *Konkurrenzsituation* ("Berlin vor Freiburg") wurde 19 mal *abgemildert* in die neutrale Feststellung, daß in *Berlin und Freiburg* Gentherapie-Studien durchgeführt worden sind.

Insgesamt gesehen wurde durch die Bearbeitung des Titels - vor allem durch die Ergänzungen in den Ober- oder Unterzeilen - die Präzision im Vergleich zur Schlagzeile der Presseagentur erhöht. Ein anderes Bild ergibt sich, wenn man diejenigen Überschriften in den Blick nimmt, die von den Redakteuren völlig neu formuliert worden sind, was bei 20 aller 100 dpa-bezogenen Artikel der Fall war. Diese Neuschöpfungen waren teils *abwegig* (z.B. "Ein Versuch in Freiburg. Vier Anträge bewilligt"); teils *falsch* (z.B. "Erste Gentherapie: Killerzellen töteten Nierenkrebs"); teils - in ihrer Kürze - *unsinnig* (z.B. "Kaum noch Hoffnung"). Die in der Accuracy-Forschung wiederholt gemachte Beobachtung, daß irreführende Überschriften zu den Hauptproblemen im Wissenschaftsjournalismus gehören (Pulford 1976: 121), läßt sich in unserem Fall noch präzisieren: Als Fehlerquelle hat sich der Impuls der Redakteure erwiesen, ohne eigene Recherche eine eigene, unverwechselbare Überschrift zu formulieren.

Textbearbeitungen:

Den Text von dpa 1 haben nur 5 von 63 Zeitungen, die diese Meldung aufgegriffen haben, *unverändert* übernommen.

- Bei den *einfach gekürzten Fassungen* (im üblichen Verfahren, d.h. 'von hinten angefangen'; 16 mal) sind u.a. die Freiburger und Berliner Verfahrensdetails herausgelassen worden. Weggefallen ist in allen Fällen die Quintessenz der Agenturmeldung: "Gentherapie sei aber nicht als Ersatz für bisherige Behandlungsmethoden zu sehen, sondern als Ergänzung zu einem 'integrativen Konzept', dämpften die Forscher zu große Hoffnungen. Es handle sich nur um eine Station in einer langen Reihe von Behandlungen."
- Bei *Kürzungen im Text* (25 mal) sind in erster Linie Angaben zur Organisation der Studien und die detaillierten Beschreibungen der Versuche weggefallen. Gekürzt worden sind aber auch - und das ist bedeutsamer - die Warnungen der Wissenschaftler vor übertriebenen Erwartungen.
- *Neuzusammenstellungen* (d.h. Kürzungen und Ergänzungen oder andere Formulierungen) gab es schließlich in 17 Artikeln, wobei auf Material aus den anderen dpa-Meldungen vom selben Tag zurückgegriffen wurde. Aus der 11.45 Uhr-Meldung wurde z.B. der Hinweis übernommen, es handele sich bei der

Gentherapie um eine "ethisch umstrittene Methode". Im Zuge der Neuzusammenstellung entfiel 8 mal eine der Warnungen vor falschen Hoffnungen bzw. es wurden dezidiert falsche Hoffnungen geweckt (mit Formulierungen wie "erste Erfolge in der Gentherapie").

Die Tendenz der Textbearbeitungen ist offenkundig: Die Warnung vor übertriebenen Erwartungen an die Gentherapie, der in dem dpa-Bericht viel Platz eingeräumt wurde, ist aus eben diesem Grund (um Platz zu sparen) von den Redaktionen mehr oder weniger drastisch gekürzt worden. Das krasseste Beispiel hierfür liefern die Berichte in der *Braunschweiger Zeitung* und *Der neue Tag*, Weiden, in denen die Aussage "Das Wachstum der Töchtergeschwulste sei gestoppt worden, doch bestehe für den Patienten kaum Hoffnung" um den zweiten Halbsatz gekürzt und dadurch zu einer uneingeschränkten Erfolgsmeldung verfremdet worden ist. Symptomatisch ist schließlich die 'Nieren*fell*krebs-Epidemie', die sich nach der Veröffentlichung von dpa 1 in der deutschen Zeitungslandschaft verbreitet hat. Obwohl dpa in einer kurze Zeit später verschickten Richtigstellung die Redaktionen auf den Tippfehler (es ging - wie gesagt - um Nieren*zell*krebs) aufmerksam gemacht hat, enthält fast die Hälfte der entsprechenden Presseartikel (31 von 63) die falsche Schreibweise. Dazu einer unserer Gutachter:

> "Das deutet natürlich darauf hin, daß wir ein Problem mit unserem Wissenschaftsjournalismus haben. Weil es für jeden einsichtig ist, der nur ein simples Lexikon aus dem Schrank nimmt, daß es so etwas nicht gibt, und daß es sich hier um einen einfachen Druckfehler handeln muß." (Experte A)

Dem "Nierenfell" vergleichbare Fehler finden sich auch in den Autorenberichten - zum Beispiel alle erdenklichen Varianten der Schreibweise des Vornamens Burghardt (Wittig). Die *Taz* ernennt - originell wie immer - *Bernhard* Wittig zum Hauptakteur. Man kann derartige Unkorrektheiten als Lappalien abtun oder aber mit Lutz M. Hagen der Auffassung sein, daß "die Häufigkeit geringfügiger Fehler in einer repräsentativen Stichprobe (...) ein guter Indikator für die allgemeine Sorgfalt des Mediums" ist (Hagen 1995: 216).

3.3 Fehler in den Autorenberichten

Die *Bild*-Zeitung bringt in ihrer Ausgabe vom 5. Mai auf der Titelseite ein Foto von Burghardt Wittig, dazu die Schlagzeile "Medizin-Sensation: Berliner Arzt - Gen-Spritze gegen Krebs." Der Ausdruck "Gen-Spritze" weckt Wittig zufolge falsche Assoziationen: "Jemand möchte ein einzelkausales Agens haben, eine Pille oder eine Spritze - ich denke, das ist so eine tiefe Sehnsucht auch der Kranken, weshalb es hier verwendet wird. Aber es entspricht natürlich überhaupt nicht dem Informationsgehalt." Dazu Experte B: "Der Leser wird denken, daß direkt Gene, genetisches Material verabreicht wird, was ja in dem Fall nicht so war. Es sind gentechnisch manipulierte Zellen zurückgegeben worden, nicht aber irgendwelche Gene."

Auf Kritik stößt darüber hinaus die Zuspitzung der *Bild*-Berichte auf die Person Wittig, die sich auf den Innenseiten mit einem Kurzporträt des Wissenschaftlers als Star der Geschichte fortsetzt. Zwar werden auch die beiden anderen Projektverantwortlichen, Dieter Huhn (falsch als "Nierenspezialist" bezeichnet) und Ingo Schmidt-Wolf namentlich genannt, ansonsten aber wird die Therapiestudie als Ein-Mann-Unternehmen dargestellt. Diese Form der Personalisierung hatte für Burghardt Wittig unangenehme Folgen. Der fälschlicherweise als "Arzt" bezeichnete Grundlagenforscher war den Patienten der onkologischen Station des Virchow-Klinikums gänzlich unbekannt, weshalb sie irritiert und verunsichert auf den *Bild*-Bericht reagieren. Ähnlich fällt die Reaktion des Onkologen Ingo Schmidt-Wolf aus, der an der Konzeption und Organisation des Berliner Therapie-Experimentes maßgeblichen Anteil hatte, und nun während eines Urlaubes auf Fuerteventura aus der *Bild*-Zeitung von den Ereignissen in Berlin erfährt. Weil er sich übergangen fühlt, sendet Schmidt-Wolf ein Fax an die Redaktion des *Focus*, in dem er sein Befremden über die Medienpräsenz seines Kollegen Wittig zum Ausdruck bringt. *Focus* schlachtet diese 'Gegendarstellung' weidlich aus.[13] Das Arbeitsklima in dem Berliner Forscherteam ist nach diesen Vorfällen merklich getrübt.

Typisch *Bild*, könnte man meinen, wenn nicht auch die anderen Autorenberichte vergleichbare Mängel aufweisen würden. Auch *Focus* ernennt den Molekularbiologen Wittig fälschlicherweise zum "Therapeuten", auch auf der Titelseite des *Spiegel* findet sich der mißverständliche Begriff "Gen-Spritze", auch der *Tagesspiegel* stellt in seinem Hintergrundbericht die Person Wittig in einer Weise heraus, die einer unserer Gutachter als "emotional baggage" bezeichnet, mit dem wertvoller Platz für Sachinformationen vertan werde. Viele 'seriösere' Printmedien unterscheiden sich in diesem Fall mit anderen Worten nur graduell, aber nicht substantiell vom *Bild*-Zeitungsstil. Am prägnantesten kommt dies in der folgenden Stellungnahme zum Ausdruck:

> "Das ist eine Sache, wo man im Grunde schon an der Überschrift sieht, hier [bei *Bild*] werden die Dinge so vereinfacht, daß sie grandios nicht mehr stimmen. Ansonsten sehe ich in diesem Artikel eigentlich keine Darstellung, die schlimmer wäre, als sie die anderen geschrieben haben. Es ist eben einfach nur noch kürzer, ein bißchen mehr direkte Rede und es wird großen Wert auf das Alter der einzelnen Leute gelegt, also lauter Einzelheiten, die schon mehr ans Fernsehpublikum appellieren." (Experte A)

Ein entscheidender Unterschied zwischen dem 'Boulevardjournalismus' und dem 'Qualitätsjournalismus' bleibt jedoch erhalten: Der *Bild*-Zeitungstext ist extrem kurz, neben der human interest story enthält er nur wenig Sachinformationen. Man kann dem *Bild*-Bericht deshalb jede Menge Auslassungsfehler attestieren (daß der Teamcharakter der Forschungsarbeit zugunsten einer Heldengeschichte entfällt, ist nur eines der Beispiele hierfür). In den anderen Autorenberichten finden sich deutlich mehr Hintergrundinformationen zum Beispiel zu den verfahrenstechnischen

[13] Siehe den Beitrag "Konflikt um erstes Gentherapie-Projekt. Wer ist der wahre Gen-Pionier? Ein Molekularbiologe und ein Arzt streiten um den Titel", *Focus* 20 /1994.

Details. Ein auf den ersten Blick paradoxer Effekt der Accuracy-Methodik ist nun, daß die längeren Berichte dadurch 'unter dem Strich' keineswegs akkurater erscheinen. Wer mehr über die komplizierte Materie der Grundlagenforschung schreibt, läuft unweigerlich Gefahr, dabei auch mehr Fehler zu machen. Die Textkritik verlagert sich also von den Auslassungsfehlern zu den Faktenfehlern. Ein gutes Beispiel hierfür ist der Bericht in der *Berliner Morgenpost.* Die von uns befragten Gutachter erkennen an, daß die Verfasser des Artikels bemüht sind, ihren Lesern einen genaueren Einblick in die molekularbiologischen Zusammenhänge zu vermitteln. Aber genau das erweist sich als Quelle des Irrtums. Beispielsweise heißt es in der *Morgenpost*: "An diesem Zellgemisch sollen die Killerzellen des Immunsystems, angelockt vom Interleukin, im Körper lernen, wie die Krebszellen aussehen." Dazu der Kommentar:

> "Die Killerzellen lernen ja nicht, die Krebszellen zu erkennen, sondern die Zellen, die Krebszellen erkennen können, werden verstärkt zur Teilung angeregt. Es ist nicht so, daß die Zellen von sich aus jetzt die Möglichkeit haben, unterschiedliche Ziele zu erkennen, sondern sie haben eine vordeterminierte Spezifität. Und man muß halt die mit der richtigen dazu bringen, daß sie sich teilen und aktiv werden. Insofern ist das sachlich nicht ganz richtig." (Experte B)

Derselbe Effekt der Problemverlagerung von den Auslassungsfehlern zu den Faktenfehlern ist in den Accuracy Studies immer wieder beobachtet worden. Bereits 1953 hat Raymond Tarleton die Fehlerquote in leichter und schwerer verständlichen Wissenschaftsberichten miteinander verglichen. Die meisten Fehler fanden sich dabei in den mit Abstand anspruchvollsten Beiträgen der *New York Times* (Tarleton 1953: 70 f.). Auch in einer Analyse der Berichterstattung über die vermeintlich einem Herzinfarkt vorbeugenden Wirkungen von Aspirin, die Fred Molitor 40 Jahre später durchgeführt hat, schneidet die *New York Times* vergleichsweise schlecht ab (Molitor 1993).[14] Eleanor Singer schließlich kommt in ihrer Akkuratheitsstudie über die Darstellung von Gesundheitsgefahren in den amerikanischen Medien - auch hier ist die *New York Times* einbezogen - zu folgendem Resümee: "The large number of stories containing substantially inaccurate statements is cause for concern. These statements are not matters of judgement (...) nor, finally, do they appear in fly-by-night media; on the contrary, these media are the crème de la crème of the mass communications world. Clearly, our findings point to a need for some remedial training, whether in journalism schools or on the job" (Singer 1990: 114). Dieselbe Schlußfolgerung könnte man auch aus den Ergebnissen unserer Expertenbefragung ziehen.

[14] Die Arbeit von Molitor weist, was ihren Public Health-Bezug und ihren Fallstudien-Charakter angeht, einige Gemeinsamkeiten mit unserem Projekt auf. Die Materialbasis - fünf Autorenberichte aus den fünf auflagenstärksten US-Zeitungen - ist jedoch deutlich schmaler. Zu Molitors 'Aspirinstudie' siehe auch den Beitrag von Westhoff im vorliegenden Band.

3.4 Exkurs über Pressekonferenzen und "artifizielle Idiotie"

Nach der Veröffentlichung der Eilmeldungen durch dpa klingelte im Institut für Molekularbiologie der FU Berlin pausenlos das Telefon. Die anrufenden Redakteure wurden mit ihrer Bitte um Interviewtermine auf den nächsten Tag vertröstet. Am 5. Mai standen dann gleich vier Kamerateams sowie rund ein Dutzend Fotografen und Reporter vor dem Institutsgebäude, weshalb einer der Journalisten vorschlug, im Büro von Burghardt Wittig eine Pressekonferenz zu improvisieren. Zuvor erhielten die Medienvertreter die Gelegenheit, die Labore zu besichtigen und mit den Mitarbeitern des Forscherteams zu sprechen. Die Pressekonferenz dauerte exakt eine halbe Stunde, fünf Minuten nach ihrem Beginn traf Dieter Huhn ein, der per Telefon von seinem Kollegen Wittig hinzugebeten worden war. Bei der Mehrzahl der anwesenden Medienvertreter handelte es sich offenbar nicht um Fachjournalisten, nur in wenigen Fällen ist aus der Fragestellung irgendeine Art von Hintergrundwissen zu erkennen. Die meisten Fragen nahmen entweder auf die Zeitungsberichte vom selben Tag Bezug oder waren Nachfragen zu den vorangegangenen Stellungnahmen. Dabei ging es in erster Linie um die Erläuterung der Wirkprinzipien und der Erfolgsaussichten der Gentherapie. Die beiden Experten wurden hier mehrfach um Übersetzungshilfen für den Laien gebeten (mit Wendungen wie "Heißt das, landläufig ausgedrückt, ..."). Vor allem Burghardt Wittig hat sich darum bemüht, möglichst wenig Fachbegriffe zu verwenden und seine Antworten auf kurze, prägnante Statements zu beschränken. Um so auffälliger ist, daß es sich bei 9 der 40 Journalistenfragen um beinahe wortwörtliche Wiederholungen von Fragen handelt, die bereits zuvor beantwortet worden waren. So lautet Frage 20: "Muß bei jedem einzelnen Fall die Ethikkommission entscheiden?" und Frage 26: "Muß jedesmal wieder die Ethikkommission darüber entscheiden?" Zum Teil könnte man diese Redundanzen auf das Interesse der Journalisten zurückführen, ein- und denselben Sachverhalt sowohl aus der Sicht des Grundlagenforschers (Wittig) wie der des Klinikers (Huhn) geschildert zu bekommen. In der Mehrzahl der Fälle richten sich diese Doppelt- und Dreifachfragen aber an denselben Adressaten. Burghardt Wittig sagte hierzu im Interview: "Ich war sehr verwirrt, weil - ich dachte immer, ich habe das doch gerade beantwortet."

Es wäre voreilig, derartige Wiederholungsfragen als Indiz für die Ungeschicklichkeit oder Unaufmerksamkeit der anwesenden Journalisten zu werten. Es scheint sich vielmehr um ein kalkuliertes Sprachspiel zu handeln, das man auf den Begriff der "artifiziellen Idiotie" bringen könnte. Das Kalkül hinter dieser Fragestrategie beschrieb die Wissenschaftsjournalistin Barbara Ritzert im Gespräch mit uns wie folgt:

"Es gibt einen Effekt hier, den ich schon früher beobachtet habe, der wird oft nicht berücksichtigt von den Wissenschaftlern. Ich habe das mal bei einer Pressekonferenz zu Interferon erlebt, was da für Mechanismen ablaufen. (...) Vor uns sitzt eine Expertenriege, die machen ihr Statement mit der gebotenen wissenschaftlichen Zurückhaltung und Vorsicht. Dann sind ein paar schnelle Jungs dabei, denen ist das alles zu vage, die bohren nach. Und dann kriegen Sie eine Spirale, wo die Aussagen der Wissenschaftler durch das ständige Nachbohren leichtsinniger werden."

Nachdem er bereits zweimal ausführlich und anschaulich die Wirkungsweise der Berliner Gentherapie-Variante erläutert hat, wird Burghardt Wittig auf der Pressekonferenz zum dritten Mal die Frage gestellt:

Journalist: *... und wie wirkt das?*

Wittig: *Das habe ich Ihnen bereits schon gesagt.*

Journalist: *Nicht wie es wirkt, sondern das Ergebnis dieser Wirkungen meine ich jetzt ...*

Wittig: *Das Ergebnis der Wirkungen sollte im Idealfall sein, daß diese Zellen es schaffen, die Tumoren aufzufressen - um es ganz klar zu sagen.*

Auf eine solch drastische Weise hat sich Wittig von sich aus sonst nicht geäußert. Das Sprachspiel der Journalisten scheint darauf angelegt zu sein, die Wissenschaftler selber zu eben jenen Vereinfachungen, Übertreibungen und waghalsigen Trendextrapolationen zu veranlassen, die den Accuracy Studies zufolge zu den Standardfehlern der Wissenschaftsberichterstattung gehören.

3.5 Fehler in den Fernsehnachrichten

Die Bilder von der Pressekonferenz waren am Abend des 5. Mai 1994 in allen Nachrichtensendungen des deutschen Fernsehens zu sehen. Wir haben daher die in den Fernsehnachrichten verwendeten O-Töne im Detail mit dem Videomitschnitt der Pressekonferenz verglichen. Darüber hinaus haben wir die Gentherapie-Beiträge[15] zwei Experten zur Begutachtung vorgeführt, zum einen unserem "Kronzeugen" Burghardt Wittig, der damals in vier Nachrichtensendungen als Studiogast aufgetreten ist; zum anderen einem auf Medizinthemen spezialisierten Fernsehredakteur, der an der Berichterstattung im Mai 1994 nicht beteiligt war ("Journalist X").

Wir konzentrieren uns im folgenden auf die Frage der Bildauswahl durch die Nachrichtenredaktionen - ein Aspekt, der nicht nur für das Medium Fernsehen von besonderer Bedeutung ist, sondern auch besondere Anforderungen an die Medien-

---

[15] Über die Gentherapie-Premiere berichtet haben die Sender ARD (*Tagesschau* & *Tagesthemen*), ZDF (*Heute* & *Heute Journal*), B1 (*Abendschau*), RTL (*Guten Morgen Deutschland* &*Nachtjournal*) und 1A (*Der Tag*).

kritik stellt, da sich nur bedingt objektivierbare Kriterien dafür angeben lassen, ob eine Bildsequenz "falsch" oder "richtig" eingesetzt wurde.[16] Bemerkenswert ist deshalb, daß die beiden Experten in ihrer Beurteilung der Beiträge weitgehend übereinstimmten. Vorausgeschickt werden muß, daß die Möglichkeiten zur visuellen Umsetzung der Geschichte dadurch eingeschränkt waren, daß Aufnahmen innerhalb der Berliner Klinik sowie Bilder des gentherapeutisch behandelten Patienten von den Ärzten untersagt worden waren. Diese Entscheidung wurde getroffen, nachdem Mitarbeiter der *Bild*-Zeitung tagsüber - ohne sich zu erkennen zu geben - die onkologische Station des Rudolf Virchow-Klinikums betreten und in den Krankenakten auf einem Visitewagen geblättert hatten, um die Versuchsperson ausfindig zu machen.

Die Auswahl von O-Tönen aus der Pressekonferenz (insgesamt 13 Statements in 6 Beiträgen) wurde wenig beanstandet. Den journalistischen Gepflogenheiten entsprechend kamen Wittig und Huhn immer dann zu Wort, wenn es mehr um die *Bewertung* als um die *Darlegung* der Fakten ging, also zum Beispiel um die Warnung vor verfrühten Hoffnungen. Ansonsten wurde die Rekapitulation der Ereignisse im Fernsehen über weite Strecken mit einem "Bildteppich" (Journalist X) aus Archivmaterial, Außenaufnahmen und Schnittbildern vom Schauplatz der Pressekonferenz unterlegt. Streng genommen sind fast alle dieser Bilder irreführend, weil sie keinen unmittelbaren Zusammenhang zur Meldung herstellen, sondern zu der - in den Fernsehnachrichten immer wieder beobachteten - Text-Bild-Schere führen (siehe Wember 1983). RTL zum Beispiel bebilderte den 25-Sekunden-Beitrag in der Sendung *Guten Morgen Deutschland* mit Archivaufnahmen eines Gentherapie-Experiments, das einen Monat zuvor in Philadelphia durchgeführt worden war und keinerlei Gemeinsamkeiten mit den bundesdeutschen Versuchen aufwies. Zu sehen war u.a. das Bild einer menschlichen Leber auf einer Waage, was die beiden befragten Experten als "zusammenhanglos" bzw. "völlig irreführend" bezeichneten. Aber auch weniger spektakuläres Archivmaterial stieß auf Kritik: "Genauso falsch ist es, da plötzlich einen Mensch im Bett liegend zu zeigen, von dem man vermuten könnte, daß es der Patient ist und der das natürlich nicht war. Es ist irgendein Schnittbild von irgendeinem Menschen in irgendeinem Bett" (Journalist X). Wittig kritisiert dieselbe von der *Tagesschau* und der *Abendschau* verwendete Szene mit der Bemerkung: "Das ist offensichtlich eine Chirurgievorbereitung, was in diesem Fall nicht zutrifft, aber das gehört glaube ich zu den Vorstellungen von Klinik, daß die Leute vermummt sind und in den Betten liegen und durch die Gegend gefahren werden."

Wenn weiter oben davon die Rede war, daß aus Sicht der Befragten "streng genommen" die meisten Archiv- und Schnittszenen "falsch" eingesetzt worden sind, sollte damit bereits eine Relativierung der Fehleranalyse angedeutet werden: Ange-

---

[16] Diese Schwierigkeit mag einer der Gründe dafür sein, warum die wenigen Autoren von Accuracy Studies, die bislang auf TV-Nachrichten eingegangen sind, sich darauf beschränken, die Wortbeiträge zu transkribieren, um das gängige Verfahren der Textkritik durch Gutachter beibehalten zu können (vgl. Moore/ Singletary 1985; Singer 1990).

sichts der Produktionszwänge des "bebilderten Hörfunks" (so der Journalist X über die TV-Nachrichten) halten beide Experten viele der visuellen Unzulänglichkeiten für tolerierbar. Es gibt aber auch optische Kommentierungen, die von beiden Gutachtern als gravierende "Manipulationen" eingestuft wurden. Sie finden sich - mit einer Ausnahme - ausschließlich in den Nachrichtenbeiträgen der privaten Fernsehsender. Das RTL-*Nachtjournal* etwa leitet seinen Filmbeitrag mit Bildern krebskranker Kinder ein, dazu aus dem Off der Kommentar: "Für die Kinder in der Krebsklinik Greifswald kommt die Gentherapie wahrscheinlich zu spät." Bilder krebskranker Kinder gehören seit langem zu den Ikonen des Medizinjournalismus - die RTL-Redaktion knüpft an diese Tradition an, um dem Prinzip des "Infotainment" entsprechend die Aufmerksamkeit der Zuschauer zu erregen, obwohl dies mit den Ereignissen des Tages nichts zu tun hat. Das RTL-*Nachtjournal* liefert im übrigen den einzigen Filmbeitrag, in dem ein Kritiker der Gentherapie zu Wort kommt. Es handelt sich dabei um den schon von dpa zitierten Vertreter des Gen-ethischen Netzwerkes Wolfgang Löhr, der bei RTL fünf Sekunden lang zu sehen ist und sagt: "Es gibt keinerlei Gesetze in der Bundesrepublik, die speziell die Gentherapie abdecken." Dazu der Kommentar des Fernsehredakteurs: "Kein Mensch weiß im Grunde genommen, was das Gen-ethische Netzwerk ist, wenn man sich nicht damit beschäftigt hat. Der hockt da plötzlich drin mit einem ganz kurzen Satz, da sagt man doch: Wie bitte? Was war denn das?"[17]

Aber nicht nur die Schnittbilder, sondern auch die Sprachbilder der Privatsender stießen auf Kritik. Im RTL-*Nachtjournal* heißt es zum Beispiel: "Die Genbastler wissen noch nicht, ob sie nun die Wunderwaffe gegen bisher unheilbare Krankheiten in den Händen halten" - obwohl Burghardt Wittig in der Pressekonferenz auf die direkte Frage des RTL-Reporters hin den Gebrauch der Metapher "Wunderwaffe" ausdrücklich abgelehnt hatte. Auffällig ist, daß der Film im RTL-*Nachtjournal* deutlich mehr und gravierendere Fehler enthält als der kürzere und 18 Stunden früher ausgestrahlte Beitrag in der RTL-Sendung *Guten Morgen Deutschland.* Mehr Vorbereitungszeit führt also nicht unbedingt zu größerer Akkuratheit.[18] Daß es sich bei der beanstandeten Art der Berichterstattung nicht um eine unter dem Zeitdruck unvermeidliche Fehlinformation handelt, belegt das Gegenbeispiel des *Heute Journals*. O-Ton, Trickfilm und Studiogespräch wurden hier in einer Weise eingesetzt und aufeinander abgestimmt, die beide Gutachter unabhängig voneinander als vorbildlich bezeichnet haben.

[17] Wolfgang Löhr hat seine Kritik an den fehlenden gesetzlichen Grundlagen der Gentherapie-Versuche in mehreren Zeitungsartikeln wiederholt. Die anderen von uns befragten Experten halten diese Kritik für irreführend, weil sie suggeriert, daß die Versuche "in einem luftleeren Raum" stattfänden, obwohl es klare Richtlinien zur Genehmigung und Überwachung derartiger Therapie-Experimente gebe.

[18] Dies gilt in ähnlicher, wenn auch weniger ausgeprägter Form ebenso für die unterschiedliche Bewertung der Filmbeiträge in der *Tagesschau* und den *Tagesthemen*.

4. Zwischenbilanz zur Methodik

Wir hatten eingangs begründet, warum wir die in der Accuracy-Forschung gängige Vorgehensweise - postalische Befragung, ein Gutachter pro Artikel - durch Interviews mit mehreren Experten ersetzt haben. Neben dem Zugang zu Hintergrundinformationen über den Ablauf der Ereignisse bietet dieses Vorgehen mindestens drei Vorteile:

1. In den Interviews kommen auch *positive Kriterien* für die Beurteilung der Wissenschaftsberichterstattung zur Sprache. Ein Beispiel hierfür sind die computeranimierten Grafiken, die in 5 von 8 Fernsehbeiträgen zur Veranschaulichung des Wirkprinzips der Gentherapie eingesetzt und sowohl von dem Wissenschaftler wie dem Fernsehjournalisten als ausgesprochen informativ bezeichnet wurden.[19]
2. Die Befragung mehrerer Experten ermöglicht es, den *Urheber der Fehlinformation* genauer zu bestimmen. Unsere Gutachter kritisierten nämlich keineswegs nur journalistische Unkorrektheiten, sondern auch Aussagen anderer in den Artikeln direkt oder indirekt zitierter Experten. Zwei Beispiele:

   Wittigs Aussage "Wir arbeiten 18 Stunden jeden Tag, im ständigen Wettbewerb mit der Zeit motivieren wir uns" (*Stuttgarter Zeitung,* 7.5.94) kritisiert einer der Gutachter als unsachlich, weil übertrieben: "18 Stunden arbeiten Wissenschaftler oft, aber doch nicht jeden Tag." (Experte B)

   Detlef Ganten, Leiter des Max-Delbrück-Centrums für molekulare Medizin in Berlin-Buch, wird im *Spiegel* (19/ 1994: 223) mit der Äußerung zitiert "Wie eine 'Therapie des Mittelalters' würden sich schon bald die heute gebräuchlichen 'chemischen Keulen' der Pharmaindustrie ausnehmen." Dieses Zitat – vorausgesetzt, es wurde korrekt wiedergegeben – stieß bei einigen Gutachtern auf scharfe Kritik. Es sei verantwortungslos, Krebspatienten, für die es auf absehbare Zeit keine Alternative gebe zu der zweifellos belastenden, in vielen Fällen aber eben doch wirksamen Chemotherapie, durch eine solche Pauschalaussage zu verunsichern.[20]

---

[19] Diese Form der Animation kommt dem Vorschlag von Bernward Wember nahe, die sonst übliche Text-Bild-Schere in Nachrichtenbeiträgen dadurch zu vermeiden, daß abstrakte Daten oder komplexe Zusammenhänge in Trickfilmen visualisiert werden. Wembers Vorschlag ist damals (1983) wegen der kruden Machart seiner eigenen Fernsehgrafiken von den Routiniers des Gewerbes belächelt worden. Die Computeranimation hat jedoch völlig neue Möglichkeiten geschaffen, umWembers Grundidee in die Praxis umzusetzen.

[20] Gantens Stellungnahme ist kein Einzelfall. Im Rahmen unserer Inhaltsanalyse der Krebsberichterstattung in den Jahren 1994 bis 1999 hat sich gezeigt, daß die radikalste öffentliche Kritik an der konventionellen Radio- und Chemotherapie in diesem Zeitraum nicht von den Vertretern der sogenannten Alternativmedizin, sondern von den Repräsentanten der molekularen Medizin formuliert worden ist. Für Furore sorgten u.a. die Presseinterviews des Berliner Molekularbiologen Michael Strauss, die die Deutsche

Derartige Vorbehalte gegenüber den Äußerungen anderer Experten wären bei der herkömmlichen Vorgehensweise mit großer Wahrscheinlichkeit als journalistische Fehler verbucht worden, da in den gängigen Kategorienschemata nicht zwischen den Urhebern der kritisierten Aussagen unterschieden wird.

3. Das Prinzip der Triangulation von Perspektiven erleichtert es, den Faktor *Lesegenauigkeit* zu kontrollieren. Die Vermutung von Robert McCall, Wissenschaftlern falle bei einmaligem Lesen allenfalls die Hälfte der real vorhandenen Fehler in einem Presseartikel auf (McCall 1988: 89), läßt sich durch unsere Studie empirisch bestätigen. Selbst bei der vierten, fünften oder sechsten Begutachtung relativ kurzer Texte (wie z.B. der Agenturmeldungen) traten noch neue, bis dahin von den anderen Experten nicht beanstandete Fehler zutage. Die in der Accuracy-Forschung ermittelten Anteile fehlerfreier Artikel an der Gesamtzahl der untersuchten Berichte[21] stellen deshalb unserer Ansicht nach - zumindest was den Wissenschaftsjournalismus anbelangt - methodische Artefakte dar, die sich aus der Ungenauigkeit des gewählten Begutachtungsverfahrens ergeben. Wenn man das von uns gewählte Verfahren anwendet, tendiert die Zahl der völlig fehlerfreien Artikel gegen Null.[22] Von den insgesamt 125 Presse- und Fernsehberichten der ersten beiden Tage des von uns untersuchten Medienereignisses ist kein einziger fehlerfrei. Von den 29 Autorenberichten, die in den darauffolgenden drei Wochen erschienen sind, läßt sich dies nicht mit Sicherheit sagen, weil hier neue Fakten hinzukommen, die den Gutachtern nur zum Teil vorgelegen haben. Für den Gesamteindruck ist es unseres Erachtens aber auch nicht entscheidend, ob der Anteil inakkurater Beiträge nun bei 100%, 99,5% oder 95% liegt - er bleibt in jedem Fall exorbitant hoch.

Um Mißverständnissen vorzubeugen: Wir möchten dieses Ergebnis nicht als vernichtendes Urteil über die Defizite des Wissenschaftsjournalismus verstanden wissen. Aus unserer Sicht ist daraus vielmehr dieselbe Schlußfolgerung zu ziehen, die Mitchell V. Charnley bereits in seiner Pilotstudie aus dem Jahr 1936 angedeutet hat (ebd.: 401): daß man nämlich Akkuratheit als journalistisches Gütekriterium nicht verabsolutieren darf, sondern gegen die Gebote der Aktualität und der Allgemein-

---

Krebsgesellschaft zu einer vehementen Gegendarstellung veranlaßten (siehe "Krebs: Jede zweite Therapie ist überflüssig", *Stern*, 25.4.96; "Krebs ohne Bremse. Ein Berliner Biologe hält Tumortherapien oft für chancenlos", *Die Zeit*, 26.4.96). Auch Burghardt Wittig hatte die Chemotherapie in der Pressekonferenz vom 5.5.94 mit der "biologischen Kriegsführung" verglichen, sie zugleich aber als derzeit unverzichtbar bezeichnet.

[21] Bei Charnley (1936) waren 54 % der untersuchten Artikel fehlerfrei, bei Brown (1965) 59,5%, bei Berry (1967) 46,3%, bei Blankenburg (1970) 40,1%, bei Pulford (1976) 29,4%. In einige Untersuchungen waren u.a. die Lokal- und die Sportberichterstattung mit einbezogen, die zweifellos geringere Anforderungen im Hinblick auf die akkurate Wiedergabe von Fakten stellen.

[22] In diesem Sinne kann man auch die bereits erwähnte Studie von Tankard und Ryan (1974) interpretieren. Die Autoren haben das mit Abstand umfangreichste Kategorienschema entwickelt, um die Lesegenauigkeit der Gutachter zu erhöhen, und sind so zu der mit Abstand größten Zahl von unkorrekten Wissenschaftsberichten gekommen (91,2%).

verständlichkeit abwägen muß. Ein Zeitungsartikel kann niemals so ausführlich sein wie der Aufsatz in einer Fachzeitschrift, eine Metapher ist niemals ein Synonym für einen Fachbegriff. Sich aus derartigen Diskrepanzen ergebende Fehler sind also unvermeidlich, zumal den Journalisten gerade bei turbulenten Ereignissen wie denen vom Mai 1994 schlicht die Zeit für das nötige "fact checking" fehlt.[23] Das sehen die von uns befragten Gutachter im übrigen ähnlich, denn nicht selten haben sie ihre Beanstandungen mit Kommentaren relativiert wie "Das mag aber erlaubt sein, diese Vereinfachung" oder "Für meinen Geschmack ist das ein bißchen dramatisch formuliert, aber ich kann mit der Formulierung leben" oder "Ich gebe zu, das ist auch extrem schwierig, das so vereinfacht darzustellen, daß es noch in die Spalte paßt". Ihre Fehlertoleranz deutet darauf hin, daß sich die Wissenschaftler durchaus der Restriktionen des journalistischen Arbeitsalltages bewußt sind.

Und auch diese Relativierungen könnten leicht mißverstanden werden: Ist die Fehlersuche angesichts der journalistischen Darstellungsweise nicht ohnehin zwecklos? Aus Sicht unserer Gutachter muß man diese Frage mit einem klaren 'Nein' beantworten. Sie machen präzise Unterscheidungen zwischen Unkorrektheiten, die sie für 'verschmerzbar' halten, und Fehlern, die jenseits der 'Schmerzgrenze' liegen, aber durchaus vermieden werden könnten. Bei den wirklich gravierenden Kritikpunkten geht es durchweg um die falsche *Deutung* von Fakten und nicht um ihre falsche *Darstellung,* was in Äußerungen wie "Falsch ist nicht was drin steht, sondern die ganze Tendenz ..." zum Ausdruck kommt. Damit ist ein Problem angesprochen, das sich durch die gesamte Literatur der Accuracy Studies zieht: die Differenzierung von Faktenfehlern und Deutungsfehlern.

5. Deutungsfehler im Wissenschaftsjournalismus

Die Fehlerkategorie, die in Charnleys Pilotstudie am häufigsten angekreuzt worden ist, waren die "errors in meaning" (Charnley 1936: 400). Für Irrtümer bei der Deutung des Geschehens hat sich in der weiteren Forschung der Begriff der "subjective inaccuracies" eingebürgert (Dunwoody 1982: 196 f.). Hierzu gehören die Entscheidungen darüber, ob und wann z.B. das Weglassen relevanter Informationen oder das Hervorheben von Nebensächlichem als Fehler gewertet werden, da sie weitgehend von individuellen Interpretationen abhängen. "Objektive Fehler" sind demgegenüber solche, die sich auf leicht verifizierbare Fakten (Namen, Zahlen, Fachbegriffe) beziehen und von keinem der Beteiligten ernsthaft bestritten werden können. Die Unterscheidung von objektiven "inaccuracies of fact" und subjektiven "errors in meaning" deckt sich mit Hallers Differenzierung von "Faktenfehlern" und "Deutungsfehlern" (ders. 1987: 308 f.).

Im Hinblick auf die Aussagekraft der Accuracy Studies bedeutsam ist nun, daß es sich bei den leicht zu verifizierenden Fehlern nur selten um die eigentlich gravie-

[23] Dies betont auch Singletary in seiner Zusammenfassung der frühen Accuracy Studies: "People expect their news to be fresh, and it is the newspaperman's difficult task to make sure as best as he can, that it is also accurate." (Singletary 1980: 6)

renden Kritikpunkte handelt. "Trivial errors in trivial facts are usually the easiest to identify but may not be related to significant matters" (McQuail 1992: 207). Bei den Deutungsfehlern sieht dies anders aus: Hier kann der Journalist die Kritik der Experten mit dem Argument zurückweisen, daß es Ansichtssache ist, ob etwas zu Unrecht weggelassen oder hervorgehoben wurde (Moore/ Singletary 1985: 820). Mit anderen Worten: Was der Experte als eine schwerwiegende Fehlinformation wertet, reduziert sich aus journalistischer Sicht unter Umständen auf einen bloßen Meinungsunterschied. Ein Indiz hierfür ist die Beobachtung, daß der Anteil der Deutungsfehler zunimmt, je mehr Vorbereitungszeit den Journalisten für ihre Berichte zur Verfügung steht (Berry 1967: 487). Anfangs auftretende Faktenfehler dagegen werden im Laufe der Berichterstattung nach und nach korrigiert.

Die Plausibilität der Accuracy-Forschung hängt also nicht unwesentlich von der Frage ab, inwieweit sich die Feststellung von Deutungsfehlern objektivieren läßt. Auch unter diesem Gesichtspunkt reklamieren wir für die von uns gewählte Methodik ein im Vergleich zu den anderen Accuracy Studies höheres Maß an Objektivität, da wir mehrere Experten im Hinblick auf ihre Kritik an Auslassungen und Akzentuierungen in Pressetexten miteinander vergleichen können. Die folgenden Abschnitte beziehen sich auf fünf grundsätzliche Einwände gegen die Darstellung der Gentherapie-Versuche, über die bei den Gutachtern weitgehend Konsens bestand.[24]

Die Stilisierung der Geschichte zum Konkurrenzkampf Berlin - Freiburg

Seit Anfang der 90er Jahre planten mehrere Forschergruppen in Deutschland den Schritt in die klinische Anwendung der Gentechnologie. Schon vor dem Start der ersten Versuche war in der Presse deshalb von einem "Wettrennen" die Rede, getreu der journalistischen Schablone, Entwicklungen in der Wissenschaft mit Metaphern aus der Welt des Sports zu belegen. Am 5. Mai 1994 kam es dann mit den fast gleichzeitigen öffentlichen Erklärungen aus Freiburg und Berlin zu einem dramatischen Finale. Dem bei Agenturberichten üblichen 'Climax-First-Prinzip' entsprechend stellte dpa den vermeintlichen Konkurrenzkampf der beiden Protagonisten Mertelsmann und Wittig an den Anfang der Meldungen. Damit war das Leitmotiv für die Schlagzeilen ("Ein Rennen um den ersten Platz", *Süddeutsche Zeitung*, 6.5.94) und Kommentare ("Unsichtbarer Konkurrent", *Wochenpost*, 11.5.94; "Siegerkranz im Wettforschen", *Die Zeit*, 13.5.94) der folgenden Tage vorgegeben. Um einen *vermeintlichen* Wettkampf handelte es sich insofern, als Mertelsmann und Wittig heute beide darauf bestehen, daß sie sich nie in dieser Konkurrenzsituation gesehen haben und es auch "keine Feindschaft" zwischen ihnen gegeben hat. Das Ganze sei vielmehr "künstlich generiert" durch die Presse. Mertelsmann habe lediglich - business as usual - eine Pressemitteilung veranlaßt, um den Beginn seiner

---

[24] Da sich nicht alle Gutachter zu jedem Problem geäußert haben und einer der Beteiligten als Gegenexperte oft grundsätzlich andere Positionen vertrat, war bei keinem der Deutungsfehler eine hundertprozentige Übereinstimmung zu verzeichnen. Von einem 'weitgehenden Konsens' sprechen wir dann, wenn mindestens vier von sechs Gutachtern dieselbe Ansicht vertraten.

Versuche bekanntzugeben. Dpa habe dies als Deutschland-Premiere in Umlauf gebracht, weshalb sich Wittig genötigt sah, die Dinge richtig zu stellen.

Abb.2: "Die neuen Krebs-Pioniere. Aufbruch in der deutschen Gen-Medizin".

Quelle: Focus, 16.5.1994

Wie stellt man zwei Wissenschaftler, die im Vorfeld der Ereignisse kaum voneinander Notiz genommen haben, als erbitterte Konkurrenten dar? Ein Beispiel hierfür liefert die Titelgeschichte der *Focus*-Ausgabe vom 16.5.94, "Die neuen Krebspioniere - Aufbruch der deutschen Gen-Medizin". Der Artikel basiert u.a. auf einem ausführlichen Gespräch mit dem Leiter der Berliner Forschergruppe. Als er nach dem Interview von den *Focus*-Mitarbeitern darum gebeten wird, in einem weißen Kittel für das Titelbild zu posieren, lehnt Wittig dies zunächst ab, weil er auch sonst nie eine solche Arbeitskleidung trägt. Aber die Journalisten bleiben hartnäckig und begründen dies damit, ohne den Farbkontrast hebe sich das Porträtfoto nicht genügend vom Bildhintergrund ab. Auf dem Titelblatt ist dann tatsächlich Wittig im weißen Kittel zu sehen, links im Hintergrund und mit der Unterzeile "umstrittener Medienstar". Im Vordergrund des Bildes steht dagegen Roland Mertelsmann, der als "anerkannter Professor" tituliert wird (siehe Abb.2). Die Kostümierung nimmt die

Botschaft vorweg, die sich auch durch den Text auf den Innenseiten zieht: Während Mertelsmann als erfahrener Arzt den weißen Kittel zurecht trägt, maßt sich Wittig einen Status an, der ihm als ‘Mäusedoktor’ gar nicht zusteht. Für Wittig grenzt eine solche Form der ‘Recherche’ an Betrug: "Daß dann so eine Montage mit dem Mertelsmann dabei herauskam, den ich zu diesem Zeitpunkt immer noch nicht persönlich kannte, finde ich schon ein übles Ding, muß ich ehrlich sagen."

Der Vorwurf der Geheimhaltung

Wolfgang Löhr, ein Mitarbeiter des Gen-ethischen Netzwerkes und zugleich Wissenschaftsredakteur der *taz*, wird in dem Hintergrundbericht der Deutschen Presseagentur vom 5.5.94 mit der Äußerung zitiert, er sei bei seinen Recherchen in Berlin "auf eine Mauer des Schweigens gestoßen". Tatsächlich hatte die *taz* als einzige bundesdeutsche Tageszeitung bereits Anfang März 1994 darauf hingewiesen, daß die Berliner Forschergruppe bei dem "Wettrennen" um den ersten Gentherapie-Versuch in Deutschland als "Vorreiter" durchs Ziel gehen könnte ("Gentherapie in der Grauzone", *taz*, 7.3.1994). In diesem von Wolfgang Löhr verfaßten Artikel heißt es: "Auf Anfrage der *taz* bestätigte der Grundlagenmediziner Professor Burkhardt (sic!) Wittig zwar, daß man in den Startlöchern sitze, zu weiteren Auskünften war er aber nicht bereit: ‘Wir wollen selbst bestimmen, wann wir damit an die Öffentlichkeit gehen.’" Löhr konstruiert aus diesem Verhalten den Verdacht der Geheimhaltung, den er in einem *taz*-Kommentar vom 9.5.1994 wiederholt. Ähnlich ‘kritisch’ geben sich die Redakteure der Fernsehnachrichten: "Warum haben Sie das so lange verheimlicht?", fragt der Moderator der *Abendschau* den Leiter der Berliner Forschergruppe. Dazu einer unserer Gutachter:

> "Da wurde im Grunde nichts geheim gehalten. Indem Sie einen Forschungsantrag stellen, ist der ja öffentlich. Also die DFG hat jedes Jahr Handbücher, was wo gefördert wird. Da steht alles drin, wenn sich jemand informieren möchte und sich wirklich dafür interessiert. (...) Wissenschaft arbeitet im öffentlichen Raum. Das Problem ist einfach die Hürde des Verständnisses." (Experte A)

Aus Sicht des Wissenschaftlers handelt es sich hier also um ein publizistisches Ausweichmanöver: Da sie von der Studie selbst (zu) wenig verstehen, richtet sich der Anspruch der Journalisten, 'kritisch' zu berichten, auf die Umstände ihrer Veröffentlichung. Dabei geraten fundamentale Prinzipien wissenschaftlichen Arbeitens aus dem Blickfeld. So wurde im vorliegenden Fall außer acht gelassen, daß gerade renommierte Fachzeitschriften wie das *New England Journal of Medicine*, bei dem die Berliner Forschergruppe ihre Arbeit eingereicht hatte, Manuskripte nicht mehr publizieren, wenn deren Inhalt bereits anderswo - insbesondere in den Massenme-dien - veröffentlicht worden ist. Sinn dieser nach Franz J. Ingelfinger, dem ehemaligen Herausgeber des *New England Journal* benannten Regelung, ist es, daß nur solche Ergebnisse an die Öffentlichkeit gelangen, die zuvor einer fachinternen Begutachtung ("peer review") Stand gehalten haben (siehe Angell/ Kassirer 1991). Wittigs Verhalten im Vorfeld der Premierenmeldungen beurteilen die von uns befragten Experten - mit Ausnahme von Wolfgang Löhr - deshalb als "völlig korrektes" wissenschaftliches Gebahren.

Die Aufwertung der deutschen Gentherapie-Versuche zur "Medizin-Sensation"

Der dritte Deutungsfehler, der von der Mehrzahl der befragten Experten als gravierend eingestuft wurde, kommt in Schlagzeilen wie "Medizinische Sensation in Berlin" (*Berliner Kurier*, 5.5.1994) zum Ausdruck. Kommentar:

> "Die Sensation wäre, wenn der Patient geheilt das Haus verläßt, denk ich mal. Allein, daß er mit einer experimentellen neuartigen Therapieform behandelt wird, die weltweit auch gar nicht mehr so neu war zu diesem Zeitpunkt, das ist ein bißchen hoch gehängt." (Experte B)

Die Vorbehalte richten sich darauf, daß die Gentherapie-Premiere allenfalls forschungspolitisch, nicht aber wissenschaftlich von Bedeutung war, da es - gemessen am internationalen Stand der Forschung - in Freiburg und Berlin keine nennenswerten Innovationen gegeben hat.[25] In dem Wettrennen (das eigentlich keines war, siehe oben) ging es also weder um eine "medizinische Pioniertat" (*Die Welt*, 6.5.94), noch um einen "Platz in den Annalen der Medizingeschichte" (*taz*, 9.5.94).

Die Euphorie darüber, daß durch die vermeintlich sensationellen Gentherapie-Versuche in Berlin und Freiburg endlich der Anschluß an den Stand der Forschung insbesondere in den USA geschafft worden ist, wird ironischerweise genau in dem Moment verbreitet, in dem sich in den USA selber Ernüchterung über die Erfolgsaussichten der molekularen Medizin abzeichnete. Ein Blick in das eigene Archiv hätte manchen Redakteur vor dem exzessiven Gebrauch von Superlativen im Zusammenhang mit der Gentherapie bewahren können. Wenige Monate vor der Premiere in Deutschland - im Dezember 1993 - hatte das für Gentherapien zuständige Recombinant DNA Advisory Committee (RAC) der amerikanischen Gesundheitsinstitute zum ersten Mal die Genehmigung einer Therapiestudie verweigert. Der Ansatz des San Diego Regional Cancer Center zur gentechnischen Stimulation des Immunsystems von Patienten mit Hirntumoren war vom RAC als "nicht erfolgversprechend" eingestuft worden. Eine entsprechende Kurzmeldung war Anfang 1994 durch die gesamte deutsche Presse gegangen.

Das Wecken falscher Hoffnungen bei Krebspatienten

Die Gutachter kritisieren einhellig, daß die deutschen Therapie-Studien in einer Weise journalistisch aufbereitet wurden, die bei Krebspatienten und deren Angehörigen unweigerlich zu unrealistischen Erwartungen führen mußte. Dies betrifft insbesondere jene Passagen, in denen von den (angeblichen) Erfolgen der Gentherapie

---

[25] Auch wenn die beiden deutschen Versuche bei einigen wichtigen Parametern wie Zelltyp, Signalstoff und Methode des Gentransfers voneinander abweichen, unterscheiden sie sich jeweils nur unwesentlich von Therapieansätzen, die in den Jahren zuvor bereits in den Vereinigten Staaten erprobt worden waren.

bei den ersten Studien-Teilnehmern die Rede ist. Was aus epidemiologischer Sicht einen *exotischen Fall* darstellt, aus dem keinerlei Schlußfolgerungen zu ziehen sind (in Berlin damals n=1), wird der journalistischen Konvention entsprechend, gesellschaftliche Trends an Einzelschicksalen zu veranschaulichen, in einen *exemplarischen Fall* umgedeutet. Schwer zu überbieten sind in dieser Hinsicht die Überschriften der Berliner *BZ* vom 5.5.1994: "Der Gen-Sieg über den Krebs? Todkranker Patient mit Gentherapie behandelt. Der Erfolg: Das Wachstum der Töchtergeschwulste konnte gestoppt werden."[26] Auf subtilere Art irreführend sind die dpa-Meldungen, in denen die Gentherapeuten zwar mit ihren Warnungen vor zu hohen Erwartungen zu Wort kommen, zugleich aber Sätze stehen wie: "Bislang ist kein Mensch durch das neue Verfahren wirklich geheilt worden, wenn es auch einigen Patienten besser geht" (dpa 2*)*. Laut Dieter Huhn ist der Zusatz eine glatte Fehlinformation:

> "Das stimmt einfach nicht zu dem Zeitpunkt, jedenfalls nicht für die Anwendung der Gentherapie bei Tumorpatienten. (...) aber gerade solche Sätze, die bewirken bei Leuten, die das lesen, natürlich die Hoffnung, 'na ja, es ist denen doch besser gegangen, irgendwas muß also dran sein'. Und dann rufen die an und wollen das bei sich selbst, wenn irgendwie möglich, auch angewandt haben."

Daß Meldungen über neue Therapieverfahren von Krebskranken anders, hoffnungsvoller, gelesen werden als vom Rest der Bevölkerung, ist natürlich auch in den Redaktionen bekannt, die nach solchen Meldungen regelmäßig mit Anfragen überhäuft werden. Das Prinzip Hoffnung, von dem sich gerade die sogenannten "austherapierten" Patienten in solchen Situationen leiten lassen, ist mit dem Horror verbunden, womöglich zu den letzten Opfern im Krieg gegen den Krebs zu gehören, weil der Durchbruch unmittelbar bevorsteht (vgl. hierzu Appel/ Jazbinsek 1999).

Kann man die Journalisten für derartige Reaktionsweisen Betroffener überhaupt verantwortlich machen? Immerhin enthalten fast alle uns vorliegenden Artikel zur Gentherapie skeptische Aussagen über deren Relevanz für die klinische Praxis. Das Problem ist nur, daß diese Aussagen irgendwo in Texten stehen, die mit Schlagzeilen überschrieben sind wie: "Endlich! Krebspatienten können jetzt auf Heilung hoffen" (*Bild*, 5.5.94) oder "Neue Hoffnung im Kampf gegen Krebs und Erbkrankheiten" (*Berliner Morgenpost*, 5.5.94). Das heißt, die Überschrift stimmt nicht mit den Angaben im Text überein, was in der Accuracy-Forschung als ein Mangel an "interner Akkuratheit" bezeichnet wird (McQuail 1992: 210). Wie groß die Diskrepanz sein kann, läßt sich an der Ausgabe des *Spiegel* vom 9.5.94 ablesen (siehe Abb.3). "Die Gen-Spritze. Hoffnung für Krebskranke" lautet die Überschrift zu der Titelgeschichte, deren Text selbst zu Optimismus keinerlei Anlaß bietet. Aber das erfährt man erst, wenn man das Heft bereits gekauft hat. Zu den gängigen Schlagzeilen-Tricks gehört auch, die Überschrift mit einem Fragezeichen zu versehen, wenn darin

---

[26] Wir haben bereits in dem Abschnitt über die dpa-Berichte darauf hingewiesen, daß es sich bei dieser Erfolgsmeldung um die falsche Wiedergabe eines falschen Wittig-Zitates handelt.

etwas behauptet werden soll, was sonst niemand behauptet hat und von den Fakten im Artikel nicht gedeckt wird. Ein gutes Beispiel hierfür ist folgende Schlagzeile in *Das neue Blatt:* "Neue Hoffnung für Millionen. Gen-Therapie – ist der Krebs in zwei Jahren besiegt?"

Abb.3: "Die Gen-Spritze. Hoffnung für Krebskranke"

Quelle: Der Spiegel, 9.5.1994

Erfahrungsgemäß sind es nicht die Autoren der Artikel selber, die der Überschrift einen 'falschen Dreh' geben, sondern ein in der Sache wenig bewanderter Redakteur. Diese Art der Arbeitsteilung im Medienbetrieb begünstigt nicht nur Fehler in der Aufmachung eines Beitrages, sondern führt auch zu einer Diffusion der Verantwortung für derartige Fehler (Dunwoody 1982: 196). Niemand muß sich zu dem zynischen Kalkül bekennen, daß unter dem Vorwand, lediglich über die Hoffnungen der Krebspatienten zu berichten, eben jene Hoffnungen erst geweckt werden, weil dies der Einschaltquote oder der Auflagenhöhe zu gute kommt. Stattdessen können sich die Autoren darauf berufen, "nur" eine Vorlage geliefert zu haben, und der

Redakteur kann darauf verweisen, "nur" eine Vorlage bearbeitet zu haben, die nicht von ihm selber stammt.

Die Darstellung der somatischen Gentherapie als Auftakt zur "Menschenzucht"

Für das Verständnis der Experimente vom Mai 1994 ist der prinzipielle Unterschied zwischen der somatischen Gentherapie und der Keimbahntherapie von grundlegender Bedeutung. Bei der *somatischen* Gentherapie werden Gene in Leber-, Knochenmarks-, Bindegewebs- oder andere Körperzellen transferiert, um das Immunsystem zu beeinflussen und die körpereigene Abwehr gegen Krebszellen zu aktivieren oder die Resistenz von Krebszellen gegen Zellgifte zu verringern. Keiner dieser therapeutischen Effekte - sofern sie sich denn tatsächlich einstellen - würde sich auf etwaige Nachkommen der Versuchsperson übertragen. Insofern ist es irreführend, die Therapiestudien in Berlin und Freiburg in den Kontext der Keimbahntherapie, also der gentechnischen Manipulation von menschlichen Ei- oder Samenzellen, zu stellen. Genau dies geschieht in einem Bericht der Deutschen Presse-Agentur vom 4.5.94 (dpa 2) durch ein Zitat, in dem weder namentlich noch sonstwie charakterisierte "Ärzte" mit dem Vorbehalt zu Wort kommen, sie seien unsicher, ob das Einschleusen von Erbanlagen in den Körper nicht ungeahnte Risiken berge. Dazu Burghardt Wittig: Formulierungen wie "'Eingriff in das Erbgut', das findet bei all diesen Therapien nicht statt. Erbgut ist etwas, was wir weitervererben, das sind die Keimbahnzellen, aber die DNA in den somatischen Zellen ist nun mal kein Erbgut." Als irreführend bezeichnet wurde auch die Aussage in demselben Bericht, die Keimbahntherapie sei "noch nicht versucht worden". Das erwecke den Eindruck, als sei der Keimbahneingriff "eine Option", während er doch tatsächlich in Deutschland durch das Embryonenschutzgesetz verboten ist (so Journalist Y).

Die Nachrichtenagentur gibt damit ein Leitmotiv vor, daß in der Folgezeit insbesondere von der Boulevardpresse ausgeschmückt wird. Der Bericht in der *BZ* vom 7.5.94 beginnt beispielsweise mit den Worten: "Heilung vom Krebs. Vielleicht. Die Berliner-Krebsärzte Prof. Dieter Huhn und Prof. Burkhard Wittig sind auf einem neuen Weg. Das Mittel: Gentherapie. Doch diese Behandlungsmethode hat auch eine Schattenseite: die Angst vor dem gezüchteten Menschen aus dem Labor."[27] In dieselbe Richtung zielt der Nachrichtenbeitrag des Privatsenders 1 A: "Skeptiker allerdings sehen in der Tendenz eine zunehmende Gefahr. Sie befürchten nach der Gentherapie im nächsten Schritt die Genmanipulation und die Entwicklung hin zu gezüchteten Übermenschen und einer künstlichen Intelligenz auf Bestellung. Denn niemand kann bisher absehen, welche Folgen veränderte Erbanlagen haben." Optisch kommentiert wird diese Textpassage durch das Schnittbild eines roten Warn-

[27] Nur am Rande sei vermerkt, daß Professor Wittig nicht "Burkhard" heißt und auch kein "Krebs-Arzt" ist.

schildes mit der Aufschrift "Biohazard". Hier wird ein Frankenstein-Motiv mit Szenen unterlegt, die einem Bestseller wie "The Hot Zone" entnommen sein könnten.[28]

Die 'kritische Sichtweise' mancher Journalisten erschöpft sich also in vagen Assoziationen mit Archetypen des Horror-Genres. Den davon betroffenen Experten fällt es deshalb leicht, sich gegenüber solchen von Sachkenntnis ungetrübten Vorbehalten abzuschotten. Und genau darin, in der Diskreditierung kritischer Nachfragen, könnte einer der gravierendsten Nebeneffekte der Gentherapie-Berichterstattung bestehen. Denn im Gegensatz zu manchen unserer Gutachter halten wir es nicht per se für abwegig, nach möglichen Zusammenhängen zwischen der somatischen Gentherapie und der Keimbahntherapie zu fragen. Man könnte zum Beispiel der Frage nachgehen, welchen Beitrag das bei der somatischen Gentherapie gewonnene Know How im Sinne eines *Technologietransfers* zur Entwicklung der Keimbahntherapie leistet. Eine solche Frage wird in den Berichten über die Gentherapie-Premiere in Deutschland aber weder gestellt noch beantwortet. Dieses Versäumnis läßt sich nicht darauf zurückführen, daß die Journalisten von den Ereignissen im Mai 1994 überrascht und überrollt worden wären. Die Freiburger Arbeitsgruppe um Roland Mertelsmann hatte - wie bereits erwähnt - schon 1992 die Genehmigung zur Durchführung eines Gentherapie-Versuches erhalten und dies nicht nur in der Fachzeitschrift *Nature*, sondern im November 1992 auch in Presse, Funk und Fernsehen kund getan. Die 'publizistische Vorwarnzeit' bis zur Realisierung des Versuches betrug also mindestens 16 Monate.

Festzuhalten bleibt, daß es sich bei den von den Experten genannten Deutungsfehlern nicht um Sachverhalte handelt, die von den Journalisten anders gesehen würden, weil sie aufgrund eigener Recherchen zu einer anderen Einschätzung der Lage gekommen wären. Es finden sich in den Artikeln keinerlei Zusatzinformationen, die die Stilisierung der Gentherapeuten zu Hoffnungsträgern für Krebspatienten oder Horrorfiguren für Naturschützer rechtfertigen würden. Die Auslassungen, Übertreibungen und Einseitigkeiten lassen sich vielmehr allesamt auf das Bemühen zurückführen, aus einem 'Pseudo-Ereignis' ein historisches Datum zu machen.

6. "No win-Situation" - Das persönliche Fazit der beiden Hauptakteure

Die Gentherapie-Premiere in Deutschland haben wir nicht zuletzt deshalb für eine Fallstudie ausgewählt, weil die Protagonisten des Falles, die beiden Leiter der Forschungsgruppen, der Freiburger Onkologe Mertelsmann und der Berliner Molekularbiologe Wittig, zwei unterschiedliche Arten des Umgangs von Wissenschaftlern mit der Öffentlichkeit repräsentieren:

[28] Der Roman "The Hot Zone" von Richard Preston - deutscher Titel: "Tödliche Viren aus dem Regenwald" - war kurz vorher in den USA erschienen, er ist ein Jahr später unter der Regie von Wolfgang Petersen verfilmt worden (Outbreak, USA 1995).

- Roland Mertelsmann betrieb vom Zeitpunkt der Genehmigung des Freiburger Versuches an eine *offensive Aufklärung* unter Nutzung der Massenmedien, weil er - nach eigenen Angaben - so die massiven Ängste vor Gentechnikanwendungen (Anfang der 90er Jahre) in der deutschen Bevölkerung abzubauen hoffte.
- Burghardt Wittig hatte dagegen zunächst den klassischen Weg des Grundlagenforschers eingeschlagen und wollte sich dem *peer-review-Verfahren* unterwerfen: Seine Arbeitsgruppe hatte die Ergebnisse des Berliner Versuches vor der Information der Öffentlichkeit bei einer Fachzeitschrift (dem *New England Journal of Medicine*) zur Begutachtung eingereicht.

Diese unterschiedlichen Ausgangspositionen nähern sich im Verlauf der Ereignisse vom Mai 1994 einander an. Als er sich durch die dpa-Meldung vom 4. Mai benachteiligt sieht, weicht Wittig von seiner ursprünglichen Linie ab und betreibt fortan eine ähnliche Informationspolitik wie die Freiburger Forscher. Er nutzt die Gelegenheit der zahlreichen Pressetermine, um das "unnormale Verhältnis zur Gentechnik" und den "Unsinn des Gentechnikgesetzes" in Deutschland anzuprangern. Rückblickend sehen sich Mertelsmann und Wittig mit ihren Phase-I-Studien zwar nicht als ‘Pioniere der Krebsmedizin’, wohl aber als 'Pioniere der öffentlichen Meinung'. In diesem Sinne ist auch eine Äußerung zu verstehen, die Roland Mertelsmann mit Blick auf die ihm von uns vorgelegten Presseberichte gemacht hat:

> "Man fragt sich ja, was man im Leben für einen wichtigen Beitrag geleistet hat, dann ist mein vielleicht wichtigster diese ganze Pressegeschichte, weil sie die Diskussion in der Öffentlichkeit angefacht hat, was vorher gefehlt hat."

Beide Wissenschaftler halten ihre damalige Entscheidung, in einem frühen Stadium der Gentherapie-Versuche an die Öffentlichkeit zu gehen, auch im nachhinein für vertretbar. Trotzdem würden sich beide heute nicht noch einmal so entscheiden. Dazu Burghardt Wittig:

> "Wahrscheinlich hätte ich heute nicht gesagt: 'Wir waren es.' Sogar sehr wahrscheinlich. Wenn man die Frage an dem Erfolg der Drittmitteleinwerbung messen will, so kann ich nur sagen, das ist völlig nach hinten losgegangen. (...) Also unser Institut ist vielfach gefördert und wir haben inzwischen eines der ersten Gentherapie-Zentren eingerichtet bekommen. Aber das sind im wesentlichen private Initiativen gewesen, für die offizielle Fördersituation bei der DFG oder beim BMBF war das Ergebnis gleich Null. Denn wenn Sie so etwas machen, geht eine Lawine von Neid und Mißgunst auf Sie nieder."

Auch Roland Mertelsmann hat die Erfahrung gemacht, daß es in solchen Situationen schwierig ist, die Erwartungen der scientific community mit denen der Öffentlichkeit in Einklang zu bringen:

> "Wenn man was sagt, kriegt man was auf die Rübe, weil man Publicity-süchtig ist, wenn man nichts sagt, kriegt man eins auf die Rübe, weil man Geheimexperimente macht. Das ist letztendlich eine No win-Situation."[29]

Nach Mertelsmanns Ansicht besteht zu seinem "außerordentlichen Verfahren" (die Bevölkerung über jeden Schritt zu informieren) wegen der veränderten Haltung der Öffentlichkeit gegenüber gentherapeutischen Experimenten inzwischen kein Anlaß mehr, weshalb er heute nicht noch einmal so vorgehen würde:

> "Das ist etwas, was ich gelernt habe. Und da wäre ich sicher in Zukunft sehr zurückhaltend, mich noch mal so gebrauchen zu lassen. Meine Amerikaerfahrung hat mir gezeigt, daß man mit den Dingen, die man tut, an die Öffentlichkeit gehen muß. Auch im Sinne der Aufklärungsarbeit. Aber hier werden Stars aufgebaut, um sie dann wieder fallenzulassen, das ist ein deutsches Jojospiel, das gibt es in Amerika nicht. Das Runtermachen ist eine deutsche Spezialität."

Die letzte Bemerkung spielt auf ein anderes Medienereignis an, bei dem Mertelsmann im Brennpunkt des Interesses stand: Im Sommer 1997 war dem Hämatologen Friedhelm Herrmann die systematische Manipulation von Studienergebnissen nachgewiesen worden. Herrmann galt damals als Koryphäe der Krebs-Gentherapie, seine zahlreichen Arbeiten auf diesem Gebiet waren von namhaften Fachzeitschriften zur Publikation angenommen worden. Der "Fall Herrmann" geriet als der "größte Fälschungsskandal in der Krebsmedizin" in die Schlagzeilen. Von den insgesamt 47 Veröffentlichungen, die auf frei erfundenen Labordaten und fingierten Abbildungen beruhten, hatte Herrmann 28 während seiner Zeit an der Freiburger Universität publiziert. Sein Vorgesetzter war damals Roland Mertelsmann, der bei 25 der inkriminierten Arbeiten als Koautor aufgeführt wird. Eine Untersuchungskommission der Albert-Ludwigs-Universität hatte Mertelsmann deshalb eine Mitverantwortung für die Fälschungen angelastet, obwohl ihm eine aktive Mitbeteiligung oder Mitwisserschaft nicht nachzuweisen war. Entsprechende Verdächtigungen hatte die Zeitschrift *Focus* in Umlauf gebracht,[30] dasselbe Nachrichtenmagazin also, das Mertelsmann noch drei Jahre vorher zum allseits anerkannten Gegenspieler des "umstrittenen Medienstars" Wittig aufgebaut hatte.

Mertelsmann hat dieses "Jojospiel" der Journalisten sichtlich verärgert, das Resümee seiner "Aufklärungsarbeit" in den Medien fällt entsprechend düster aus:

> "Es findet immer eine Überarbeitung der Inhalte statt, um daraus eine Sensation zu machen. Das ist ganz klar meine Erfahrung. Und wenn man weiß, daß sehr viele Journalisten nur noch freie Mitarbeiter sind, das heißt sie werden danach bezahlt, was sie liefern und auf welcher Seite das gedruckt wird, dann ist das ein knallhartes

[29] Mertelsmann bezieht sich hier auf eine Äußerung von Marion Schafft, der Pressesprecherin des Universitätsklinikums Hamburg-Eppendorf, die in einem dpa-Bericht vom 5.5.1994 mit den Worten zitiert wird: "Wenn man voreilig ist, kann das unseriös und eitel wirken. Handelt man zu spät, sieht das aus, als müsse man etwas verbergen."

[30] Siehe "Zum Mäusemelken. Die Spur der Datenfälscher führt ins Labor des prominentesten deutschen Gentherapeuten", *Focus*, 14.6.97.

Geschäft. Mein Eindruck ist, daß das in den Zeitungen zunimmt, daß eine ganz dünne Story mit dicken Schlagzeilen versehen wird."

Man könnte Mertelsmann Befangenheit aufgrund der Berichterstattung über den Fälschungsskandal unterstellen, wenn sich seine Bestandsaufnahme des Medizinjournalismus nicht bis ins Detail mit einer Analyse decken würde, die von Barbara Ritzert, einer der profiliertesten Wissenschaftsjournalistinnen Deutschlands, vorgelegt worden ist:

"Der zumindest in einigen Bereichen wachsenden Medienkompetenz der Wissenschaftler steht keine entsprechende Entwicklung im Journalismus gegenüber, sondern ein Konzentrations- und Schrumpfungsprozeß. (...) Gravierend ist der Personalabbau und das 'outsorcing'. (...) Zunehmend ist das Team von Pressestellen daher mit Journalisten konfrontiert, die keinerlei Grundkenntnisse besitzen, keine Zeit haben, sich einzuarbeiten, oft auch gar kein Interesse an der Thematik haben, aber binnen kürzester Zeit berichten müssen." (Ritzert 1999: 37 f.)

7. Der Eigenbeitrag der Experten zu den Fehlinformationen und das "Lawinenmodell" der Wissenschaftskommunikation

Die bisher ausgeführten Ergebnisse der Akkuratheitsstudie zeichnen kein sonderlich schmeichelhaftes Bild des bundesdeutschen Wissenschaftsjournalismus.[31] In einer überschaubaren Stichprobe von Presseveröffentlichungen über eines der sogenannten "Zukunftsthemen" - die molekulare Medizin - haben die von uns befragten Experten eine Vielzahl von Faktenfehlern sowie fünf gravierende Deutungsfehler ermittelt. Die von Wissenschaftlern so gern geübte Medienschelte scheint demnach durchaus gerechtfertigt zu sein. Aber ist die damit tradierte Rollenverteilung, wonach die Experten für die Fakten und die Journalisten für die Fehler verantwortlich sind, tatsächlich plausibel? Am Beispiel der Deutungsfehler, die bei der Berichterstattung über die Gentherapie-Premiere in Deutschland zu verzeichnen sind, wollen wir im folgenden der Frage nachgehen, welchen Eigenbeitrag die Experten zur Produktion von Fehlinformationen geleistet haben könnten.

Zum Konkurrenzkampf Berlin - Freiburg:

Burghardt Wittig hat den Medienvertretern gegenüber keinen Hehl daraus gemacht, daß er dem Prioritätsanspruch der Freiburger Forschergruppe aus Gründen der "PR-Wirkung" entgegen getreten ist. Bereits in der Pressekonferenz vom 5.5.94 hatte er eingeräumt: "Nun hat das Ganze natürlich auch einen hochschulpolitischen und Wissenschaftsförderungsaspekt, deshalb war es jetzt an der Zeit, an die Öffentlichkeit zu gehen, einfach um zu zeigen, wir sind es, die das gemacht haben." Wittig hat

[31] Zum "Wissenschaftsjournalismus" zählen wir wohlgemerkt nicht nur Vorzeige-Publikationen wie die Seite "Natur und Wissenschaft" in der *FAZ*, sondern auch die einschlägigen Berichte in der Boulevardpresse und den Fernsehnachrichten.

also von sich aus den kompetitiven Charakter der Therapie-Versuche akzentuiert und dies erst im nachhinein als Fehleinschätzung korrigiert.

Zum Vorwurf der Geheimhaltung:

Die an sich übliche Vorgehensweise der Berliner, vor dem Gang an die Öffentlichkeit die Publikation in einer Fachzeitschrift abzuwarten, ist von der Freiburger Forschergruppe als fragwürdig hingestellt worden. "Auf Wissenschaftskongressen haben wir die nicht gesehen", so wird Albrecht Lindemann, ein Mitarbeiter von Roland Mertelsmann, in der *Wochenpost* vom 11.5.94 zitiert. In dem Artikel heißt es weiter: "Für das Berliner Versteckspiel hat Lindemann kein Verständnis: 'Das ist lächerlich'."

Zur Kolportage einer Medizin-Sensation:

In den Interviews mit uns haben die Leiter der beiden Forschergruppen den innovativen Anteil ihrer Therapieansätze vom Mai 1994 als gering veranschlagt: "Wir haben nur nachgemacht, was andere schon gemacht haben", lautet das Fazit von Roland Mertelsmann, und Burghardt Wittig räumt ein: "Wissenschaftlich war das eigentlich Nullouvert." Allerdings hatte sich keiner der beiden in der heißen Phase der Presseberichterstattung auf ähnlich unmißverständliche Weise geäußert.

Zur Verantwortung für die falschen Hoffnungen der Krebspatienten:

Vom ersten Moment an haben die beteiligten Experten ausdrücklich vor zu hohen Erwartungen an die Gentherapie-Versuche gewarnt. Und doch geben sie - als engagierte Forscher oder Mediziner - immer auch einen gewissen Optimismus zu erkennen. Anders wäre ihre Arbeit gar nicht denkbar. Sie befinden sich damit in einem schwer lösbaren Dilemma. Dazu die von uns befragte Pressesprecherin Marion Schafft: "Würde man bei der Einladung zur Pressekonferenz schon sagen 'Das nützt aber nichts', bräuchte man gar nicht erst einzuladen." Wenn aber beispielsweise Burghardt Wittig auf der Pressekonferenz seine Überzeugung kund tut, die Gentherapie sei "der einzige rationale approach, Krebs zu bekämpfen", dann nimmt er damit zwangsläufig in Kauf, daß bei Krebspatienten Hoffnungen geweckt werden, die auf absehbare Zeit nicht zu erfüllen sind.

Zur Frage der "Menschenzucht":

Die Grenzziehung zwischen der somatischen Gentherapie und der Keimbahntherapie wird in dem Moment fragwürdig, in dem sich prominente Experten der somatischen Gentherapie öffentlich für den Einsatz der Keimbahntherapie aussprechen. Dies trifft u.a. auf W. French Anderson zu, der an der weltweit ersten Gentherapie-Studie im Jahr 1990 beteiligt war und als eine Schlüsselfigur dieses Forschungsgebietes gilt. Anderson hält eine Keimbahntherapie zur "Reparatur genetischer Defekte" für wünschenswert, ihren Einsatz zur "Verbesserung der genetischen Ausstattung" (enhancement genetic engineering) lehnt er dagegen ab.[32] Daß sich die 'medizinischen' und die 'kosmetischen' Anwendungen der Keimbahntherapie tatsächlich so fein säuberlich auseinander halten lassen, ist ein Glaubensbekenntnis, das keineswegs von allen Kollegen Andersons geteilt wird. Vor dem Hintergrund dieser Uneinigkeit im Lager der Gentherapeuten ist es nicht unbedingt abwegig, die Anwendung der somatischen Gentherapie als - psychologischen - Einstieg in die "Menschenzucht" zu begreifen.

Die hier nur stichwortartig erläuterten Gegenargumente sollen belegen, daß die wirklich gravierenden inhaltlichen Inakkuratheiten unserer Ansicht nach keineswegs allein auf das Konto der Journalisten gehen. Sinn dieser Gegendarstellung soll es jedoch nicht sein, die Medienschelte der Wissenschaftler durch eine Expertenschelte zu ersetzen. Die Berichterstattung über die Gentherapie-Versuche samt der darin enthaltenen Deutungsfehler stellt aus unserer Sicht vielmehr eine Koproduktion von Journalisten und Wissenschaftlern dar. Die Ereignisse haben allerdings binnen kürzester Zeit eine Eigendynamik entfaltet und zu Ergebnissen geführt, die keiner der Beteiligten vorausgesehen oder beabsichtigt hatte.

Man könnte aus dem Ablauf des Geschehens ein "Lawinenmodell" der Wissenschaftskommunikation ableiten, nach dem Motto: Ist der Prozeß der Sensationalisierung einmal in Gang gekommen, gibt es kein Halten mehr. Die Eilmeldung von dpa sorgt dafür, daß aus einer Meldung für die Wissenschaftsseiten eine Titelgeschichte wird. Sobald etwas auf den Titelseiten der Tageszeitungen - insbesondere der *Bild*Zeitung - steht, kommen auch die Redakteure der Fernsehnachrichten kaum noch um das Thema herum. Der von uns befragte Fernsehredakteur meint dazu: "Nach dem üblichen Vorgehen des sogenannten Waschzettel-Journalismus geht man natürlich dahin zur Pressekonferenz. Weil es alle machen, macht man es auch." Burghardt Wittig wiederum sieht sich gezwungen, im Fernsehen als Studiogast aufzutreten, um die Schlagzeilen in der Presse richtig zu stellen.[33] Wittigs Fernsehpräsenz führt schließlich dazu, daß ihn auch die Wochenzeitungen und Zeitschriften um Interviews bitten.[34]

An dem Prozeß der Sensationalisierung sind - dies sei noch einmal betont - Wissenschaftler und Journalisten gleichermaßen beteiligt. Besonders deutlich wird dies an der Prämisse, mit der die beiden Hauptakteure ihre Öffentlichkeitsarbeit in Sachen Gentherapie begründen. Wittig und Mertelsmann haben einhellig betont, daß

---

[32] Einen guten Einblick in die Diskussion um die Keimbahntherapie vermitteln Andersons Editorials in der Zeitschrift *Human Gene Therapy* sowie die Zusammenfassung seiner öffentlichen Stellungnahmen in den Jahren 1968 bis 1993 bei Schmidt 1995. Eine ähnliche Position wie Anderson vertritt in Deutschland neuerdings auch der Leiter des Berliner Max-Delbrück-Centrums (siehe "Menschen nach Maß? Prof. Dr. Detlev Ganten über seine Argumente für eine Keimbahntherapie", *Der Tagesspiegel*, 15.6.99).

[33] "Das Wort Hoffnung würde ich ganz gerne streichen aus dem, was heute in der Presse erschienen ist", so Wittig in der RTL-Sendung *Guten Morgen Deutschland.*

[34] Soweit wir die Berichterstattung überschauen, ist der *Stern* das einzige namhafte Presseorgan, das sich der Orientierung an der Themenwahl der anderen Medien entzogen hat. Auch der *Stern* hat mit Burghardt Wittig ein ausführliches Interview geführt, das jedoch nie abgedruckt worden ist.

es ihnen darum ging, die Vorbehalte in der Bevölkerung gegenüber der medizinischen Anwendung der Gentechnologie abzubauen. In dieser Haltung wurden sie von dem Tenor der Medienberichte bestärkt: "Was jahrelang verpönt war, wird nun als Heldentat gefeiert. Die gestern noch verfemten Forscher werden zu Hoffnungsträgern vieler deutscher Krebspatienten" (*Focus*, 16.5.94). Das gleiche Nachrichtenmagazin hatte allerdings ein Jahr zuvor eine Umfrage veröffentlicht, die ein ganz anderes Bild von der öffentlichen Meinung zeichnet. Anfang 1993 wurde die Gentechnologie zwar nur von 35% der Deutschen generell befürwortet, aber schon damals sprachen sich 74% der Befragten für ihre Anwendung im Rahmen der Krebstherapie aus.[35] Von einem *Umschwung* in der Haltung der Bevölkerung konnte im Mai 1994 also keine Rede sein. Die Bürger wußten offenbar längst zwischen den verschiedenen Anwendungsbereichen der Gentechnologie zu differenzieren. Daß dieser Sachverhalt im Kontext der Gentherapie-Premiere weder von den Wissenschaftlern, noch von den Journalisten angesprochen wurde, hat unserer Einschätzung nach einen einfachen Grund: Den Wissenschaftlern wäre die Legitimation für ihre offensive Informationspolitik entzogen worden und die Journalisten hätten buchstäblich nichts Neues zu berichten gehabt. Die Mediensensation vom Mai 1994 hätte sich als das entpuppt, was sie in Wirklichkeit war: ein Pseudo-Ereignis.[36]

Die *Quintessenz*, die aus all dem zu ziehen ist, klang bereits in dem persönlichen Fazit der Hauptakteure Mertelsmann und Wittig an: Keiner der beiden würde heute noch einmal ohne greifbare Ergebnisse einen Therapieversuch 'an die große Glocke hängen'. Die Schlußfolgerung, daß die Publikation in einer Fachzeitschrift Vorrang haben sollte vor einer Veröffentlichung in den Publikumsmedien, wird auch von den anderen beteiligten Wissenschaftlern gezogen:

> "Es braucht nicht im *New England Journal* publiziert worden zu sein, aber es muß eine Studie wirklich existieren, und es müssen Ergebnisse vorliegen. Allein die Tatsache, daß man etwas beginnt und eine Phase-I-Studie plant und den ersten Patienten jetzt eingebracht hat, ist für mich wirklich kein Grund, an die Öffentlichkeit zu gehen." (Dieter Huhn)

Die Hoffnung, daß die Vertreter experimenteller Therapieansätze in Zukunft der Medienreputation entsagen und wieder den traditionellen Weg der Wissenschaftskommunikation via Fachzeitschrift einschlagen, könnte sich Roland Mertelsmann zufolge jedoch als Wunschdenken erweisen:

> "Selbst in den Fachzeitschriften hat der Sensationsjournalismus Einzug gehalten, denn die Fachzeitschriften wetteifern auch. Selbst wenn diese Sensation am dünnen Faden hängt, wird das angenommen von den Editoren. Denn Sensationen werden gelesen,

---

[35] Die Prozentzahlen beziehen sich auf eine repräsentative Befragung von 2000 Bundesbürgern, deren Ergebnisse in der *Focus*-Ausgabe vom 1.2.1993 veröffentlicht worden sind.

[36] Ein Begriff des Historikers Daniel J. Boorstin, der vor vierzig Jahren die Inszenierung von "Pseudo-Ereignissen" als ein Wesensmerkmal der Nachrichtenproduktion herausgearbeitet hat (siehe Boorstin 1987).

> auch im wissenschaftlichen Bereich. Ich kann das natürlich nur in dem Bereich, in dem ich Ahnung habe, einigermaßen abschätzen."

Im folgenden Abschnitt wollen wir begründen, warum wir die Skepsis des Freiburger Onkologen für gerechtfertigt halten, und zwar nicht nur mit Blick auf den engeren Bereich der Gentherapie, sondern auch im Hinblick auf das weitere Gebiet der Krebstherapie.

8. Die Gentherapie-Premiere als exemplarischer Fall: Über Muster des Medizinjournalismus

Warum ist es wichtig, die Geschichte der Gentherapie-Premiere noch einmal Revue passieren zu lassen? Die Ereignisse in Berlin und Freiburg stellen unserer Ansicht nach keinen Sonderfall der Wissenschaftskommunikation dar, sondern entsprechen einem weit verbreiteten Muster des Medizin- und Wissenschaftsjournalismus. Um dieses Muster erkennen zu können, ist es notwendig, von der Zeitlupe, mit der wir die ersten Tage im Mai 1994 rekapituliert haben, auf den Zeitraffer umzuschalten. Nimmt man die Periode von Anfang bis Ende der 90er Jahre in den Blick, lassen sich bei genauerer Betrachtung gleich zwei Darstellungsmuster ausmachen.

1. In dem Medienereignis vom Mai 1994 wird ein *Muster der Gentherapie-Berichterstattung* deutlich:

Am 13. September 1990 traten Michael Blaese, Kenneth Culver und W. French Anderson in einem Konferenzraum des National Institute of Health vor die Mikrofone, um den dort versammelten Reportern den Beginn des weltweit ersten Gentherapie-Experimentes zu verkünden. Behandelt werden sollten zwei Mädchen, die an einer äußerst seltenen Immunkrankheit, einem Mangel des Enzyms Adenosin-Desaminase (ADA-Defizienz), litten. Daß zum Zeitpunkt der Pressekonferenz die zuständige Aufsichtsbehörde, die amerikanische Food and Drug Administration (FDA), den Versuch noch überhaupt nicht genehmigt hatte, hielt die Wissenschaftler von ihrem Gang an die Öffentlichkeit nicht ab. Im Gegenteil: Wie Anderson seinem Biographen, dem Wissenschaftsjournalisten Larry Thompson anvertraute, hatte er die Medien aus forschungspolitischen Gründen eingeschaltet: "Wir mußten die Öffentlichkeit derart begeistern, daß die FDA ihre Zustimmung nicht versagen konnte" (Anderson, zit. nach Thompson 1995:18). Auch wenn von einer Heilung nicht die Rede sein konnte, hatte sich der Gesundheitszustand der jungen Patientinnen im Verlauf des Experimentes deutlich gebessert, weshalb sie in der Folgezeit bei zahlreichen Auftritten einem staunenden Publikum als lebender Beweis für die Wirksamkeit der Gentherapie vorgeführt wurden. Bösartige Zungen sprachen in diesem Zusammenhang von einem "Wanderzirkus", in dem Anderson und seine

Kollegen als "Immundompteure" auftraten.[37] Das Heikle an der Geschichte ist nun, daß die Mädchen zeitgleich zur Gentherapie ein neues Medikament gegen die ADA-Defizienz verabreicht bekamen, das kurze Zeit vorher entwickelt worden war, weshalb nie zweifelsfrei festgestellt werden konnte, welcher Behandlung sie den Gewinn an Lebensqualität eigentlich verdanken. "Die meisten Molekularbiologen verzichteten darauf, auf diesen erheblichen Schönheitsfehler jenes Experimentes hinzuweisen, sie zogen es vor, sich in dem Medienglanz um das erste Experiment zur Gentherapie am Menschen zu sonnen." (Rifkin 1998: 199)

Auch die auf die Anfänge 1994 folgenden Gentherapienstudien in Deutschland wurden nach diesem Muster in der Öffentlichkeit als makellose Erfolgsstories kolportiert: Im Wissenschaftsbetrieb erinnert man sich heute offenbar nicht an das Dilemma von Wittig und Mertelsmann, sondern an ihren vermeintlichen Erfolg, in die Öffentlichkeit gekommen zu sein und auf sich und ihre Arbeit aufmerksam gemacht zu haben. So hat sich im September 1997 im Bereich der Gentherapie erneut ein ähnlicher 'Medienrummel' um Versuche an der Hautklinik der Charité in Berlin entwickelt. "Charité-Forscher sehen Durchbruch: Gen-Therapie löst Krebs-Tumore auf" lautete die Schlagzeile der *Bild* vom 17.9.97. In dem *Bild*-Bericht wird der Direktor der Hautklinik, Wolfram Sterry, mit den Worten zitiert: "Schon in zwei bis drei Jahren können mehrere Krebsarten flächendeckend mit Gentherapie behandelt werden." Sein Mitarbeiter Uwe Trefzer soll auf einer Pressekonferenz anläßlich der "3. Europäischen Konferenz über Gentherapie von Krebs" am 16.9.97 in Berlin von "traumhaften Ergebnissen" der Charité-Studie gesprochen haben. Tatsächlich waren an der Hautklinik 15 Patienten mit metastasiertem schwarzen Hautkrebs einem Versuch zur gentechnischen Stimulation des Immunsystems unterzogen worden. Bei fünf Versuchspersonen kam das Tumorwachstum für mehrere Monate zum Stillstand, bei einer von ihnen bildeten sich die Metastasen ganz zurück. Die Pressemeldungen stießen auf die in solchen Fällen übliche Resonanz: Allein in den ersten sieben Tagen nach Bekanntwerden der Studienergebnisse meldeten sich rund 1000 Krebskranke in der Charité, um einen der wenigen Therapieplätze zu bekommen.[38] Als daraufhin Kritik an der "Publicity-Aktion" der Berliner Klinik laut wurde, u.a. von Christian Herfarth, dem Präsidenten der Deutschen Krebsgesellschaft, machte Wolfram Sterry die Presse hierfür verantwortlich: "Wir wollen aus dem Elfenbeinturm heraus und möglichst früh mit der Allgemeinheit darüber sprechen, daß sich unser Forschungsgebiet enorm entwickelt hat. Und dann werden solche falschen Aussagen gemacht" (*Berliner Zeitung*, 1.10.97). Uwe Trefzer formulierte dies noch drastischer: "Erstunken und erlogen" seien die Berichte, behauptete er gegenüber

---

[37] Siehe hierzu die Darstellung des Falles bei Rifkin (1998: 197 f.) sowie den Bericht "Zeit der Wunderheiler" in der *Wochenpost* vom 21.4.94.

[38] Die Patientenanfragen beschränkten sich dabei keineswegs auf die Klinik in Berlin. In einem Spiegel-Gespräch vom 22.9.97 äußerte sich dazu der Hamburger Onkologe Dieter Hossfeld: "Wenn ich morgens Sprechstunde habe, legen mir Patienten das auf den Schreibtisch (zieht die Bild-Zeitung vom vergangenen Mittwoch heraus; Schlagzeile "Gen-Therapie löst Krebs-Tumore auf")." Hossfelds Kommentar: "Daß die Kollegen in der Charité jetzt eine sensationelle Methode entwickelt haben wollen, erfüllt mich mit Skepsis - um es gelinde zu formulieren."

der Zeitschrift *Bild der Wissenschaft* (11/1997: 12). Augenzeugen, die an der Pressekonferenz vom 16.9.97 teilgenommen haben, bezweifeln dies.[39] In den Pressetexten, die anläßlich der Krebskonferenz verteilt worden sind, kann man nachlesen, daß die Wissenschaftler beim Gebrauch von Superlativen alles andere als sparsam waren: "Unser Verfahren ist im Verlauf der Konferenz das am meisten diskutierte gewesen," heißt es da, und: "Es ist derzeit der komplexeste Ansatz zur Heilung von Krebs." Die Motivation der Forscher, in einen Dialog mit der Allgemeinheit einzutreten, scheint über die Akklamation der eigenen Leistungen nicht hinauszugehen. In dieser Hinsicht unterscheiden sich viele Gentherapeuten jedoch nicht von der größeren Gemeinde der Krebstherapeuten.

2. Die Darstellung der Gentherapie-Studien in den Medien folgt wiederum einem *Muster der Krebsberichterstattung*:

Werden wir irgendwann einmal den Krieg gegen den Krebs gewinnen? Diese Frage stellt John C. Bailar, einer der namhaftesten amerikanischen Krebsstatistiker, in einem Artikel, den er 1997 gemeinsam mit Heather L. Gornik im *New England Journal* veröffentlicht hat, und gibt darauf die Anwort: "The present optimism about new therapeutic approaches rooted in molecular medicine may turn out to be justified, but the arguments are similar in tone and rhetoric to those of decades past about chemotherapy, tumor virology, immunology, and other approaches." (Bailar/ Gornik 1997: 1573). Bailars Skepsis gründet sich auf seine regelmäßigen Auswertungen der Mortalitätsstatistik, denen zufolge die altersbereinigte Krebssterblichkeit trotz aller Bemühungen in den letzten Jahrzehnten nahezu konstant geblieben ist. Dessen ungeachtet sind die wenigen substantiellen Fortschritte, die es in diesem Zeitraum in der Onkologie gegeben hat, von Ärzten und Wissenschaftlern als Vorzeichen eines unmittelbar bevorstehenden Durchbruchs in der Krebsbekämpfung gedeutet worden. Die Fortschrittsrhetorik, die sich zum Beispiel in den Pressemitteilungen der Amerikanischen Krebsgesellschaft wiederfindet, ist in zwei Varianten in die Berichterstattung der Medien eingegangen, wobei sich die eine auf die etablierten Therapie-Ansätze - "Stahl, Strahlen und Chemie" - , die andere auf die Grundlagenforschung und experimentelle Ansätze bezieht. Da sich die Krebspublizistik am Sprachgebrauch der Kriegsberichterstattung orientiert, könnte man die beiden Varianten auf die Formel bringen: Die bestehenden Waffen werden immer treffsicherer und es kommen immer neue Waffen hinzu, weshalb der Sieg im Krieg gegen den Krebs nicht mehr lange auf sich warten lassen kann. Ralph Moss, der wohl bekannteste Dissident unter den amerikanischen Krebsexperten, hat die Medizinjournalisten aus diesem Grund als ahnungslose "Beifallklatscher" tituliert: "Seit Jahrzehnten loben begeisterte Berichterstatter (...) die neueste 'Wunderwaffe' zur Krebsbehandlung. Selten hat ein Berichterstatter seinen Artikel nochmals aufgegriffen, um festzustellen, ob sich eines dieser 'Heilmittel' gegen Krebs tatsächlich be-

[39] Siehe u.a. "Ein Etappensieg, aber kein Durchbruch", *Der Tagesspiegel*, 18.9.97; "Fragwürdige Publicity für die Hautklinik der Charité", *Berliner Zeitung*, 1.10.97.

währt hatte." (Moss 1997: 40 f.) Prototyp für dieses Muster des Medizinjournalismus ist die Berichterstattung über die Chemotherapie in den 50er Jahren. Die Zytostatika galten in der Frühphase ihrer Anwendung nämlich keineswegs als Medikamente, die bei spezifischen Diagnosegruppen in bestimmten Stadien der Erkrankung indiziert sind, sondern wurden in der Presse - allen voran im *Reader's Digest*, dem publizistischen Flaggschiff der etablierten Krebsmedizin in den USA - als Allheilmittel gehandelt (vgl. Moss 1997: 27 f.). Seitdem sind beinahe turnusmäßig vergleichbare Medizinsensationen in den Schlagzeilen aufgetaucht.[40]

Die "Wunderwaffen", von denen in den Medien die Rede ist, stammen übrigens nicht unbedingt aus den Labors anerkannter Forschungsinstitute, sondern können auch im Kräutergarten medizinischer Außenseiter gedeihen. Die Krebspublizistik entzieht sich einer eindeutigen Parteinahme für oder gegen Chemotherapie, pro oder contra Homöopathie. Das einzige, was (auch) im Medizinjournalismus zählt, ist 'die gute Story', und wer immer eine Schlagzeile nach dem Motto "Hoffnung für Krebskranke" anzubieten hat, kann sich der öffentlichen Aufmerksamkeit sicher sein. So erklärt sich, warum Kritiker der Schulmedizin wie Ralph Moss die Medien für ein Propagandainstrument des "Krebs-Establishments" halten, während Schulmediziner den Journalisten vorwerfen, fahrlässig oder absichtlich Außenseiterverfahren zu propagieren.[41]

Unabhängig davon, welches Heilmittel gerade als Allheilmittel gegen Krebs gehandelt wird, erzeugt das Zusammenspiel von Wissenschaftlern und Journalisten eine Erwartungshaltung, die der Medizinhistoriker Robert N. Proctor auf den Begriff des *"just-around-the-cornerism"* gebracht hat (Proctor 1995: 247). Die Hoffnung, daß der Sieg gegen den Menschheitsfeind Krebs um die Ecke auf uns wartet, birgt laut Proctor ein ernstes "ideologisches Risiko": Weniger spektakuläre, dafür aber umso wirkungsvollere Möglichkeiten der Krebsbekämpfung, insbesondere der Krebsprävention, verschwinden aus dem Blickfeld der Öffentlichkeit. Sein Paradebeispiel hierfür ist die Zuwendung öffentlicher Aufmerksamkeit und öffentlicher Gelder an die Grundlagenforschung auf dem Gebiet der molekularen Medizin. Der Grundsatz, Krebserkrankungen auf die genetische Disposition von Individuen zurückzuführen, läßt Präventionsstrategien wie die Einschränkung des Tabakkonsums oder die Kontrolle von Schadstoffen am Arbeitsplatz als bloßes 'Kurieren an Symptomen' erscheinen. Aus epidemiologischer Sicht besteht kein Zweifel daran, daß eine solche Sichtweise mit falschen Prioritäten in der Krebsbekämpfung einhergeht: "The most promising approach to the control of cancer is a national commitment to

---

[40] Den allerneuesten "Durchbruch" im Kampf gegen den Krebs, den Fall der sogenannten Anti-Angiogenese, der 1998 durch die Weltpresse ging, haben wir an anderer Stelle im Detail analysiert (siehe Appel/ Jazbinsek 1999).

[41] Es handelt sich hier offenbar um einen der Fälle wechselseitiger Überschätzung, die man in der Medienkritik häufig beobachten kann und die darauf beruhen, "daß jeder die Bevorteilung der Gegenseite in den Medien durchs Elektronenmikroskop, die seiner Gesinnungsgenossen jedoch durch den umgedrehten Feldstecher wahrnimmt." Auf diese prägnante Formel hat Rolf Degen die Beobachtungen des Sozialpsychologen William J. McGuire zum sogenannten "feindliche Medien-Phänomen" gebracht (Degen 1988: 22).

prevention, with a concommitant rebalancing of the focus and funding of research." (Bailar/ Gornik 1997: 1569) Womit wir bei der eigentlichen *Public Health-Pointe* unserer Fallstudie angelangt sind: Es sind Medienereignisse wie die vom Mai 1994, die den Glauben an ein "Wundermittel" gegen Krebs aufrecht erhalten und damit eine Umorientierung der Gesundheitspolitik in Richtung Prävention illusorisch erscheinen lassen.

9. Ergebnisse und Schlußfolgerungen im Urteil der Experten

Um die Plausibilität unserer Ergebnisse und weiterführenden Überlegungen zu testen, also um gewissermaßen die Akkuratheit der Akkuratheitsstudie zu überprüfen, haben wir einer anderen Gruppe von Gutachtern ein Thesenpapier mit der Bitte um kritische Kommentierung zukommen lassen. Dabei handelt es sich um sechs prominente Vertreter des Wissenschaftsbetriebes und der Forschungspolitik, die im Mai 1994 öffentliche Stellungnahmen zur Gentherapie-Premiere abgegeben hatten (siehe Tab.2). Die folgende Zusammenfassung enthält die wichtigsten Thesen, die den Gutachtern samt einer kurzen Erläuterung vorgelegen haben. Da wir hier nicht alle Kommentare abdrucken können, haben wir das Expertenvotum in einem Zahlenwert zusammengefaßt und mit Zitaten illustriert, die dem Meinungstrend entsprechen.[42]

These 1:	Die Darstellung der ersten deutschen Gentherapiestudien als medizinische Pioniertat ist faktisch falsch.
Hintergrund:	Bereits Jahre vorher sind in den USA vergleichbare Studien ohne großen Erfolg durchgeführt worden.

Expertenvotum: Klare Zustimmung (+ 8)

Pro: *Im Ausland hat diese Art von Berichterstattung negatives Erstaunen erzeugt.* (Bernd Gänsbacher)

[42] Wir haben zunächst jede Einzelaussage einer Skala von +2 (klare Zustimmung) bis -2 (klare Ablehnung) zugeordnet. Die Addition der Einzelwertungen wurde wie folgt skaliert: +12 bis + 8: klare Zustimmung; +7 bis +3: Zustimmung mit Einschränkungen; +2 bis -2: kontrovers; -3 bis -7: Ablehnung mit Einschränkungen; -7 bis -12 klare Ablehnung.

Tab.2: Gutachtergremium für die Beurteilung der Studienergebnisse

Experten	**Funktion heute**	**Bezug zum Thema im Mai 1994**
Thomas Blankenstein	Leiter der Projektgruppe Gentherapie am Max-Delbrück-Centrum für molekulare Medizin	Kam 1994 als einer der 'Mit-Konkurrenten' von Wittig und Mertelsmann in der Presse zu Wort.
Wolf-Michael Catenhusen	Parlamentarischer Geschäftsführer der SPD	Trat 1994 als Experte für Fragen der gesetzlichen Regelung der Gentechnik in mehreren Diskussionen zu den damit verbundenen ethischen Fragen auf.
Bernd Gänsbacher	Leiter des Instituts für Experimentelle Chirurgie an der Technischen Universität München	Arbeitete 1994 als Gentherapeut am Memorial Sloan Kettering Institute und hatte die deutsche Gentherapie-Premiere aus amerikanischer Sicht kommentiert.
Harald zur Hausen	Direktor des Deutschen Krebsforschungszentrums in Heidelberg	Wurde in Agenturmeldungen mit Aussagen über die Zukunftsperspektiven der Gentherapie bei Krebs zitiert.
Marion Schafft	Pressesprecherin des Universitätsklinikums Hamburg-Eppendorf (UKE)	Hatte gegenüber dpa zu Fragen der Veröffentlichungspolitik Position bezogen, da 1994 am UKE ebenfalls klinische Gentherapie-Studien vorbereitet wurden.
Ernst-Ludwig Winnacker	Präsident der Deutschen Forschungsgemeinschaft (DFG)	War 1994 als Leiter des Genzentrums der Universität München von Journalisten nach seiner Einschätzung der Versuche in Berlin und Freiburg befragt worden.

These 2:	Die Berichterstattung hat falsche Hoffnungen auf eine wirksame Krebsbehandlung bei Patienten und Angehörigen geweckt.
Hintergrund:	Die Gentherapie-Versuche wurden als "Durchbruch in der Krebsmedizin" dargestellt, ihr experimenteller Charakter (Phase I-Studien, geringe Patientenzahl, Zeithorizont) wurde nur unzureichend deutlich gemacht.

Expertenvotum: Zustimmung mit Einschränkungen (+ 5)

Pro: *Berichterstattung über Krebsforschung löst immer Hoffnungen aus. Auch viele falsche. Die Darstellung ist selten so differenziert, daß sie von vornherein alle aufkeimenden Hoffnungen zerstört.* (Marion Schafft)

These 3:	Für die Reaktion vieler Zuschauer und Leser auf die ersten deutschen Gentherapie-Versuche sind die beteiligten Wissenschaftler mitverantwortlich.
Hintergrund:	Sie sind in einer sehr frühen Phase der Versuche (zum Studienbeginn bzw. nach Behandlung des ersten Patienten) ohne jedes Ergebnis an die Öffentlichkeit gegangen. Ihre Warnung vor zu großen Erwartungen haben sie selber durch Äußerungen wie "Gentherapie ist die einzige Chance, den Krebs zu besiegen" entkräftet.

Expertenvotum: Zustimmung mit Einschränkungen (+ 6)

Pro: *In dem Moment, wo Krebstherapie den experimentellen Teil verläßt und in die Klinik geht, kommt sehr viel Emotionalität mit ins Spiel, und das muß einem natürlich auch bewußt sein.* (Thomas Blankenstein)

These 4:	In der Öffentlichkeit wird mit Argumenten für experimentelle Verfahren geworben, die das Vertrauen in konventionelle Behandlungsformen untergraben können.
Hintergrund:	Wie eine "Therapie des Mittelalters" werden sich schon bald die heute gebräuchlichen "chemischen Keulen" der Pharmaindustrie ausnehmen. Mit solchen und ähnlichen Äußerungen ist der Einsatz von Zytostatika durch die Protagonisten der molekularen Medizin pauschal in Frage gestellt worden.

Expertenvotum: Ablehnung mit Einschränkungen (- 3)

Contra: *Alle Wissenschaftler und Kliniker hoffen, daß die von ihnen erarbeiteten - noch experimentellen - Verfahren einmal Standard werden. Dies gilt insbesondere auch für den Bereich der Molekularbiologie. Eine Diskriminierung heute eingesetzter Verfahren sehe ich darin nicht.* (Harald zur Hausen)

These 5:	Wer im Bereich der experimentellen Therapieforschung arbeitet, steht in dem Dilemma, entweder dem Informationsanspruch der Öffentlichkeit gerecht zu werden oder der Kontrollfunktion der Fachöffentlichkeit Rechnung zu tragen.
Hintergrund:	Roland Mertelsmann hat schon in der Vorbereitungsphase die Presse informiert und galt deshalb bei Fachkollegen als "Publicitysüchtig"; Burghardt Wittig wollte die Publikation der Studienergebnisse in Fachjournalen abwarten, weshalb ihm "Geheimhaltung" aus unlauteren Motiven unterstellt worden ist.

Expertenvotum: Ablehnung mit Einschränkungen (- 4)

Contra: *Dem Informationsanspruch der Öffentlichkeit ist der Wissenschaftler im großen und ganzen nicht verpflichtet, d.h. das ist erst einmal seine Sache. Niemand wird mir eine Mark weniger Forschungsgelder geben mit dem Argument, du hast ja keine Homepage.* (Thomas Blankenstein)

These 6:	Grundlagenforscher und Krebsmediziner fühlen sich aus forschungspolitischen Gründen zunehmend gezwungen, mit Erfolgsmeldungen an die Öffentlichkeit zu gehen, noch bevor verläßliche Daten vorliegen.
Hintergrund:	"Medienreputation" gilt als Pluspunkt in der Konkurrenz um knapper werdender Forschungsmittel.

Expertenvotum: Klare Ablehnung (- 9)

Contra: *Bekanntgaben in den Medien, bevor die Resultate von einer renommierten Fachzeitschrift akzeptiert worden sind, schaden in der Regel dem Renommee und werden deshalb vermieden. Vorzeitige 'Publikationen' über die Medien sind eher die Ausnahme.* (Wolf-Michael Catenhusen)

These 7:	Die optimistische Darstellung der Gentherapie ist kein Einzelfall, sondern entspricht einem Muster der Krebsberichterstattung.
Hintergrund:	Von den Erwartungen an die Chemotherapie Ende der 50er Jahre bis zu den Perspektiven der Anti-Angiogenese Ende der 90er Jahre hat es immer wieder Themenkarrieren mit dem Tenor gegeben, der "große Durchbruch" im Kampf gegen Krebs stehe unmittelbar bevor.

Expertenvotum: kontrovers (+ 1)

Pro: *Bei rund 200.000 Krebstoten im Jahr ist das keine Besonderheit. Der Erwartungsdruck der Öffentlichkeit ist zudem gepaart mit dem Verkaufsdruck von Medienerzeugnissen - so schaukelt sich die Nachricht zur Sensation hoch.* (Ernst-Ludwig Winnacker)

Contra: *Die 'optimistische Darstellung' der Gentherapie halte ich für eine Wunschvorstellung. Die Gentherapie ist doch eher mit Negativ-Berichterstattung behaftet.* (Marion Schafft)

These 8:	Die Erwartung des unmittelbar bevorstehenden "Durchbruchs" bei der Krebsbekämpfung führt zu falschen Prioritäten, auch in der Krebsberichterstattung.
Hintergrund:	Obwohl die Krebsbehandlung - bei den häufigsten Diagnosegruppen – trotz enormer Anstrengungen kaum Fortschritte macht, werden die Möglichkeiten der Prävention nicht ausgeschöpft; über sie wird auch seltener und unspektakulärer berichtet als über neue Therapieansätze.

Expertenvotum: kontrovers (+ 1)

Pro: *Zweifellos besteht ein Ungleichgewicht der Berichterstattung hinsichtlich der Möglichkeiten von Prävention und Therapie.* (Wolf-Michael Catenhusen)

Contra: *In dem Moment, in dem knallharte Fakten z.B. zur krebsverhindernden Wirkung von Ernährungsbestandteilen vorliegen, werden diese ebenfalls für eine intensive Berichterstattung sorgen.* (Harald zur Hausen)

Ist es wirklich so, wie es der Direktor des Deutschen Krebsforschungszentrums im letzten Zitat unterstellt, daß nämlich 'die Fakten für sich sprechen' würden, sobald mehr gesichertes Wissen über die Möglichkeiten der Krebsprävention vorliegt? Unserer Ansicht nach ist das Problem nicht der Mangel an Erkenntnissen in Sachen Krebsvorbeugung, sondern die mangelhafte Umsetzung dieser Erkenntnisse. Nur sind diese Fakten zum Teil schon jahrzehntealt und darum denkbar schlecht für eine 'intensive Berichterstattung' geeignet. Wie sich Präventionsmöglichkeiten, die von ihrem Nachrichtenwert her mit den Innovationen der High-Tech-Medizin nicht mithalten können, trotz dieses Nachteils wirkungsvoll in die Öffentlichkeit bringen lassen, haben die Vertreter der *Media Advocacy* eindrucksvoll vorexerziert. In Deutschland ist diese Form der Public Health-Praxis bislang kaum beachtet worden, weshalb sie im vorliegenden Band einen eigenen Schwerpunkt bildet.

Literatur

Angell, Marcia/ Kassirer, Jerome P. (1991): The Ingelfinger Rule Revisited. In: New England Journal of Medicine 325 (19): 1371-1373

Appel, Andrea/ Jazbinsek, Dietmar (1999): Zwischen Horror und Hoffnung. Wie die Medien über Krebsheilmittel berichten und Patienten darauf reagieren In: Heinrich/ Ehninger (1999): 41-62

Bailar, John C./ Gornik, Heather L.(1987): Cancer Undefeated. In: New England Journal of Medicine 336: 1569-1574

Bayertz, Kurt/ Schmidtke, Jörg/ Schreiber, Hans-Ludwig (Hrsg.) (1995): Somatische Gentherapie. Medizinische, ethische und juristische Aspekte des Gentransfers in menschliche Körperzellen. Stuttgart

Berry, Fred C. (1967): A Study of Accuracy in Local News Stories of Three Dailies. In: Journalism Quarterly 44: 482-490

Blankenburg, William B. (1970): News Accuracy: Some Findings on the Meaning of Errors. In: Journal of Communication 20 (4): 375-86

Boorstin, Daniel J. (1987): Das Image. Der Amerikanische Traum. Reinbek bei Hamburg

Brown, Charles H. (1965): Majority of Readers Give Papers an A for Accuracy. In: Editor and Publisher, 13. Februar 1965

Charnley, Michell V. (1936): Preliminary Notes on a Study of Newspaper Accuracy. In: Journalism Quarterly 13 (3): 394-401

Degen, Rolf (1988): Medienwirkung: Der große Bluff. In: Psychologie Heute (3): 20-27

Denzin, Norman K. (1970): The Research Act. Chicago

Dunwoody, Sharon (1982): A Question of Accuracy. In: IEEE Transactions of Professional Communication PC-25 (4): 196-199

Flick, Uwe (1995): Qualitative Forschung. Reinbek bei Hamburg

Hagen, Lutz M. (1996): Wie krank war Honecker wirklich? Zur "Richtigkeit" von Agenturmeldungen. In: Wunden (1996): 211-230

Haller, Michael (1987): Wie wissenschaftlich ist Wissenschaftsjournalismus? Zum Problem wissenschaftsbezogener Arbeitsmethoden im tagesaktuellen Journalismus. In: Publizistik 32: 305–319

Heinrich, Günther/ Ehninger, G. (Hrsg.) (1999): Tradition und Fortschritt in der Onkologie. Regensburg

Kunisch, Philipp (1999): Wissenschaft per Nachrichtenagentur. In: Dimensionen - das Berliner Wissenschafts-Magazin (17): 29-32

McCall, Robert B. (1988): Science and the Press. Like Oil and Water? In: American Psychologist 43 (2): 87-94

McQuail, Denis (1992): Media Performance. Mass Communication and the Public Interest. London u.a.

Molitor, Fred (1993): Accuracy in Science News Reporting by Newspapers. The Case of Aspirin for the Prevention of Heart Attacks. In: Health Communication 5 (3): 209-224

Moore, Barbara/ Singletary, Michael (1985): Scientific Sources' Perception of Network News Accuracy. In: Journalism Quarterly 62: 816-823

Nelkin, Dorothy (1996): An Uneasy Relationship: The Tensions Between Medicine and the Media. In: Lancet 347: 1600-1603

Pietzsch, Joachim (1991): Lesestoff Krebs. Die Darstellung der ‚Krankheit des Jahrhunderts' in ausgewählten Printmedien. Bochum

Proctor, Robert N. (1995): Cancer Wars. How Politics Shapes What We Know and Don't Know About Cancer. New York

Pulford, D. Lynn (1976): Follow-Up of Study of Science News Accuracy. In: Journalism Quarterly 53 (1): 119-121

Rifkin, Jeremy (1998): Das biotechnische Zeitalter. Die Geschäfte mit der Genetik. München

Ritzert, Barbara (1999): Checks and Balances? Anmerkungen zu den Rahmenbedingungen der Wissenschaftskommunikation. In: Gegenworte. Zeitschrift für den Disput über Wissen (3): 36-38

Schmidt, Kurt W. (1995): Die ethische Auseinandersetzung um den Gentransfer, dargestellt anhand von Stellungnahmen W. French Andersons aus den Jahren 1968-1993. In: Bayertz et al. (1995): 109-122

Schröter, Detlef (1995): Qualität und Journalismus. Theoretische und praktische Grundlagenjournalistischen Handelns. München

Schütz, Walter J. (1994): Deutsche Tagespresse 1993. In: Media Perspektiven (4): 168-198

Schütz, Walter J. (1996): Deutsche Tagespresse 1995. In: Media Perspektiven (6): 324-336

Singer, Eleonor (1990): A Question of Accuracy: How Journalists and Scientists Report Research on Hazards. In: Journal of Communication 40 (4): 102-16

Singletary, Michael (1980): Accuracy in News Reporting. A Review of the Research. In: ANPA News Research Report (25): 1-7

Tankard Jr., James W./ Ryan, Michael (1974): News Source Perceptions of Accuracy of Science Coverage. In: Journalism Quarterly 51 (2): 219-235

Tarleton, Raymond J. (1953): Accuracy and Comprehension in Science News Writing. In: Journalism Quarterly 30: 69-71

Thompson, Larry (1995): Der Fall Ashanti. Die Geschichte der ersten Gentherapie. Basel u.a.

Tichenor, Philipp J./ Olien, C.N./ Harrison, A./ Donohue, G. (1970): Mass Communication Systems and Communication Accuracy in Science News Reporting. In: Journalism Quarterly 47 (4): 673-683

Wember, Bernward (1983): Wie informiert das Fernsehen? Ein Indizienbeweis. München (3. erweiterte Auflage)

Wunden, Wolfgang (Hrsg.) (1996): Wahrheit als Medienqualität. Frankfurt a.M.

Das Gen wird populär

Inhalte und Rezeption der Beiträge zum Thema Brustkrebsforschung in den britischen Medien

Lesley Henderson

Einleitung: Über 'harte' und 'weiche' Nachrichten[1]

Die Medien sind wichtige Informationsquellen der Öffentlichkeit über Gesundheit und Krankheit (Chapman/ Lupton 1994), doch auch die sich widersprechenden Prioritäten medizinischer, wissenschaftlicher und journalistischer Akteure sowie des Publikums sind oft genug dokumentiert worden (Friedman et al. 1986; Nelkin 1996). Zweifellos favorisieren die Medien nicht notwendigerweise die Risikofaktoren, denen von Epidemiologen, Ärzten oder Wissenschaftlern höchste Priorität eingeräumt wird, und die Maßstäbe der Medien sind mit denen der Experten keinesfalls identisch (Kitzinger 1999). Während sich in der Vergangenheit viele Studien hauptsächlich mit der Genauigkeit von Nachrichten über wissenschaftliche Themen befaßten, hat sich heute weitgehend die Auffassung durchgesetzt, daß die gängigen Darstellungsmuster in anderen Sparten als der eigentlichen Wissenschaftsberichterstattung von entscheidender Bedeutung für das öffentliche Verständnis z.B. der Biomedizin sein können (Kerr et al. 1998). So ergab eine jüngst durchgeführte Studie zur öffentlichen Meinung über das Klonen von Menschen, daß die Vorstellungen der Probanden von der populären Metaphorik der Science Fiction-Filme geprägt waren (Wellcome Trust 1998).

In diesem Beitrag wird sowohl die Berichterstattung britischer Massenmedien als auch der Informationsstand der Öffentlichkeit über die genetischen Ursachen von Brustkrebs untersucht, wobei es vor allem um die Rolle der sogenannten weichen Nachrichten gehen soll. Die Begriffe 'harte und weiche Nachrichten' benutzen Kommunikationswissenschaftler und Journalisten üblicherweise zur Klassifizierung von Medienprodukten. Vereinfacht ausgedrückt werden harte Nachrichten mit 'seriösen', 'auf Fakten basierenden' Berichten gleichgesetzt, während unter weichen Nachrichten 'unterhaltsame' und auf 'human interest' abzielende Beiträge verstanden werden, die gleichwohl einen aktuellen Bezug aufweisen (Carter et al. 1998). Beide Begriffe beziehen sich auf die Thematik und Positionierung der Meldung, die verwendeten Quellen, die beteiligten Journalisten und die implizierte Leserschaft. Harte Nachrichten sind die Basis der traditionellen Leitartikel in der Presse und der Hauptmeldungen in den Fernsehnachrichten. Solche Beiträge stützen sich gewöhnlich auf hochrangige Quellen wie Regierungsvertreter oder Forschungs-institute und sind mit Staatsangelegenheiten oder Grundlagenforschung befaßt. Weiche Nachrichten be-

[1] Das Originalmanuskript ist von Daphne Stelter und Dietmar Jazbinsek ins Deutsche übertragen worden.

schäftigen sich dagegen mit den weniger prestigeträchtigen Problemen des Alltagslebens. Unterstellt wird, daß diese Beiträge ein überwiegend weibliches oder jugendliches Publikum ansprechen und Themen umfassen wie "Abtreibungen, die Königliche Familie, Mode" (Schlesinger 1987: 155) oder "zwischenmenschliche Beziehungen, Schönheit und Kinderbetreuung" (Allan 1998: 132-134). In den letzten Jahren haben einige Forscher jedoch die Auffassung vertreten, daß die bestehenden Grenzen zwischen harten und weichen Nachrichten immer mehr verschwimmen. Dies wird entweder als 'Niveauverlust' im Zuge der Popularisierung von Nachrichten gedeutet (Stichwort 'Infotainment') oder als ernst zu nehmender Versuch, die öffentlich bedeutsamen Aspekte der Privatsphäre zu thematisieren (z.B. familiäre Gewalt, Gesundheit und Sexualität). Diese Angleichung ist zum Teil auf die verstärkten Bemühungen der Medienbranche zurückzuführen, sich Marktanteile in den weiblichen und jugendlichen Publikumssegmenten zu sichern (Carter et al. 1998; Aldridge 1994).

Wenn sich der vorliegende Beitrag nicht auf den Wissenschaftsjournalismus im herkömmlichen Sinne beschränkt, sondern auch 'weiche', auf persönliche Empfindungen ausgerichtete Dokumentationen und fiktionale Darstellungen mit einbezieht, so geschieht das aus drei Gründen:

Erstens können die populären Genres eine ebenso wichtige Rolle wie die Nachrichten dabei spielen, einem großen und heterogenen Publikum Vorstellungen über Gesundheit zu vermitteln (Henderson 1996; Henderson 1999). Zweitens könnte diese Form der Information die einzige sein, die manche Segmente des Publikums erreicht. Weiche Nachrichten sollten daher nicht ohne gebührende Berücksichtigung ihres Potentials als inhärent 'schwächer' im Vergleich zu traditionellen Nachrichtenformaten abgetan werden. Drittens ist eine Analyse allein der 'seriösen' Berichterstattung nicht repräsentativ für die Medien als Ganzes. Die Medien sind keine homogene Einheit, was sich u.a. daran zeigt, daß die 'populäre' Berichterstattung in mancher Hinsicht die Normen harter Nachrichten geradezu auf den Kopf stellen kann. Während die klassischen Nachrichtenwerte darauf angelegt sind, jegliche Zweifel und Ungewißheiten auszumerzen, sorgen genau diese Zweifel und Ungewißheiten für die Dramatik eines persönlichen Berichts oder einer fiktionalen Darstellung. Während harte Nachrichten dahin tendieren, Ereignisse in Schwarz oder Weiß zu zeichnen, überwiegen in den weichen Nachrichten die Grautöne.

Die hier vorgestellte Studie baut auf vorangegangene Forschungsarbeiten der *Glasgow University Media Unit* zu Produktion, Inhalt und Rezeption der Medienberichterstattung über Gesundheit und Krankheit auf (Philo 1999). Sie knüpft an eine kürzlich durchgeführte Untersuchung zur medialen Darstellung der Humangenetik an, die zeigte, daß trotz der bedeutenden sozialen und psychologischen Fragestellungen, die mit der neueren Genforschung verbundenen sind, Presse- und Fernsehnachrichten nur wenig Interesse an der Tragweite und den Risiken der Grundlagenforschung zeigten (Kitzinger/ Reilly 1997).

Der Beitrag stützt sich auf kürzlich abgeschlossene Forschungsarbeiten, die klären sollten, wie das Thema Brustkrebs in den Medien dargestellt wird, welche Formen die Berichterstattung annimmt und wie dadurch die öffentliche Resonanz auf das Thema beeinflußt wird.[2] Zum Verständnis der Studie ist es wichtig festzuhalten, daß eine Fokussierung auf den Stellenwert der Genetik ursprünglich nicht intendiert war, sich dieser Aspekt jedoch auf jeder Ebene der Analyse als besonders wichtig herausstellte.

Im September 1994 wurde eine genetische Variation entdeckt und auf "Breast Cancer 1" (BRCA1) getauft, die im Verdacht steht, eine erhöhte Anfälligkeit für Mamma- und Ovarialkarzinome zu verursachen. Ein zweites 'Brustkrebsgen' (BRCA2) wurde im Dezember 1995 isoliert. Beide Bekanntmachungen waren Topmeldungen in den britischen Fernsehnachrichten und standen am jeweils darauffolgenden Tag auf den Titelseiten der Zeitungen. Einige der typischen Schlagzeilen über die Entdeckung von BRCA2 lauteten: "Britische Wissenschaftler verkünden Durchbruch beim Brustkrebsgen" (*The Independent*, 21. Dezember 1995), "Brustkrebsgen isoliert" (*The Guardian*, 21. Dezember 1995) und "Zweites Gen mit Brustkrebs in Verbindung gebracht" (*The Times*, 21. Dezember 1995).

Die Berichterstattung war eindeutig durch traditionelle, harte Nachrichtenwerte geprägt: Wissenschaftliche Forschung wurde als 'Wettrennen' und ein Fortschritt als 'Durchbruch' dargestellt. Beide Entdeckungen boten Pressesprechern und Journalisten die relativ seltene Möglichkeit, eindeutig neue Forschungsergebnisse bekanntzugeben und sich dabei auf Quellen mit hohem Status zu berufen (wie etwa die Pressekonferenz des *Institute of Cancer Research* oder die Verlautbarungen des Leiters des *Human Genome Project*). Die Berichterstattung folgte der in solchen Situationen üblichen Tendenz, die "professionelle Rhetorik der großen Hoffnungen und vielversprechenden Perspektiven" wiederzugeben (Cunningham-Burley et al. 1998). Diese ersten Meldungen zeigen jedoch auch, wie schnell die wissenschaftliche Erforschung von Brustkrebs zum Gegenstand von 'soft news' geworden ist. Alle Nachrichtenbeiträge gingen von den Aussagen der befragten Wissenschaftler unmittelbar zu den persönlichen Stellungnahmen von Frauen und auch Männern über, die zu den Risikogruppen gehörten und von derartigen wissenschaftlichen Entdeckungen möglicherweise profitierten.

Im folgenden zeichne ich die Verbreitung dieser Entdeckungen über die verschiedenen Formate und Genres nach und untersuche, wie die wissenschaftlichen Erkenntnisse in das 'kulturelle Repertoire' zum Verständnis des erblichen Brustkrebsrisikos integriert worden sind.

---

[2] Der Titel des Projektes lautete: "Die Rolle der Medien und das öffentliche und professionelle Verständnis von Brustkrebs" (gefördert *vom National Health Service, Executive Research and Development Programme* 1997-1998). Mein Dank gilt den Projektleitern Greg Philo und Jenny Kitzinger sowie meinen Kolleginnen Cherise Saywell und Liza Beattie.

1. Skizze des Forschungsdesigns

In der Studie haben wir zwei unterschiedliche Stichproben einschlägiger Medienberichte miteinander verglichen. Die erste, längsschnittartig angelegte Stichprobe beinhaltete die Berichterstattung von acht britischen Zeitungen über einen Zeitraum von drei Jahren (1995-1997). In diese Stichprobe wurden Boulevard- und Qualitätstagespresse (*The Sun, The Mirror, The Guardian, The Times, The Independent*) sowie eine Auswahl von Sonntagszeitungen bzw. -ausgaben (*The Observer, The Independent, The Sunday Times*) einbezogen (siehe hierzu Abschnitt 2). Bei den ausgewählten Zeitungen haben wir eine Vollerhebung sämtlicher Artikel zum Thema Brustkrebs vorgenommen. Eine zweite, von den Mediengenres her umfassendere Stichprobe wurde in einem Zeitraum von vier Monaten (September - Dezember 1997) gezogen. In dieser querschnittartig angelegten Stichprobe waren alle überregional erscheinenden britischen Zeitungen, die Nachrichtensendungen im Fernsehen, eine Auswahl der meistverkauften Frauenzeitschriften sowie relevante Dokumentationen und Serien in Funk und Fernsehen vertreten (siehe hierzu Abschnitt 3). Um herauszufinden, welche Informationsquellen von den Journalisten genutzt wurden und wie sich der strategische Umgang mit den Quellen auf die Berichterstattung über Brustkrebs ausgewirkt hat, haben wir 40 Journalisten und Genforscher sowie Vertreter von Krebshilfe-Organisationen und Initiativgruppen interviewt (siehe hierzu Abschnitt 4). Schließlich wurden in Großbritannien und Nordirland insgesamt 30 Gruppeninterviews (focus groups) mit 164 Frauen durchgeführt. Fünf dieser Fokusgruppen bestanden aus Teilnehmerinnen, die ein besonderes Interesse an der Materie hatten, unter ihnen praktische Ärztinnen und Überlebende von Brustkrebserkrankungen (siehe hierzu Abschnitt 5).

2. "Vom Gen-Genie gerettet." Ergebnisse der Längsschnitt-Untersuchung

Die erste wichtige Erkenntnis bestand darin, daß die genetische Brustkrebs-Forschung noch lange über die offizielle Bekanntgabe ihrer Entdeckungen und deren aktuellem Nachrichtenwert hinaus für die Presse und die Fernsehnachrichten von Interesse war. Die Analyse der Stichprobe aus den Jahren 1995 bis 1997 offenbarte, daß das genetisch bedingte Brustkrebsrisiko ein außergewöhnlich hohes Maß an Aufmerksamkeit erfuhr. Wir ermittelten insgesamt 708 Artikel zum Thema Brustkrebs (in dieser Zahl sind keine Leserbriefe enthalten). Die mit Brustkrebs assoziierten Kausal- und Risikofaktoren wurden in 152 dieser Artikel thematisiert, von denen sich wiederum 51 mit Genetik und Vererbung beschäftigten. Mit anderen Worten: in einem Drittel aller Artikel über spezifische Risikofaktoren ging es um Genetik (oder das erbliche Risiko).

Wie Abbildung 1 zeigt, war das genetische Risiko der am zweithäufigsten genannte Risikofaktor (der am häufigsten genannte war das Alter der Frauen).[3] Das genetische Risiko hatte also ein deutlich ausgeprägteres Medienprofil als eine stattliche Anzahl anderer Faktoren, die gleichwohl das Krankheitsrisiko beeinflussen können (wie etwa die Pille, Hormonsubstitutionstherapie, Schwangerschaft, soziale Schichtzugehörigkeit, Umweltgefahren, Ernährung und Rauchen). Und das trotz der Tatsache, daß die bekannten Brustkrebsgene BRCA1 und BRCA2 den Experten zufolge für lediglich 5 bis 10% der Brustkrebsfälle verantwortlich zu machen sind (Easton et al. 1994; Wooster et al. 1994).

Abb. 1: Die Berichterstattung über Risikofaktoren bei Brustkrebserkrankungen in acht britischen Zeitungen (1995-1997)

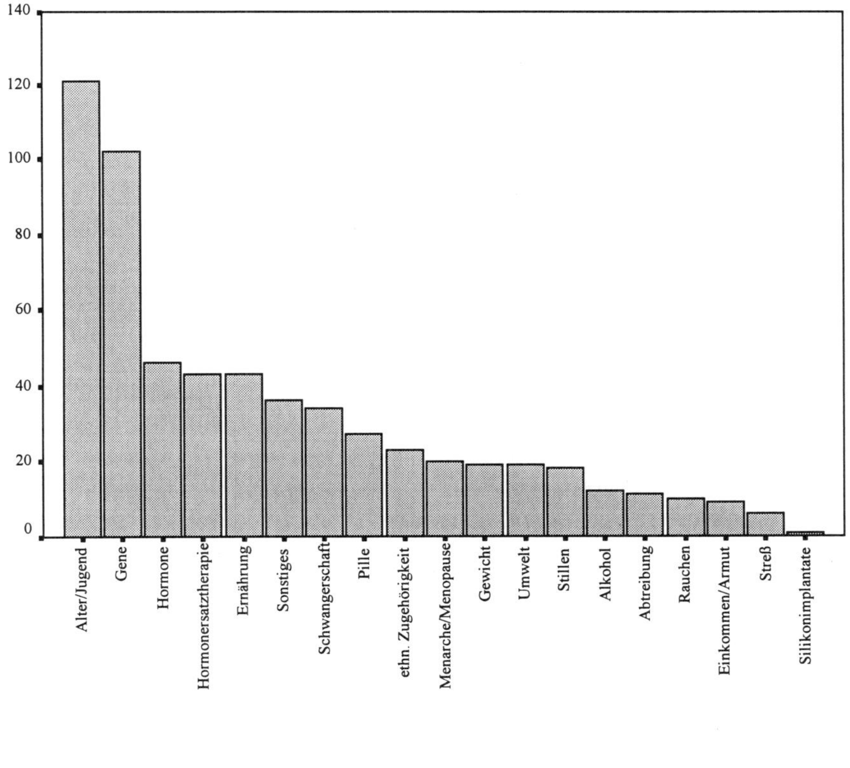

[3] Der Abbildung läßt sich entnehmen, daß in über 100 Artikeln vom 'Risikofaktor Gene' die Rede war. In 51 von ihnen ging es ausschließlich um den genetischen Hintergrund von Brustkrebserkrankungen. Die Differenz erklärt sich aus dem Sachverhalt, daß in anderen Beiträgen mehrere Risikofaktoren - u.a. auch die Gene - erwähnt wurden, die dann entsprechend mehrfach codiert worden sind.

Eine nähere Untersuchung derjenigen Artikel, die sich schwerpunktmäßig mit den genetischen Ursachen von Brustkrebs befaßten, förderte ein weiteres interessantes Ergebnis zutage. Das Gros dieser Berichterstattung konzentrierte sich nicht auf die wissenschaftlichen Aspekte und die Entdeckung dieser Genvariationen, sondern auf die sich daraus ergebenden sozialen und persönlichen Dilemmata und deren Tragweite. Während die Berichterstattung über Brustkrebs in den Fernsehnachrichten und in der Presse noch 1995 einen weitgehend optimistischen Tenor hatte (Cunningham-Burley et al. 1998), wurden in den darauffolgenden Jahren zunehmend – insbesondere mit Testverfahren und 'Behandlungsmethoden' verbundene – Probleme erörtert. Die Schlagzeilen aus dem Jahr 1995, die noch über "gewonnene Wettrennen" und einen "erzielten Durchbruch" zu berichten wußten, wurden durch andere ersetzt (oder ergänzt) – z.B. "Frauen mit hohem Krebsrisiko verzweifeln an der Brustamputation" (*The Times*, 26. Februar 1996), "Warum ich nicht nach dem tödlichen Gen suchen werde" (*The Times,* 28. Februar 1996), "Die Wut der Frauen über das Krebsgen-Patent" (*Independent on Sunday*, 29. Juni 1997), "Embryos mit Brustkrebsgen könnten zur Selektion freigegeben werden" (*Independent on Sunday*, 28. September 1997) und "Gefahren des Gentest-Mythos" (*The Express on Sunday,* 28. September 1997).

Lediglich 18% der Presseartikel über die genetischen Ursachen von Brustkrebs (n=51) beschäftigten sich mit wissenschaftlicher Forschung oder wissenschaftlichen Entdeckungen und erschienen entweder auf der Titelseite oder in speziellen wissenschaftlichen bzw. medizinischen Rubriken. 27% der Beiträge befaßten sich schwerpunktmäßig mit prophylaktischer Mastektomie (der nur selten vorgenommenen Amputation gesunder Brüste von Patientinnen mit hohem Krebsrisiko), 26% betrafen die Frage der Patentierung, 21% behandelten Probleme im Zusammenhang mit genetischen Testverfahren und 8% setzten sich mit anderen Dingen wie z.B. Versicherungsfragen auseinander. Mit anderen Worten: Gegenstand der Berichterstattung waren in 82% der relevanten Beiträge nicht die rein wissenschaftlichen Aspekte, sondern die potentiellen sozialen und persönlichen Konsequenzen.

Das anhaltende Interesse der Presse an den genetischen Ursachen von Brustkrebs läßt sich zum Teil auf 'harte' Nachrichtenwerte zurückführen. Einige der Artikel wurden z.B. unmittelbar durch Entscheidungen über Verfahrensregeln ausgelöst. So folgte ein Welle von Beiträgen auf die Veröffentlichung eines Verfahrenskodex durch das *Advisory Committee on Genetic Testing*, z.B. "Warnung vor Gentests per Post" (*Daily Telegraph,* 24. September 1997), "Kontrollen für rezeptfreie Gentests" (*Financial Times,* 24. September 1997). Kontroversen um Versicherungs- und Patentangelegenheiten verursachten – insbesondere als Reaktion auf die europäischen Direktiven – eine ähnlich lebhafte Mediendebatte, z.B. "Wessen Gene sind es eigentlich?" (*The Independent on Sunday,* 9. November 1997), "Der Raub unserer Seelen" (*The Guardian,* 11. Juli 1997), "Krieg der Gene" (*The Guardian,* 23. Mai 1997).

Für das Medienprofil der genetischen Ursachen von Brustkrebs spielten jedoch auch die 'weichen' Nachrichtenwerte eine große Rolle. Es waren diese 'weichen'

Nachrichtenkriterien, die einen erheblichen Teil der Berichterstattung insbesondere der Boulevardpresse bestimmten. Wie es in Boulevardzeitungen üblich ist, handelten ihre Beiträge von persönlichen Schicksalen, wobei das Thema prophylaktische Mastektomie die Meldungen dominierte. Eine typische Reportage in *The Mirror* kontrastierte die Arbeit des britischen Genforschers Stratton, der "den Rest der Welt durch die Entdeckung des Brustkrebs-Gens auf die Plätze verwies", mit der persönlichen Aussage einer dreißigjährigen Mutter, die auf BRCA2 getestet wurde und so erfuhr, daß sie "auf der sicheren Seite" ist. Die Überschrift dieses uneingeschränkt positiven Berichtes lautete: "Vom Gen-Genie gerettet: Nach vierjähriger Forschungsarbeit fand Mike Stratton das Gen, das Brustkrebs verursacht (...) zwei Wochen später gab Annmarie eine Blutprobe ab, die ihr Leben veränderte" (*The Mirror,* 28. Juli 1997; siehe Abb.2).

Abb.2: Der Grundlagenforscher als Lebensretter

SAVED BY THE GENE GENIUS

After four years of research Mike Stratton found the gene which causes breast cancer..two weeks later Annmarie had a blood test that changed her life

My wildest dream's come true

I couldn't live with the risk

Quelle: The Mirror, 28.7.1997

Der Artikel erzählt die Geschichte einer Frau, die vorhatte, sich einer prophylaktischen Brustamputation zu unterziehen - bis ihr Testergebnis ‘negativ’ ausfiel. Andere Frauen haben sich jedoch (ob mit oder ohne 'positiven' Test) für die Operation entschieden; ihre Schicksale erwiesen sich als noch attraktiver für die Boulevard- und auch für die Qualitätspresse. Die entsprechenden Schlagzeilen lauteten u.a.: "9 aus meiner Familie hatten Krebs, also ließ ich mir die Brüste amputieren für den Fall, daß ich die Nächste bin" (*The Mirror,* 14. Februar 1996), "Aus dem Schatten der Familiengeschichte treten" (*The Times,* 17. April 1997), "Ein großes Opfer für das Überleben" (*The Mirror,* 6. Mai 1997).

Hintergrundberichte in Zeitungen gingen der Frage nach, was es für eine Frau bedeutet, wenn ihr Busen nicht mehr die Assoziation hervorruft, 'sexy' oder 'eine Mutter' zu sein, sondern statt dessen 'Angst und Tod' symbolisiert. In den Vordergrund rückten auch die Konsequenzen einer 'Behandlung', die für die Betroffenen auf die Entscheidung hinausläuft: "Wir opfern Teile von uns, um den Rest zu retten" (*The Observer,* 30. Juni 1996). Einige der Beiträge zitierten Frauen, die in sehr drastischen Worten davon sprachen, daß sie sich ihre Brüste "abhacken" lassen müßten und betonten, welch entsetzliche Tragödien sich über Generationen hinweg aufgrund früher Todesfälle in ihren Familien abgespielt hatten.

3. "Was für ein Schlamassel." Ergebnisse der Querschnitt-Untersuchung

Die qualitative Analyse unserer viermonatigen Stichprobe (September - Dezember 1997) soll in detaillierterer Form beschrieben werden, um zu verdeutlichen, wie das Thema der vom Brustkrebsgen 'heimgesuchten' Familien auf andere Medienformate übergreifen konnte und welche Veränderungen es dadurch erfahren hat.

3.1 Frauenzeitschriften

Oft erschien die Geschichte ein- und derselben Frau in mehreren unterschiedlichen Medien - in Zeitungsartikeln, Zeitschriften und Fernsehdokumentationen. Und auch wenn es sich nicht um dieselbe Person handelte, so wurden doch regelmäßig dieselben Metaphern, Formulierungen und Themen wiederholt. Wendy Watson beispielsweise, über deren Familiengeschichte schon *The Mirror* berichtet hatte ("9 aus meiner Familie ...", siehe oben), erzählte uns, wie sie im Laufe eines Interviews von der Autorin einer Frauenzeitschrift dazu gedrängt wurde, ihren Entschluß zu einer prophylaktischen Mastektomie in einer mediengerechten Bildersprache wiederzugeben:

> "Die Journalistin wollte, daß ich sage: 'Ich schaute auf das Bild, sah all diese schwarzen Kreise [mit denen auf dem Pressefoto ihre an Krebs gestorbenen Angehörigen markiert waren] und dann wurde mir klar, daß dies [die prophylaktische Mastektomie] meine einzige Chance war.' Doch so war das nicht. Die Journalistin sagte: 'Aber diese Geschichte mit den schwarzen Kreisen gefällt mir wirklich gut.' Ich sagte: 'Nun, ich habe nie irgendeinen schwarzen Kreis gesehen, wissen Sie, Sie können mich nicht mit schwarzen Kreisen zitieren.'"

Derartige narrative Grundmuster sind für populäre Genres erheblich attraktiver als die Wissenschaft an sich. Tatsächlich fanden wir in unserer Zeitschriftenstichprobe nur zwei Artikel, die sich mit Grundlagenforschung befaßten. Die meisten anderen Beiträge widmeten sich dem menschlichen Drama, vor allem dem Schicksal junger Frauen, denen die Brüste amputiert wurden oder die an Brustkrebs gestorben waren.

3.2 Fernsehdokumentationen

Der Prozeß, in dem das Thema Genforschung die Formatgrenzen überschreitet, verläuft selbstverständlich nicht linear. Aus der Publicity für einen kurz vor der Ausstrahlung stehenden Dokumentarfilm kann sich ergeben, daß über dieselbe Geschichte auch in Zeitungen und Zeitschriften berichtet wird. Wendy Watson beispielsweise, deren Familiengeschichte - wie bereits erwähnt - von Tageszeitungen und Zeitschriften aufgegriffen worden ist, war zugleich die Hauptperson in einer Folge der TV-Dokumentarserie *The Decision.* Diese in England viel beachteten Dokumentationen (gesendet 1996) behandelten schwierige Entscheidungen im medizinischen Bereich. Die Sendung über die genetischen Ursachen von Brustkrebs trug den Titel "Ein Leben im Schatten". Gezeigt wurde, wie Wendy Watson die Brustkrebsfälle in ihrer Familie erforscht und welche Schlußfolgerungen sie und ihre Angehörigen daraus in Bezug auf das potentielle genetische Risiko gezogen haben. Während in einigen Zeitschriftenartikeln die prophylaktische Mastektomie als der "einzige Ausweg" hingestellt wurde, schilderte diese Sendung die differenzierteren Ansichten verschiedener Frauen. Der verantwortliche Produzent erläuterte uns gegenüber das Konzept des Fernsehbeitrags wie folgt:

> „Die Intention der Sendung [über die genetischen Ursachen von Brustkrebs] lag immer darin, zu zeigen, in was für ein entsetzliches Dilemma Frauen aus Familien mit einem hohen Krebsrisiko kommen, sobald es ein voraussagefähiges Testverfahren gibt. (...) Sollte man es überhaupt anbieten – und, wenn ja, auf welche Weise sollte man dies tun, damit die Betroffenen nicht zu sehr belastet werden? Selbst die Weitergabe der Information, daß sie zu den Risikopatientinnen gehören, hat massive Auswirkungen, z.B. was die Versicherung angeht. Hat man überhaupt das Recht, ihnen mitzuteilen, daß sie zu einer Risikogruppe gehören? Wie sagt man es ihnen? Und wenn man sie informiert, was können sie dann tun?“

Im vorliegenden Fall fand das Produktionsteam seine Schlüsselfigur in Wendy Watson, die sich für eine vorbeugende Brustamputation entschieden hatte, weil sowohl ihre Mutter wie auch ihre Großmutter noch vor Erreichen des 40. Lebensjahres an Brustkrebs gestorben waren, und sie später feststellen mußte, daß dies noch auf weitere Frauen in ihrer Verwandtschaft zutraf. Sie selbst erklärt ihre Präsenz in den Medien folgendermaßen:

> "Ich war vielleicht eine der ersten [Frauen], die ihre eigenen Entscheidungen getroffen, ihr Leben in die eigene Hand genommen und beschlossen haben, daß dies [die prophylaktische Mastektomie] eine Chance sein könnte, dem Brustkrebs vorzubeugen."

Die durch erbliches Risiko und Gentests erzeugte Dramatik ist auch in den fiktionalen Darstellungsformen des Fernsehens spürbar. Hier lassen sich wieder thematische Gemeinsamkeiten, aber ebenso einige genrespezifische Besonderheiten feststellen.

3.3 Fernsehserien

Das Thema Brustkrebs wurde auch früher schon gelegentlich im Rahmen von Radio- und Fernsehserien behandelt (Henderson 1999). Es ist jedoch als Indiz für das publizistische Potential der Genforschung zu werten, daß sich die populäre Arztserie *Peak Practice* (ITV, Folge vom 12. Januar 1998) mit dem Thema befaßte. Das Drehbuch geht der Frage nach, welche Auswirkungen es haben kann, wenn in einer Familiengeschichte gehäuft Brustkrebserkrankungen auftreten. Eine junge, alleinerziehende Mutter zweier Kinder entdeckt in ihrer Brust einen Knoten, ist aber zu verängstigt, um sich einer Untersuchung zu unterziehen. Die fatalistisch erscheinende Hauptperson glaubt nicht an ihre Überlebenschance, da ihre eigene Mutter bereits in jungen Jahren an Brustkrebs starb. Darüber hinaus belügt sie ihren Arzt, als der danach fragt, ob es in ihrer Familie Fälle von Brustkrebs gebe und seit wann sie den Knoten in der Brust spüre. Die Handlung dreht sich vorwiegend um die Gefühle einer Frau, die ihre Mutter durch Brustkrebs verlor, als sie selbst noch ein Kind war, und die sich nun Sorgen um die Zukunft ihrer eigenen Tochter macht. Ihr bevorstehender Geburtstag (an dem sie das Alter erreichen wird, in dem bei ihrer Mutter Brustkrebs diagnostiziert wurde) verleiht der Geschichte eine zusätzliche Dramatik. Die Frau ist mißtrauisch gegenüber den Ärzten, die sich weigern, eine beidseitige Brustamputation vorzunehmen, und die ihr wenig Informationen oder Anlaß zur Beruhigung hinsichtlich der Frage bieten können, ob auch ihre Tochter möglicherweise an Brustkrebs erkranken wird. Die Handlung wurde mit Unterstützung der Mitarbeiter einer Krebshilfe-Organisation entwickelt, die den Drehbuchautoren die verbreitetsten Verhaltensweisen von Frauen aus ‘Brustkrebs-Familien’ darlegten. Dabei wurden Reaktionsformen wie Furcht, Verdrängung und Fatalismus erörtert und die psychologische Tragweite der Diagnose für die Hauptfigur diskutiert.

Den Zuschauern den genetischen Hintergrund von Krebserkrankungen verständlich zu machen, ihnen die Anteilnahme an der psycho-sozialen Dynamik zu ermöglichen und ein breites Publikum auf eine neue Art anzusprechen – das alles kann zu den positiven Aspekten einer Thematisierung im Rahmen von 'human interest stories' gezählt werden. Der Koordinator des telefonischen Beratungsdienstes der Hilfsorganisation *Breast Cancer Care* betonte, welch ungeheure emotionale Wirkung die Folge von *Peak Practice* auf Frauen hatte, die sich für Risikopatientinnen hielten, und wies im Interview darauf hin, daß viele Frauen nach Ausstrahlung der Sendung zum ersten Mal mit dem Beratungsdienst Kontakt aufgenommen haben.

3.4 Hörspiele

Eine ähnlich dramatische, aber noch ausführlichere Darstellung des Themas enthält das am 19. Mai 1997 von *BBC Radio Four* ausgestrahlte Hörspiel "DR Y". Das Stück wurde von dem Sender in Zusammenarbeit mit der *Soho Theatre Company* entwickelt. Hauptfiguren der Geschichte sind die Schwestern 'Joy' und 'Vita'. Die beiden stammen aus einer Familie, in der Brustkrebs weit verbreitet ist. Beide werden getestet: Joy "hat das Gen", Vita nicht. Das Hörspiel folgt Joy durch die Phase der Entscheidungsfindung, an deren Ende der Entschluß steht, sich einer prophylaktischen Mastektomie zu unterziehen und sich auch die Ovarien entfernen zu lassen. In einer Szene spricht sie mit ihrem Mann darüber, wie unwiderruflich der Gentest ihre gefühlsmäßige Einschätzung des eigenen Krebsrisikos verändert hat. "Es nagt bereits an mir", erklärt sie, "Hörst Du das nicht? Früher konnte ich es nicht hören. Jetzt ist es laut und deutlich. Ohrenbetäubend." Als sie immer mehr zu einer radikalen Behandlung tendiert, fragt ihr Mann: "Was ist das jetzt? Selbstzerstörung? Selbsterhaltung?" Ihre Gegenfrage: "Ist das für mich mittlerweile nicht dasselbe?" Antwort des Mannes: "Was für ein Schlamassel."

Das Hörspiel zeigt, wie das Wissen um genetische Risiken einem Querschläger gleich seine Bahn durch die familiären Beziehungen zieht. Weitere Hauptfiguren der Handlung sind Joys Tante, ihr ältester Sohn und ihr Mann. Joys Erklärung, sie wünsche sich ein weiteres Kind, am liebsten ein Mädchen, verschärft die angespannte Situation. Joy entschließt sich zu einer In-Vitro-Fertilisation, um das Krebsrisiko des Kindes zu minimieren, woraufhin sich ihre Schwester Vita als Spenderin von Eizellen zur Verfügung stellt. Auf der Beerdigung einer weiteren an Brustkrebs gestorbenen Verwandten kommt es zu einer heftigen Auseinandersetzung zwischen Joy und ihrer Tante (die ebenfalls Krebs hatte). Joy verteidigt ihren Entschluß zu einer künstlichen Befruchtung mit der Bemerkung, sie trage "den Bauplan für Krebs" bereits in sich. Voller Wut brüllt sie ihre Tante an: "Das in dem verdammten Sarg da drüben könnte ich sein, aber ich bin es nicht. Ich bin es nicht, zum Teufel"; sie wolle "eine Tochter bekommen, die frei von dem Fluch ist, der all den Tanten, Müttern und Schwestern um uns herum zum Verhängnis geworden ist. Sonst gibt es für uns keine Zukunft". Das Hörspiel endet mit der Feier von Joys 40. Geburtstag und der Bekanntgabe ihrer Schwangerschaft.

4. "Das Geschäft mit der Angst." Interviews mit Ansprechpartnern der Jourder Journalisten

Wir haben neben Medienvertretern auch eine Reihe von Fachleuten aus Kliniken, Forschungsinstituten, Hilfsorganisationen und Selbsthilfegruppen interviewt, die den Journalisten bei ihren Recherchen zum Thema Brustkrebs zur Verfügung gestanden haben. Von diesen 'Informanten' wurde regelmäßig die prominente Rolle, die in den Medien das genetische Risiko bei Brustkrebserkrankungen spielt, zur Sprache gebracht. Der Vertreter einer Initiativgruppe in Sachen Genetik[4] kommentierte die Situation folgendermaßen:

[4] Diese Initiativgruppen werden von den britischen Wohlfahrtsverbänden finanziert und haben die Aufgabe, die öffentliche Diskussion über die Entwicklung der Humangenetik zu beleben. Obwohl sie durchaus eine kritische Distanz zu den beteiligten Firmen und Forschungsinstituten wahren, liegt der Schwerpunkt ihrer Tätigkeit mehr auf der Erwachsenenbildung als auf einer Fundamentalopposition, wie wir sie in Deutschland von Initiativen wie dem *Gen-ethischen Netzwerk* kennen (Anmerkung des Herausgebers).

„In den letzten Jahren gab es einen stetigen Strom von Beiträgen über Genetik und Medizin (...), und das hat ein öffentliches Klima geschaffen, in dem die Genetik entweder für ein Allheilmittel oder für die Wurzel allen Übels gehalten wird.“

Die Sprecherin einer anderen Genetik-Initiative vertrat die Auffassung, daß die unverhältnismäßig große Aufmerksamkeit, die dem genetischen Risiko gezollt wird, eine unmittelbare Folge journalistischer Wertmaßstäbe ist:

„[Die Medienberichterstattung] hat die genetische Komponente überbetont – auf Kosten aller anderen Faktoren, die dazu beitragen, ob jemand an Krebs erkrankt oder nicht. Das BRCA1-Gen ist als der Auslöser von Brustkrebs schlechthin dargestellt worden und nicht als 'ein Gen, das mit großer Wahrscheinlichkeit ein ursächlicher Faktor für eine recht seltene Form von Brustkrebs ist'. Aber das wäre auch eine sehr viel weniger spektakuläre Story.“

Es war auffällig, daß die Sprecherinnen von Selbsthilfegruppen - im Gegensatz zu den in der Krebsforschung Tätigen - sich bestürzt zeigten über die mediale Betonung der genetischen Aspekte. Die Vertreterin einer Krebshilfe-Organisation erklärte:

„Sollten Sie positiv auf BRCA1 oder 2 getestet werden, sind Ihre Aussichten, jemals eine Hypothek, eine Lebens- oder Krankenversicherung zu bekommen oder zu heiraten, gleich null, und Sie können nichts dagegen unternehmen. Es gibt keine therapeutische Maßnahme, die wirklich greift. (...) Und wenn Sie achtzig Jahre alt werden und die ganze Zeit davon überzeugt sind, [an Brustkrebs] zu erkranken – was für ein Leben soll das sein? Ich habe gelegentlich Artikel über diese Problematik gesehen, aber im großen und ganzen leben die Medien vom Geschäft mit der Angst.“

Die Kritik machte sich ebenfalls an der grob vereinfachenden Darstellung der Testverfahren und den daraus resultierenden Konsequenzen fest. Die Interviewpartner der Journalisten in Forschungs- und Versorgungseinrichtungen fanden es besonders schwer, Medienvertretern die komplexen Verfahrensweisen der Gendiagnostik zu vermitteln. Einige waren davon überzeugt, daß diese Hintergründe von den Journalisten vorsätzlich außer acht gelassen worden sind:

„Gestern sprach ich mit einer Journalistin, die einen Artikel über Gentestverfahren für jüngere Frauen schreiben wollte. Sie wollte ihren Leserinnen raten, unverzüglich zu ihrem praktischen Arzt zu gehen und um die Überweisung in eine Spezialeinrichtung zu bitten, um dort regelmäßige Check-ups und Gentests machen lassen zu können. Ich sagte: ‚Aber so läuft das nicht.‘ Sie sagte: ‚Sie wollen mir erzählen, daß das so nicht läuft? Ich werde es trotzdem [in meinem Artikel] schreiben.‘"

Vertreter von Krebshilfe-Organisationen, die eine Telefonberatung anbieten, waren in höchstem Maße besorgt ob des negativen Einflusses, den die verzerrte Darstellung der Medien auf die Frauen haben kann.

> „Es gab eine Sendung über eine Familie, die einem Gentest unterzogen worden war, und viele Frauen [aus dieser Familie] hatten tatsächlich 'das Gen'. Bei dieser Familie handelte es sich um einen authentischen Fall, doch viele Menschen sehen den Beitrag und denken 'Oh, meine Tante hatte doch Brustkrebs' oder 'Meine Mutter hatte Brustkrebs'. Und sie berücksichtigen dabei nicht die entscheidenden Details – beispielsweise, ob die Mutter vor oder nach der Menopause erkrankte. Ich denke, es ist erschreckend, daß die Menschen nicht vollständig ins Bild gesetzt werden. Brustkrebsfälle müssen derzeit partout genetisch bedingte Brustkrebsfälle sein. Und ich glaube, daß dafür größtenteils die Medien verantwortlich sind."

5. "Das muß schrecklich sein..." - Der Medieneinfluß auf die Frauen und ihr Verständnis genetischer Risiken

Die Gruppeninterviews waren in erster Linie darauf angelegt, die Erfahrungen und Überzeugungen der Frauen zum Thema Brustkrebs im allgemeinen zu erfassen und weniger die genetischen Aspekte im besonderen. Zum Ablauf der Sitzungen gehörte jedoch auch, daß die Teilnehmerinnen gebeten wurden, den prozentualen Anteil der Frauen zu schätzen, deren Brustkrebserkrankung auf eine familiäre Vorbelastung zurückzuführen ist. Die meisten Frauen, die eine Schätzung abgaben, nannten eine Zahl von über 50%. Nur in fünf (von insgesamt 30) Gruppen gab es Schätzungen von unter 20%; in zwei dieser fünf Fälle wiesen die Frauen darauf hin, die angegebene Zahl durch deren explizite Nennung in den Medien mitbekommen zu haben und überrascht gewesen zu sein, wie niedrig sie war. Die der Familiengeschichte zugeschriebene Bedeutung zeigte sich auch an den Antworten auf die Frage, wie die Frauen ihr eigenes Krebsrisiko beurteilten. Es war durchaus üblich, daß Frauen mit nur einer oder einigen älteren an Brustkrebs erkrankten Verwandten diese Tatsache als Grund dafür angaben, sich selbst der Risikogruppe zuzuordnen. Die folgenden Kommentare sind typisch hierfür:

> „Eine meiner Tanten hatte Brustkrebs, daher glaube ich, daß auch für mich [ein Risiko] besteht." (Gruppe 12)

> „Ich untersuche mich regelmäßig selbst, weil meine Großmutter [mit Anfang 70] Brustkrebs hatte und auch meine Mutter [mit Ende 50] – zugegeben, ich bin erst 34, aber es könnte jederzeit losgehen. Man kann nie wissen." (Gruppe 9)

Andere Frauen, in deren Familiengeschichte es keine vergleichbaren Fälle gab, schlossen daraus, daß auch für sie kaum ein Risiko besteht, an Brustkrebs zu erkranken:

> „Ich glaube nicht, daß ich zu einer Risikogruppe gehöre, weil [Brustkrebs] in meiner Familie nicht vorkommt." (Gruppe 9)

> „Ich assoziiere [Brustkrebs] hauptsächlich mit vererbbaren Dingen und ich weiß, daß die Krankheit in meiner Familiengeschichte nicht aufgetreten ist, also bin ich, was das angeht, ziemlich gelassen." (Gruppe 13)

Die Bedeutung des erblichen Risikos wurde auch von einer Teilnehmerin hervorgehoben, die als Adoptivkind groß geworden ist und daher nichts über ihre ursprüngliche Familie weiß:

> „Meiner Ansicht nach ist Brustkrebs eine rein genetische Angelegenheit. Und da ich adoptiert wurde, weiß ich weder jetzt, noch werde ich es je wissen, was mich erwartet." (Gruppe 18)

Die gängige Betonung des erblichen Risikos kann natürlich nicht allein der Medienberichterstattung zugeschrieben werden. Die Diskussionen ließen erkennen, daß andere Faktoren – wie etwa persönliche Erfahrungen oder die in Arztpraxen üblichen Routinebefragungen zur familiären Krankheitsgeschichte – ebenfalls eine Rolle spielen. Die Vorstellungen vom genetischen Risiko sind darüber hinaus komplex, vielschichtig und geprägt von bereits existierenden kulturellen Deutungsmustern der Vererbung und ihrer Bedeutung (Davison 1992).

Auch wenn man die Komplexität der öffentlichen Wahrnehmung von Wissenschaft in Rechnung stellt und kein simples Defizitmodell propagieren will, ist es doch denkbar, daß die zahlreichen und ausführlichen Verweise der Medien auf den Erbfaktor bei Brustkrebs eine Schlüsselrolle für die Einschätzung des Themas seitens der Frauen spielen. Ein Indiz hierfür waren die impliziten Bezugnahmen auf die Schicksale der Frauen, von denen die Teilnehmerinnen an der Befragung durch die Porträts in Presse, Funk und Fernsehen erfahren hatten. Es wurde aber auch durch ihre expliziten Stellungnahmen zur Medienresonanz auf das Thema deutlich: "Es [das genetisch bedingte Brustkrebs-Risiko] muß hoch sein," erklärte eine Frau, "weil ein solcher Aufstand deswegen gemacht wird" (Gruppe 7). "Ich hätte gesagt, daß über 60% aller Brustkrebsfälle auf Erbfaktoren zurückzuführen sind", bemerkte eine andere, "es ist jedenfalls der [Risikofaktor], der am meisten propagiert wird" (Gruppe 1).

Ein weiteres bemerkenswertes Ergebnis bezieht sich auf die medialen Darstellungsformen, an die sich die Frauen erinnerten. Die Teilnehmerinnen tendierten dazu, eher in Begriffen wie "Vererbung" und "Familiengeschichte" zu sprechen als sich der genetischen Terminologie zu bedienen, und beriefen sich dabei auf Quellen wie Zeitschriftenartikel, Seifenopern, Fernsehserien und Talkshows - mit anderen Worten: auf populäre Genres und nicht auf die Nachrichten. Schicksalsberichte über Frauen aus Familien mit einem hohen Krebsrisiko hatten wegen des Lebensalters der Betroffenen einen tiefen Eindruck hinterlassen: "Sie waren so jung, das ist es, was auffällt" (Gruppe 6). Ähnliches gilt auch für die Darstellung der Zwangslagen bei einer prophylaktischen Brustamputation, die den Frauen in Erinnerung geblieben sind, weil "man die Angst förmlich spüren konnte" (Gruppe 25). Einige Kommentare hierzu lauteten: "Das kann eine Familie zerstören" (Gruppe 13); "Es ist für eine Frau so eine drastische Entscheidung" (Gruppe 24); "Ich dachte, wie können sie sich das nur antun und das nur für den Fall der Fälle. Es war entsetzlich, wie eine Selbstverstümmelung" (Gruppe 11). Es war nicht zu übersehen, daß sich viele Probandinnen in die Situation der betroffenen Frauen hineinversetzt hatten: "Das muß schrecklich sein, zu wissen, daß einem nichts fehlt, und dann hinzugehen und sich an, na ja, gesunden Brüsten operieren zu lassen" (Gruppe 3); "Sie haben sich für die Mastektomie entschieden. Stellen Sie sich vor, vor einer solchen Entscheidung zu stehen" (Gruppe 18).

Obwohl in diesem Beitrag nur eine knappe, vorläufige Auswertung der Gruppeninterviews präsentiert werden kann, deuten die Ergebnisse darauf hin, daß die Medienberichterstattung über die Erfahrungen von Frauen aus 'Brustkrebsfamilien' beim weiblichen Publikum einen tiefen Eindruck hinterlassen hat - und zwar unabhängig von wissenschaftlichem Fachjargon zum Thema Genetik oder Informationen über neue Forschungsergebnisse und genetische 'Fakten'. Mit anderen Worten: Die Vorstellungen der Frauen über erbliche Risiken sind wesentlich mehr von ‘weichen’ als von ‘harten’ Nachrichten geprägt worden. Die Gruppeninterviews legen weiterhin den Schluß nahe, daß die prophylaktische Mastektomie für die Frauen eine Horrorvorstellung ist, die gleichwohl eine besondere Faszination auf sie ausübt (Saywell et al. 1999).

Nachwort

Die vorliegende Studie hat ergeben, daß die Aufmerksamkeit der Medien in hohem Maße auf die genetischen Aspekte von Brustkrebs gerichtet ist, insbesondere auf das Entscheidungsdilemma, das mit der einzigen ‘Therapieform’, der prophylaktischen Brustamputation, verbunden ist. Wissenschaftliche Forschungsergebnisse deuten jedoch darauf hin, daß lediglich eine kleine Minderheit von Frauen ein genetisches Risiko trägt. Außerdem ist die medizinische Fachwelt in Großbritannien geteilter Meinung hinsichtlich des Nutzens und der Risiken, die mit einer derartig radikalen Operation einhergehen. Es ist nicht bekannt, wie viele britische Frauen sich bis dato dieser Prozedur unterzogen haben, um ihr Brustkrebsrisiko zu reduzieren (der *Imperial Cancer Research Fund* geht von 500 aus). Die Besorgnis darüber schlägt sich in dem Aufruf der *Imperial Cancer Research Fund Oncology Group* nieder, die obligatorische Registrierung aller Fälle von prophylaktischer Mastektomie einzuführen (Pressemitteilung des ICRF vom 27. Januar 1999). Kürzlich im *New England Journal of Medicine* publizierte Forschungsergebnisse deuten darauf hin, daß der chirurgische Eingriff die Inzidenz- und Mortalitätsrate bei familiär vorbelasteten Frauen um 90% reduzieren kann (Hartmann et al. 1999). In einem Kommentar im Editorial des *New England Journal of Medicine* wurde jedoch auf das schwer zu akzeptierende persönliche Opfer hingewiesen, das dieser radikale Eingriff fordert. Andrea Eisen und Barbara Weber konstatieren:

> „Selbst angesichts einer noch nie dagewesenen 90%igen Senkung des Auftretens von Brustkrebs und der durch Brustkrebs verursachten Todesfälle bleibt die Tatsache bestehen, daß es sich hier um eine Studie über 639 Frauen handelt, die sich aufgrund ihrer Angst, an Brustkrebs zu erkranken, einer entstellenden und potentiell psychologisch schädlichen Operation unterzogen haben. Festzuhalten ist, daß es statt der 20 Todesfälle, die im Beobachtungszeitraum zu erwarten gewesen wären, lediglich 2 gegeben hat. Daß 18 Frauen das Leben gerettet wurde, ist zweifellos bedeutsam, aber die 621 Frauen, die möglicherweise auch ohne die prophylaktische Mastektomie überlebt hätten, haben einen Preis bezahlt, der in Zukunft als inakzeptabel gelten wird. Es ist paradox, daß Datenmaterial, welches die Wirksamkeit der beidseitigen Mastektomie zu Präventionszwecken belegt, in einer Zeit erscheint, in der das Ziel der chirurgischen Behandlung von Brustkrebs in der Erhaltung der Brust liegt." (Eisen/ Weber 1999: 138)

Dieser Beitrag zeigt sowohl die unterschiedlichen Formen auf, in denen genetische 'Entdeckungen' auf dem Gebiet der Brustkrebs-Forschung durch verschiedene Medien behandelt worden sind, als auch den Einfluß der Berichterstattung auf den Informationsstand der Frauen. Zum Teil scheinen Frauen die Häufigkeit des Auftretens von 'genetischem' Brustkrebs zu überschätzen, was der schieren Menge von Meldungen über die Rolle der Vererbung geschuldet ist. Unsere Stichproben wurden jedenfalls dominiert von eindrucksvollen, in höchstem Maße emotional gefärbten Berichten über Frauen, die ein "Leben im Schatten" führen und mit dem "Fluch" fertig werden müssen, der auf ihren Familien lastet. Diese Darstellungen in populären Genres scheinen Frauen zum Nachdenken über die psychologischen Konsequenzen genetischer 'Entdeckungen' zu veranlassen. Die verkürzte Form der Präsentation jedoch könnte bereits bestehende Ängste verstärken oder neue Krebs-Ängste auslösen.

Literatur

Aldridge, Meryl (1994): Making Social Work News. London

Allan, Stuart (1998): (En)Gendering the Truth Politics of News Discourse. In: Carter et al. (1998): News, Gender and Power. London

Carter, Cynthia/ Branston, Gill/ Allan, Stuart (Hrsg.) (1998): News, Gender and Power. London

Chapman, Simon/ Lupton, Deborah (1994): The Fight for Public Health. London

Cunningham-Burley, Sarah/ Kerr, Ann/ Amos, Amanda (1998): The Social and Cultural Impact of the New Genetics. Final Reports to the Economic Social Research Fund. London

Davison, Charli/ Frankel, Steven/ Davey-Smith, George (1992): The Limits of Lifestyle: Reassessing Fatalism in Popular Culture of Illness Prevention. In: Social Science and Medicine 34: 675-685

Easton, D.F./ Narod, S.A./ Ford, D./ Steel, M. (1994): The Genetic Epidemiology of BRCA1. In: Lancet 344: 761

Eisen, Andrea/ Weber, Barbara (1999): Prophylactic Mastectomy - The Price of Fear. In: New England Journal of Medicine 340: 137-138

Friedman, Michael/ Dunwoody, Sharon/ Rogers, Carol (Hrsg.) (1996): Scientists and Journalists: Reporting Science as News. New York

Hartmann, Lynn et al. (1999): Efficacy of Bilateral Prophylactic Mastectomy in Women with a Family History of Breast Cancer. In: New England Journal of Medicine 340: 77-84

Henderson, Lesley (1996): Selling Suffering: Mental Illness and Media Values. In: Philo, Greg (1996): The Media and Mental Distress. London

Henderson, L. (1999): Making Serious Soaps. Sensitive Issues in TV Drama. In: Philo, Greg (1999): Message Received. Essex

Kerr, Ann/ Cunningham-Burley, Sarah/ Amos, Amanda (1998): Drawing the Line. An Analysis of People's Discussion About the New Genetics. In: Public Understanding of Science 7: 113-133

Kitzinger Jenny/ Reilly, Jacquie (1997): The Rise and Fall of Risk Reporting. In: European Journal of Communication 12 (3): 319-350

Kitzinger, Jenny (1999): Researching Risk and the Media. In: Health, Risk and Society 1(1): 55-69

Nelkin, Dorothy (1996): An Uneasy Relationship. The Tensions Between Medicine and the Media. In: Lancet 347: 1600-1603

Philo, Greg (Hrsg.) (1996): The Media and Mental Distress. London

Philo, Greg (Hrsg.) (1999): Message Received. Essex

Potts, L (Hrsg.) (1999): Ideologies of Breast Cancer. London

Saywell, Cherise/ Henderson, Lesley/ Beattie, Liza (1999): Sexualised Illness: The Newsworthy Body in Media Representations of Breast Cancer. In: Potts, L (1999): Ideologies of Breast Cancer. London

Schlesinger, Philip (1987): Putting Reality Together: BBC News. London

Wellcome Trust (1998): Public Perspectives on Human Cloning. London

Wooster, R. et al. (1994): Localisation of a Breast Cancer Susceptibility Gene BRCA2 to Chromosome 13q 12-13. In: Science 265: 2088-2090

Öffentlichkeitsarbeit und Gesundheitspolitik

"Wir produzieren Zweifel"
Die Wissenschaft der Wirtschaftsverbände

Robert N. Proctor

Einleitung[1]

Wissenschaftler haben bislang nur wenig Notiz davon genommen, in welchem Ausmaß Wirtschaftsverbände die Auftragsforschung zu nutzen versuchen, um die öffentliche Meinung und die staatliche Gesetzgebung zu beeinflussen.[2] Selbst Martin Gardner, der große Chronist der wissenschaftlichen Moden und Irrtümer, läßt in seinen Büchern hierüber bemerkenswerterweise diejenige 'Wissenschaft' außer acht, mit der die Wirtschaftsverbände hausieren gehen (Gardner 1957; ders. 1989). Es existieren Tausende von Organisationen in den Vereinigten Staaten, die für alles Mögliche werben, von A wie Asbest bis Z wie Zink. Das *Bierinstitut* verteidigt Brauereien gegen den Vorwurf, der Alkoholkonsum führe zu Verbrechen oder Verkehrsunfällen; das *Raseninstitut* (das die Hersteller von Grassamen und die Pestizidproduzenten vertritt) ist damit beschäftigt, den Verbrauchern zu versichern, es sei völlig in Ordnung, Grünflächen mit Chemikalien zu bearbeiten. Der *Asbest-Informationsverband* warnt die Konsumenten vor einer hysterischen 'Faserphobie'; der *Kalorien-Kontrollrat* verteidigt künstliche Süßstoffe wie Cyclamat und Saccharin gegen den Vorwurf, sie seien krebserregend.[3] Für das, was in der Sprache der Öffentlichkeitsarbeit mit Schlagworten wie "issues management", "advocacy communication" oder "image advertising"[4] bezeichnet wird, haben die Wirtschaftsver-

---

[1] Der folgende Beitrag ist eine zum Teil gekürzte, zum Teil ergänzte Fassung des fünften Kapitels aus Robert N. Proctor: Cancer Wars. How Politics Shapes What We Know and Don't Know About Cancer. New York 1995. Die Übersetzung besorgten Stefan Dreßke und Dietmar Jazbinsek. (Anmerkung des Herausgebers)

[2] Beachtenswerte Ausnahmen sind Nelkin (1987: 53-69, 144-153) und Hilgartner (1985). Vgl. auch Warner (1991), Noble (1979) und Cavanaugh (1981) sowie den Aufsatz "Public Interest Pretenders", *Consumer Reports*, Mai 1994: 316-320.

[3] Im Jahr 1900 gab es lediglich 100 Wirtschaftsverbände in den Vereinigten Staaten; heute sind es etwa 4.000 (siehe Gupta/ Brubaker 1990). Ein gutes Handbuch mit Angaben zu Personal und Budget der Wirtschaftsverbände ist die Encyclopedia of Associations (Burek 1994). Der *Amerikanischen Gesellschaft der leitenden Verbandsangestellten* zufolge arbeiten mehr als eine halbe Million Amerikaner für Verbände (hierzu zählen nicht nur Wirtschaftsverbände), was in etwa der Zahl der Beschäftigten in den Fluggesellschaften und der Computerindustrie entspricht (siehe Bensimon/ Walker 1992). Viele Wirtschaftsverbände verfügen über Etats mit mehreren Millionen Dollar: Der *Amerikanische Krankenhausverband* mit Sitz in Chicago zum Beispiel hat 884 Angestellte und ein Jahresbudget von etwa 79 Millionen Dollar.

[4] Das amerikanische PR-Vokabular ist in den Sprachschatz der hiesigen Öffentlichkeitsarbeiter eingegangen und wurde von uns deshalb nicht ins Deutsche übertragen. (Hinter den genannten Labels verbergen sich mehr oder weniger ähnliche Konzepte zur Imagepflege von Wirtschaftsunternehmen.) Die Namen der industrienahen Forschungsinstitute in den USA haben wir dagegen eingedeutscht, um den satirischen Effekt ihrer Auflistung im amerikanischen Originaltext anklingen zu lassen. Die Originalbezeichnungen

bände und ihre Mitgliedsunternehmen 1986 schätzungsweise rund 2 Milliarden Dollar ausgegeben.[5] Allein in Washington, D.C. befinden sich die Geschäftszentralen von etwa 1.700 Wirtschaftsverbänden, die das Gewerbe der industriellen Interessenvertretung in der amerikanischen Hauptstadt zum zweitgrößten Geschäftszweig nach dem Tourismus werden ließen (Hirsch 1993: 275).

Viele der Wirtschaftsverbände, die in den letzten 20 Jahren entstanden sind, wurden als Antwort auf Verbraucherschutzbewegungen oder die Umweltschutzgesetzgebung gegründet. Der *Asbest-Informationsverband* ist im Vorfeld der Einführung des Arbeitsschutzgesetzes von 1970 - dem OSHAct[6] - gegründet worden; der *Amerikanische Rat für Arbeitsschutz* formierte sich als Bollwerk gegen die Initiative des OSHA, eine generelle Regelung der gesundheitlichen Risiken am Arbeitsplatz zu treffen. Nachdem sich ein wissenschaftlicher Konsens über die Folgen des Treibhauseffektes abzuzeichnen begann, mobilisierte eine *Globale Klimakoalition* Experten, die auf Widersprüchlichkeiten der Hypothese einer globalen Erwärmung hinwiesen.[7] Als die öffentliche Meinung zunehmend gegen den Gebrauch von Wegwerfwindeln tendierte, konstituierte sich eine *Nationale Vereinigung der Windelhersteller*, um nachzuweisen, daß waschbare Windeln dreimal mehr an nicht erneuerbarer Energie verbrauchen und zehnmal soviel Wasserverschmutzung verursachen.[8] Der Anlaß dafür, den *Polysteren-Verpackungsrat* ins Leben zu rufen (mit einem Gründungsetat von 14 Millionen Dollar), waren die Bemühungen einzelner Kommunalverwaltungen, Styroporverpackungen in Schnellrestaurants zu verbieten: Kritikern, die der Ansicht waren, daß Mülldeponien vor allem aus Plastik bestehen, konnten nun Statistiken entgegengehalten werden, wonach Abfall aus Plastik lediglich einen minimalen Anteil an der gesamten Müllmenge ausmacht (was nur dann zutrifft, wenn man vom Gewicht und nicht vom Volumen ausgeht!).

Solche Institute präsentieren sich in der Regel als Bastionen der Wissenschaftlichkeit, indem sie zu immer elaborierteren Studien über diese oder jene Substanz aufrufen. Derartige Studien weisen allerdings eine komplexe Form von Parteilichkeit auf. Das *Tabakinstitut* kann 'gute' medizinische Forschung unterstützen, aber

---

der Wirtschaftsverbände finden sich im Anhang. Zur Zitierweise: Die Angaben zu Primärquellen (Verlautbarungen von Firmen und Behörden etc.) sowie Zeitungsartikeln finden sich in den Fußnoten, die Sekundärliteratur wird am Ende des Beitrags aufgelistet. (Anmerkung des Herausgebers)

[5] Aduss/ Ross 1988: 289. Siehe hierzu auch den Beitrag: "Issues Management: Preparing for Social Change", *Chemical Week*, 28. Oktober 1981: 46-51.

[6] Abkürzung von "Occupational Safety and Health Act". Die für die Umsetzung zuständige Arbeitsschutzbehörde ist die *Occupational Safety and Health Administration* (OSHA). Einzelheiten des Gesetzes und seiner turbulenten Entstehungsgeschichte sind nachzulesen bei Hagen Kühn (1993): Healthismus. Berlin: 325 ff. (Anmerkung des Herausgebers)

[7] Quelle: "Bush Asks Cautious Response", *New York Times*, 6. Februar 1990.

[8] Siehe hierzu den Artikel von Peter Passell: "The Garbage Problem: It May Be Politics, Not Nature", New York Times, 26. Februar 1991. Kritikern zufolge landen jedes Jahr 18 Milliarden Wegwerfwindeln auf dem Müll, genug um sie siebenmal von der Erde zum Mond und zurück zu wickeln. Am 23. Oktober 1992 berichtete die *New York Times*, daß Wegwerfwindeln aufgrund neuer Indizien für ihre Umweltverträglichkeit wieder populärer werden ("Among the Earth Baby Set, Disposable Diapers are Back"). Einige Wochen später konnte man in zwei Briefen an den Herausgeber der *New York Times* nachlesen, daß die neuen Daten aus Studien stammten, die von *Procter & Gamble* finanziert worden sind (Quelle: "Too Soon to Hail Throwaway Diaper's Victory?", *New York Times*, 9. November 1992).

der Effekt, auf den gehofft wird, besteht darin, den 'guten Willen' der Industrie honoriert zu bekommen. Ein Chemieproduzent kann Untersuchungen über die Gefahren des Kohlenwasserstoffs fördern, aber der Effekt, auf den gehofft wird, besteht darin, Unklarheiten aufzuzeigen und gesetzlichen Verordnungen zuvorzukommen. Eine Vereinigung der Blei- und Zinkindustrie kann präzisere Studien über die Wirkung der vom Körper aufgenommenen Metalle auf die Intelligenz einfordern, aber das Hauptziel besteht wohl eher darin, Zweifel am Gesundheitsrisiko aufkommen zu lassen.

Mit anderen Worten, Wissenschaft dient im industriellen Kontext unterschiedlichen Zwecken. Gemeinhin gilt sie als Quelle technologischer Innovation, aber Wissenschaft ist auch ein Instrument der Öffentlichkeitsarbeit. Wir kennen die Wissenschaft *der* Werbung, aber wir sollten auch das Phänomen der Wissenschaft *als* Werbung zur Kenntnis nehmen. Die Förderung der Wissenschaft verleiht einer Firma die Aura von fortschrittlichem Verantwortungsbewußtsein oder sogar von Patriotismus. Die Förderung der Wissenschaft kann darüber hinaus ein effektives Mittel sein, um Verordnungen zu verzögern oder auf andere Weise Einfluß auf die Politik zu nehmen. Wirtschaftsverbände sind Virtuosen sowohl in der Entdeckung, Manipulation und Herstellung von Wissen, als auch - und dies ist ihr besonderes Kennzeichen - von Unwissenheit. Nachzuvollziehen, wie dies funktioniert, kann uns helfen zu erkennen, daß Ungewißheit mehr ist als ein ständig abnehmendes Überbleibsel in einem Territorium, das noch nicht durch den Vormarsch des Wissens erobert wurde. Ungewißheit kann ein ausgeklügeltes Produkt sein, genauso wie man Licht machen kann, um Schatten zu erzeugen.

1. Wissenschaft als Öffentlichkeitsarbeit

Amerikanische Firmen sind schon seit langem Meister auf dem Gebiet der Öffentlichkeitsarbeit. 1934 gründete *Du Pont* seine erste Abteilung für Öffentlichkeitsarbeit, nachdem Senatsermittlungen zu seinen militärischen Lieferverträgen Kritiker des Konzerns dazu veranlaßt hatten, ihn als "Händler des Todes" zu brandmarken. In den 50er Jahren beschäftigte die amerikanische Tabakindustrie aggressive PR-Experten, um den Ängsten der Verbraucher entgegenzuwirken, Zigaretten könnten Krebs erzeugen. Infolge des Anwachsens der Umweltbewegung in den 70er und 80er Jahren engagierten sich mehr und mehr Branchen auf dem Gebiet der Öffentlichkeitsarbeit. 1977 z.B. lancierte *Monsanto* eine 4,5 Millionen Dollar Kampagne in Zeitschriften und im Fernsehen, um den Konsumenten zu versichern, daß es "ohne Chemikalien kein Leben geben" könne. Was *Monsantos* Kampagne der "Chemischen Fakten des Lebens" zur Imageverbesserung der chemischen Industrie beigetragen hat, kann man anhand von Meinungsumfragen nachvollziehen, die innerhalb von zwei Jahren eine Zunahme der 'positiven Einstellungen' gegenüber diesem Industriezweig um 6% auswiesen (Ries/ Trout 1981: 167-170). Kurz danach kündigte *Du Pont* ein auf vier Millionen Dollar dotiertes Vorhaben an, das sich an dem *Monsanto*-Erfolg orientierte, und der *Verband der Chemieproduzenten* startete 1980 eine 7,5 Millionen-Dollar-Kampagne, "um mehr Anerkennung dafür zu bekommen, daß die chemische Industrie einen verantwortungsvollen Beitrag zum Schutz der Bevölkerung leistet".[9]

Für solche Bemühungen werden oft Public Relations-Agenturen engagiert. Als das *Bureau of Alcohol, Tobacco and Firearms*[10] den Vorschlag machte, Whiskeyflaschen aus Vinylchlorid zu verbieten, engagierten Vertreter der Zulieferindustrie Arthur D. Little, um einen Bericht anzufertigen, der für den Fall des Inkrafttretens dieser Verordnung schwindelerregende ökonomische Einbußen und Arbeitsplatzverluste prognostizierte (Epstein 1979: 107 f.). Nach dem Störfall im Atomreaktor Three Mile Island intensivierte der Betreiber *Metropolitan Edison* seine Öffentlichkeitsarbeit, um der Kritik am Umgang mit der Panne entgegenzutreten. Ähnlich agierte *Union Carbide*, nachdem 1984 in der Nähe der indischen Stadt Bhopal das Auslaufen von Methylisocyanat zu 3.000 Toten sowie 200.000 Verletzten geführt hatte (Sen/ Egelhoff 1991). Konzerne beschäftigen Krisenmanagement-Teams, um solche Unglücksfälle zu neutralisieren oder sogar von ihnen zu profitieren und, wie es ein Kenner der Szene ausdrückte, "aus der Not eine Tugend zu machen" (Marconi 1992: IX).

Diese Art der Imagepflege zeigt durchaus Wirkungen. *Hill & Knowlton*, die größte PR-Agentur der Welt mit mehr als 1.000 Klienten weltweit, hat voller Stolz verkündet:

> "Als über die chilenischen Fruchtimporte in die USA ein Embargo verhängt wurde, haben wir es geschafft, daß das Embargo innerhalb von fünf Tagen wieder aufgehoben wurde. Als auf die nordamerikanische Apfelindustrie ein ähnlicher Existenzkampf zukam, setzten wir einen umfassenden Aktionsplan innerhalb von zwei Tagen in die Tat um. Als von einem Getränk behauptet wurde, es sei verunreinigt, demonstrierten wir seine Unbedenklichkeit und sorgten dafür, daß es in den Regalen blieb." (Hill & Knowlton 1992: 2)

Hill & Knowlton war die erste PR-Agentur, die eine 'Abteilung für Umweltgesundheit' eingerichtet hat; dieser Schritt erfolgte in Vorwegnahme der Umsetzung der Arbeitsschutz- und Umweltschutzgesetze von 1970. Die Firma hat schon vorher die britische Asbestindustrie dabei unterstützt, ihr Image aufzubessern, und sie hat dem *Tabakinstitut* entscheidend dabei geholfen, seine Botschaften publik zu machen.[11] Gegen Ende der 60er Jahre drängte die PR-Firma den Asbest-Riesen *Johns-Manville* dazu, eine ähnliche Vereinigung einzurichten, was schließlich zur Gründung des *Asbest-Informationsverbandes* führte. *Hill & Knowlton* kümmerte sich später um die Sorgen von *Du Pont* aufgrund des Ozonlochs; um das Auslaufen von Öl der Firma *Ashland Oil* in den Monongahela River; um das Erdbeben in Mexiko City (im Auftrag des mexikanischen Tourismusministeriums); um das Feuer im *Du Pont Plaza*

---

[9] Die Details des *Kommunikations- und Aktionsprogramms der Chemieindustrie* finden sich in Sethi 1987.

[10] Diese Behörde ist in den USA für die Regelung des Verkaufs von Waffen, Alkohol und Tabak über Staatsgrenzen hinweg zuständig. (Anmerkung des Herausgebers)

[11] Vgl. Patterson 1987: 212. Eine sehr gute Chronik der Öffentlichkeitsarbeit der Tabakindustrie in den 50er Jahren ist der Aufsatz von Pollay (1990).

Hotel in Puerto Rico und um die Alar-Panik im Jahr 1989 (im Auftrag der *Washingtoner Apfelkommission* und des *Internationalen Apfelinstituts*).[12] Umwelt-PR, so lautet ein Grundsatz von *Hill & Knowlton*, zielt generell auf eine Art selektiver Verschwiegenheit, die zur einen Hälfte darin besteht, die Klienten in den Nachrichten erscheinen zu lassen, und zur anderen Hälfte, sie aus den Nachrichten herauszuhalten. Selektive Verschwiegenheit kennzeichnet auch *Hill & Knowltons* eigene Informationsbroschüren: Darin wird weder die Öffentlichkeitsarbeit für das *Tabakinstitut* in den 50er Jahren noch die für *Johns-Mansville* in den 60er und 70er Jahren erwähnt.

Wirtschaftsverbände und die sie unterstützenden PR-Agenturen haben in zunehmendem Maße den Wert der Wissenschaft im Rahmen von Öffentlichkeitsarbeit erkannt. Analytiker des strategischen "issues management" weisen darauf hin, daß Wirtschaftsverbände "die politische Basis verbreitern, die Kosten teilen und die politische Sichtbarkeit [einzelner Mitgliedsfirmen] verringern" (Heath et al. 1988: 41). Wirtschaftsverbände agieren als "Blitzableiter für kontroverse Probleme und bringen damit ihre Mitglieder aus der Schußlinie" (Sethi 1987: 322). Dieses Arrangement geht zudem mit finanziellen Vergünstigungen einher: Nach einer Entscheidung des Obersten Gerichtshofes aus dem Jahr 1988 sind die Ausgaben der Wirtschaftsverbände in den USA steuerlich absetzbar, wenn die Vereinigung nachweisen kann, daß ihre Politik "der Festlegung industrieller Standards auf der Basis objektiver wissenschaftlicher Untersuchungen" dient.[13]

Als Konsequenz dieser und anderer Vorteile gibt es kaum ein Industrieprodukt oder -verfahren, das nicht von einem Wirtschaftsverband oder einer Firmenkoalition vor Angriffen in Schutz genommen wird. Der *Nationale Molkerei-Rat* wirbt für Milch und Käse, das *Amerikanische Fleischinstitut* für Schweine-, Geflügel- und Rindfleisch. Der *Waldressourcenrat Nordwest*, der die Interessen der holzverarbeitenden Industrie vertritt, wehrt sich gegen die Verordnungen zum Artenschutz in Oregon. Es gibt sogar Firmen, die sich auf das Management von Wirtschaftsverbänden spezialisiert haben.[14] Die *Gesellschaft der Plastikindustrie* z.B. koordiniert mit einem Budget von 50 Millionen Dollar und mit 165 Mitarbeitern 29 untergeordnete 'Operationseinheiten', einschließlich des *Vinylinstituts*, der *Kommission für biolo-*

---

[12] 1989 veröffentlichte die amerikanische Umweltschutzbehörde *Environmental Protection Agency* eine Studie, der zufolge sich ein chemisches Verfallsprodukt des Pflanzenschutzmittels Alar in Tierversuchen als krebserregend erwiesen hatte. Alar wurde damals vor allem in Apfelplantagen angewendet, um die Rotfärbung und die Bißfestigkeit der Äpfel zu bewahren. Die Studie machte Schlagzeilen und der Umsatz der amerikanischen Apfelindustrie ging innerhalb eines Jahres um 12% zurück, obwohl die Umweltschutzbehörde selber mehrfach darauf hingewiesen hatte, daß die Gesundheitsgefahren durch Alar in der Presse übertrieben dargestellt worden waren (siehe Rolf T. Wigand: Health Information Dissemination in the Information Age. In: Communications 1993 (19): 211). (Anmerkung des Herausgebers)

[13] Quelle: J.A. Jacobs: "Supreme Court Increases Antitrust Risk", *Association Trends*, 8. Juli 1988.

[14] Es gibt einige hundert Unternehmen in den Vereinigten Staaten, die Verbände managen. Das größte ist *Smith, Bucklin and Associates Inc.* mit einem Personalbestand von 450 Mitarbeitern und einer Klientel von etwa 190 Berufs- und Wirtschaftsverbänden. Es gibt überdies einen Dachverband, das *Institut der Unternehmen für Verbandsmanagement* in Chicago, dem die meisten dieser Firmen angehören.

gisch abbaubares Plastik, des *Plastikbehälterinstituts* und des *Plastikflascheninstituts.*[15]

Die Vertretung industrieller Interessen läuft im Zeitalter der Umweltschutzbewegungen zumeist auf den Widerstand gegen staatliche Verordnungen hinaus. Die Forderung verschiedener Bundesstaaten, Zeitungen auf recyceltem Papier zu drukken, attackierte der *Amerikanische Zeitungsverlegerverband* als eine Verletzung der Pressefreiheit (Commoner 1990: 129). Als die *National Academy of Sciences* den Chemieeinsatz in der Landwirtschaft als eine Fehlentwicklung bezeichnete, legte das *Düngemittelinstitut* in Washington (das die Acht-Milliarden-Dollar-Industrie vertritt) eine sorgfältig ausgearbeitete Widerlegung der Bestandsaufnahme der Wissenschaftsakademie vor.[16] Eine Studie der University of California, derzufolge rund 1.000 Kinder ums Leben gekommen waren, weil die Reagan-Administration den Aufdruck von Warnetiketten auf Aspirinpackungen fünf Jahre lang verzögert hatte, konterte die *Amerikanische Aspirinstiftung* mit der lapidaren Feststellung, die Autoren der Studie hätten den Fall übertrieben dargestellt.[17] Vor der Lesung zur Änderung des Clean Air Act im November 1990, bei der es um die Festlegung strengerer Richtwerte für zulässige Emissionen ging, führte der *Verband der Chemieproduzenten* eine Public Relations Kampagne durch, um die gesetzlichen Bestimmungen zu entschärfen. Die Kampagne umfaßte Dutzende von Presseveröffentlichungen und Positionspapieren, 70 Radiosendungen, 30 Fernsehsendungen, 100 Informationsbesuche in Zeitungsredaktionen und mehrere hundert Interviews mit Journalisten.

Die Ausgaben für solche Bemühungen sind beträchtlich: Allein die *Chemstar Fluorocarbon Kommission* innerhalb des *Verbands der Chemieproduzenten* hat bis zum Abschluß ihrer Aktivitäten 24 Millionen Dollar ausgegeben. Aber auch der Ertrag solcher Kampagnen kann sich allem Anschein nach sehen lassen. In einer Broschüre des *Verbands der Chemieproduzenten* aus dem Jahr 1981 heißt es hierzu:

> "Im Geldwert gemessen werden durch die Aktivitäten des Verbands jedes JahrMilliardenbeträge erwirtschaftet. Indem wir ungerechtfertigte Verpflichtungen zur Nutzung natürlicher Gasvorkommen verhindern, wird jährlich mehr als eine Milliarde Dollar eingespart; 500 Millionen Dollar werden jährlich gespart, indem wir Verteuerungen der Frachtgebühren zuvorkommen; mehr als 100 Millionen Dollar werden jedes Jahr durch die Entwicklung adäquater technischer Standards gespart. Vor kurzem konnte der Verband Zusatzkosten in Höhe von mehreren Milliarden Dollar abwehren, indem er unangemessene Umwelt- und Arbeitsschutzgesetze sowie drastische Steuererhöhungen zu Fall brachte, ohne die Gesundheit der Bevölkerung oder die Sicherheit der Beschäftigten zu gefährden."[18]

---

[15] Quelle: Society of the Plastics Industry, Inc.: SPI at Your Service, Washington, D.C. 1992. Die *Gesellschaft der Plastikindustrie* wurde 1921 gegründet und umfaßt 225 Mitgliedsunternehmen.

[16] Quelle: Keith Schneider: "Science Academy Says Chemicals Do Not Necessarily Increase Crops", *New York Times*, 8. September 1989.

[17] Quelle: "Delay on Aspirin Warning Label Cost Children's Lives", *New York Times*, 23. Oktober 1992.

[18] Quelle: Chemical Manufacturers Association (CMA): What It Is, What It Does. Washington, D.C. 1981: 2.

In den Debatten um Sinn und Zweck staatlicher Regelungen geht es nicht selten um krebserregende Stoffe in der Umwelt. Nach dem Entschluß der Arbeitsschutzbehörde, Grenzwerte für Benzol festzusetzen, überzeugte das *Amerikanische Petroleuminstitut* den Fünften Berufungsgerichtshof davon, die Grenzwerte wieder außer Kraft zu setzen. Als die *National Academy of Sciences* eine Zusammenstellung von Forschungsergebnissen publizierte, die auf einen Zusammenhang von Brust- und Dickdarmkrebs mit dem Fleischverbrauch hindeuteten, organisierte das *Amerikanische Fleischinstitut* eine Koalition aus der Milch-, Geflügel- und Viehwirtschaft, um die Anschuldigungen zu diskreditieren (Hilgartner 1994).[19] Als das *New England Journal of Medicine* Belege dafür veröffentlichte, daß Koffein eine Krebserkankung der Bauchspeicheldrüse verursachen kann, antwortete der *Nationale Kaffeeverband* mit einer Punkt-für-Punkt Widerlegung.[20] Nachdem Wissenschaftler des *National Cancer Institute* nachgewiesen hatten, daß Kosmetika mit Farbstoffen aus Kohlenteer (insbesondere Haarfärbemittel) Karzinogene enthalten, tischte der *Kosmetik- und Parfümeriewarenverband*, der Hersteller mit einem Jahresumsatz von insgesamt 18 Milliarden Dollar vertritt, Experten auf, die dieser Anklage widersprachen.[21]

2. Rauchwolken. Das Beispiel der Tabakindustrie

Was die Frage der Krebsursachen angeht, ist es bekanntermaßen vor allem die Tabakindustrie, die sich darum bemüht, Unsicherheit zu erzeugen und zu managen. Die Anreize hierfür sind sehr stark: Da rund ein Viertel aller Amerikaner immer noch raucht, macht die Industrie Milliarden-Gewinne und Milliarden gehen an den Staat in Form von Steuern.[22] Die menschlichen Kosten sind unvergleichlich hoch: 150.000 Amerikaner starben 1994 an Lungenkrebs, die meisten Epidemiologen beziffern den Anteil der Todesfälle, die durch Tabak verursacht wurden, auf mindestens 80 Prozent, also 120.000. Man schätzt, daß 22.000 weitere Todesfälle infolge anderer Krebserkrankungen auf den Tabakkonsum zurückzuführen sind, nicht zu vergessen die zusätzlichen 245.000 Todesfälle aufgrund von Herzkrankheiten und Schlaganfällen. Die *U.S. Centers for Disease Control* haben 1991 berechnet, daß jedes Jahr 434.000 Amerikaner durch das Rauchen umkommen, einschließlich mehrerer tausend Opfer von Bränden, die durch Zigaretten verursacht wurden (Centers for Disease Control 1991). Eine Schätzung von 1993 ergab eine niedrigere Ziffer

---

[19] Die Koalition setzte sich aus der *Nationalen Vereinigung der Milchproduzenten*, dem *Nationalen Rat der Schweineproduzenten*, dem *Nationalen Vieh- und Fleischausschuß*, dem *Nationalen Brathühnchenrat*, der *Nationalen Truthahnvereinigung*, den *Vereinigten Eierproduzenten*, dem *Nationalen Viehzüchterverband* und dem *Eierinstitut von Amerika* zusammen.

[20] Vgl. MacMahon et al. 1981 sowie die Schrift der *National Coffee Association*: Coffee Consumption and Pancreatic Cancer (1987): A Scientic Update. New York.

[21] Näheres bei Sheila Kaplan: "The Ugly Face of the Cosmetics Lobby", *Ms.*, Januar/Februar 1994: 88 f. (*Ms.* Ist eine bekannte Frauenzeitschrift in den USA, Anm. des Herausgebers).

[22] Philip Morris verdiente 1992 mehr Geld als jede andere Firma in den Vereinigten Staaten: 4,9 Milliarden Dollar. Heute, also acht Jahre später, erzielen die amerikanischen Tabakkonzerne ihre Gewinne vor allem im boomenden Exportgeschäft. (Anmerkung des Herausgebers)

(419.000), wobei diese Veränderung dem Rückgang der Raucherzahl seit den 60er Jahren zugeschrieben werden kann.[23]

Im Anschluß an die weithin publizierten Studien in den 50er Jahren, die eine Verbindung zwischen Rauchen und Krebs aufzeigten,[24] setzten die Anstrengungen der Industrievertreter ein, das Problem 'gründlich zu untersuchen'. 1954 gründeten Tabakerzeuger, -verarbeiter und -händler das *Forschungskomitee der Tabakindustrie* (das 1964 in *Tabakforschungsrat* umbenannt wurde), um die Erforschung "von Tabakkonsum und Gesundheitsfragen durch unabhängige Wissenschaftler" zu unterstützen.[25] Ganzseitige Anzeigen in 448 Zeitungen mit einer Reichweite von 43 Millionen Lesern kündigten die Gründung dieser Institution an, verbunden mit dem Versprechen, unparteiische Forschung zu fördern und "die Ergebnisse für sich selbst sprechen zu lassen". Das Forschungsbudget des *Tabakforschungsrates* erhöhte sich von einem Jahresetat von 1 Million Dollar in den 60er Jahren auf fast 20 Millionen Dollar im Jahr 1994. Seit den späten 50er Jahren hat der Verband mehr als 240 Millionen Dollar für Forschung ausgegeben, was sich in der Publikation von etwa 5.000 wissenschaftlichen Artikeln niedergeschlagen hat. Zu den Empfängern zählen mehr als 1.000 Wissenschaftler, darunter drei Nobelpreisträger. Drei Mitglieder aus dem wissenschaftlichen Beirat des Gremiums gehören zugleich der prestigeträchtigen *National Academy of Sciences* an.[26]

Die Forschung der Tabakindustrie wurde wegen ihrer Einseitigkeit lange Zeit nicht ernst genommen, und die Gründe hierfür liegen auf der Hand. Seit fast 40 Jahren bezeichnen Sprecher der Industrie die Belege für einen Zusammenhang zwischen Krebserkrankungen und Zigarettenrauchen als "rein statistisch", wobei sie unterstellen, es sei 'verfrüht', eine solche kausale Theorie zu akzeptieren. Das *Tabakinstitut*, das als Ableger des *Tabakforschungsrates* gegründet wurde, zieht die 'gängige Lehrmeinung' in Zweifel, indem sie die Aufmerksamkeit auf eine Reihe scheinbarer "Geheimnisse" lenkt. Warum, so fragt das Institut, kommt es nur sehr selten in beiden Lungen gleichzeitig zu Krebs, wenn doch beide gleichermaßen dem

---

[23] Quelle: "Deaths from Smoking Fall in U.S.", *International Herald Tribune*, 28./ 29. August 1993. Die Zahl 434.000 bezieht sich auf das Jahr 1988, die Zahl 419.000 auf 1990.

[24] Hierzu zählen u.a. Wynder/ Graham (1950) sowie Doll/ Hill (1952).

[25] Quelle: Tobacco Institute: In the Public Interest: Three Decades of Initiatives by a Responsible Cigarette Industry. Washington, D.C. 1986 (siehe hierzu auch:Pollay 1990: 43-50). Der *Tabakforschungsrat* wird von fünf der sechs größten Tabakhersteller finanziert – *Liggett and Myers* ausgenommen. Der unmittelbare Anlaß für seine Gründung war der "PR-Notfall", der sich aus der öffentlichen Resonanz auf das berühmte Experiment von Ernest L. Wynder ergab. Wynder hatte Mäuse mit Teerkondensat aus Zigaretten angemalt, die Tiere bekamen daraufhin Hautkrebs.

[26] Quelle: Report of the Council for Tobacco Research-U.S.A., Inc. 1992. New York (undatiert): 5. Viele vom *Tabakforschungsrat* finanzierte Projekte wurden zugleich durch das *National Cancer Institute*, die *American Cancer Society* und andere führende Institutionen der Krebsforschung in den Vereinigten Staaten gefördert. Seinem Vorsitzenden James F. Glenn zufolge hat der Rat "Pionierarbeiten zur Identifizierung erblich bedingter Krebsarten, zur Rolle genetischer Faktoren bei der Krebsentstehung und zur Identifizierung von Krebsgenen" gesponsert. Das Zitat stammt aus Glenns Aussage vor dem *Subcommittee on Health and the Environment* des US-Repräsentantenhauses am 16. Mai 1994. Im Jahr 1988 gründeten die Unternehmen *Philipp Morris, R. J. Reynolds, Lorillard* und *Svenska Tobaks AB* das *Center for Indoor Air Research* (CIAR) in Linthicum, Maryland. Das Zentrum ist zu einem Hauptförderer von Projekten zur Untersuchung der Luftverschmutzung in Innenräumen avanciert.

Rauch ausgesetzt sind? Warum tritt Lungenkrebs oft "an den Stellen der Lunge auf, die *am wenigsten* dem Rauch ausgesetzt sind"? Warum ist Krebs in der Luftröhre selten, obwohl dieser Körperteil "*jedem Rauch* ausgesetzt ist, der in die und aus der Lunge zieht"? Warum bekommen Nichtraucher genau dieselbe Art Lungenkrebs, die auch Raucher bekommen? Natürlich gibt es gute Antworten auf die meisten dieser Fragen.[27] Jeder einzelne Punkt ist jedoch darauf angelegt, durch eine Kombination von Wunschdenken, Trugschlüssen und falscher Logik Zweifel zu säen, Raucher in Sicherheit zu wiegen und gesetzliche Regelungen hinauszuzögern.

Stets hat sich das *Tabakinstitut* unbekümmert - und zuweilen recht kreativ - einer Mischung aus wissenschaftlichen Fakten und Fiktionen bedient, um sein Anliegen - die Unbedenklichkeit von Zigaretten - zu untermauern. So hat das Institut 1983 während einer Kongreßdebatte über eine Gesetzesvorlage zu den Warnhinweisen auf Zigarettenpackungen ein Dokument vorgelegt, in dem behauptet wird, daß die "überwiegende Mehrzahl" der Raucher keinen Lungenkrebs bekommt (richtig); daß perinatale Komplikationen - beispielsweise niedriges Geburtsgewicht – mit Faktoren wie "Ernährung und ökonomischer Status" korrelieren und nicht mit dem Rauchen (falsch); daß Rauchen nicht die "ethnischen und geographischen Muster" der Lungenkrebssterblichkeit erklären kann (falsch); daß Studien zu den Gesundheitsschäden des Rauchens andere Variablen wie "Lebensstil, Alkoholkonsum, berufliche sowie umweltbedingte Belastungen, Genetik, Alter und Immunstatus" nicht adäquat kontrollieren (im großen und ganzen falsch); daß Tierstudien kein zuverlässiger Maßstab für die Gefährdung des Menschen sind (eine Halbwahrheit); daß einigen Tierstudien zufolge Raucher tatsächlich länger leben als Nichtraucher (richtig, aber irreführend); daß Lungenkrebs in der ersten Hälfte des Jahrhunderts eher *unter*diagnostiziert wurde, während er in letzter Zeit eher *über*diagnostiziert wird (richtig, trifft aber nicht den Punkt); daß viele Krebserkrankungen aus anderen Teilen des Körpers sich auf die Lunge ausbreiten, "wodurch die wirkliche Inzidenz der anderen Tumorlokalisationen verdeckt wird " (vielleicht richtig) und daß epidemiologische Studien nicht ausreichend in Betracht ziehen, daß Raucher eine 'vorselektierte Gruppe' sind und sich deshalb von anderen Menschen unterscheiden (vielleicht richtig, vielleicht auch nicht).[28]

Der letzte Punkt - daß die Raucher ein besonderer Menschenschlag sind - verdient eine genauere Betrachtung. Die Propaganda des *Tabakinstituts* stellt Raucher seit eh und je entweder als männlich, potent und robust hin oder als schlank, sexy und ungezwungen. Tabakanzeigen porträtieren Raucher als nonkonformistische und risikofreudige Menschen, die über die kleinkarierten Ratschläge der Experten nur

[27] Es ist keineswegs überraschend, daß Lungenkrebs nur selten in beiden Lungen gleichzeitig auftritt, da Krebs eine lange Latenzzeit hat und die Kranken gewöhnlich nicht lange genug überleben, um in beiden Lungen Krebs zu entwickeln. Krebs in der Luftröhre ist selten, da das Epithelgewebe, das dieses Organ umgibt, nicht in dem Maß Rauchpartikel anzieht, wie es das innere Gewebe der Lunge tut. Nichtraucher bekommen dieselben Krebsarten wie Raucher, weil auch andere Dinge als Tabakrauch Krebs verursachen, jedoch nicht im selben Ausmaß wie Tabak. Und so weiter.

[28] Quelle: Tobacco Institute: The Cigarette Controversy: Why More Research Is Needed. Washington, D.C. (undatiert).

lachen können. Eine im *Time Magazine* erschienene Annonce verbindet die Persönlichkeit des Nichtrauchers mit klassischer Musik und die des Rauchers mit Jazz.[29] Die Betonung der unverwechselbaren Individualität der Raucher erklärt auch, warum die Tabakindustrie lange Zeit so ein großes Interesse an der Genetik hatte. Clarence Cook Little, bis 1971 Direktor des *Tabakforschungsrates*, hat - unter Berufung auf den Statistiker und Genetiker Ronald A. Fisher - immer wieder gemutmaßt, daß es ein Gen oder einen Persönlichkeitstyp geben könnte, die jemanden gleichermaßen für das Rauchen wie für den Krebs anfällig machen.[30] Epidemiologen nennen dies gelegentlich die "Juckreiz in der Lunge"-Hypothese. Der rechtliche und publizistische Nutzen solcher Studien ist offensichtlich: Falls jemals eine unterschiedliche Anfälligkeit für Krebserkrankungen nachgewiesen werden kann, gewinnt das Argument an Plausibilität, Leute, die an Krebs erkranken, müßten hierfür zumindest teilweise ihre eigenen Erbanlagen verantwortlich machen. Vielleicht sind viele Raucher gar nicht anfällig für Krebs: Immerhin bekommt nur jeder fünfte von ihnen Lungenkrebs - warum nicht alle? Neuere Arbeiten am *Tabakinstitut* zielen darauf ab, Hinweise auf die Gefahren des 'passiven' Rauchens 'aus zweiter Hand' - oder wie es die Industrie lieber nennt: des "Tabakrauchs in der Umwelt" - zu entkräften. Eindeutige Belege für die Gefahren des Passivrauchens erbrachte 1980 eine Untersuchung von 40.000 Mitgliedern der Glaubensgemeinschaft der *Siebenten-Tags-Adventisten*, deren Anhänger nur sehr selten rauchen. Danach war das Lungenkrebsrisiko der Nichtraucher in dieser Glaubensgemeinschaft nur halb so groß wie das anderer Nichtraucher. Ein Jahr später konnte das *Nationale Krebsforschungsinstitut* in Tokyo nachweisen, daß Frauen von Rauchern doppelt so oft Lungenkrebs bekommen wie Frauen von Nichtrauchern. Die Industrie konterte mit dem Argument, die "schlechte Belüftung" und das, was sie als "sick building syndrome" bezeichnet (Allergene aus Pilzen, Bakterien sowie unsichtbare Gase und Dämpfe eingeschlossen - Tabakrauch jedoch ausgenommen), seien die wichtigsten Ursachen der Luftverschmutzung in Innenräumen.[31] Zur Gegenoffensive der Industrie gehört auch, diejenigen Forscher einzuschüchtern, die Belege für die Gesundheitsgefahren des Rauchens suchen, indem sie ihnen unterstellt, keine anerkannten Wissenschaftler zu sein, sondern "altbekannte, lautstarke Anti-Tabak-Aktivisten" (Marshall 1987).[32]

[29] Solche Werbebilder täuschen über die Ergebnisse unabhängiger Umfragen hinweg, die belegen, daß Raucher im Vergleich zu Nichtrauchern eher arm, ungebildet und übergewichtig sind (vgl. "Why the Turk Can't Get It Up", *Mother Jones*, Januar 1979: 37).

[30] Quellen: Tobacco Industry Research Committee: Report of the Scientific Director, July 1 1956 – June 30 1957, 1957 (Autor: Clarence C. Little); Fisher 1957. Im Jahr 1956 hat der wissenschaftliche und medizinische Direktor der *American Cancer Society*, Charles Cameron, darauf hingewiesen, daß es ein Gen geben könnte, das sowohl zum Rauchen führt als auch Krebs nach sich zieht (Cameron 1956: 54-66). Samuel Epstein hat diesen Vorstoß auf die ironische Formel gebracht: "Krebs verursacht Rauchen" (ders. 1979: 168).

[31] Vgl. Phillips et al. 1980 und Hirayama 1981. Verdachtsmomente im Hinblick auf die Krebsgefahr des Passivrauchens lassen sich mindestens bis in die 30er Jahre zurückverfolgen (siehe Boehnke: "Krebs und Tabak", Fortschritte der Medizin 1935 (53): 631). Einen aktuelleren Überblick geben Burns (1982), Trichopoulos et al. (1992) sowie die Studie der Environmental Protection Agency (1992).

[32] Kurz nachdem der damalige Gesundheits- und Erziehungsminister Joseph Califano das Rauchen zum "Public Health Feind Nummer 1" deklariert hatte, bekam Arthur C. Upton, der Direktor des *National*

Die Frage des Tabakrauchs in der Umwelt ist für die Tabaklobby zu einer Angelegenheit von hoher Priorität geworden, weil sie eine der wichtigsten Begründungen dafür darstellt, weshalb Gerichte das Recht der Arbeitgeber bestätigen, das Rauchen am Arbeitsplatz zu verbieten, und weshalb Regierungen das Rauchen in öffentlichen Gebäuden untersagen. 1970 gab es 10 Erlasse einzelner Kommunalverwaltungen, die das Rauchen in öffentlichen Räumen einschränkten; 1980 waren es beinahe 200. 1978 konnte die Tabakindustrie in Kalifornien eine vergleichbare Verordnung (*Proposition 5*) vereiteln, aber erst nachdem sie 6 Millionen Dollar für Anzeigen ausgegeben hatte, um die ursprüngliche Drei-Viertel-Mehrheit für das Gesetz, die in Meinungsumfragen ermittelt worden war, zu revidieren. In den darauffolgenden Jahren wurden weitere Gesetze zur Einschränkung des Rauchens in mehreren anderen Bundesstaaten verhindert; diese Siege wurden mit dem Geld erkauft, das die Industrie "Bürgerkomitees" zukommen ließ, die sich *Kalifornier für den gesunden Menschenverstand*, *Kalifornier gegen Regelungswut*, *Wähler für freie Wahl* oder *Einwohner Floridas gegen zunehmende Regulierung* nannten.[33]

Dadurch, daß die Nichtraucherbewegung immer stärker wurde und sich die Belege für die Gefahren des Passivrauchens häuften, ließ sich die Position der Tabakindustrie rechtlich kaum noch halten. Nach Zahlen des *Tabakinstituts* war 1990 in 20 Prozent aller US-Firmen das Rauchen am Arbeitsplatz verboten. Das Pentagon kündigte im Mai 1994 ein Rauchverbot an allen Arbeitsplätzen des Verteidigungsministeriums an; und es ist wahrscheinlich nur eine Frage der Zeit, bis die Arbeitsschutzbehörde versucht, eine allgemeingültige Regelung des Rauchens am Arbeitsplatz durchzusetzen. Man kann mit Sicherheit davon ausgehen, daß die Industrie trickreiche Manöver plant, um diese Bedrohung abzuwehren. Im Dezember 1991 zum Beispiel trat in der Sendung *Frontline* (PBS-TV) ein gelassener Sprecher von *Philip Morris* auf, der das Argument vorbrachte, die Wahrscheinlichkeit, Krebs zu bekommen, sei bei der Vogelhaltung sechsmal so hoch wie beim Passivrauchen (anscheinend verlieren Vögel krebsverursachende Milben, wenn sie ihr Gefieder aufplustern). 1993 gab die *Environmental Protection Agency* einen Bericht heraus, demzufolge das Passivrauchen für 20 Prozent der Lungenkrebs-Todesfälle bei Nichtrauchern verantwortlich ist (das sind etwa 3.000 Todesfälle pro Jahr); das *Tabakinstitut* karikierte diese Studie als "einen weiteren Schritt in dem langen Prozeß,

---

Cancer Institute unter Präsident Carter, Ende 1977 oder Anfang 1978 Besuch von einem halben Dutzend Vertretern der Tabakindustrie. Die Tabakgruppe drohte damit, ihre Freunde im Kongreß dazu zu veranlassen, den Etat des Krebsforschunginstituts zu kürzen, wenn sich der Direktor des Instituts nicht mäßigend in die Tabakdiskussion einschalten würde. Seine Familie hat in dieser Zeit eine Reihe von Drohanrufen erhalten, von denen *Upton* noch heute glaubt, daß es sich um Versuche der Industrie handelte, ihn einzuschüchtern (persönliche Mitteilung vom 27. Oktober 1994).

[33] Siehe Taylor 1984: 190-207, Traynor et al. 1993. Bemühungen, das Rauchen zu verbieten, gibt es schon seit langem. Um 1909 zum Beispiel hatten 17 US-Staaten den Verkauf von Tabak verboten. Im Ersten Weltkrieg gab es allerdings einen Rückschlag für die Antitabakbewegung, als die US-Regierung Tabak als Teil der Lebensmittelrationen an die Soldaten verteilte (vgl. hierzu die historischen Abhandlungen in Rabin/ Sugarman 1993).

der durch eine Vorliebe für politische Korrektheit statt sauberer Forschung gekennzeichnet ist".[34]

Der Vorsitzende des *Tabakinstituts*, George Allen, behauptete einmal: "Wir befinden uns nicht auf einem Kreuzzug für oder gegen Tabak (...). Wenn wir auf einem Kreuzzug sind, dann ist es ein Kreuzzug für die Forschung." Wer nur halbwegs mit den Veröffentlichungen des Instituts vertraut ist, wird diese Behauptung ziemlich sonderbar finden. Die Propaganda des *Tabakinstituts* suggeriert, die Frage des Zusammenhangs von Zigaretten und Krebs sei unter Wissenschaftlern immer noch strittig, obwohl es in Wirklichkeit in der gesamten Medizin keinen größeren Konsens gibt als eben darüber. Wenn man sie privat danach fragt, gestehen selbst Wissenschaftler, die von der Tabakindustrie unterstützt werden, die Gesundheitsgefahren ein: In einer Umfrage unter Wissenschaftlern, die Fördermittel vom *Tabakforschungsrat* erhalten haben, räumten über 90 Prozent der Befragten ein, daß Zigaretten abhängig machen, daß Passivrauchen gefährlich ist und daß "die meisten Todesfälle durch Lungenkrebs auf das Rauchen zurückzuführen sind" (Cummings et al. 1991). Die Heuchelei der Tabakindustrie kommt auch darin zum Ausdruck, daß die drei wichtigsten Versicherungsgesellschaften, die im Besitz von Tabakkonzernen sind, von Rauchern doppelt soviel für eine Lebensversicherung verlangen wie von Nichtrauchern. Versicherungsgesellschaften nehmen offensichtlich das zur Kenntnis, was die Tabakindustrie nicht wahrhaben will: In jeder Altersgruppe ist die Sterblichkeit der Raucher doppelt so hoch wie die der Nichtraucher.[35]

Das Hauptziel, das die Tabakindustrie mit ihrer Wissenschaftspropaganda verfolgt, besteht darin, den Anschein zu erwecken, es gebe eine 'Debatte' und der mangele es an 'Ausgewogenheit'. Die Zweifel richten sich gegen die herrschende medizinische Sicht der Dinge. Wissenschaftliches Wissen ist seiner Natur nach vorläufiges Wissen und deshalb offen für Zweifel; die Repräsentanten der Industrie nutzen dieses sich von der Wissenschaft selbst auferlegte Prinzip zu ihrem eigenen Vorteil, indem sie unablässig damit argumentieren, daß noch mehr Forschung nötig ist, um Unklarheiten zu beseitigen und Restzweifel auszuräumen. Selbstverständlich ist das Verlangen der Industrie nach immer mehr Forschung unersättlich. Es ist unersättlich, weil es eine wichtige soziale Funktion erfüllt: Forschung braucht Zeit. Der Ruf nach mehr Forschung impliziert, daß sich die wissenschaftlichen Ansichten ständig ändern und wichtige Fragen ungelöst geblieben sind.

Aber die Vertreter der Tabakindustrie nutzen die Mehrdeutigkeiten nicht nur aus, sie produzieren sie auch. Die Sprecher der Tabakindustrie können auf Differenzen in der wissenschaftlichen Beurteilung des Passivrauchens hinweisen, weil es eines der wichtigsten Ziele ihrer eigenen Institute ist, eben jene Differenzen zu erzeugen. Dies wurde insgeheim sogar in einem internen Dokument des Zigarettenhersteller *Brown and Williamson* eingeräumt, das anläßlich einer Vorladung durch die *Federal Trade Commission* 1969 verlesen wurde:

---

[34] Quelle: Warren E. Leary: „U.S. Ties Secondhand Smoke to Cancer", *New York Times* , 8. Januar 1993.

[35] Quelle: Andrew Tobias: "The Dividends for Quitters", *Time*, 12. Oktober 1992: 76.

> "Wir produzieren Zweifel, da dies das beste Mittel ist, um den 'Stand der Erkenntnisse' anzufechten, wie er der Vorstellung der Öffentlichkeit nach besteht. Es ist ebenso ein Mittel zur Erzeugung von Kontroversen. Wenn wir es schaffen, auf der öffentlichen Ebene eine Kontroverse zu entfachen, dann besteht die Möglichkeit, den wahren Fakten über das Rauchen und die Gesundheit zum Durchbruch zu verhelfen."

Die wissenschaftliche Suche nach Klarheit wird so in einen pseudowissenschaftlichen Kult des Zweifels verdreht. Der Bundesrichter H. Lee Sarokin, der wegen seiner angeblich industriefeindlichen Haltung zu Prozessen um die Frage der Haftung für die Folgen des Rauchens nicht mehr zugelassen wird, hat die Branche deshalb einmal als "den König der Geheimhaltung und Desinformation" bezeichnet.[36]

3. Rhetorische Vermeidungsstrategien

Umweltaktivisten beschuldigen schon seit langem *die Industrie*, toxische Gefahren falsch darzustellen, obwohl die Industriezweige nicht alle über einen Kamm geschoren werden können. Chemievertreter neigen dazu, Tabak für die steigende Krebsrate verantwortlich zu machen; Tabakvertreter dagegen machen Erbanlagen, Asbest und Chemikalien hierfür verantwortlich. Vertreter der Asbestindustrie weisen darauf hin, daß "die Lungenvernarbung, die typisch für die Asbesterkrankung (Asbestose) ist, auch 100 andere Ursachen hat, einschließlich vieler Viren" oder der Ölreste, die aus den Polyethylensäcken stammen, in dem Asbest gelagert wird.[37] Natürlich gibt es Unterschiede zwischen den verschiedenen Verbänden, aber alle teilen sie den Wunsch, den Grundstoff ihres Wirtschaftens - Tabak, Asbest, Produkte der Petrochemie - von dem Ruf zu befreien, eine vermeintliche Gefahrenquelle zu sein.[38]

Bei der Wissenschaft als Öffentlichkeitsarbeit geht es um das Management von Kontroversen, was durch eine Vielzahl von Strategien und Symbolen erreicht wird; manche davon sind implizit, manche explizit (Epstein 1979: 422-434). Wenn es um die Frage der Umweltfaktoren bei der Krebsentstehung geht, zählen folgende Aussagen zu den bekannteren, expliziten Argumenten der Wissenschaft der Wirtschaftsverbände:

---

[36] Quelle: David Margolick: "Federal Judge in Tobacco Cases Ousted for Bias Against Industry", *New York Times*, 8. September 1992.

[37] Quellen: Suzanne L. Oliver/ Leslie Spencer: "Who Will the Monster Devour Next?" *Forbes*, 18. Februar 1991: 76; David Kotelchuck: "Asbestos – Science for Sale", *Science for the People*, September 1975: 13.

[38] Ein interessanter Aspekt der Gesundheitsgefahren des Rauchens besteht darin, daß sie von unterschiedlichen politischen Gruppen für unterschiedliche Zwecke vereinnahmt werden. Einige Umweltaktivisten tendieren dazu, die Gefahren herunterzuspielen, mit der Begründung, daß die immense Aufmerksamkeit für das Rauchen den Blick auf die chemischen und beruflichen Risiken verstellt. Susan Stranahan beruft sich in ihrem ansonsten gut recherchierten Essay über industrielle Karzinogene auf ungenannte Experten des *National Cancer Institute*, um folgende Behauptung zu untermauern: "Obwohl Zigaretten die bekannteren Auslöser von Krebs sind, werden sie von den Chemikalien als Krebsverursachern bei weitem übertroffen" (das Zitat stammt aus ihrem Artikel "How Life-Saving Legislation Sits in Congress", *Philadelphia Inquirer*, 15. März 1976). Anwälte der Zigarettenhersteller waren verständlicherweise sehr aufgeschlossen gegenüber dieser Idee (vgl. "Focuson Smoking Said to Divert Scientific Attention", *The Tobacco Observer*, Dezember 1980).

1. Chemikalien sind natürlich und deshalb sollte man sich ihretwegen auch keine Sorgen machen.

2. Umweltaktivisten haben unabhängige Wissenschaftler solange eingeschüchtert, bis sie Positionen übernommen haben, die nicht auf solider Wissenschaft, sondern auf politisch motivierter Hysterie basieren.

3. Krebs ist eher das Produkt des persönlichen Lebensstils (Rauchen, sexuelles Verhalten, Innenraumverschmutzung usw.) als das von Industriegiften oder beruflichen Expositionen.

4. Es gibt Grenzwerte der Exposition, bei deren Unterschreitung Karzinogene nicht gefährlich sind. Alles verursacht Krebs, wenn man es nur in ausreichendem Maße konsumiert; geringe Expositionen sind entweder völlig unbedenklich oder stellen lediglich ein geringfügiges oder akzeptables Risiko dar.

5. Das politische Regelungsverfahren muß vom wissenschaftlichen Erkenntnisprozeß getrennt werden. Es muß eine klare Unterscheidung zwischen der Risikoabschätzung (Wissenschaft) und dem Risikomanagement (Politik) getroffen werden.

6. Die Furcht vor Chemikalien ist oft eine größere Gesundheitsgefahr als die Chemikalien selber.

7. Die Folgekosten der Chemikalien (z.B. Krebs) müssen gegen ihren ökonomischen Nutzen abgewogen werden.

8. Die Belege für toxische Gefahren sind nicht eindeutig, nicht schlüssig oder nicht vollständig; wir brauchen deshalb *mehr Forschung*, um Mehrdeutigkeiten zu beseitigen, die Risikoabschätzung zu verbessern, die grundlegenden Wirkmechanismen zu klären usw.

Schauen wir uns einmal im Detail an, wie diese Argumente eingesetzt werden:

1. Chemikalien sind natürlich und deshalb sollte man sich ihretwegen auch keine Sorgen machen.

Eine Broschüre des *Verbands der Chemieproduzenten* aus dem Jahr 1971 feiert das "Märchenland" der modernen Nahrungsmittelprodukte und Verpackungen, die wir den chemischen Technologien verdanken. Der Verband unterstellt, viele Menschen würden überrascht sein zu erfahren, daß "nicht nur die Nahrung, sondern auch die Bestandteile der Bekleidung und Behausung, ja sogar die Erde selbst und alle ihre

Bewohner in Form von chemischen Verbindungen beschrieben werden können". Fredrick J. Stare vom *Amerikanischen Rat für Wissenschaft und Gesundheit* wird mit der Warnung an die Verbraucher zitiert, sie sollten sich von keinem "Ernährungsapostel oder Ökogärtner sagen lassen, es gebe einen Unterschied zwischen dem Vitamin C in einer Apfelsine und dem Vitamin C, das in einer Chemiefabrik hergestellt wurde".[39] Diese rhetorische Strategie hat durch die These von Bruce Ames, natürliche Karzinogene in der Nahrung würden bei weitem mehr Krebserkankungen verursachen als Pestizide, enormen Auftrieb bekommen.[40] Sie wurde von vielen in die Defensive geratenen Herstellern aufgegriffen, um ihre Erzeugnisse zu verteidigen. So verteidigte Quebecs Minister für "Natürliche Ressourcen", Yves Berube, Asbest als "ein natürliches Produkt, das wir seit Tausenden von Jahren einatmen“, ein Produkt, gegen das wir eine 'Resistenz' entwickelt haben und welches deshalb "nicht schädlicher ist als jedes andere Produkt".[41] Das *Formaldehyd-Institut* behauptet, Formaldehyd sei "Teil des normalen Lebensprozesses", und der *Asbest-Informationsverband* preist seinen Namensgeber als einen "natürlichen Stoff für moderne Bedürfnisse". Der rhetorische Effekt solcher Charakterisierungen ist die Verharmlosung; dem Argument liegt eine Annahme zugrunde, die ein Wissenschaftler der *Dow Chemical Company* wie folgt formuliert: "Weil Dioxine allgegenwärtig sind, brauchen wir ihretwegen nicht besorgt zu sein" (Cavanaugh 1981: 195). F. J. C. Roe, einem Berater des *Amerikanischen Rates für Arbeitsschutz,* ging es vermutlich um eine ähnliche Beschwichtigung, als er 1978 die Einschätzung äußerte, Krebs sei "wahrscheinlich einer der vielen Wege der Natur, sexuell unfruchtbare Individuen auszumerzen, die andernfalls, aus Sicht der Natur, um die vorhandenen Nahrungsressourcen kämpfen würden, ohne daß sich daraus ein Vorteil für die Gattung als Ganzes ergibt" (zit. nach Epstein 1979: 195). Roe scheint vergessen zu haben, daß die überwältigende Mehrzahl der Krebserkrankungen Menschen betrifft, die ihre reproduktiven Jahre längst hinter sich haben.

2. Umweltaktivisten haben unabhängige Wissenschaftler solange eingeschüchtert, bis sie Positionen übernommen haben, die nicht auf solider Wissenschaft, sondern auf politisch motivierter Hysterie basieren.

Wirtschaftsverbände präsentieren sich gewöhnlich als unschuldige Opfer der Panikmache seitens der Umweltbewegung. Dieses Argument besagt im Kern, daß die Aktivisten den Erkenntnisprozeß politisiert haben, während sich die Industrie um eine wissenschaftliche Grundlage für ihre Stellungnahmen bemüht. Das *Tabakinstitut* hat diese Karte ausgespielt: In einer ihrer Broschüren zum Thema Passivrauchen wird beklagt, daß "die Wissenschaft der Politik ausgeliefert" sei und der politische Druck eine offene Diskussion der Gesundheitsgefahr (oder ihrer Abwesenheit) ver-

[39] Quelle: Chemical Manufacturers Association: Food Additives: What They Are / How They Are Used. Washington, D.C. 1971.
[40] Mit dieser These befaßt sich Proctor ausführlich im Kapitel 6 von "Cancer Wars". (Anmerkung. des Herausgebers)
[41] Quelle: Ray Sentes: "Poisonous Pits", *Canadian Dimension*, April/Mai 1990: 43.

hindere; es sei beunruhigend, so wird in der Broschüre gewarnt, daß "die wissenschaftliche Integrität und akademische Freiheit einer ernsthaften Bedrohung durch den politischen Druck ausgesetzt sind, der durch Vertreter von Gesundheitsbehörden und durch Wissenschaftler ausgeübt wird, die damit ganz andere Ziele verfolgen".[42] Es ist üblich, in diesem Kontext die akademische Freiheit zu beschwören, ebenso wie das Recht auf freie Meinungsäußerung im Sinne des Ersten Zusatzartikels zur amerikanischen Verfassung. Mitte der 80er Jahre wurde der Versuch der *Federal Trade Commission*, gegen eine Anzeigenkampagne des Zigarettenherstellers *R. J. Reynolds* vorzugehen, vor Gericht mit der Begründung abgewiesen, der Inserent habe ein Anrecht auf "den vollen Schutz durch den Ersten Verfassungszusatz, einschließlich der Freiheit zur Irreführung".[43]

Auch andere Industriezweige haben den Galileo-Gestus eines Opfers eingenommen, das von mächtigen politischen Kräften drangsaliert wird. Die "Wissenschaft versus Politik"-Rhetorik mischt sich neuerdings mit Metaphern der politischen Korrektheit; Milton Green, Direktor der Chemieforschungsabteilung der Firma *Polaroid*, hat die Befürchtung geäußert, die unablässige Beschäftigung der Presse mit karzinogenen Gefahren könne das öffentliche Vertrauen in die Wissenschaft untergraben:

> "Der wissenschaftliche McCarthyismus greift immer mehr um sich, und eigennützige Opportunisten haben eine Chemikalien-Hysterie angefacht, die, falls ihr niemand entgegentritt, die ohnehin schon begrenzte Glaubwürdigkeit der Wissenschaftler vollends zerstören könnte."

Green läßt den altmodischen wissenschaftlichen Männlichkeitsmythos wieder aufleben, den man gewöhnlich unter Managern der Chemieindustrie findet, die damit prahlen, daß sie selbst in den 40er Jahren hohen Konzentrationen von Karzinogenen ausgesetzt waren - augenscheinlich ohne Schaden zu nehmen - als "wir einfach noch nichts über die Langzeitgefahren der Exposition wußten" (Green 1981: 402).

3. Krebs ist eher das Produkt des persönlichen Lebensstils (Rauchen, sexuelles Verhalten, Innenraumverschmutzung usw.) als das von Industriegiften oder beruflichen Expositionen.

Die Wirtschaftsverbände der Petrochemie haben allen Grund, solch eine Behauptung aufzustellen: Falls die Produkte der Petrochemie lediglich für einen minimalen Anteil der Krebserkrankungen verantwortlich gemacht werden können, ist es leichter zu argumentieren, daß Public Health-Initiativen eher auf Verhaltensänderungen setzen sollten als auf die Regulierung der Industrie. Selbst für ein Tabakunternehmen kann es von Vorteil sein, wenn das Zigarettenrauchen in erster Linie als eine Frage der persönlichen Entscheidung betrachtet wird und nicht als eine Angelegenheit der

[42] Quelle: Tobacco Institute: Tobacco Smoke and the Nonsmoker: Scientific Integrity at the Crossroads. Washington, D.C. 1986: 1.
[43] Quelle: John O'Toole: "Is Advertising Second-Class Speech?", *Gannett Center Journal* 1987: 105.

Landwirtschaftspolitik oder der Werberichtlinien. Wie Steven Epstein und andere Kritiker betont haben, besteht das Problem der *Lebensstil*-Theorien in der Annahme, Krebs sei im wesentlichen eine Frage der persönlichen Entscheidung. Die Risiko-Rhetorik paßt sehr gut zu dieser Vorstellung. Arbeiter gehen ein "Risiko" ein, wenn sie einen Job annehmen; die Gesellschaft geht ein "Risiko" ein, wenn sie sich auf die Forderung einläßt, daß Produzenten die Wünsche der Verbraucher befriedigen. Implizit wird damit zum Ausdruck gebracht, daß riskante Verhaltensweisen von Nutzen sein können. Das Problem beginnt an der Stelle, an der wir bemerken, daß wir uns viele der 'Risiken', denen wir ausgesetzt sind, nicht selber aussuchen. Der brasilianische Bauer, der Asbestplatten zersägt, um daraus ein Dach zu bauen, kann schwerlich als jemand beschrieben werden, der in Verfolgung des Nutzenkalküls ein Risiko eingeht, insbesondere, wenn das Risiko nicht kenntlich gemacht oder gar nicht verstanden wurde. Dasselbe gilt für abhängig machende Drogen wie Zigaretten oder für Pestizide, die man als Konsument der Lebensmittel in modernen Supermärkten kaum umgehen kann. Durch die Betonung des Lebensstils wird die Last der Verantwortung von der Gesellschaft auf den Einzelnen verschoben, nach dem Motto: "Schuld hat das Opfer" (Boal 1994: 10; Winner 1986: 7).

4. Es gibt Grenzwerte der Exposition, bei deren Unterschreitung Karzinogene nicht gefährlich sind.

Dies war lange Zeit das Kernstück der industriellen Argumentation; und die Konsequenz einer solchen Behauptung ist offenkundig: Wenn von toxischen Chemikalien unterhalb einer bestimmten Dosis keine Gefahr ausgeht, dann gibt es aus Public Health-Sicht keinen Grund, die Umwelt über einen bestimmten Punkt hinaus sauber zu halten. Die Vorstellung, daß etwas in einer bestimmten Dosis nützlich, in einer anderen jedoch schädlich sein kann, ist alt - in der Tat ist sie viel älter als die vergleichsweise neue Idee, daß ein einziges Molekül oder Photon Krebs verursachen könnte. Die Maxime, daß "es die Dosis ist, die das Gift ausmacht", geht auf Paracelsus zurück, obwohl der häufige Gebrauch dieses Leitsatzes durch Apologeten der Industrie vergessen macht, daß Paracelsus über die medizinische Nutzung von Dingen sprach, die in kleinen Dosen tatsächlich einen positiven Effekt haben können. Wenn dagegen Industrievertreter damit argumentieren, daß es eine "Sicherheitsstufe" oder einen "Grenzwert" der Expositionen gibt, bei deren Unterschreitung keine Schäden zu befürchten sind, werfen sie dabei oft völlig verschiedene Fragestellungen durcheinander: ob solche Grenzwerte 'sicher' sind oder lediglich 'tolerierbar' (für wen?) oder 'ökonomisch vertretbar'.

In den Auseinandersetzungen um diese Fragen gibt es unterschiedliche Konzeptionen der Widerstandskraft des Körpers gegenüber geringfügigen toxischen Einwirkungen. Befürworter der Grenzwerte neigen dazu, die Fähigkeit des Körpers zur Regeneration von kleineren Beeinträchtigungen zu übertreiben (ich nenne dies die *Macho-Theorie des Körpers*); Kritiker des Grenzwerte tendieren zu der Ansicht, daß selbst schwache Vergiftungen den Körper nachhaltig schädigen können (dies ist die

Opfer-Theorie des Körpers).[44] Damit sind zugleich unterschiedliche Vorstellungen davon verbunden, was es heißt, im politischen Umgang mit Toxizität *Vorsicht* walten zu lassen. Umweltschützer sind eher der Meinung, angesichts fehlender Belege für die eine oder andere Sichtweise gebiete es die Vorsicht, selbst bei einer minimalen Dosis von einer möglicherweise krebserregenden Wirkung auszugehen. Fürsprecher der Industrie und ihre akademischen Verbündeten erinnern uns demgegenüber an die Unmöglichkeit einer risikofreien Gesellschaft und verweisen auf die finanziellen Kosten des Unterfangens, auch die letzten Spuren einer Chemikalie in der Umwelt zu beseitigen. Wieviel sind wir bereit zu zahlen für einen vernachlässigbar geringen oder sogar völlig fehlenden Nutzen? Von dieser Seite des Streits um die Grenzwerte aus betrachtet ist der Präventionsgedanke des Umweltschutzes nichts anderes als ideologischer Fanatismus. In keinem der beiden Fälle jedoch ist der Verweis auf die 'Faktenlage' überzeugend. Angesichts der bestehenden Uneindeutigkeit kann das Handeln nur in einer ethischen Vision begründet sein, und dies ist einer der Gründe dafür, warum die Auseinandersetzungen um die Krebspolitik so erbittert geführt werden.

Wenn ich auf die politische Morphologie der Dosis-Wirkungs-Kurven verwiesen habe[45], so geschah dies nicht, weil ich der Überzeugung wäre, daß man der Wahrheit jenseits solcher politisch begründeten Sichtweisen nicht auf den Grund kommen kann oder - schlimmer noch - daß die Wahrheit einzig und allein eine Frage der Perspektive ist. Niedrige Expositionen haben sehr reale Konsequenzen, auch wenn sie nur schwierig oder vielleicht sogar überhaupt nicht nachzuweisen sind. Mit Sicherheit kann es eine Gesundheitsgefahr geben, ohne daß wir jemals dazu in der Lage sein werden, sie zu erkennen: Es geht eine Vogel-Strauß-artige Naivität mit der positivistischen Auffassung einher, "daß uns nicht schaden kann, was wir nicht kennen." Die Politik der Beurteilung von Gesundheitsgefahren geringer Expositionen macht deutlich, daß vieles davon abhängt, für wen sich aus bestehenden Zweifeln ein Vorteil ergibt, und davon, was man genau unter dem Grundsatz versteht, "im Zweifelsfall Vorsicht walten zu lassen." Was auf dem Spiel steht, ist nicht nur die Konstruktion von Wirkungskurven oder die der Widerstandskraft des Körpers gegenüber Belastungen, sondern die grundsätzlichere Frage, was es für die Bürger und das Gemeinwesen bedeutet, angesichts von Ungewißheit verantwortungsvoll zu handeln.

5. Das politische Regelungsverfahren muß vom wissenschaftlichen Erkenntnisprozeß getrennt werden.

Der *Amerikanische Rat für Arbeitsschutz* weist darauf hin, daß die Bestimmung der Karzinogenität "ein wissenschaftliches und kein administratives Verfahren" ist. Der

[44] Im amerikanischen Original tragen die beiden Konzepte die Bezeichnung "body machismo" und "body victimology". (Anmerkung des Herausgebers)

[45] In Kapitel 7 von "Cancer Wars" führt der Autor dem Leser vor Augen, wie sich in den scheinbar unzweideutigen Kurven der Schaubilder zur Dosis-Wirkungs-Relation politische Interessen verbergen können. (Anmerkung des Herausgebers)

Verband hat die Einführung eines Sachverständigenrats mit qualifizierten unabhängigen Wissenschaftlern vorgeschlagen, die sich bei der Bestimmung karzinogener Risiken nicht von Regulierungsbehörden beeinflussen lassen. Solch ein Sachverständigenrat würde die Vermischung von "gesellschaftlichen Werten" mit "wissenschaftlichen Urteilen" vermeiden - eine Gemengelage, die dem Verband zufolge für die jetzigen Verfahren der Regulierungsbehörden charakteristisch ist. Auf der Basis der Entscheidungen dieses neutralen Expertengremiums könnten die gesellschaftlichen Entscheidungen darüber getroffen werden, "wieviel Schutz vor Gesundheitsgefahren die Öffentlichkeit zu akzeptieren bereit ist". Die radikale Trennung von Wissenschaft und Politik dient dazu, das, was als *Wissenschaft* klassifiziert werden kann, als unpolitisch einzustufen, wogegen das, was als *das Politische* (z.B. die Öffentlichkeit) angesehen wird, von der Mitsprache bei den Entscheidungen über die Forschungsprioritäten ausgeschlossen bleibt. Die Unterscheidung erlaubt es den Wirtschaftsverbänden, sich auf die Plattform der Wissenschaft zu stellen und zugleich die Anschuldigungen abzuweisen, daß diese Plattform einseitig ausgerichtet ist.

6. Die Furcht vor Chemikalien ist oft eine größere Gesundheitsgefahr als die Chemikalien selber.

Die Begriffe *Chemophobie* und *Krebsphobie* wurden von der Industrie in den späten 70er Jahren im Hinblick auf die Forderungen der Umweltbewegung und den Verordnungseifer der Behörden geprägt.[46] So hat der Präsident von *Monsanto*, John W. Hanley, davor gewarnt, Amerika leide an "einem vorgerücktem Stadium von Chemophobie, an einer nahezu irrationalen Angst vor Chemieprodukten".[47] Elisabeth Whelan hat die Chemie- und Krebsphobie in das Zentrum ihrer Bemühungen gestellt, die amerikanische Nahrungsmittelversorgung als sicher zu verteidigen: Auf dem Höhepunkt der Aufregung um Alar (siehe Fußnote 12) hat die Mitbegründerin und Präsidentin des *Amerikanischen Rates für Wissenschaft und Gesundheit* die Ansicht vertreten, daß "wir einen Nationalpsychiater brauchen, um zu ergründen, warum sich die Verbraucher in einer solch irrationalen Weise verhalten". Whelan wies darauf hin, daß in einer Umfrage über die Ängste der Amerikaner die Furcht vor Pestiziden den dritten Rang auf der Liste einnahm und damit noch vor der Angst vor dem Tod (auf Platz 7) lag.[48]

Stephen Hilgartner, ein Soziologe der Columbia Universität, hat hierzu einmal bemerkt, die Betonung der Phobien in derartigen Schriften lege die Schlußfolgerung nahe, die Angst vor Chemikalien sei unbegründet, und rational denkende Menschen

---

[46] Der Begriff *Krebsphobie* wurde schon in den ersten Jahrzehnten des 20. Jahrhunderts benutzt. Zum Beispiel gebraucht Hoffman in seinem Buch "Mortality from Cancer" diesen Begriff, um die Ängste der Öffentlichkeit vor einer Vererbbarkeit (und daher Unvermeidbarkeit) der Krebskrankheit oder ihrer möglichen Ansteckungsgefahr zu bezeichnen (Hoffman 1915: 207 f.).

[47] Quelle: Michael Thoryn: "Chemicals and Plastics: The Catalysts of Living", *Nation's Business*, März 1979: 70.

[48] Elisabeth Whelan: "Chemicals and Cancerphobia", *Society*, März/ April 1981: 7 (siehe auch Whelan 1979 a, b). Die Rangliste der Ängste findet sich in Mix (1989: 51).

sollten einsehen, wie verschwindend gering die Risiken seien (Hilgartner 1985: 30 f.). In diesem Sinne warnt der *Asbest-Informationsverband* vor der *Faserphobie*, die Atomindustrie vor der *Radio*(aktivitäts)*phobie*, Whelan vor der *Nosophobie* (eine morbide Furcht vor der Krankheit) und der ultrakonservative Mediendienst *Accuracy in Media* vor der *Asbestphobie*.[49] Angst ist zum Gegenstand wissenschaftlicher Untersuchungen geworden: 1984 zahlte das US-Energieministerium 85.000 Dollar an den Psychiater Robert DuPont, den Präsidenten der *Phobie-Gesellschaft*, um zu untersuchen, wie die "nukleare Phobie" der Öffentlichkeit überwunden werden könnte.[50] Angst ist als Geisteskrankheit gebrandmarkt worden: Der *Staatliche Müllentsorgungsverband* hat versucht, den öffentlichen Widerstand gegen Verbrennungsanlagen zu medikalisieren, indem er die "Sankt-Florians-Mentalität"[51] als "eine wiederkehrende Geisteskrankheit" anprangerte, "die immer wieder die Öffentlichkeit infiziert" (Commoner 1990: 121). Ein 1992 in der Zeitschrift *Psychological Reports* erschienener Artikel vergleicht die Krebsphobie mit der Furcht vor chemisch verursachtem AIDS, mit Massenhysterie, universeller Allergie, Simulantentum und mit Phobien, die von Nadeln, großen Höhen, Flugreisen und Insekten ausgelöst werden. Die Autoren räumen ein, daß die Krebsphobie eine Reaktion auf "ein spezielles Ereignis wie eine toxische Exposition sein kann"; sie beobachten sogar, daß die Krebsphobie "eher in Gemeinden in der Nähe von chemischen Abfällen oder an Orten mit hoher toxischer Belastung auftritt". Im Anschluß daran wird diese Angst jedoch trivialisiert und medikalisiert, indem die Autoren sie als "eine Anpassungsstörung" charakterisieren, die "mit einer ängstlichen oder depressiven Verstimmung, körperlichen Beschwerden, Arbeitsunfähigkeit oder einer Kombination dieser Symptome einher geht". Die Autoren machen darauf aufmerksam, daß die Furcht vor Krebs "erwiesenermaßen die Möglichkeiten zur Übermittlung überzeugender Argumente reduziert" (ob damit die Beteuerungen gemeint sind, daß Nahrungszusätze und Mülldeponien sicher sind?). Anlaß zur Hoffnung ergibt sich für die Autoren aus der Tatsache, daß Krebsphobien "erfolgreich mit Fluoxetin behandelt worden sind", ein Medikament, das gelegentlich bei der Behandlung von anderen Angstzuständen angewendet wird (Brown/ Lees-Haley 1992). Die Botschaft lautet offenkundig, daß die Angst vor Chemikalien durch eine sachgemäße medizinische Anwendung von Chemikalien behandelt werden kann.

Angst wurde sogar als eine *Ursache* von Krebs identifiziert. In einem 1981 veröffentlichten Beitrag über "Wissenschaftlichen McCarthyismus" mahnt die Firma *Chemtech*, seitdem Streß als eine Krebsursache erkannt wurde (eine unbewiesene Behauptung), sei "es keineswegs unvernünftig, davon auszugehen, daß die derzeitige

---

[49] "Nosophobie verursacht unnötige Ängste und verzerrte Wahrnehmungen, was unsere Fähigkeit beeinträchtigt, zwischen realen und hypothetischen Risiken zu unterscheiden" (Whelan 1990: 19 ff.).

[50] Siehe hierzu Caufield (1989: 177), Weart (1988), Barsky (1988), DuPont (1980). (Daß nicht die Umweltverschmutzung, sondern die Angst vor der Umweltverschmutzung das eigentliche Gesundheitsproblem darstellt, ist auch die Grundannahme der Risikokommunikationsforschung; siehe z.B. die Beiträge in Karl Aurand/ Barbara P. Hazard/ Felix Tretter (Hrsg.) (1993): Umweltbelastungen und Ängste. Opladen.) (Anmerkung des Herausgebers)

[51] "Heiliger Sankt Florian, verschon mein Haus, zünd andre an." Im Original "Nimby ('not in my backyard') mentality" (Anmerkung des Herausgebers).

Welle von Krebsphobien mehr Krebsfälle bei empfänglichen Individuen auslösen könnte als die eigentliche Exposition gegenüber Chemikalien, vor denen sie sich so sehr fürchten" (Green 1981: 406).[52] Ein Jahrzehnt später schreiben Epidemiologen im *American Journal of Public Health*, der Streß, der durch das Reaktorunglück von Three Mile Island ausgelöst worden sei, habe möglicherweise zu "einer geringen Häufung zusätzlicher Krebsfälle" in der näheren Umgebung des Atomkraftwerks geführt. Einige Zeitungen veranlaßte dieser Bericht zu Schlagzeilen wie: Streß, nicht Radioaktivität verursachte die Krebsfälle in der Nähe von Three Mile Island.[53] Umweltaktivisten behaupten manchmal, die Menschen hätten eher Angst vor den Chemieunternehmen als vor den Chemikalien[54]; die Neigung der Unternehmen, auf die Angst in der Öffentlichkeit mit Öffentlichkeitsarbeit zu reagieren, hat diese Ängste ohne Zweifel verstärkt.

7. Die Folgekosten der Chemikalien (z.B. Krebs) müssen gegen ihren ökonomischen Nutzen abgewogen werden.

Als die mit dem Arbeitsschutz befaßten Bundesbehörden in den 70er Jahren Verordnungen zum Einsatz von Vinylchlorid auf den Weg brachten, kündigten Sprecher der Industrie an, aufgrund der Verordnungen müßten unweigerlich Betriebe geschlossen werden, was für zwei Millionen Menschen den Verlust ihres Arbeitsplatzes und für die Industrie Milliardenverluste durch Produktionsausfälle zur Folge hätte. In den 80er Jahren bezifferte Murray Weidenbaum die jährlichen Unkosten aufgrund von Bundesverordnungen auf insgesamt über 100 Milliarden Dollar; die Wirtschaftsverbände haben diese Zahl aufgegriffen, um Reagans Politik der "Verordnungsvereinfachung" zu verteidigen. Die Überzeugungskraft vieler solcher Argumente ergibt sich - wieder einmal - aus dem Eindruck, daß die Kosten der Verordnungen ihren Nutzen übersteigen. Dem liegt die allgemeinere philosophische Annahme zugrunde, daß staatliche Verordnungen die natürliche Tendenz der Industrie zur Selbstregulation beeinträchtigen.

Politiker aus dem konservativen Lager unterstellen hin und wieder, daß Umweltverordnungen in Wirklichkeit das Krebsrisiko erhöhen können. Warren Brookes äußerte sich 1990 in einem Artikel in *Forbes* dahingehend, es gebe viele Umweltverordnungen, die "zu gegenteiligen Ergebnissen geführt haben, als beabsichtigt war". Alar zum Beispiel sorgt Brookes zufolge dafür, daß Äpfel länger am Baum hängen bleiben, wodurch sie weniger anfällig für Blattläuse werden, was wiederum den Einsatz rabiaterer, krebserzeugender Insektizide unnötig macht. Das Verbot des Desinfektionsmittels *Äthylendibromid* im Jahr 1983 "hat wahrscheinlich die Krebsrate erhöht", weil Lebensmittel durch stark karzinogene Pilze verunreinigt worden

[52] Bereits 1906 wies ein Dr. Römer aus Stuttgart darauf hin, daß durch die Angst vor Krebs ein Mensch geisteskrank werden könne; vgl. seinen Artikel „Über Krebsangst" in der Zeitschrift für Krebsforschung, Heft 4/ 1906: 75-82. Im Jahr 1955 mutmaßte George Crile, daß die *Krebsphobie* möglicherweise "mehr Leiden als der Krebs selbst" verursachen könnte (ders. 1955: 8).

[53] Siehe Hatch et al. (1991) sowie den Artikel von Susan Fitzgerald: "Stress, Not Radiation Caused Cancer Near Three Mile Island", *Centre Daily Times*, 27. Mai 1991.

[54] Quelle: Robert Crawford: "Cancer and Corporations", *Society*, März/ April 1981: 26.

seien. Brookes kommt zu dem Schluß, daß Umweltverordnungen "gefährlicher sein können als die ursprünglich angenommenen Risiken".[55] In dieselbe Richtung zielt das Argument von Bruce Ames, demzufolge Verbote von Pestiziden die Krebsrate erhöhen, weil sie Obst- und Gemüsesorten mit krebshemmender Wirkung verteuern, so daß weniger davon gekauft und gegessen werden.[56]

8. Die Belege für toxische Gefahren sind nicht eindeutig, nicht schlüssig oder nicht vollständig; wir brauchen deshalb *mehr Forschung*, um Mehrdeutigkeiten zu beseitigen, die Risikoabschätzung zu verbessern, die grundlegenden Wirkmechanismen zu klären usw.

Dies ist in letzter Zeit zu einem der wirkungsvolleren Argumente auf seiten der Industrie geworden. Die Tabakindustrie zum Beispiel benutzt schon seit langem diese Taktik, um die Verbraucher davon zu überzeugen, daß es voreilig ist, Zigaretten als Krebsverursacher anzusehen. Die Schrift des *Tabakinstitutes* über "Die Zigaretten-Kontroverse" ruft deshalb ein halbes Dutzend mal auf genauso vielen Seiten nach "mehr Forschung", die allein zu einem definitiven Urteil in der "Debatte" oder "Kontroverse" über die gesundheitlichen Folgen des Rauchens führen könne.[57] Interne Dokumente der Tabakindustrie preisen den Erfolg dieser "brillant geplanten und umgesetzten" Strategie, "die Gesundheitsbelastung in Zweifel zu ziehen, ohne sie ausdrücklich zu bestreiten".[58]

Angesichts der dem Forschungsprozeß inhärenten Ungewißheiten ist es immer möglich, tiefer in die Mechanismen der Pharmakokinetik vorzudringen, Risiken mit immer größerer Präzision zu erfassen und immer umfangreichere epidemiologische Studien zu fordern. Die Aufforderung, mehr zu forschen, läuft dabei in der Regel auf die Aufforderung hinaus, "weniger zu handeln" - insbesondere weniger Verordnungen zu erlassen. Forschung zwecks Zeitverzögerung rechnen Bruce M. Owen und Ronald Braeutigam explizit zu den "Strategien etablierter Unternehmen und Industriezweige" (dies. 1978). Ihr Buch enthält einige der unverfrorensten Äußerungen darüber, wie Unternehmen die Wissenschaft manipulieren können, um unvorteilhafte Verordnungen zu vermeiden:

> "Die Fähigkeit, die Informationen zu kontrollieren, die für die Regulierungsbehörde bestimmt sind, ist ein wichtiges Element zur Beeinflussung von Entscheidungen. Die Behörden können durch sorgfältig ausgewählte Tatsachen in die gewünschte Richtung geleitet werden. Alternativ dazu können Informationen auch zurückgehalten werden, um ein Gerichtsverfahren über ihre Herausgabe zu erzwingen, falls eine Verzögerung von

[55] Quelle: Warren T. Brookes: "The Wasteful Pursuit of Zero Risk", *Forbes*, 30. April 1990: 162.

[56] Siehe hierzu Leslie Spencer: "Ban All Plants - They Pollute", *Forbes*, 25. Oktober 1993: 104.

[57] Quelle: Tobacco Institute: The Cigarette Controversy: Why More Research Is Needed. Washington D.C. (undatiert): 2.

[58] Der Vizepräsident des *Tabakinstituts*, Fred Panzer, empfahl in einem internen Memo seiner Organisation, die "brillant konzipierte" Strategie beizubehalten, um "die Gesundheitsrisiken in Zweifel zu ziehen ohne sie im eigentlichen Sinn zu bestreiten, Anwalt zu sein für das Recht zu rauchen, ohne dazu zu drängen, es zu praktizieren, und objektive wissenschaftliche Studien zu fördern, als einzigen Weg zur Lösung des Problem der Gesundheitsgefährdung" (vgl. Geoffrey Cowley: "Science and the Cigarette", *Newsweek*, 11. April 1988: 67). Das Memo ist abgedruckt in *Harper's Magazine*, Juni 1988: 25 f.

> Vorteil ist. Eine Verzögerung läßt sich auch durch eine Informationsflut erzielen, die die Bearbeitungskapazität der Behörden übersteigt. Wenn eine spezielle Information angefordert wird und es schwierig oder unmöglich ist, sie zu verweigern, besteht die beste Taktik darin, diese Information in einem Berg von Akten zu vergraben. Dies ist eine übliche Taktik der Anwälte in Antitrust-Gerichtsverfahren. Manchmal ist es auch nützlich, die Informationen zu liefern, aber ihre Zuverlässigkeit in Zweifel zu ziehen und eine Studie zu beginnen, um verläßlichere Daten zu bekommen. Eine andere Möglichkeit besteht darin, 'akkurate' Informationen inoffiziell an ausgewählte Mitarbeiter der Behörde weiterzuleiten, die dem Unternehmen positiv gegenüberstehen. Wenn eine andere Partei kompromittierende Informationen geliefert hat, ist es wichtig, Gegendarstellungen in möglichst technischer Form abzugeben, so daß eine Anhörung notwendig wird, um die 'Fakten' zu klären." (Owen/ Braeutigam 1978: 4)

Erhellend sind auch die folgenden Bemerkungen der Autoren:

> "Regulierungspolitik wird immer mehr unter Beteiligung von Experten, vor allem von Akademikern, gemacht. Ein davon betroffener Betrieb oder Industriezweig sollte diese Experten so oft wie möglich für sich vereinnahmen. Dies geschieht am effektivsten, indem man die führenden Vertreter des relevanten Gebietes herausfindet und sie als Berater oder Gutachter anheuert oder ihnen Forschungsstipendien und ähnliches gibt. Eine solche Aktion erfordert Fingerspitzengefühl und darf auf keinen Fall aufdringlich erscheinen, denn die Experten dürfen nicht bemerken, daß sie ihre Objektivität und Handlungsfreiheit verlieren." (ebd.: 7)

Forderungen nach einem Aufschub von Verordnungen aufgrund der mangel- oder lückenhaften Datenlage sind regelmäßiger Bestandteil von PR-Kampagnen der Tabak- und Chemieindustrie sowie anderer Branchen. Der Nettoeffekt besteht darin, den Brennpunkt der Aufmerksamkeit zu verlagern: weg von der Notwendigkeit, die drohende Gesundheitsgefahr zu bannen, hin zu der Notwendigkeit, noch bestehende Unklarheiten zu beseitigen. (Der gleiche Effekt läßt sich auch erzielen, indem von 'potentiellen' Gefahren, 'möglichen' Risiken usw. die Rede ist.) Dem Streben, keinen Fehler zu machen, wird oberste Priorität eingeräumt: Der Wunsch des Verbrauchers nach Produktsicherheit wird durch den Wunsch des Wissenschaftlers nach Akkuratheit verdrängt. In diesem Zusammenhang sind Tierversuche ein klassisches Angriffsobjekt des Industrieskeptizismus. In den 50er und 60er Jahren vertraten Sprecher der Tabakindustrie die Ansicht, daß sich tabakinduzierte Lungentumoren bei Ratten grundsätzlich von denen bei Menschen unterscheiden. Anfang der 70er Jahre konnte *Shell Oil* in Kongreßanhörungen über das Pflanzenschutzmittel Dieldrin damit argumentieren, daß das Pestizid zwar tatsächlich Krebs bei Mäusen verursacht, eine entsprechende Wirkung bei Ratten jedoch nicht nachgewiesen worden war. (*Shell* neigte natürlich zu der Überzeugung, daß Menschen den Ratten ähnlicher sind als den Mäusen.) Die beabsichtigte Wirkung solcher Argumente besteht darin, Zweifel zu erzeugen: Wissenschaftler der Wirtschaftsverbände zitieren und verdrehen Lewis Thomas' Glosse über Heisenberg –"Wissenschaft gründet sich auf Ungewißheit" - in der Weise, daß das Nichtvorhandensein eines eindeutigen Beweises für eine Gesundheitsgefahr zum eindeutigen Beweis für das Nichtvorhandensein einer Gesundheitsgefahr deklariert wird (Green 1981: 404).

Nachwort

Um nicht mißverstanden zu werden möchte ich klarstellen, daß es nicht meine Absicht war, zu behaupten, die Wissenschaft der Wirtschaftsverbände sei notwendigerweise ein Schwindel. Es mag durchaus sein, daß es Grenzwerte der Belastung gibt, und Tierversuche führen ohne Zweifel häufig in die Irre. Kosten können sinnvoll gegen den Nutzen aufgewogen werden und Chemophobie ist ohne Frage für einige Menschen ein echtes Problem. Zweifel und Unsicherheiten bestehen oft wirklich und einige Umweltaktivisten schikanieren tatsächlich.[59] Und das Leben wäre mit Sicherheit undenkbar ohne Chemikalien.

Worum es mir hier geht, ist der Punkt, daß Wissenschaft im industriellen Kontext eine ideologische Rolle spielt, die bisher unterschätzt wurde. Die Berufung der Wirtschaftsverbände auf die Wissenschaft verleiht ihnen den Anschein von Neutralität, Ausgewogenheit und Vernunft in Fragen der Einschätzung von Umweltrisiken. Die Berufung auf Wissenschaft vermittelt den Eindruck eines fortschrittlichen und modernen Unternehmens. Außerdem verschafft man sich dadurch Zeit. Der Ruf nach mehr Forschung läuft in der Regel auf die Verzögerung der Einführung gesetzlicher Standards hinaus, „Paralyse durch Analyse“, wie es in einem Dokument der Arbeitsschutzbehörde *OSHA* aus dem Jahr 1980 heißt. Gleichgültig auf welchem Niveau die Beweisführung für einen Zusammenhang von Krebs und Asbest oder Alar oder Tabak erfolgt, läßt sich stets die Forderung nach weiteren Studien zur Beseitigung von Unsicherheiten erheben - womöglich Tests mit einer größeren Stichprobe, die über einen längeren Zeitraum verlaufen und den Arbeitsplatzbedingungen besser angepaßt sind, oder Studien bei Tierarten, die dem menschlichen Körper noch ähnlicher sind. Allein durch die bloße Macht der Forschungsförderung können Wirtschaftsverbände die Illusion (oder die Realität) erzeugen, daß man mit Fug und Recht geteilter Meinung sein kann, wenn nicht einmal die Experten zu einem Konsens kommen.

In einer Ära strenger Umweltverordnungen haben die Hersteller von Karzinogenen nach und nach die Bedeutung der Risikoeinschätzung und Risikowahrnehmung für ihr ökonomisches Wohlergehen erkannt. Wirtschaftsverbände machen es unter anderem zu ihrem Geschäft, voneinander abweichende Expertenmeinungen in Fragen karzinogener Umweltbelastungen auszuschlachten, zu verbreiten und, falls notwendig, selber herzustellen. Dies zieht wichtige Konsequenzen für die öffentliche Wahrnehmung von Wissenschaft nach sich. Die Produktion und das Management von Unsicherheit haben eine Entwicklung beschleunigt, die auf eine Art "Talkshow-Wissenschaft" hinausläuft: die mediale Zurschaustellung von gleichberechtigten und gegensätzlichen Ansichten über anscheinend wohl begründete Fragen, die das Gefühl erzeugen, es sei noch endlos viel Forschung von Nöten, um über Schuld oder Unschuld in Fragen der Karzinogenese urteilen zu können. Anthony Ramirez von der *New York T*imes hat dies auf den Punkt gebracht, indem er die Berichterstattung

[59] Für einen neueren Fall siehe Gershon Fishbein: "Alar PR: A Media Victory", *Chemtech*, Mai 1990: 264-267.

über eine Krebs-Kontroverse als "Ping-Pong der Beweise" bezeichnete, bei dem "ein Wissenschaftler mit einer potentiellen Gefahr aufschlägt und ein anderer mit einer beruhigenden Beteuerung retourniert".[60]

Die Parteilichkeit der Wissenschaft der Wirtschaftsverbände ist zuweilen recht subtil. Denn die Parteilichkeit kommt nicht notwendigerweise in platten Fälschungen zum Ausdruck: Selbst die Unterstützung 'guter Wissenschaft' durch die Industrie dient dazu, die Blicke von den Gefahren ihrer Produkte abzulenken, z.B. wenn das *Tabakinstitut* die Genforschung fördert. Die Wirkung besteht darin, die wissenschaftliche Aufmerksamkeit auf ebenso exakte wie triviale Arbeiten zu fixieren und so von dem abzulenken, was auf einer anderen, grundlegenderen Ebene vor sich geht. Die Parteilichkeit ergibt sich in solchen Fällen typischerweise nicht aus der Fälschung oder irreführenden Darstellung von Forschungsergebnissen (obwohl beides vorkommt, wie wir gesehen haben), sondern aus der Akzentverlagerung von einem Problem auf ein anderes - zum Beispiel von den Ursachen zu den Wirkmechanismen oder von Gesundheitsfragen zu Fragen der Meinungsfreiheit. Einseitigkeiten entstehen auch durch die Verabsolutierung von bestimmten selbst-auferlegten Idealen konventioneller Wissenschaft. Wissenschaft verlangt nach empirischer Überprüfung, aber das fanatische Mißtrauen gegenüber wohlbegründeten Hypothesen kann dazu genutzt werden, ein plausibles Argument vom Tisch zu wischen - so wie die von der Industrie bezahlten Skeptiker die in Tierversuchen gesammelten Belege für Karzinogenität vom Tisch gewischt haben. Wissenschaft fordert für gewöhnlich ein bestimmtes Maß an Präzision, aber die Forderung nach mehr Präzision kann ebensogut als politisches Instrument eingesetzt werden.

Die Herstellung und Verbreitung von Ungewißheit ist eine nur unzulänglich wahrgenommene soziale Funktion der Wissenschaft. Sie offenbart sich in der Stellungnahme eines Tabakkonzerns, der eingesteht: "Wir produzieren Zweifel." Bis jetzt wissen wir noch zuwenig über den Gebrauch der Wissenschaft als Instrument der Öffentlichkeitsarbeit, vielleicht weil es ein relativ neues historisches Phänomen ist - zumindest in der Form, wie ich sie beschrieben habe. Die Unterstützung einer Theorie durch das Lager der Industrie macht sie nicht falsch, genauso wenig wie ihre Unterstützung durch die Regierung ein Beweis ihrer Gültigkeit ist. Da wissenschaftliche Tatsachen (wie andere Dinge auch) soziale Konstrukte sind, ist die Frage nach ihren Ursprüngen und Absichten eine Schlüsselfrage. Gleißendes Licht mag dazu dienen, verwirrende Schatten zu werfen, bis zur Blindheit blenden kann es uns nicht.

[60] Quelle: Anthony Ramirez: "Market Place", *New York Times*, 3. Februar 1993.

Anhang: Liste der Verbandsbezeichnungen

Amerikanische Aspirinstiftung: Aspirin Foundation of America
Amerikanische Gesellschaft der leitenden Verbandsangestellten: American Society of Association Executives
Amerikanischer Krankenhausverband: American Hospital Association
Amerikanischer Rat für Arbeitsschutz: American Industrial Health Council
Amerikanischer Rat für Wissenschaft und Gesundheit: American Council on Science and Health
Amerikanischer Zeitungsverlegerverband: American Newspaper Publishers Association
Amerikanisches Fleischinstitut: American Meat Institute
Amerikanisches Petroleuminstitut: American Petroleum Institute
Asbest-Informationsverband: Asbestos Information Association
Bierinstitut: Beer Institute
Düngemittelinstitut: Fertilizer Institute
Eierinstitut von Amerika: Egg Institute of America
Formaldehyd-Institut: Formaldehyde Institute
Forschungskomitee der Tabakindustrie: Tobacco Industry Research Committee
Gesellschaft der Plastikindustrie: Society of the Plastics Industry
Globale Klimakoalition: Global Climate Coalition
Institut der Unternehmen für Verbandsmanagement: Institute of Association Management Companies
Internationales Apfelinstitut: International Apple Institute
Kalorien-Kontrollrat: Calorie Control Council
Kommission für biologisch abbaubares Plastik: Degradable Plastics Council
Kosmetik- und Parfümeriewarenverband: Cosmetic, Toiletry and Fragrance Association
Nationale Truthahnvereinigung: National Turkey Association
Nationale Vereinigung der Milchproduzenten: National Milk Producers Federation
Nationale Vereinigung der Windelhersteller: National Association of Diapers Services
Nationaler Brathühnchenrat: National Broiler Council
Nationaler Kaffeeverband: National Coffee Association
Nationaler Molkerei-Rat: National Dairy Council
Nationaler Rat der Schweineproduzenten: National Pork Producers Council
Nationaler Vieh- und Fleischausschuß: National Livestock and Meat Board
Nationaler Viehzüchterverband: National Cattlemen's Association
Plastikbehälterinstitut: Plastic Drum Institute
Plastikflascheninstitut: Plastic Bottle Institute
Polysteren-Verpackungsrat: Polystyrene Packaging Association
Raseninstitut: Lawn Institute

Staatlicher Müllentsorgungsverband: Governmental Refuse Collection and Disposal Association
Tabakforschungsrat: Council for Tobacco Research
Tabakinstitut: Tobacco Institute
Verband der Chemieproduzenten: Chemical Manufacturers Association
Vereinigte Eierproduzenten: United Egg Producers
Vinylinstitut: Vinyl Institute
Waldressourcenrat Nordwest: Northwest Forest Resource Council
Washingtoner Apfelkommission: Washington Apple Commission

Literatur

Aduss, Edward L./ Ross, Mathew C. (1988): Integrating Efforts of Advertising Agencies and Public Information Organizations. In: Heath, Robert L. et al. (Hrsg.) (1988): Strategic Issues Management. San Francisco

Barsky, Arthur J. (1988): Worried Sick: Our Troubled Quest for Wellness. New York

Bensimon, Helen F./ Walker, Patricia A. (1992): Associations Gain Prestige and Visibility by Serving as Expert Ressources for Media. In: Public Relations Journal (Februar): 14-16

Boal, Ian (1994): The Rhetoric of Risk. In: Psychoculture (Frühjahr): 7-10

Brown, Richard S./ Lees-Haley, Paul R. (1992): Fear of Future Illness, Chemical AIDS, and Cancerphobia: A Review. In: Psychological Reports 71: 187-207

Burek, Deborah E. (Hrsg.) (1994): Encyclopedia of Associations. Detroit (28. Aufl.)

Burns, David M. (1982): Environmental Tobacco Smoke: The Price of Scientific Certainty. In: Journal of the National Cancer Institute 84: 138-139

Cameron, Charles (1956): The Truth about Cancer. Englewood Cliffs, N.J.

Caufield, Catherine (1989): Multiple Exposures: Chronicles of the Radiation Age. New York

Cavanaugh, Gerald (1981): The Corruptions of Science. In: Dissent (Frühjahr): 195-202

Centers for Disease Control (1991): Smoking-Attributable Mortality and Years of Potential Life Lost: United States 1988. In: Morbidity and Mortality Weekly Report 40: 62-71

Commoner, Barry (1990): Making Peace with the Planet. New York

Crile, George (1955): Cancer and Common Sense. New York

Cummings, K. Michael et al. (1991): What Scientists Funded by the Tobacco Industry Believe About the Hazards of Cigarette Smoking. In: American Journal of Public Health 81: 894-896

Doll, Richard/ Hill, A. Bradford (1952): A Study of the Aetiology of Carcinoma of the Lung. In: British Medical Journal (2): 1271-1286

DuPont, Robert L. (1980): Nuclear Phobia. Washington, D.C.

Environmental Protection Agency (1992): Respiratory Health Effects of Passive Smoking. Washington, D.C.

Epstein, Samuel (1979): The Politics of Cancer. New York

Fisher, Ronald A. (1957): Dangers of Cigarette Smoking. In: British Medical Journal (2): 297-298

Gardner, Martin (1957): Fads and Fallacies in the Name of Science. New York

Gardner, Martin (1989): Science - Good, Bad and Bogus. Buffalo, N.Y.

Green, Milton (1981): Scientific McCarthyism. In: Chemtech (Juli): 402-406

Gupta, Shiv K./ Brubaker, David R. (1990): The Concept of Corporate Social Responsibility Applied to Trade Associations. In: Socio-Economic Planning Science 24: 261-271

Hatch, Maureen C. et al. (1991): Cancer rates After the Three Mile Island Nuclear Accident and Proximity of Residence to the Plant. In: American Journal of Public Health 81: 719-724

Heath, Robert L./ Nelson, Richard A. (1986): Issues Management. Newbury Park

Heath, Robert L. et al. (Hrsg.) (1988): Strategic Issues Management: How Organizations Influence and Respond to Public Interests and Policies. San Francisco

Hilgartner, Stephen (1985): The Political Language of Risk: Defining Occupational Health. In: Nelkin, Dorothy (Hrsg.) (1985): The Language of Risk. Beverly Hills

Hilgartner, Stephen (1994): Who Speaks for Science? Cultural Authority in the Diet-Cancer Debates. Berkeley

Hill & Knowlton (1992): Power and Communication. New York

Hirayama, T. (1981): Nonsmoking Wives of Heavy Smokers Have a Higher Risk of Lung Cancer: A Study from Japan. In. British Medical Journal 282: 183-185

Hirsch, Victor R. (1993): Industry Performance and Public Opinion. In: Estrin, Norman F. (Hrsg.) (1993): The Cosmetic Industry: Scientific and Regulatory Foundations. New York

Hoffman, Frederick L. (1915): The Mortality from Cancer Throughout the World. Newark

MacMahon, Brian et al. (1981): Coffee and Cancer of the Pancreas. In: New England Journal of Medicine 304: 630-633

Marconi, Joe (1992): Crisis Marketing: When Bad Things Happen to Good Companies. Chicago

Marshall, Eliot (1987): Tobacco Science Wars. In: Science 236: 250-251

Mix, Jerry (1989): The Truth Comes Out. In: Pest Control (Januar): 50-52

Nelkin, Dorothy (1987): Selling Science: How the Press Covers Science and Technology. New York

Noble, David F. (1979): The Chemistry of Risk. In: Seven Days (5. Juni 1979): 23-34

Owen, Bruce M./ Braeutigam, Ronald (1978): The Regulation Game: Strategic Use of the Regulation Process. Cambridge, Mass.

Patterson, James T. (1987): The Dread Disease: Cancer and Modern American Culture. Cambridge, Mass.

Phillips, R. L. et al. (1980): Mortality Among California Seventh Day Adventists for Selected Cancer Sites. In: Journal of the National Cancer Institute 65: 1097-1107

Pollay, Richard W. (1990): Propaganda, Puffing and Public Interest. In: Public Relations Review 16: 39-54

Rabin Robert L./ Sugarman, Stephen D.(Hrsg.) (1993): Smoking Policy: Law, Politics, and Culture. New York

Ries, Al / Trout, Jack (1981): Positioning: The Battle of Your Mind. New York

Sen, Falguni/ Egelhoff, William G. (1991): Six Years and Counting: Learning from Crisis Management in Bhopal. In: Public Relations Review 17: 69-83

Sethi, S. Prakash (1987): Handbook of Advocacy Advertising: Concepts, Strategies and Implications. Cambridge, Mass.

Swetonic, Matthew M. (1993): Death of the Asbestos Industry. In: Gottschalk, Jack (Hrsg.) (1993): Crisis Response: Inside Stories on Managing Image Under Siege. Detroit

Taylor, Peter (1984): The Smoke Ring: Tobacco, Money and Multinational Politics. New York

Traynor, Micheal P./ Begay, Micheal E./ Glantz, Stanton A. (1993): New Tobacco Industry Strategy to Prevent Local Tobacco Control. In: Journal of the American Medical Association 270: 479-486

Trichopoulos Dimitrios et al. (1992): Active and Passive Smoking. ", In: Journal of the American Medical Association 268: 1697-1701

Warner, Kenneth E. (1991): Tobacco Industry Scientific Advisors: Serving Society or Selling Cigarettes? In: American Journal of Public Health 81: 839-842

Weart, Spencer R. (1988): Nuclear Fear: A History of Images. Cambridge, Mass.

Whelan, Elizabeth M. (1979a): Cancer and the Politics of Fear. In: Toxic Substances Journal (1): 78-94

Whelan, Elizabeth M. (1979b): The Politics of Cancer. In: Policy Review (Herbst): 33-46

Whelan, Elizabeth M. (1990): The Facts Behind the Health Scares. In: Across the Board (Juni): 19-24

Winner, Langdon (1986): Risk: Another Name for Danger. In: Science for the People (Mai/Juni): 5-15

Wynder, Ernst L./ Graham, Evarts A. (1950): Tobacco Smoking as a Possible Etiologic Factor in Bronchiogenic Carcinoms. In: Journal of the American Medical Association 143: 329-336

Pharma-Journalismus
Probleme der Verbreitung unabhängiger Arzneimittel-Informationen[1]

Justin Westhoff

Am 28. Januar 1988 publizierte das *New England Journal of Medicine (NEJM)* eine Arbeit, wonach Ärzte männlichen Geschlechtes und mittleren Alters, die täglich Acetylsalicylsäure (ASS) in relativ niedriger Dosis nahmen, zu 47 Prozent weniger Herzinfarkte erlitten als Mitglieder einer Placebo-Gruppe (Steering Committee 1988; Relman 1988). *Leading journals* halten etwas auf ihr Erstveröffentlichungsrecht und belegen Originalia mit einem Embargo (Sperrfrist). Nichtsdestoweniger geben sie Vorabdrucke an eine ausgewählte Schar von Medien und Fachjournalisten, damit diese sich sorgfältig vorbereiten und sofort nach Erscheinen des Journals berichten können. Im obigen Fall brach Reuters das Embargo und verstieß damit gegen Sitten, die bis zu diesem Zeitpunkt als unumstritten gut galten. Die Nachrichtenagentur brachte die 'Story' schon am 26. Januar. Dies war das Startsignal für die großen US-amerikanischen Medienhäuser, auch ihrerseits die Vereinbarung mit dem *NEJM* zu kippen. Alle führenden Tageszeitungen und TV-Stationen machten mit dem ‚Aspirin-Wunder' auf. Nicht zufällig erschienen in Werbepausen von *ABC, CBS* und *NBC* Spots von Aspirin-Produzenten, und auch die *New York Times* und die *Los Angeles Times* konnten sich über ganzseitige Bayer-Inserate freuen. Insgesamt pufferten zehn ASS-Hersteller die gute Nachricht mit Werbemitteln ab. Als Lieferanten der wahrlich nicht neuen Testsubstanz waren sie über den Studien-Gang stets auf dem laufenden.

Kommunikationsforschung in den Vereinigten Staaten geht über das mitunter ins Labern lappende Klagen bundesdeutscher Medienwissenschaftler über Journalismus im allgemeinen und im besonderen hinaus. Zu den hierzulande nahezu unbekannten Instrumenten gehören "accuracy studies", eine Methodik, die ebenfalls problematische Seiten hat, aber immerhin Anhaltspunkte zu einer nicht ganz unwichtigen journalistischen Tugend, der Korrektheit, liefert. Eben die untersuchte im Hinblick auf die 'Aspirin-Story' das Department of Communications der Florida State University (Molitor 1993). Verglichen wurden die Aussagen der Original-Publikation mit denen von *Wall Street Journal* (Überschrift: "Aspirin study is first to show decline in coronary risk among healthy men"), *USA Today* ("Aspirin halves your risk of heart attack"), *Los Angeles Times* ("Fewer 1st heart attacks occur in aspirin study"), *New York Times* ("Heart attacks found to be cut by taking aspirin") und *New York Daily*

[1] Erweiterte Fassung eines Beitrages, der unter dem Titel "Verkappte Pharmavertreter und Berufskritikaster" erschienen ist in: Faber, Ulrike/ Glaeske, Gerd/ Puteanus, Udo/ Schubert, Ingrid (Hrsg.) (1999): Wechselwirkungen. Beiträge zu Pharmazie und Politik. Frankfurt a.M.: 87-97.

("Aspirin found to cut risk of heart attacks in men").[2] Fast alle für die Beurteilung der Studienrelevanz wichtigen Kriterien (Alter, Geschlecht, Beruf, Anamnese der Studienteilnehmer, Ausschlußkriterien etc.) wurden von fast allen dieser führenden Qualitätszeitungen ausgelassen. Wichtiger noch: Weder die beunruhigend höhere Inzidenz an *strokes* (Schlaganfällen) in der Verum-Gruppe noch die bekannten (u.a. gastrointestinalen) unerwünschten Arzneimittelwirkungen von ASS wurden erwähnt. Während im Editorial des *New England Journal of Medicine* zudem darauf hingewiesen wurde, daß eine gleichzeitig laufende britische Studie kein Benefit von ASS im Hinblick auf Infarkt-Prävention erbracht hatte, fehlte auch dies in den seriösen Publikumszeitungen.

Diese und weitere journalistische Fehler sowie die offenkundig erfolgreiche, begleitende PR-Arbeit der Pharmaindustrie waren in Deutschland kaum Gegenstand von Diskussionen innerhalb der Zunft. Aus den USA herübergeschwappt ist nur ein verglichen damit weniger wichtiger Teil der Debatte, die sich aus dem Ereignis vom Januar 1988 ergab: Ob nämlich medizinisch-wissenschaftliche Spitzen-Zeitschriften mit ihrer *peer-review,* ihrem Konkurrenzkampf und ihrer Embargo-Politik das rasche Einsickern von Fortschritten in den ärztlichen Alltag hemmen.[3] Zugegebenermaßen leiden deutsche Fachzeitschriften unter derlei Problemen nicht. Der Grund: Zumindest im Bereich der medizinisch-pharmazeutischen Wissenschaften gibt es kein einziges international anerkanntes *journal* in deutscher Sprache. Dafür aber verfügen wir über eine höchst produktive Vielfalt: Um die 600 Blätter alleine für Ärzte soll es geben, einige Dutzend dürften Apotheker und Pharmazeuten zur Verfügung haben.[4] Nicht alle sind schlecht. Aber der Sinn einiger deutscher "Originalzeitschriften"[5] und nahezu aller journalistisch aufgemachten Ärzte-Zeitungen und -Zeitschriften ist nicht der Journalismus. Die Titel-Masse ist auch nicht mit Fortbildungswut deutscher Doktores zu erklären. Vielmehr geht es um ein 'journalistisches Umfeld' für die werbetreibende Arzneimittelindustrie sowie um ein gesundes Geschäft für Verleger. Ein frühes, charakteristisches Beispiel dafür ist die *Selecta,* eine Wochenzeitschrift für Ärzte, gegründet Ende der 50er Jahre von dem Münchener Arzt Ilgar Idris. Für seine Idee stellte "ein weltweit bekannter Leverkusener Konzern eine siebenstellige Startsumme" bereit (Kramarz 1997: 18), die es ihm erlaubte, auf mühsame Abonnentenwerbung zu verzichten und das Blatt kostenlos an alle Hausärzte in Deutschland zu verschicken. Umso erfolgreicher konnte Idris nun bei weiteren Pharmafirmen um Anzeigenschaltungen werben, da er mit der *Selecta* die "Voll-

---

[2] Alle vom 27. Januar 1998.

[3] Vgl. u.a.: "Konkurrenzkampf zu Lasten der Patienten - Streit um das Informations-Monopol medizinischer Fachzeitschriften", *Süddeutsche Zeitung*, 7. März 1991 sowie: Editorial (1997): "Prepublication Release of Journal Articles." In: New England Journal of Medicine 337: 1762.

[4] Die Schätzungen schwanken sehr. Eine korrekte Auszählung der medizinischen, pharmazeutischen und paramedizinischen Periodika würde den Rahmen dieser Gedankensammlung sprengen.

[5] Auch deren Qualität wird beklagt. Eine Analyse deutschsprachiger Medizinjournale unter Leitung des Mediziners M. Nagelschmidt (Universität Köln) kommt zu dem Schluß, daß hierzulande "nicht ausreichend kontrollierte Studien" veröffentlicht würden, während valide Ergebnisse zunehmend in englischsprachigen Journalen publiziert würden (zitiert nach einer Meldung der Deutschen Presseagentur vom 24. Oktober 1997).

abdeckung" einer ganzen Berufsgruppe garantierte. Bis heute werden die meisten deutschen medizinischen 'Fachzeitschriften' in aller Regel kostenlos verteilt.

Es gibt sehr löbliche Ausnahmen wie den *Arzneimittelbrief*. Ansonsten aber haben die deutschen Fachblätter mit unabhängiger Recherche und Berichterstattung, u.a. über klinische Pharmakologie oder andere Wissenschaften, mit Ärztefortbildung oder gar Verbraucheraufklärung nichts gemein. Jeder Verstoß gegen journalistische Regeln ist an der Tagesordnung: Subtile bis unverblümte Beeinflussung der Pharma-Berichterstattung; Kopplung von Werbung mit wohlwollenden Berichten; nicht als Reklame ausgewiesene "Sonderseiten" und "Supplements" sowie "Mimikry-Inserate", d.h. wie redaktionelle Beiträge aufgemachte Anzeigen. "Medizinjournalisten als larvierte Pharmareferenten" nennt die Medizinjournalistin Rosemarie Stein die Protagonisten (Stein 1989: 231). Briefe wie der folgende einer Firma an eine Ärzte-Zeitschrift werden nicht allzu häufig bekannt: "In der Anlage erhalten Sie den von uns korrigierten Text für die Veröffentlichung in (...) Die Schaltung von drei Einzelanzeigen (...) ist von uns veranlaßt worden" (Stein 1989: 225). Auch der umgekehrte Fall zeigt keinesfalls untypisch die Moral dieser Medienbranchen-Tranche: Der Chefredakteur eines Blattes mit dem Untertitel "Journal für Ärzte" antwortet einer PR-Agentur auf die Einladung zu einem Pressegespräch: "Sie übersandten uns sowohl das Programm als auch mehrere Zusammenfassungen. Wir sind gerne bereit, daraus einen Extrakt in unserer Zeitschrift zu veröffentlichen, wenn die Firma (...) sich zu einer Insertion entschließt."[6] Selbständige, gerne 'frei' genannte Medizinjournalisten, die aus ihrer Feder leben und zugleich aufrecht gehen wollen, können über Mangel an Überraschungen nicht klagen. Nur eine - bewußt etwas ältere - von vielen eigenen Erfahrungen: Mit dem Chefredakteur einer ärztlichen Zeitung war ein Bericht über geplante Maßnahmen des damaligen Bundesgesundheitsamtes (BGA) zur Eindämmung unerwünschter Wirkungen bestimmter Antirheumatika fest vereinbart; der Nicht-Abdruck wurde wie folgt begründet: Der Haupthersteller - ein wichtiger Inserent - habe dem Blatt selbst einen Bericht geliefert und darauf bestanden, nur diesen abzudrucken.

Kommen wir noch einmal zurück auf die *leading journals,* die Urquelle sowohl der oben geschilderten Fachblättchen als auch so mancher Medizin- und Pharmaberichterstattung in den Massenmedien. Die Debatte über Betrug in der Wissenschaft selbst sei hier nur erwähnt.[7] Auch die Auswüchse der "publish-or-perish"-Philosophie und die zunehmende allgemeine Kritik am peer-review-System (Begutachtung durch Konkurrenten, Ideenklau etc.) mag dahingestellt bleiben. Im Hinblick auf Publizistik und Publizität am interessantesten erscheint, daß jetzt auch die Herausgeber dieser *leading journals* erkennen, wie viele ihrer Autoren und Gutachter Berater- und andere Verträge mit Pharmaproduzenten haben.[8] Man sieht: Nicht an

---

[6] Das Original liegt dem Verfasser vor.

[7] Im Mai 1998 erschien der Bericht des Committee on Publication Ethics (COPE), wonach auch in international anerkannten Zeitschriften "wissenschaftlicher Betrug sehr viel häufiger als noch vor ein paar Jahren angenommen" ist.

[8] Nach einer im März 1998 publizierten Umfrage, die von der Harvard Universität zusammen mit der Universität von Minnesota vorgenommen worden war, erklärten von 2.167 anonym befragten Wissen-

allem, was schlecht ist in der Welt, sind 'die Medien schuld'. Im übrigen: Was wegen der strengeren Kontrollen nicht in den führenden Journalen steht, findet zu 85 Prozent dennoch seinen Weg, nämlich in "wissenschaftliche Massenpublikationen".[9]

An dieser Stelle wäre ein treffliches Klagelied anzustimmen über die objektiven Schwierigkeiten für Journalisten, Interessenkollisionen zu erkennen und wissenschaftlichen Weizen von Marketing-Spreu zu trennen. Ein Klagelied über mangelnde Ausbildung, mangelnde Zeit, mangelnden Platz, mangelhafte Bezahlung, über den Zwang zum *focus*artigen Häppchen-Journalismus, über fehlendes Interesse bei Oberhäuptern an qualifiziertem (Fach-)Journalismus. Ein berechtigtes Klagelied, das jedoch an der Mauer ökonomischer Prioritäten verhallt. Stattdessen ein Zwischen-Resümee: Zu den wichtigsten Quellen von Fachjournalisten gehören Originalia-Zeitschriften.[10] Zu den wichtigsten Quellen von Ärzteblättern gehören (neben Originalia-Zeitschriften) PR-Publikationen - und dies heißt in Medizin und Pharmazie zwangsläufig: zu einem sehr beträchtlichen Anteil die Sichtweise pharmazeutischer Firmen. Zu wichtigen Quellen von Journalisten, die in oder für Publikumsmedien über Medizin und Gesundheit schreiben[11], gehören jene Zeitschriften, deren Pharmahörigkeit weiter oben nur ansatzweise geschildert werden konnte. So wandert die geschönte Arzneimittel-Information durch: Vom Produzenten über Fachmedien und Redaktionsstuben von Zeitungen, Hörfunk und Fernsehen zum meist ahnungslosen Konsumenten.

Doch damit nicht genug. Der sich ausweitende Markt für rezeptfreie Medikamente verlangt mehr denn je nach einem noch direkteren Zugriff. Dies um so mehr, als die Selbstmedikation zunehmend aus der Apotheke verlagert wird, wo immerhin die Chance einer fachkundig-kritischen Beratung besteht, hin zu Drogerien, Supermärkten und neuerdings Tankstellen.[12] Daß der Anteil der Arzneimittelwerbung am gesamten Reklame-Kuchen inzwischen auch der Publikumsmedien, insbesondere des Fernsehens und der *yellow press*, stetig steigt, ist für jedermann sicht- und für jedefrau lesbar.[13] Und wo das alles als Kampagne zur öffentlichen Einflußnahme

---

schaftlern 920, sie hätten Geschenke von der Industrie erhalten. Laut Jerome P. Kassirer, dem (damaligen) Chefredakteur des *New England Journal of Medicine*, muß aus solchen Gründen jeder Autor "die Geldquellen für das dargestellte Forschungsprojekt offenlegen" (zitiert nach *Berliner Zeitung*, 6. Mai 1998).

[9] Bericht über eine Tagung von Herausgebern bedeutender wissenschaftlicher und medizinischer Fachzeitschriften, *Frankfurter Allgemeine Zeitung*, 1. April 1992.

[10] Vgl.: Klaus Martin Höfer: "Quelle des Wissens", *journalist* 11/1997: 38 f.

[11] Laut Winfried Göpfert, einst selbst Wissenschaftsjournalist und heute Professor für Publizistik an der FU Berlin, befassen sich rund 1.800 Journalisten mit Medizin und Gesundheitswesen, davon rund 900 mehr oder minder regelmäßig (Göpfert 1997: 13).

[12] Vgl.: "Sprit und Pillen", *Focus* 42/1998.

[13] Infolge der gesetzlichen Initiativen zur Gesundheitsreform zeichnet sich seit Beginn der 90er Jahre ein Strukturwandel im bundesdeutschen Arzneimittelsektor ab. Die Budgetierung des Verordnungsvolumens, die Ausweitung von 'Negativlisten' und die neuen Zuzahlungsregelungen haben zu einem Boom der Selbstmedikation geführt. Der Umsatz, der mit rezeptfreien Arzneimitteln erzielt wurde, hat sich von 1990 bis 1995 um mehr als 30% erhöht. In Packungseinheiten berechnet, beträgt der Anteil der Overthe-Counter-Produkte am deutschen Arzneimittelmarkt derzeit bereits rund 40%. Die Pharmaindustrie hat diesen Trend zur Selbstmedikation durch neue Marketingstrategien, die direkt auf den Endverbraucher zielen, antizipiert und forciert. Der Werbeaufwand für nicht verschreibungspflichtige Präparate hat sich

nicht reicht, bedient sich die Pharmaindustrie auch schon mal der Gerichte, um Arzneimittelinformationen in ihrem Sinne zu erwirken bzw. kritische zu verhindern. So geschehen beim *Arzneiverordnungs-Report* 1997.[14] Erstmals sollte er ein Kapitel über sogenannte "umstrittene Arzneimittel" mit entsprechenden Substitutionsvorschlägen enthalten. Daraufhin beantragten mehrere pharmazeutische Unternehmen einstweilige Verfügungen gegen das Erscheinen und lösten einen größeren Rechtsstreit aus. Verlag und Herausgeber entschlossen sich trotzdem, eine "verfügungsbeklagte Ausgabe" des Reports '97 zu veröffentlichen und - bis die juristischen Fragen endgültig geklärt sind - die fraglichen Textpassagen zu schwärzen.[15] Immerhin reizte der Vorgang eine ganze Reihe von Journalisten zu pharmakritischen Artikeln, entlarvenden Analysen des deutschen Arzneimittelmarktes und bissigen Kommentaren.[16]

Überhaupt kommt es bei Mitarbeitern großer Verlags- oder Funkhäuser offenbar immer noch zu häufig vor, daß sie sich um Pillen-Inserenten nicht scheren. Da ist direkte Umgarnung der Schreiberlinge vonnöten und, wo die nicht reicht, Druck über Verleger oder Chefredakteure. Nur drei von vielen Beispielen aus eigener Berufspraxis:

- Anruf einer PR-Agentur: In Portugal finde ein Kardiologen-Kongreß statt. Dazu wolle man den geneigten Medizinjournalisten einladen, Reise und Unterkunft inklusive, gerne auch mit privater Urlaubsverlängerung. Wichtig sei aber, über das Satelliten-Symposium des Kunden (der veranstaltenden Firma) zu berichten. Deshalb gebe es für jeden Aufenthaltstag eine Pauschale und für jeden "untergebrachten" Artikel ein Honorar - zusätzlich zum doch so schmalen Zeilensalär der Zeitungen.

- Quasi umgekehrt: Als im Jahre 1995 die öffentliche Debatte über angeblich überdurchschnittliche Nebenwirkungen von 'Anti-Baby-Pillen der 3. Generation' auf dem Höhepunkt war und Anwenderinnen in ungerechtfertigte Panik geschrieben wurden, erlaubten sich einige wenige Fachjournalisten, die Dinge zurechtzurücken.[17] Das sei doch sehr schön, was der unfreiwillige Gesprächspartner da geschrieben habe, hieß es prompt am Telefon. Der anrufende große (wenn auch nicht der marktführende) Hersteller solcher oralen Kontrazeptiva wollte nur wissen, ob der Herr Journalist bereit sei, auch für ihn zu arbeiten. Was das heiße? Nun, man wisse doch, wie schlecht Journalisten bezahlt werden,

---

seit 1990 verdoppelt und hat 1995 erstmals die Schallgrenze von 1 Mrd. DM pro Jahr überschritten (vgl. Bundesfachverband 1996).

[14] Herausgeber dieses seit 1980 erscheinenden jährlichen Berichtes sind renommierte Pharmakologen, die Autoren führende Fachärzte, Unterstützer das Bundesforschungsministerium, die Krankenversicherer, die Ärzte und - bisher wenigstens - die Apotheker.

[15] Ausführliche Schilderung des Falles in: "Geschwärzte Erkentnisse", *Dr. med. Mabuse* 112/ 1998: 30-32.

[16] Siehe u.a.: "Juristische Pillendreher"; *Der Tagesspiegel,* 28. September 1997; "Unerlaubte Kritik an Arzneien?", *Süddeutsche Zeitung*, 6. Oktober 1997; "Klagen der Krauter", *Der Spiegel* 2/1998.

[17] Vgl. u.a.: "Manche Politiker wollen Fakten zur Anti-Baby-Pille nicht wahrhaben", *Der Tagesspiegel,* 30. Oktober 1995; "Zahlenspiele der Experten und verunsicherte Frauen", *Der Tagesspiegel,* 9. November 1995.

und da könne man doch für jeden veröffentlichten Artikel kräftig drauflegen. Daß ein als eher pharmakritisch geltender Journalist einmal etwas Pharmafreundliches schreibt, weil dies Ergebnis sorgfältiger Recherche und daraus gewonnener Überzeugung ist, kommt den Strategen der Desinformation gar nicht erst in den Sinn.

- Vereinbarung mit einer Frauenzeitschrift, wohlgemerkt einer, die als seriös gilt. Geplant ist eine Artikelserie über die Gefahren der Selbstmedikation. Die zuständige Redakteurin beteuert die Unabhängigkeit des Blattes und begrüßt es nachgerade, daß über den überbordenden Pillenkonsum "kritisch" geschrieben werde. Nach Manuskriptabgabe folgen Wünsche nach Entschärfung und Herausnahme ganzer Abschnitte, zum Beispiel über Appetitzügler, mit der ausdrücklichen Begründung, die Chefredakteurin wolle die Inserenten nicht verprellen.[18]

Letztere machen es mitunter auch direkt: 1989 verschickte die Togal-Werk AG einen Rundbrief an Presseorgane:

> "Wir als einer Ihrer Inserenten (...) werden bei unserer künftigen Medienauswahl (...) speziell Ihre redaktionelle Berichterstattung über Gesundheitsthemen unter die Lupe nehmen. Stimmt das Umfeld für unsere Anzeigen nicht, werden wir von einer Insertion in Ihren Verlagsobjekten Abstand nehmen."[19]

Wo selbst dies nicht hilft, werden als Journalisten getarnte Werbeschreiber beschäftigt. 1994 berichtete *Der Spiegel*[20], wie ein Münchner 'Journalist' - von den Herstellern mit sechsstelligen Summen entlohnt - vor allem höchst dubiose Arzneien (Adenosin: "Super-Pille putzt Adern") und Wunderdiäten unter anderem bei *Bunte* und *Bild* hochjubelte. (Die Redaktionen distanzierten sich anschließend von diesen Machenschaften.)

Mit Sicherheit ist dies nur die Spitze des Arzneimittelberges. In der *yellow press* ist es vor allem die sog. Grüne Medizin, bei der sich redaktionelle Lobeshymnen merkwürdig gut ausmachen neben Anzeigen für *Aslan* und *Vita-Gerin-Geistlich,* für *Bach-Blüten, Knoblauch-Pillen* und *Q10,* oder für *Salben gegen venöse Durchblutungsstörungen.* Insbesondere für den privaten Hörfunk haben sich die PR-Strategen vor ein paar Jahren etwas Neues ausgedacht: Sie liefern gleich komplette, professionell gemachte Beiträge, schön neutral über irgendwelche Krankheiten, mit leicht versteckten Hinweisen, daß und mit welchen Medikamenten diese zu heilen seien.[21] Im Privatfernsehen darf sowieso jeder ran, wenn er nur eine ‚Wunder-Arzeney' zu bieten hat, und inzwischen offenbar auch bei den Öffentlich-Rechtlichen. Was zum Beispiel der WDR-Moderatorin Carmen Thomas recht und gewinnträchtig war, sollte der an sich seriösen Informationssendung *ServiceZeit: Gesundheit* von NDR und ORB nur billig sein: ein Lobgesang der "Eigenharntherapie". Munter durfte da

---

[18] Vgl.: "Gezügelter Appetit", *journalist* 11/1987: 40
[19] Zitiert nach: *die tageszeitung*, 30. Mai 1989 (in der das komplette Schreiben abgedruckt wurde).
[20] *Der Spiegel* 27/1994.
[21] Vgl. u.a.: "Offene Türen", *journalist* 6/1998: 36 ff.

ein Heilpraktiker im Studio über die Segnungen des Urins parlieren, der fast alles heile.[22]

Wer dies nur als irrelevanten 'Schmierenjournalismus' abtun möchte, übersieht ein paar Dinge:

- Es gibt auch in Boulevardzeitungen korrekte Medizinberichterstattung, so wie es in Qualitätszeitungen miese gibt. Der heutige Journalismus scheint, mehr als unter allen Qualitätsmängeln und Beeinflussungen, an dem folgenden Kardinalproblem zu leiden: der als Meinungsvielfalt getarnten absoluten Beliebigkeit. Zu deutsch: Neben durchaus Vernünftigem steht gleichberechtigt absoluter Humbug, die Auswahl bleibt dem medizinischen und pharmakologischen Laien, dem Leser, Hörer und Zuschauer überlassen.
- Die Unterscheidung zwischen 'Qualitäts-' und 'Boulevard'-Journalismus macht schon deswegen kaum noch Sinn, weil auch die seriösen Hörfunk- und Fernsehstationen, Zeitungen und Zeitschriften mehr und mehr dem Zwang zur "Boulevardisierung" unterworfen sind.
- Wer sich an kompetente Fachjournalisten und an Qualitätsmedien halten will, schmeichelt diesen, hat aber nicht mitbekommen, daß die Medizinberichterstattung zwar auch noch in *FAZ* und *SZ*, im *Gesundheitsmagazin Praxis* (ZDF) und - sei's drum - in *Brigitte* stattfindet, daß sie aber zunehmend überlagert wird von Medizinsensationen in Talk-, Chat- und Schrei-Shows oder von TV-Magazinen wie *Explosiv* und *taff*.

Damit soll indessen nicht übersehen werden, was Tucholsky (aus dem Gedächtnis zitiert) so umschrieb: Der deutsche Journalist läßt sich nicht bestechen. Er läßt sich einladen. Wobei gegen Einladungen dann wenig einzuwenden ist, wenn Reiseaufwand und journalistischer Ertrag in einem vernünftigen Verhältnis stehen und wenn damit keine Wohlverhaltenspflicht verbunden ist.[23]

Und auch das unwillentliche Hereinfallen auf PR-Einflüsterungen sei nicht verharmlost. Ein Exempel: Im Herbst 1997 erreichte zahlreiche Redaktionen die Fax-Nachricht, daß negative Urteile über Kombinations-Analgetika "auf dem Kopfschmerzkongreß der Deutschen Migräne- und Kopfschmerzgesellschaft sowie der Deutschen Gesellschaft für Neurologie" revidiert worden seien. In Wirklichkeit handelte es sich um ein "Satelliten-Symposium", gesponsert von der Firma Thomae, bekanntlich Hersteller einer Kombination aus Acetylsalicylsäure und Paracetamol sowie Coffein.[24] Welcher Journalist hat schon die Zeit, den PR-Trick zurückzuverfolgen? Ebenso schwer zu erkennen ist die Industrie-Lobby im wissenschaftlich-gemeinnützigen Gewand wie etwa der "Wissenschaftliche Arbeitskreis Harninkonti-

---

[22] Vgl.: Justin Westhoff: "Pipifax", *Der Tagesspiegel*, 25. Januar 1998.

[23] Der "Arbeitskreis Medizinpublizisten" hat zu diesem und weiteren Themen zwei beachtenswerte Faltblätter herausgegeben: "PR, Öffentlichkeitsarbeit und Wissenschaftsjournalismus" sowie vor allem: "Standards für Medizin- und Wissenschaftsjournalisten". Zu beziehen beim Arbeitskreis Medizinpublizisten/ Klub der Wissenschaftsjournalisten e.V., Postfach 70 01 49, 70571 Stuttgart.

[24] Siehe: "Pillen-Werbung geht Ärzten an die Nieren", *Der Tagesspiegel*, 26.Oktober 1997.

nenz" oder die "Deutsche Veneninitiative" (Kramarz 1996). Gewiefte Öffentlichkeitsarbeiter sind hier tätig. Ein typisches Beispiel aus den 70er Jahren: Eine Frankfurter Agentur hatte festgestellt, daß niedergelassene Ärzte in Deutschland den Fußpilz als vernachlässigbare Bagatellerkrankung ansehen und entsprechend wenig Antimykotika verschreiben. Daraufhin gründete die PR-Agentur mit Antimykotika-Herstellern und Dermatologen eine "Liga gegen den Pilzbefall" und veranstaltete Pressekonferenzen und Symposien. Gutmeinende Journalisten berichteten über das zunehmende 'Pilzproblem', Patienten verlangten, ernster genommen zu werden, die Verschreibung und somit der Absatz von Antimykotika stieg (Staehr 1989). "Es ist oft schwer, herauszubekommen, wer wirklich hinter solchen Adressen steckt", meint dazu die Medizinjournalistin Susanna Kramarz. "Im Zweifelsfall sollte man solche Einladungen ablehnen, die Pressemitteilungen gehören in den Papierkorb. Gute PR nennt grundsätzlich Roß und Reiter." (Kramarz 1996: 230)

Ähnlichen Schwierigkeiten im Journalisten-Alltag (und weniger einer wie auch immer gearteten 'Käuflichkeit') ist es wohl zuzuordnen, wenn tatsächliche Arzneimittel-Innovationen in der Berichterstattung untergehen. Die Hersteller von Antazida veranstalten weiter Symposien, zu denen auch Journalisten eingeladen sind - haben erstere doch wenig Interesse daran, daß letztere über den Erreger von Gastritiden und Magengeschwüren - helicobacter pylorii - sowie eine ursächliche und anhaltende Therapie berichten, die keinen Dauerumsatz bringt. Die Produzenten veralteter Antibiotika argumentieren (vordergründig zu Recht) mit dem niedrigen Preis - und finden Nach-Schreiber, die nicht über Kosten für Klinikaufenthalte und Arbeitsausfälle nach Resistenz-Entwicklung informiert sind.

Wenn sich der Journalist dann wenigstens bei seinem Hausarzt schlau machen könnte! Doch von denen verschreiben einige weiter orale Antidiabetika, dazu ohne engmaschige Überwachung des Patienten. So wird die beschämende Statistik erklärlich, wonach in keinem vergleichbaren Land so viele, schwerste Diabetes-Folgen produziert werden wie bei uns. Vom medikamentösen Therapie-Standard in Deutschland bei Hypertonie mal ganz zu schweigen. "Es ist hierzulande durchaus möglich, daß jemand als Arzt zugelassen wird, ohne nennenswerte Kenntnisse in der praktischen Anwendung von Arzneimitteln zu haben" – eine Aussage des Berliner Pharmakologen Ivar Roots.[25]

So berechtigt Medien-Schelte auch ist: Selbst für Fachjournalisten ist es nicht immer leicht, wenigstens dem Pressekodex des Deutschen Presserates gerecht zu werden, wonach das Wecken übertriebener Ängste und Hoffnungen zu vermeiden ist.[26] Wo dagegen verstoßen wird, sind ebenfalls beileibe nicht immer 'die Journali-

[25] Zitiert in: "Auch Ärzte wissen zu wenig über Arzneien", *Der Tagesspiegel,* 17. September 1997.

[26] Ziffer 14 in der letzten Fassung (1996): "Bei Berichten über medizinische Themen ist eine unangemessen sensationelle Darstellung zu vermeiden, die unbegründete Befürchtungen oder Hoffnungen beim Leser erwecken könnte. Forschungsergebnisse, die sich in einem frühen Stadium befinden, sollten nicht als abgeschlossen oder nahezu abgeschlossen dargestellt werden. Die Berichte über angebliche Erfolge oder Mißerfolge der medizinischen oder pharmazeutischen Forschung zur Bekämpfung von Krankheiten verlangen Sorgfalt und Verantwortungsgefühl. In Text und Aufmachung ist alles zu unterlassen, was bei Kranken und deren Angehörigen unbegründete und mit dem tatsächlichen Stand der medizinischen Forschung nicht in Einklang stehende Hoffnungen auf Heilung in absehbarer Zeit erweckt. Andererseits

sten schuld'. Die Beispiele für Meldungen über den "endgültigen Sieg über den Krebs" etwa, die 1:1 auf Professoren zurückgehen, welche sich die weitere Finanzierung ihres Forschungsprojektes sichern wollen, sind zahlreich.[27]

Zu den bestechlichen, den affirmativen und den naiven Journalisten auf der einen Seite, auch zu den ehrlich bemühten und den 'guten' Journalisten, gesellen sich am anderen Ende der Skala die Reflex-Kritiker. Auch hier das eine oder andere Beispiel aus eigener Anschauung:

- Vom Autor wird ein Hörfunk-Bericht über ein Arzneimittel-Thema gewünscht. Einzige Vorgabe der jung-forschen Moderatorin im Studio: "Hauptsache schön kritisch."
- Einladung an die Medien, sich in einem Pressegespräch über eine nach modernsten Gesichtspunkten errichtete Spezialklinik informieren zu lassen und dabei auch einmal selbst mit chirurgischen Instrumenten zu hantieren, der besseren Anschaulichkeit wegen. Wenn sie nicht so pawlowartig-traurig wäre, könnte man über die Reaktion des Redakteurs einer großen Berliner Tageszeitung herzhaft lachen: Die Einladung sei unsittlich, demnächst müßten sich ja wohl auch noch die Patienten selbst operieren. So schrieb er, ganz Unabhängigkeit demonstrierend, in einem Kommentar, wohlgemerkt vor dem Ereignis und vor der Chance, sich ein fundiertes Urteil zu bilden. Wer mag sich denn auch seine Vorurteile kaputtrecherchieren lassen?
- Abgabe eines Manuskriptes für eine überregionale Tageszeitung. Besorgter Anruf des Redakteurs: Das könne er sich gar nicht vorstellen, daß es sich um einen therapeutischen Fortschritt handele, schließlich stamme ein Teil der Informationen vom Arzneimittelhersteller.

Für solche Medienvertreter sind Medikamente grundsätzlich eher tödlich.[28] Sie lassen sich offenkundig nicht überzeugen, daß

- es Arzneimittel mit positiver Nutzen-Risiko-Bilanz gibt,
- ein nicht unerheblicher Teil des beschworenen medizinischen Fortschritts auf medikamentöse Therapie zurückgeht,
- unkritische Kritik und tägliche Katastrophenmeldungen das Publikum eher abstumpfen und somit gerechtfertigte Warnungen verhallen,
- sie jenen Lobbyisten in die Hände spielen, die kritische Verbraucheraufklärung gerade über Gesundheitsfragen immer wieder gerne als 'Medien-Hysterie' abtun.

---

sollen durch kritische oder gar einseitige Berichte über kontrovers diskutierte Meinungen Kranke nicht verunsichert und der mögliche Erfolg therapeutischer Maßnahmen nicht in Frage gestellt werden."

[27] Ein Musterbeispiel lieferten Berliner Universitäts-Dermatologen im Frühsommer 1997. Belege beim Autor.

[28] Auf die allseits bekannten Belege für *publizierte* Panikmache kann hier verzichtet werden.

So insuffizient Medizinjournalismus und öffentliche Information über Arzneimittel auch sind - zwei tröstliche Bemerkungen zum Schluß: Es gibt sie auch, die Beispiele für aufklärerische, im besten Sinne nützliche, weder 'gekaufte' noch 'hysterische' Medienberichterstattung über Gesundheitsfragen. Erinnert sei nur an den wesentlichen Beitrag, den deutsche Medien (mit Ausnahme des *Spiegel*) dazu geleistet haben, daß beim Auftreten von AIDS präventives Verhalten implementiert und das Zerschlagen solidarischer Grundübereinkünfte verhindert wurden. Ein weiteres Beispiel sind die Berichterstattungen etwa über Impfungen; nur wenige Medien haben sich von schäumenden 'Impfgegnern' beeindrucken lassen. Und vor Risiken und Nebenwirkungen, sprich Mißverständnissen durch Rezipienten[29], sind Journalisten genauso wenig gefeit wie Apotheker und Ärzte, die der Patient ja immer dann fragen soll, wenn's schwierig wird.

Literatur

Bundesfachverband der Arzneimittelhersteller (Hrsg.) (1996): Selbstmedikation. Eine Standortbestimmung. Bonn

Göpfert, Winfried/ Ruß-Mohl, Stephan (Hrsg.) (1996): Wissenschaftsjournalismus. Ein Handbuch für Ausbildung und Praxis. 3. Aufl. München/ Leipzig

Göpfert, Winfried (1997): Klinische Fälle. Arbeit der Medizinjournalisten. In: journalist (2): 12-17

Kramarz, Susanna (1996): Sponsoring, Schleichwerbung, Bestechung. In: Göpfert/ Ruß-Mohl (1996): 228-233

Kramarz, Susanna (1997): Unterm Mikroskop. In: journalist (2): 18-21

Marquard, Odo (Hrsg.) (1989): Medizinische Ethik und soziale Verantwortung. Paderborn/ München/ Wien/ Zürich

Molitor, Fred (1993): Accuracy in Science News Reporting by Newspapers: The Case of Aspirin for the Prevention of Heart Attacks. In: Health Communication 5: 209-224

Relman, Arnold S. (1988): Aspirin for the Primary Prevention of Myocardial Infarction. In: New England Journal of Medicine 318: 1680

Saladin, P. et al. (Hrsg.) (1989): 'Medizin' für die Medizin. Festschrift für Hannes G. Pauli. Basel/ Frankfurt a.M.

Staehr, Christian (1989): Der Einfluß der Medien auf die Erwartungshaltung der Patienten in der Medizin. In: Marquard (1989): 29-47

Stein, Rosemarie (1989): Wie abhängig ist die Ärztepresse. Hase und Swinegel - kein Märchen. In: Saladin et al. (1989): 221-231

Steering Committee of the Physicians' Health Study Research Group (1988): Preliminary Report: Findings from the Aspirin Component of the Ongoing Physicians Health Study. In: New England Journal of Medicine 1988. 318. 262-264

[29] Jede(r) Medizinjournalist(in) kann Beispiele erzählen, wie etwa Warnungen vor "Wundermitteln" zu Anfragen führen, wo eben diese zu beziehen seien.

Perspektiven für die Public Health-Praxis

Medienlobbyismus
Zur Konzeption einer strukturorientierten Präventionsstrategie

Ein Interview mit *Lawrence Wallack* [1]

Jazbinsek: Seit etwa zehn Jahren sorgt in der amerikanischen Gesundheitspolitik eine Präventionsstrategie für Furore, die sich von den üblichen Formen der Public Health-Praxis wie der Politikberatung und der Gesundheitserziehung radikal unterscheidet. Wenn ich richtig informiert bin, haben Sie, Herr Wallack, dieser Strategie ihren Namen gegeben: Medienlobbyismus (media advocacy). Worum geht es dabei?

Wallack: Der Medienlobbyismus ist ein Konzept, das gemeindenahe Initiativen mit der Rolle der Medien in der Gesellschaft vertraut machen und sie in die Lage versetzen soll, ihr Anliegen in einen gesellschaftlichen Rahmen einzuordnen, um es produktiver vertreten zu können. Normalerweise werden Gesundheitsprobleme als persönliche Probleme angesehen, als Probleme des individuellen Verhaltens, nach dem Motto: Die Leute wissen einfach nicht, wie man sich richtig, d.h. gesundheitsbewußt verhält, und darum müssen wir jeden Einzelnen von ihnen entsprechend umerziehen. Aus der Geschichte der Public Health-Forschung und der Public Health-Praxis wissen wir jedoch, daß die wichtigsten Determinanten der Gesundheit außerhalb der Reichweite des Individuums liegen. Es geht nicht ohne Verhaltensänderungen, doch die sind für den Einzelnen wesentlich leichter umzusetzen, wenn die äußeren Umstände mit diesem Ziel übereinstimmen. Deshalb müssen wir das Schwergewicht auf die politische Ebene verlagern. Ein Beispiel: In den Vereinigten Staaten ist mittlerweile in den meisten öffentlichen Gebäuden das Rauchen verboten, weshalb auch tatsächlich weniger geraucht wird - und zwar nicht nur innerhalb dieser Gebäude, sondern generell. Das heißt also, wenn Sie erst einmal eine bestimmte Politik durchgesetzt haben, wirkt sich das unmittelbar auf das Verhalten aus. Was wir erlebt haben, war: Je mehr Nichtraucher-Zonen es gab, desto mehr Leute haben versucht, sich das Rauchen abzugewöhnen. Diese Wirkung kann man durch Maßnahmen wie das Streichen von Subventionen für die Tabakindustrie, Erhöhungen der Tabaksteuer, Werbeverbote oder strengere Regelungen zum Aufstellen von Zigarettenautomaten noch

---

[1] Das Interview fand am Rande des Workshops "PublicHealth & Public Opinion" im September 1998 in Berlin statt. Lawrence Wallack war einer der Hauptreferenten dieser Veranstaltung, die von dem Projekt "Medienthema Krebsmedizin" organisiert worden ist. Bei der Übersetzung des Begriffes "Media Advocacy" habe ich mich an einer älteren Bezeichnung derselben Strategie - "Media Lobbyism" - orientiert (Anmerkung des Herausgebers).

verstärken. Der Medienlobbyismus zielt also - kurz gesagt - darauf ab, die Definition sozialer Probleme zu ändern und die Gesundheit nicht mehr als eine private, sondern als eine politische Angelegenheit zu betrachten. Die meisten Initiativen zur Gesundheitsförderung scheitern nicht an Informationsdefiziten, sondern an Machtdefiziten.

Jazbinsek: Damit beschreiben sie ja letztlich das, was man allgemein unter *Public Health*-Lobbyismus verstehen könnte und zum Beispiel in der Ottawa Charta zur Gesundheitsförderung proklamiert worden ist. Was ist nun das Besondere am *Medienlobbyismus*?

Wallack: Wir nutzen die Medien einerseits dazu, ein bestimmtes Problem auf die politische Tagesordnung zu setzen, indem wir es in die Nachrichten bringen; zum anderen, um die öffentliche Diskussion über dieses Thema zu strukturieren, so daß es als politisches und nicht als persönliches Problem angesehen wird. Und schließlich nutzen wir unser Wissen darüber, was für Medien interessant ist und wie Medien arbeiten, um über längere Zeit für die nötige Aufmerksamkeit zu sorgen. Denn nur dann, wenn Ihr Anliegen lange genug als *ungelöstes* Problem im Rampenlicht steht, lassen sich die verantwortlichen Entscheidungsträger in Zugzwang bringen. Ansonsten erscheint es für ein bis zwei Tage in den Schlagzeilen und verschwindet dann wieder und gerät in Vergessenheit.

Jazbinsek: Können Sie einmal ein konkretes Beispiel dafür geben, wie Sie es schaffen, ein gesundheitspolitisches Problem in die Nachrichten zu bringen?

Wallack: Da gibt es viele Möglichkeiten. Zunächst einmal kommt es darauf an, sich klarzumachen, daß es jeden Tag eine Menge Nachrichten gibt und daß darunter einige sein können, die etwas mit Ihrem Anliegen zu tun haben. Wie Sie vielleicht wissen gibt es in den USA seit einiger Zeit eine Debatte zur Reform der Sozialgesetzgebung. Einige Bürgerinitiativen haben die überregionalen Nachrichten hierüber aufgegriffen, um die Aufmerksamkeit der Lokalpresse darauf zu richten, was es vor Ort zum Beispiel für die Einrichtungen zur Kinderbetreuung bedeutet, wenn diese oder jene Gesetzesänderung verabschiedet wird. Das ist eine der Sachen, die wir den Initiativen beibringen: das eigene Anliegen sozusagen im Huckepack-Verfahren (piggy backing) über andere, nationale Nachrichten zu transportieren. Eine weitere Möglichkeit besteht darin, daß die Gruppen selbst ein Medien-Ereignis inszenieren, um die Aufmerksamkeit der Öffentlichkeit auf sich zu ziehen. Dazu können ähnliche Aktionsformen gehören, wie Sie sie in Europa von Gruppen wie Greenpeace kennen.

Jazbinsek: Nehmen wir einmal an, Sie haben es geschafft, bei den Medien Interesse für Ihr Thema zu wecken. Wie verhindern Sie, daß die Journalisten die Geschichte ganz anders erzählen, als es von Ihnen beabsichtigt war?

Wallack: Sie haben natürlich keine Kontrolle darüber, was Journalisten sagen oder schreiben, aber Sie können sehr wohl kontrollieren, was Sie selber sagen. Und Sie können lernen, sich in die Denkweise von Journalisten hineinzuversetzen. Wenn wir ein Medien-Ereignis vorbereiten, machen wir zwei Sachen, um den Journalisten die Recherche zu vereinfachen. Nummer Eins: Wir erstellen ein Informationsblatt mit den wichtigsten Fakten über unser Thema samt der dazugehörigen Quellenangaben, damit der Journalist erkennen kann, daß es sich um verläßliche Informationen handelt. Nummer Zwei: Wir bieten einen Hintergrundbericht an, der mehr ins Detail geht, mit entsprechenden Presseberichten und einer Liste von Interviewpartnern, die unsere Ansichten teilen. Journalisten wissen das natürlich, weshalb es vorkommen kann, daß sie unsere Interview-Vorschläge ignorieren und darauf bestehen, beide Seiten zu Wort kommen zu lassen. Soziale Probleme haben selbstverständlich nicht nur zwei, sondern sehr viele Seiten, aber Journalisten neigen dazu, Dichotomien zu konstruieren, um ihre eigene Ausgewogenheit demonstrieren zu können. Im Endeffekt kann dies dazu führen, daß Sie mit Ihrer Medienresonanz unzufrieden sind, weil Ihre Aussage auf ein nebensächliches Zitat verkürzt wurde oder für Sie wichtige Zahlen weggelassen worden sind. Den Teilnehmern unserer Schulungskurse versuche ich deshalb klarzumachen, daß jeder Kontakt zu einem Journalisten Teil eines Lernprozesses ist. Salopp gesagt versuchen wir, *die Journalisten* zu erziehen *und nicht ihr Publikum*. Auch wenn unser Anliegen dieses Mal noch nicht richtig rübergekommen ist, beim nächsten Mal läuft es dank der Materialien, die wir ihnen gegeben haben, vielleicht schon besser. Und ohne dieses Material wäre die aktuelle Berichterstattung womöglich noch ungünstiger ausgefallen.

Jazbinsek: Kommt es öfter vor, daß Journalisten Ihre Art des Briefings als Manipulation empfinden?

Wallack: Vorab möchte ich klarstellen, daß wir die übliche Medienschelte vermeiden und die Journalisten nicht für alle Übel der Gesellschaft verantwortlich machen. Stattdessen bemühen wir uns darum, die professionellen Gepflogenheiten der Journalisten ernst zu nehmen. An erster Stelle ist hier der Wunsch zu nennen, eine gute Geschichte zu erzählen. Medienlobbyisten können ihnen solche Geschichten bieten. Wenn wir einen Journalisten anrufen, sagen wir nicht: "Wir brauchen Ihre Hilfe" oder "Bitte schreiben Sie doch einmal etwas über dieses oder jenes". Wir sagen: "Wir haben eine interessante Geschichte. Wir geben Ihnen die Fakten, die Sie brauchen; wir kennen die Leute, die Ihnen etwas darüber erzählen können; und falls Sie mit einem Fotografen kommen, sagen wir Ihnen, wo Sie dazu passende Bilder machen können." Von unserem eigentlichen Anliegen ist da gar nicht die Rede. Und das ist auch gut so, denn Journalisten schotten sich gegen solche Einflußnahmen ab. Journalisten betonen ihre Autonomie und sind in der Regel davon überzeugt, daß sie ein Maß an Objektivität aufbringen, über das sonst niemand verfügt. Wir sprechen Journalisten schlicht als Profis an und hoffen, daß wir auch von ihnen als Profis wahrgenommen werden. Es hat nichts mit Manipulation zu tun, wenn Sie interessante Neuigkeiten anbieten können. Zumal es auch im Medienbereich Budgetkürzungen und Personaleinsparungen gibt, die Arbeitsbelastung der Journalisten nimmt zu, weshalb sie nicht selten durchaus dankbar dafür sind, wenn ihnen jemand dabei hilft, unter den erschwerten Bedingungen ihren Job zu tun.

Jazbinsek: Welche Eigenschaften zeichnen einen guten Medien-Aktivisten aus?

Wallack: Zunächst einmal muß ein guter Medien-Aktivist dazu in der Lage sein, strategisch zu denken. Er muß zum Beispiel einschätzen können, wer für welche Aufgabe geeignet ist. Nicht jeder eignet sich als Interviewpartner für Medienvertreter. Wissenschaftler, die sich in der Gesundheitsforschung engagieren, wollen oder können oft nicht als Aktivisten in Erscheinung treten. Also müssen andere die Aufgabe übernehmen, Forschungsergebnisse, die für die Gesundheitspolitik relevant sind, publik zu machen. Eine andere wichtige Eigenschaft, auf die es vor allem im Umgang mit Journalisten ankommt, ist Hartnäckigkeit. Wenn Sie einen Journalisten anrufen, um eine Geschichte in der Zeitung unterzubringen, und er lehnt das ab, rufen Sie einen anderen an. Wenn der es in dieser Woche nicht bringen will, rufen Sie ihn nächste Woche noch einmal an. Ein Medien-Aktivist muß zudem flexibel und geistesgegenwärtig genug sein, um alles Wesentliche in einem dieser kurzen Statements (sound bites) unterzubringen, mit denen Journalisten so gerne arbeiten. Er muß die Fähigkeit beherrschen, Statistiken in eine Größenordnung zu übersetzen, mit der das Publikum etwas anfangen kann. Das Standardbeispiel in meinen Schulungskursen lautet: "Wenn Sie sagen, 450.000 Amerikaner sterben jedes Jahr an den Folgen des Rauchens, dann ist das eine gigantische Zahl, aber die Leute werden andauernd mit gigantischen Zahlen bombardiert. Wenn Sie aber sagen, daß dies dem Absturz von zwei Jumbo Jets an jedem Tag des Jahres entspricht, werden die Leute aufhorchen." Ein anderes Beispiel, das auf die Verhältnisse in Deutschland nicht zu übertragen ist, aber jemandem aus Kalifornien unmittelbar einleuchtet: Wir haben die Zahl der Händler ermittelt, die über eine Lizenz zum Verkauf von Schußwaffen verfügen, und haben diese Zahl mit der der Schulen, der Büchereien und der MacDonalds-Filialen verglichen. Wenn man also sagt, in Kalifornien gibt es 11.000 Leute mit der Lizenz zum Waffenverkauf, dann weiß niemand so genau, was das bedeutet, immerhin ist Kalifornien ein großer Staat mit rund 30 Millionen Einwohnern. Wenn man aber sagt, daß es in Kalifornien elfmal soviel Waffenhändler wie MacDonalds-Filialen gibt, dann wird sofort klar: "Wow, das ist 'ne Menge!" Denn wenn man in Kalifornien lebt, hat man das Gefühl, daß es an jeder Straßenecke mindestens einen MacDonalds-Laden gibt. Wir nennen diesen kreativen Umgang mit Zahlen *soziale Mathematik.*

Jazbinsek: Das hört sich alles recht einleuchtend an, aber funktioniert es auch? Haben Sie Beispiele dafür, daß diese Strategie tatsächlich zu Veränderungen der Gesundheitspolitik geführt hat?

Wallack: Eines der besten Beispiele dafür, was Public Health-Aktivisten zum Wandel des Politikverständnisses beitragen können, ist das Image der Tabakindustrie. In den letzten 30 Jahren hat sich in den Vereinigten Staaten die Haltung der Öffentlichkeit und der Politik gegenüber der Tabakindustrie grundlegend gewandelt und der Medienlobbyismus hat hierzu beigetragen. Wichtig dabei ist, daß die Einbeziehung der Medien allein nicht den entscheidenden Unterschied ausmacht. Wirksam wird der Medieneinsatz erst dann, wenn Sie mit ihm eine klare politische Zielsetzung verfolgen und dazu in der Lage sind, Leute zu mobilisieren, um Druck auf die Entscheidungsträger auszuüben. Daran führt kein Weg vorbei. Das hat sich auch auf anderen Gebieten gezeigt, bei der Frage des Alkohols am Steuer, des Waffenbesitzes, des Verbraucherschutzes, des Erhalts sozialer Einrichtungen. Bei all diesen Problemen haben Aktivisten mit einem politischen Lösungsansatz mehr Erfolg als damit, den Leuten zu sagen, was sie tun und was sie lassen sollen.

Jazbinsek: Können Sie uns Gegenbeispiele nennen, wo die Strategie des Medienlobbyismus nicht zu dem gewünschten Erfolg geführt hat?

Wallack: Selbst wenn Sie die Strategie des Medienlobbyismus auf bestmögliche Weise umsetzen, gibt es keine Garantie dafür, daß sie auch erfolgreich sein wird. Es hat jede Menge Fehlschläge gegeben. An der University of California, an der ich lange gearbeitet habe, gab es zum Beispiel 15 oder 20 Jahre lang die Regelung, historisch unterrepräsentierte Bevölkerungsgruppen wie Frauen oder Schwarze bei Einstellungen zu bevorzugen, sofern alle anderen Qualifikationsanforderungen erfüllt waren. Als von den Leitungsgremien der Universität beschlossen wurde, diese Quotenregelung zur Förderung von Minoritäten (affirmative action) abzuschaffen, haben sich die Fakultäten dagegen gewehrt und wir haben versucht, die Gremien von ihrem Entschluß wieder abzubringen. Wir haben mit Wissenschaftsjournalisten und Kommentatoren sämtlicher großen Zeitungen Kaliforniens zusammengearbeitet, selbst auf den Titelseiten gab es Berichte, die unsere Position unterstützten. Aber es hat nichts genutzt, die Regelung ist nicht wieder in Kraft gesetzt worden. Die Arbeit mit den Medien war sehr produktiv, aber unser eigentliches Ziel haben wir nicht erreicht. Das lag an einem Effekt, der sich auch in anderen Fällen eingestellt hat: In dem Moment, in dem Initiativgruppen die Aufmerksamkeit der Öffentlichkeit auf sich ziehen, beginnt die Gegenseite, sie ernst zu nehmen, sich auf sie einzuschießen und mehr Energie darauf zu verwenden, sie zu neutralisieren. Das kann dazu führen, daß man sich mit seinem Anliegen nicht durchsetzt. Aber was heißt das schon? Wenn man sich nicht zutraut, einen harten Konflikt durchzustehen, und stattdessen hofft, etwas zu erreichen, indem man still und unsichtbar bleibt, braucht man gar nicht erst anzufangen.

Jazbinsek: Sie haben die Schulungskurse für Basisgruppen und sogenannte Graswurzel-Initiativen erwähnt, die ein zentraler Bestandteil Ihrer Arbeit sind. Wer bezahlt diese Kurse und was vermitteln Sie den Teilnehmern dabei?

Wallack: Die Schulungen werden in der Regel von gemeinnützigen Stiftungen oder privaten Institutionen bezahlt. Wenn beispielsweise eine Organisation, die sich um größere Sicherheit im Straßenverkehr bemüht, an einem Medientraining interessiert ist, dann bezahlt sie eine bestimmte Gebühr pro Teilnehmer. Das Programm dieser Kurse umfaßt eine ganze Reihe von Punkten, über den wichtigsten haben wir bereits gesprochen: das jeweilige Problem nicht mehr auf einer persönlichen, sondern auf einer politischen Ebene zu definieren, was für viele Leute ungewohnt ist, weil wir alle die individuelle Sichtweise verinnerlicht haben. Eine andere wichtige Botschaft betrifft den Medienauftritt an sich. Viele Mitglieder von Public Health-Initiativen können sehr gut das Problem darstellen, um das es ihnen geht, und verbringen 90% der Zeit damit. Ihre Lösungsvorschläge dagegen können sie weniger gut vermitteln, hierfür bleibt ihnen dann auch nur noch 10% der Zeit. Wir versuchen, dieses Verhältnis umzukehren. Denn das genau ist der Sinn des Medienlobbyismus, auf dem Weg zu einer praktischen Lösung ein Stück weit voranzukommen. In den Schulungskursen üben wir das Verhalten in Interviews und nehmen dies mit Videokameras auf. Wir machen Rollenspiele, in denen es z.B. darum geht, einen Journalisten anzurufen und ihn für eine Geschichte zu interessieren. Dazu laden wir manchmal echte Journalisten ein.

Jazbinsek: Wenn Sie über die Akteure des Medienlobbyismus sprechen, benutzen Sie häufig den Begriff der Gemeinde (community). Für einen amerikanischen Autor mag selbstverständlich sein, was damit gemeint ist, trotzdem möchte ich Sie um eine kurze Erläuterung bitten, weil ein deutsches Publikum hiermit eher eine Glaubensgemeinschaft oder eine Gebietskörperschaft assoziieren wird ...

Wallack: Die meisten der Gruppen, mit denen wir arbeiten, sind keine professionellen Organisationen, sondern Initiativen von Leuten, die sich in einem Wohnviertel oder einer Stadt zusammengefunden haben, um irgendein Problem zu lösen. Das können Brustkrebspatientinnen sein oder Eltern, deren Kinder im Straßenverkehr ums Leben gekommen sind. Wenn wir in Amerika von Gemeinden sprechen, zählen dazu eine Menge unterschiedlicher Gruppierungen religiöser, beruflicher oder geographischer Art. Wir verwenden diesen Begriff auf eine recht lockere Weise.

Jazbinsek: Gibt es Elemente im Konzept des Medienlobbyismus, die Sie als typisch amerikanisch ansehen, oder kann dieses Konzept problemlos auf alle Staaten mit einem ähnlich ausgefeilten Mediensystem übertragen werden?

Wallack: Ich glaube, daß diese Strategie, nicht nur was den Medieneinsatz, sondern auch was die zugrunde liegenden Politikvorstellungen angeht, auf andere Staaten übertragen werden kann und daß es vielleicht sogar einfacher ist, sie dort umzusetzen. Und zwar deshalb, weil der persönlichen Autonomie, der Verantwortung des Einzelnen in den USA ein sehr viel größerer Wert beigemessen wird als anderswo. Und dieser Individualismus wird von der Art der Berichterstattung in den amerikanischen Medien noch akzentuiert. Darum ist es für uns ja so mühsam, die soziale Verantwortlichkeit bei Gesundheitsproblemen deutlich zu machen. Es gibt auch in Kanada und den europäischen Ländern den Trend in Richtung Individualisierung, aber er ist längst nicht so ausgeprägt wie in den Vereinigten Staaten.

Jazbinsek: Wie sieht Ihr Verhältnis zu den offiziellen Public Health-Departments und den Gesundheitsbehörden aus? Interessieren sich die amerikanischen Gesundheitswissenschaftler für den Medienlobbyismus oder wird diesem Ansatz eine Art Underground-Status zugeschrieben?

Wallack: Der Medienlobbyismus stößt bei den Public Health-Vertretern in den USA auf großes Interesse. Ich veranstalte zum Beispiel jedes Jahr einen einwöchigen Workshop mit dem Public Health Leadership Institute, an dem Gesundheitswissenschaftler aus dem ganzen Land teilnehmen. Nun handelt es sich bei vielen Public Health-Einrichtungen um staatliche Institutionen, die zu konservativen Lösungen neigen, wenn es um soziale Probleme geht. Das schränkt den Handlungsspielraum ihrer Mitarbeiter stark ein, sie können zum Beispiel nicht ohne weiteres bei kontroversen Themen Partei ergreifen und Druck auf den Gesetzgeber ausüben, um dem Gesichtspunkt der Prävention mehr Geltung zu verschaffen. Was ich den Gesundheitswissenschaftlern nahe zu bringen versuche ist deshalb, enger mit den Basisgruppen vor Ort zusammenzuarbeiten. Ich sage ihnen: "Sie haben einen Verwaltungsapparat, Sie haben Daten, Sie verfügen über Medienkontakte - Sie können die Gesundheitsinitiativen in Ihrer Stadt daran teilhaben lassen, ohne Ihre eigene Position zu gefährden, solange Sie sich im Hintergrund halten." Es gibt eine Reihe von Fällen, in denen diese Zusammenarbeit sehr gut funktioniert.

Jazbinsek: Wenn sich in Deutschland jemand aus dem Bereich der Gesundheitsförderung für Medien interessiert, geht es ihm in der Regel um Aufklärungskampagnen, wobei die AIDS-Prävention als das Musterbeispiel gilt. Man könnte Ihre Stellungnahme zu Beginn des Gespräches so interpretieren, als seien Sie grundsätzlich gegen solche Aufklärungs- oder Erziehungskampagnen...

Wallack: Erziehung ist eine notwendige, aber keine hinreichende Bedingung für sozialen Wandel. Man kann das Sexualverhalten nicht wirklich verändern, wenn man nicht bestimmte strukturelle Dinge verändert, zum Beispiel die Frage, wie man an Kondome herankommt oder wie man über Kondome spricht. Es ist in den Vereinigten Staaten mit ihrer puritanischen Tradition ein großes Problem, daß man sich im Rahmen von Aufklärungskampagnen nicht explizit zu sexuellen Praktiken äußern kann. Erfolge erzielen solche Kampagnen deshalb nur, wenn man es mit besonders motivierten und gut ausgebildeten Gruppen zu tun hat. Ich selber habe Anfang der 80er Jahre als Berater der AIDS-Foundation in San Francisco gearbeitet. Wir hatten zahlreiche Treffen und der Raum war voller Leute, die alles über AIDS lasen, was sie in die Hand bekamen, weil es niemanden gab, der nicht selber krank war oder jemanden kannte, der an AIDS gestorben war. Die Leute waren aufgrund dieser persönlichen Erfahrungen besonders motiviert und die Safe Sex-Kampagne, die wir damals in San Francisco gestartet haben, stieß auf große Resonanz, das Verhalten änderte sich. Es dauerte jedoch nicht lange, bis die Zurückhaltung bei riskanten Sexualpraktiken nach und nach wieder aufgegeben wurde, weil eine neue Generation in der Szene auftauchte, jüngere Leute, die niemanden mehr kannten, der an AIDS erkrankt und gestorben war. Man bemüht sich nun verzweifelt darum, auch an diese Generation mit Aufklärungskampagnen heranzukommen, allerdings ohne großen Erfolg. Ähnlich sieht es bei den Kampagnen aus, die sich an i.v.-Drogenbenutzer wenden - das sind in der Regel Leute, die einen niedrigeren Schulabschluß, ein geringeres Einkommen und weniger soziale Kontakte haben, viele von ihnen leben in den Schwarzenghettos. Einer der wenigen Ansätze, die hier etwas gebracht haben, waren die Programme zum Austausch von Spritzbestecken. In den USA hat es hierüber eine heftige Kontroverse gegeben. Von der Regierung wird dieser Ansatz nicht unterstützt, obwohl private Initiativen den Nachweis erbracht haben, daß sich auf diesem Weg die Inzidenz der HIV-Infektionen unter Drogenbenutzern senken läßt. Auch hier zeigt sich wieder, daß Verhaltensänderungen eine Änderung der politischen Rahmenbedingungen voraussetzen. Grundsätzlich brauchen wir also beides, Aufklärungskampagnen *und* politische Initiativen. Was mich stört ist, daß es oft heißt: "Wir wollen ja beides, Veränderungen des

Verhaltens und Veränderungen der Verhältnisse, und tun auch etwas dafür." Wenn man sich aber einmal anschaut, wofür das Geld ausgeben wird, dann gehen 95% in die Erziehung und 5% in die Politik. Dieses Ungleichgewicht will ich beseitigen.

Jazbinsek: Welchen Rat würden Sie einem deutschen Public Health-Vertreter geben, der sich für das Konzept des Medienlobbyismus interessiert?

Wallack: Jede Public Health-Organisation sollte ein Konzept für den Umgang mit den Medien erarbeiten. Ein Politiker würde sich niemals für ein Amt bewerben, ohne über eine Medienstrategie zu verfügen. Ein Unternehmen, das ein neues Produkt auf den Markt bringt, würde niemals auf eine Medienstrategie verzichten. Politik und Ökonomie betreiben einen enormen Aufwand, um ihr öffentliches Image zu beeinflussen. Dies sollte auch für Projekte gelten, denen es um die Gesundheit der Bevölkerung oder großer Bevölkerungsgruppen geht. So wie man zu Beginn eines Projektes eine Finanzplanung aufstellt, sollte man von Anfang an eine Strategie in Sachen Öffentlichkeitsarbeit verfolgen. Ich werde oft von Leuten, die in Public Health-Projekten arbeiten, gefragt: "Wir würden gerne eine Medien-Kampagne oder eine Medien-Veranstaltung durchführen. Was halten Sie davon?" Meine Antwort lautet dann immer: "Nun, das hängt davon ab..." Und wovon dies abhängt, ist die schlichte Frage, ob und wie eine solche Veranstaltung den eigenen Politikzielen nutzen kann. Wenn Sie das nicht selber wissen, sollten Sie es lieber sein lassen. Viele denken ganz einfach, es wäre doch nicht schlecht, irgendwie in den Medien auf sich aufmerksam zu machen. Sie vergessen dabei, daß jede Medienpräsenz nicht nur Chancen, sondern auch Risiken birgt. Hierzu gehört das Risiko, in der Öffentlichkeit fehlinterpretiert oder sonstwie diskreditiert zu werden. Dieses Risiko einzugehen lohnt sich nur, wenn man eine klare Vorstellung davon hat, um welche Chance es einem geht.

Eine Auswahl der Veröffentlichungen von Lawrence Wallack:

Atkin, Charles/ Wallack, Lawrence (Hrsg.) (1990): Mass Communication and Public Health. Newbury Park

Wallack, Lawrence (1989): Mass Communication and Health Promotion: A Critical Perspective. In: Rice, Ronald/ Atkin, Charles (Hrsg.): Public Communication Campaigns. Newbury Park

Wallack, Lawrence (1990): Two Approaches to Health Promotion in the Mass Media. In: World Health Forum 11: 143-154

Wallack, Lawrence/ Dorfman, Lori (1992): Television News, Hegemony, and Health. In: American Journal of Public Health 82 (1): 125-126

Wallack, Lawrence/ Dorfman, Lori/ Jernigan, David/ Themba, Makani (1993): Media Advocacy and Public Health. Power for Prevention. Newbury Park

Wallack, Lawrence (1994): Media Advocacy: A Strategy for Empowering People and Communities. In: Journal of Public Health Policy (4): 420-436

Wallack, Lawrence/ Dorfman, Lori (1996): Media Advocacy: A Strategy for Advancing Policy and Promoting Health. In: Health Education Quarterly 23 (3): 293-317

Wallack, Lawrence/ Woodruff, Katie/ Dorfman, Lori/ Diaz, Iris (1999): News for a Change. An Advocate's Guide to Working with the Media. Thousand Oaks

Das kleine Einmaleins des Medienlobbyismus

Simon Chapman

Der Medienlobbyismus ist eine *Strategie* der Gesundheitsförderung, und wie bei jeder Wahl einer Strategie sollten Entscheidungen hinsichtlich der Aktionsformen auf einer genauen Analyse des Problems beruhen, um das es geht.[1] Die Aktionsformen sollten, mit anderen Worten, nicht als Selbstzweck angesehen werden. Wer dies tut, beschwört eine Situation herauf, in der die Strategien wichtiger werden als die Public Health-Ziele, für die sie ursprünglich konzipiert wurden. Im Fall des Medienlobbyismus besteht die vielleicht gängigste Verwechslung von Ziel und Strategie darin, daß die bloße *Berichterstattung* der Medien über ein gesundheitsrelevantes Thema fälschlicherweise mit dem *Zweck* der Medienpräsenz gleichgesetzt wird. Das Phänomen des "Schlagzeilenneids" ist unter Public Health-Praktikern weit verbreitet; viele lassen sich vom Ausmaß der Medienresonanz auf bestimmte Probleme oder Personen beeindrucken, obwohl die sehr viel wichtigere Frage lautet, ob diese große Resonanz tatsächlich der Sache dient, der sie eigentlich dienen soll. Bei den meisten Themen ist es so, daß die Aufmerksamkeitsspanne der Medien sehr kurz ist. Die Medienvertreter mögen davon überzeugt sein, daß Ihr Anliegen berechtigt und nachrichtentauglich ist, und ihm viel Platz in der Berichterstattung einräumen, was Sie in dem Glauben läßt, alles richtig gemacht zu haben, worauf es beim Umgang mit Presse, Funk und Fernsehen ankommt. Aber schon zwei oder drei Tage später kann es sein, daß sich nicht mehr die geringste Spur Ihrer Geschichte in den Medien wiederfindet: Die Medien haben Ihr Thema genußvoll "abgefrühstückt" und sind zu anderen Themen weitergezogen auf der immerwährenden Jagd nach dem, was der Begriff der Neuigkeit impliziert - Aktualität und Differenz.

Andere Verwechslungen von Ziel und Strategie lassen sich auf den sakrosankten ideologischen oder professionellen Ballast zurückführen, den die Beteiligten mit sich herumtragen und der oft gar nichts mit dem betreffenden Public Health-Ziel zu tun hat, aber das Erreichen dieses Zieles ungemein erschweren kann. Ein gutes Beispiel hierfür ist die "top down/ bottom up"-Debatte in Public Health-Kreisen, also die Auseinandersetzung zwischen Vertretern hierarchisch konzipierter und basisorientierter Ansätze der Gesundheitsförderung. Befürworter der Basisorientierung bestehen oft darauf, daß der beste und effektivste Weg zur Mitsprache in Sachen Gesundheitspolitik und Gesetzgebung über bereits bestehende Netzwerke gemeindenaher Initiativen führt. Der Weg über die Medien wird demgegenüber als klassische top down-Strategie bezeichnet und als entfremdend kritisiert. Selbst angesichts

[1] Der Beitrag ist eine stark gekürzte Fassung des Kapitels "A-Z of Public Health Advocacy" aus dem Buch von Simon Chapman und Deborah Lupton: The Fight for Public Health. Principles & Practice of Media Advocacy. London 1994. Autor des Kapitels ist Simon Chapman, die Übersetzung der vorliegenden Kurzfassung besorgten Daphne Stelter und Dietmar Jazbinsek. (Anmerkung des Herausgebers)

der Unmenge von Belegen dafür, daß die meisten Leute einen Großteil ihrer Kenntnisse und Vorstellungen über gesundheitsrelevante Themen aus den Medien beziehen, bestehen diese Kritiker darauf, daß Public Health-Belange auf der lokalen Ebene - von Angesicht zu Angesicht - diskutiert werden, weil sie dies für einen irgendwie legitimeren Rahmen halten. Während der "Von oben nach unten"-Ansatz als "stalinistisch" gebrandmarkt wird, gilt der "Von unten nach oben"-Ansatz als politisch korrekt. Diese Dichotomie ist natürlich eine viel zu grobe Vereinfachung. Es gibt viele Beispiele dafür, daß top down-Initiativen - die sogenannten passiven Präventionsstrategien - von den Zielgruppen wohlwollend aufgenommen worden sind und sich als förderlich für die Bevölkerungsgesundheit erwiesen haben. Die Helmpflicht für Motorradfahrer und die Gurtpflicht für Autofahrer, die umfassende Auflistung von Inhaltsstoffen auf Lebensmitteletiketten, der Papanicolaou-Test zur Krebsfrüherkennung, die Fluoridierung des Trinkwassers, die Besteuerung von Tabak und Alkohol, die Sicherheitsstandards für Fahrzeuge ... - die Liste der Beispiele ist lang. In all diesen Fällen handelt es sich nicht um besonders populäre Maßnahmen in dem Sinne, daß Leute dafür auf die Straße gehen würden. Viele von ihnen werden den Menschen "aufoktroyiert", viele von ihnen sind ohne jegliche Beteiligung von Verbraucherinitiativen oder anderen Interessengruppen eingeführt worden - und doch gehören viele von ihnen zu den Erfolgsstories der neueren Public Health-Geschichte.

Nach diesen allgemeinen Vorüberlegungen nun einige konkrete Erfahrungen aus der Praxis des Medienlobbyismus - von A wie "Analogien" bis Z wie "Ziviler Ungehorsam" -, die ich im wesentlichen bei meiner Arbeit in australischen Anti-Tabak- und Anti-Waffen-Initiativen gewonnen habe.[2]

Analogien, Metaphern und Vergleiche

Der Gebrauch von Analogien, Metaphern und Vergleichen kann ein wirkungsvolles Stilmittel sein, um Ihr Thema in Aussagen zu übersetzen, mit denen die Leute etwas anfangen können und die ihnen im Gedächtnis bleiben. Eine freiwillige, nicht mit Restriktionen verbundene Regelung zum Passivrauchen am Arbeitsplatz kann man z.B. als "so nutzlos wie ein Aschenbecher auf einem Motorrad" charakterisieren. Ein anderes, konkreteres Beispiel: In den späten 80er Jahren kämpfte der australische Verbraucherschutzverein (Australian Consumers' Association, ACA) angesichts einer anhaltenden Kampagne der Lebensmittelindustrie zur Deregulierung von Etikettierungsstandards dafür, die Informationen auf den Verpackungen von Lebensmitteln beizubehalten und zu verbessern. Die Lebensmittelindustrie verwies auf Umfrageergebnisse, denen zufolge viele Verbraucher Lebensmitteletiketten ohnehin nicht lesen würden. Die Etikettierungsvorschriften, so hieß es weiter, enthielten

[2] In dem Buchkapitel finden sich noch eine Vielzahl weiterer Stichworte zur Praxis des Medienlobbyismus, wie z.B. Demonstrationen, Leserbriefe, Presseagenturen, Public Health-Jargon oder strategische Forschung. Wer es also genauer wissen will, dem sei das Original empfohlen. (Anmerkung des Herausgebers)

übertrieben restriktive Bestimmungen der Inhaltsstoffe, die der Innovation und Produktentwicklung im Wege stünden und somit den Interessen der Verbraucher zuwiderliefen. Der ACA konterte mit der Standardaussage, die Vorschläge zur Deregulierung würden diejenigen Menschen gefährden, die unter Allergien und Lebensmittelunverträglichkeiten leiden. Journalisten fanden dieses Argument jedoch ziemlich abgedroschen, und es konnte darüber hinaus problemlos durch die Zusage der Industrie ausgehebelt werden, die Etikettierung solch relevanter Inhaltsstoffe auch nach den geplanten Deregulationsmaßnahmen sicherzustellen. Der ACA formulierte dann im Rahmen einer Pressekonferenz sein Anliegen mit Hilfe einer Analogie um und wies darauf hin, daß etwa die Etikettierung von Tierfutter viel umfassender und verständlicher ist als die von Nahrungsmitteln, die für den menschlichen Verzehr bestimmt sind. Der springende Punkt, daß nämlich Hasso, der Hund (der nicht lesen kann), ausführlichst über sein Futter informiert wird, seinen Besitzern aber eben diese Informationen über ihre eigenen Nahrungsmittel vorenthalten werden sollten, erwies sich als eindrucksvoller Beleg für die Torheit der Industrie. Die Kampagne der Lebensmittelproduzenten verlief rasch im Sande.

Bildmaterial und Grafiken

Sehen Sie sich eine beliebige Nachrichtensendung im Fernsehen an und beobachten Sie, was gezeigt wird. Typischerweise beginnt jeder Beitrag damit, daß die Kamera auf den Nachrichtensprecher gerichtet ist, der gerade in das Thema einführt. Während er die Meldung verliest, erscheint für gewöhnlich hinter ihm ein Standbild oder eine die Nachricht veranschaulichende Grafik. Am Anfang des dazugehörigen Filmbeitrags werden dann entweder Archivaufnahmen oder am fraglichen Tag zum Thema gedrehte Bilder eingeschnitten. Bei großen, dramatischen Themen, über die im Laufe der Nachrichtensendung vom Ort des Geschehens berichtet wird, kann sich daran eine Liveschaltung zu einem Reporter anschließen. Fernsehen ist im wesentlichen ein visuelles Medium und die Produzenten einer Nachrichtensendung sind immer darum bemüht, jeden Beitrag möglichst mit charakteristischen und fesselnden Szenen zu bebildern. Eine Fernsehnachricht, in der überhaupt kein wie auch immer geartetes Filmmaterial gezeigt wird, hat Seltenheitswert. Public Health-Praktiker können diesen Aspekt ihrer Story entweder aus Desinteresse ignorieren oder sie können versuchen, durch entsprechende Vorkehrungen die Auswahl des zu ihrer Story gezeigten Bildmaterials zu beeinflussen. Wenn Sie Ihre Story nicht visuell in Szene setzen, werden die Medien es tun und das geht manchmal furchtbar daneben. Dann werden Aspekte hervorgehoben, die von Ihrem eigentlichen Anliegen erheblich ablenken können.

Wenn Sie ein Interview geben oder für einen Presseartikel fotografiert werden sollen, wählen Sie den Ort, an dem Sie sich mit den Medienvertretern treffen, sorgfältig aus. Viele Fernsehjournalisten und Redakteure finden Nahaufnahmen von Menschen, die interviewt werden oder eine Rede halten, langweilig, und die entsprechenden Szenen landen mit größerer Wahrscheinlichkeit im Papierkorb des

Schneideraums als in der Sendung. Antizipieren Sie diese Reaktion – egal, für wie hoch Sie den Nachrichtenwert Ihrer Story halten. Wenn möglich, vertreten Sie Ihren Standpunkt an einem für das Thema optisch relevanten Schauplatz: vor einer die Umwelt verschmutzenden Fabrik; vor einer Schule, deren Kantine sich weigert, den Kindern eine gesündere Menüauswahl anzubieten; in einer Krankenhausstation für Brandverletzungen, wenn Ihr Thema gefährliche, leicht brennbare Nachtwäsche für Kinder ist; auf einem Schrottplatz, wenn es Ihnen um das Autofahren unter Alkoholeinfluß geht. Derartige Schauplätze sind für Medienprofis grundsätzlich attraktiver als die übliche Nahaufnahme von einem Experten oder Sprecher, der vor einem Bücherregal stehend oder an einem Schreibtisch sitzend abgelichtet wird. Außerdem sind bei den Medien gute grafische Aufbereitungen der Daten, mit denen Sie sich befassen, immer sehr begehrt. Wobei 'gut' im wesentlichen einfach und leicht verständlich für Zuschauer und Leser meint, weshalb nicht mehr als ein oder zwei Beziehungen zwischen den relevanten Variablen dargestellt werden sollten. Halten Sie Farbausdrucke dieser Grafiken für Journalisten bereit, die das Material vielleicht für die Story verwenden möchten.

Boykottaktionen

Der Aufruf, eine Ware, eine Dienstleistung oder eine Institution zu boykottieren, mag zwar beeindruckend klingen, ist aber vermutlich die abgenutzteste und ineffektivste "Strategie", die es in der Public Health-Praxis gibt. Was daran liegt, daß es einen fundamentalen Unterschied gibt zwischen dem bloßen Boykottaufruf und der erfolgreichen Organisation eines Boykotts. In vielen Fällen haben erboste Beschäftigte aus dem Gesundheitswesen oder auch Verbraucher ihrem Unmut freien Lauf gelassen und dazu aufgerufen, die Produkte eines Unternehmens zu boykottieren, das in irgendeiner Form Anstoß erregt hat. Es gibt aber nur wenige Beispiele für tatsächlich erfolgreiche Boykottaktionen, die dem Gegner wirklich Schaden zufügen konnten und eine Beseitigung der Mißstände, die zum Boykott geführt haben, erreichten. Der vergänglichen Qualität von Nachrichten entsprechend wird über einen bloßen Boykottaufruf vielleicht ein- oder zweimal berichtet, über den Verlauf der Aktion und ihre Folgen aber wahrscheinlich schon nicht mehr. Zusammenfassend läßt sich sagen, daß man die potentielle Wirksamkeit eines Boykotts nicht dadurch schmälern sollte, daß man das Wort fahrlässig Journalisten gegenüber benutzt, so lange man nicht bereit ist, den Boykott auch mit vollem Einsatz aller Kräfte durchzuführen. Erfolgreiche Boykottaktionen sind am leichtesten auf kommunaler Ebene zu organisieren, weil es hier durchaus realistisch sein kann, einen spürbaren Rückgang von Umsatz- oder Kundenzahlen zu erzielen – beispielsweise im Falle eines Kinos, das sich weigert, Rampen für Rollstuhlfahrer anzubringen, oder einer Krankenhauskantine, die darauf besteht, Zigaretten anzubieten. Der Boykott eines national oder international verbreiteten Produkts – wie z.B. der internationale Boykott von Waren der Firma *Nestlé* – haben eine völlig andere Qualität. Sie können jahrelange sorgfältige Planung und Organisation erfordern. Es sollte überflüssig sein, darauf hinzuweisen, daß ein Boykott immer nur als letzte Maßnahme in Betracht kommt, wenn alle anderen Möglichkeiten, wie etwa Beschwerden über die Mißstände bei der entsprechenden Einrichtung, die offizielle Bekanntmachung ihrer diesbezüglichen Untätigkeit und andere denkbare Strategien wie Unterschriftenlisten oder Demonstrationen, versagt haben.

Elitedenken

Viele Praktiker im Bereich der Gesundheitsförderung entstammen der Mittelschicht und verfügen über eine gute Ausbildung. Ihre intellektuellen Gewohnheiten bei der Mediennutzung stehen in starkem Kontrast zu denen der Mehrheit der Bevölkerung. Es kommt nicht selten vor, daß Leute aus dem Public Health-Bereich abfällige Bemerkungen über Massenmedien machen und ihre Abneigung zum Ausdruck bringen, irgendetwas davon anzusehen, anzuhören oder durchzulesen. Ein solche Haltung kann mitunter dazu führen, daß die Chance, über die populären Medien Einfluß auf die Gesundheitspolitik zu nehmen, vertan wird. Was Mark Ragg, der als freier Medizinjournalist für australische Zeitungen arbeitet, hierzu geschrieben hat, mag ein wenig übertrieben sein, ist aber dennoch eine Überlegung wert:

> "Politiker kümmern sich nicht darum, was die sogenannte 'seriöse Presse' über sie schreibt, denn die 'seriöse Presse' bezieht grundsätzlich gegen die Politiker und gegen die Regierung Position. Dagegen haben die populären Medien, die für gewöhnlich weniger kritisch sind, sehr viel mehr Einfluß darauf, ob Politiker ihre Meinung ändern. Das Kalkül, das dahinter steht, entspringt einer Mischung aus Elitedenken und Realismus: Jeder nachdenkliche Mensch wird mit den meisten Entscheidungen einer Regierung unzufrieden sein, weshalb es naheliegt, vor allem auf diejenigen Menschen Einfluß zu nehmen, die sich weniger Gedanken machen und die Boulevardpresse lesen oder das Boulevardfernsehen einschalten."[3]

Wie auch immer man die Plausibilität dieser Überlegung beurteilen mag, jeder Aktivist sollte sich Gedanken darüber machen, inwieweit seine eigenen Vorlieben im Umgang mit Presse, Funk und Fernsehen möglicherweise eine objektive Beantwortung der Frage, welche Medien für seine Ziele besonders geeignet sind, beeinträchtigen. Wenn populäre Medien für Ihre Kampagne wichtig sind, dann überwinden Sie Ihren Hochmut und gewöhnen Sie sich daran, regelmäßig 'niveaulose' Zeitungen zu lesen oder langweilige und ärgerliche Radioprogramme anzuhören, um zu erfahren, wie Sie sich auf ein bevorstehendes Interview am besten vorbereiten. Wenn Sie in einer bestimmten Radio- oder Fernsehsendung interviewt werden sollen, ist es unverzichtbar, daß Sie sich vor dem Gespräch mit dieser Sendung vertraut machen. Achten Sie darauf, wie Ihr Gesprächspartner Interviews führt; wie lange die Interviews dauern; wie umfangreich Stellungnahmen im O-Ton sein können, wenn es sich um redaktionelle Beiträge handelt; ob es eine 'seriöse' Sendung ist oder ein Unterhaltungsprogramm (und so weiter).

[3] Mark Ragg: "To Win, Start Stroking the Media", *Medical Observer*, 1. Oktober 1992.

Forschungsergebnisse Dritter publizieren

In Fachzeitschriften für Medizin oder Public Health veröffentlichte Ergebnisse wissenschaftlicher Forschung werden regelmäßig als Quellen in der Berichterstattung anderer Medien genutzt. Eine 1992 in den USA veröffentlichte Studie belegt, daß 65% der Erstautoren, deren Artikel im *Journal of the American Medical Association* oder im *New England Journal of Medicine* publiziert wurden, auch in einem oder mehreren anderen Medien zitiert worden sind.[4] Einige medizinische Zeitschriften beschäftigen einen PR-Berater oder PR-Stab, um sicherzustellen, daß über die in der Fachzeitschrift abgedruckten Beiträge auch in anderen Medien berichtet wird. Die meisten jedoch verzichten darauf – mit dem Ergebnis, daß viele wissenschaftliche Artikel mit hohem Nachrichtenwert nur von einer Handvoll Spezialisten zur Kenntnis genommen werden.

Public Health-Aktivisten können dort einspringen, wo den Fachzeitschriften PR-Mitarbeiter fehlen, indem sie schlicht die Aufmerksamkeit der Medien auf potentiell schlagzeilenträchtige Aufsätze lenken. Wirklich engagierte Public Health-Aktivisten sollten alle bedeutenden, von den Forschern des jeweiligen Fachgebiets bevorzugten Zeitschriften kennen. Außerdem sollten sie es sich zur Gewohnheit machen, neu erschienene Ausgaben in der nächstgelegenen Fachbibliothek durchzusehen. Es wäre umsichtig, ca. eine Stunde pro Woche dafür einzuplanen, daß jemand mit einem Blick für den möglichen Nachrichtenwert eines Artikels die elektronischen Datenbanken wie etwa *Current Contents* auf neue Publikationen hin überprüft. Wenn die Forscher nicht allzu schwer erreichbar sind, treten Sie mit ihnen in Verbindung und erklären ihnen, daß Sie es gern sähen, wenn ihre Arbeit durch die Medien einem größeren Publikum bekannt würde. Fragen Sie die Autoren, ob sie bereit wären, Interviews zu geben, und schlagen Sie vor, eine Pressemitteilung vorzubereiten und nach deren Überprüfung auf inhaltliche Genauigkeit die Verteilung an die Medien zu übernehmen. Sollten die Forscher im Umgang mit Pressevertretern unerfahren sein, machen Sie ihnen klar, was voraussichtlich auf sie zukommen wird, wenn die Medien an der Story Interesse zeigen.

Informationsmaterial

Übersichtliches, kurz gefaßtes und journalistenfreundliches Informationsmaterial ist ein unverzichtbares Hilfsmittel des Medienlobbyismus. Die meisten Journalisten haben keinen naturwissenschaftlichen, sondern einen geisteswissenschaftlichen Hintergrund und lassen sich daher von gesundheitsbezogenen und medizinischen Sachverhalten leicht beeindrucken oder gar einschüchtern. Journalisten, die sich in Ihrem Fachgebiet nicht zu Hause fühlen, sind oft für prägnante Zusammenfassungen und entmystifizierendes Hintergrundmaterial zu Public Health-Themen dankbar. Das Informationsmaterial sollte auf sein jeweiliges Zielpublikum – beispielsweise

[4] Wilkes, M. S./ Kravitz, R. L. (1992): Medical Researchers in the Media. Attitudes Toward Public Dissemination of Research. In: Journal of the American Medical Association 268: 999-1003.

Studenten, Politiker, Journalisten, freiwillige Helfer, Spendensammler oder die breite Öffentlichkeit – zugeschnitten sein. Inhalt, Stil und Verständlichkeit dieses Materials sollten also davon abhängen, wie Sie die typischen Informationsbedürfnisse und den Kenntnisstand Ihrer Zielgruppe einschätzen.

Oft ist es eine gute Idee, Informationsbroschüren in einem Frage- und Antwort-Format zu verfassen, das die Fragen antizipiert, die Ihre Zielgruppe beschäftigen könnten. Die von Ihnen ausgewählten Punkte können Fragen sein, von denen Sie bereits wissen, daß sie am häufigsten von (beispielsweise) Journalisten gestellt werden, oder solche, die die Hauptargumente Ihrer Gegner aufgreifen (vergessen Sie nicht, daß Journalisten, die um eine ‚ausgewogene' Berichterstattung bemüht sind, daran interessiert sind, wie Ihr Standpunkt in Relation zu den Hauptargumenten Ihrer Gegner einzuschätzen ist), und nicht zuletzt diejenigen Fragen, die Ihre Position am besten wiedergeben und Ihnen so erlauben, bestimmte Aspekte darzulegen, die bislang in der Berichterstattung nicht berücksichtigt worden sind. Es hat sich bewährt, die im Informationsmaterial enthaltenen Fakten und Behauptungen mit Literaturverweisen und anderen Referenzen zu versehen - sie lassen Ihr Material sachkundiger und glaubwürdiger erscheinen.

Interview-Strategien

Wenn Sie von einem Zeitungs- oder Radioreporter telefonisch um eine Stellungnahme gebeten werden, kann es vorkommen, daß der Anruf Sie unvorbereitet trifft: Es fällt Ihnen so schnell kein druckreifer Kommentar ein oder Sie haben die relevanten Fakten nicht parat. Spielen Sie in dieser Situation auf Zeit, um die Sache überdenken zu können. Lassen Sie sich eine Ausrede einfallen – zum Beispiel, daß Sie in einer Besprechung sind oder daß Sie einen Verweis nachschlagen müssen und versprechen Sie einen Rückruf innerhalb der nächsten 10 Minuten. Nur in den seltensten, wirklich brandaktuellen Fällen wird ein Journalist für eine derartige Bitte kein Verständnis zeigen.

Das Advocacy Institute[5] gibt die folgenden Ratschläge, um die gängigsten Fehler bei Medienauftritten zu vermeiden:

- *Sich auf die falsche Debatte einlassen.* Ihre Gegner können unerträglich provokant sein; von der verletzenden Schärfe ihrer Behauptungen und Anschuldigungen lassen sich manche Public Health-Vertreter zu ausführlichen Dementis oder Haarspaltereien über Nebensächlichkeiten hinreißen. Ignorieren Sie die Provokationen und vertrauen Sie auf die Überzeugungskraft Ihrer Themen und Ihres moralischen Standpunktes.

[5] Das Advocacy Institut in Washington, das von Michael Pertschuk, einer Schlüsselfigur der amerikanischen Anti-Tabak-Bewegung, geleitet wird, ist zugleich "Denkfabrik", Koordinationsstelle und Schulungszentrum des Medienlobbyismus in den USA. Seit seiner Gründung im Jahr 1985 hat das Institut mit mehr als 2.500 Non-Profit-Initativen und Nicht-Regierungs-Organisationen (NGO) zusammengearbeitet, darunter selbst so honorige Institutionen wie die American Cancer Society. Genauere Informationen finden sich auf der Webseite http://www.advocacy.org (Anmerkung des Herausgebers)

- *Langatmigkeit/ Fachchinesisch.* Es geht darum, ein Durchschnittspublikum zu überzeugen und nicht darum, ein wissenschaftliches Kollegium zu beeindrukken. Kommen Sie nicht vom Hundertsten ins Tausendste. Beschränken Sie sich auf jeweils ein oder zwei klare Punkte. Lassen Sie Ihren Gegner zu Wort kommen.

- *Gelegenheiten verschenken/ sich vom Kurs abbringen lassen.* Wenn Sie es sich als Gast eines charmanten und liebenswürdigen Interviewers zu gemütlich machen, besteht die Gefahr, daß Sie sich von ihm in ein Gespräch über einen interessanten, aber für Ihre Ziele nebensächlichen Aspekt verwickeln lassen. Vielleicht haben Sie den Eindruck, über alle Zeit dieser Welt zu verfügen, doch selbst die Sendezeit einer einstündigen Talk-Show kann so schnell abgelaufen sein, daß Sie die Gelegenheit verpassen, Ihre Hauptpunkte mit dem gebotenen Nachdruck zu vertreten.

- *Unvorbereitet sein.* Hier erübrigt sich jede weitere Erläuterung.

- *Übertrieben vorbereitet sein.* Wenn Ihre Formulierungen und persönlichen Eigenheiten auswendig gelernt oder einstudiert erscheinen, verlieren sie viel von shrer Wirkung. Ihre Argumente und Hauptpunkte sollten zwar gründlich ausgearbeitet und für Sie bequem abrufbar sein, aber nicht in festgelegten Formeln auswendig gelernt werden.

- *Sich auf den eigenen Status oder das eigene Renommee verlassen.* Falls Sie denken sollten, daß ein skeptischer Moderator oder ein bezahlter Sprecher der Industrie Sie mit Respekt behandelt, weil Sie einen beeindruckenden Lebenslauf vorweisen können oder hochrangiger Repräsentant einer prestigeträchtigen Organisation sind, sind Sie schief gewickelt. Mit Status und Renommee allein finden Sie in Fernseh- und Radioprogrammen keinen Anklang. Wenn Sie aber dazu in der Lage sind, Ihr Anliegen kenntnisreich und mit fachlicher Autorität zu vertreten, wird Ihr Renommee Ihnen dabei helfen, Ihren Gegner als ‚bezahlten Agenten' bloßzustellen.

- *Cleverness und Sarkasmus mit Witz und Humor verwechseln.* Witz und Humor sind bestens geeignet, um einen skeptischen Moderator oder feindseligen Kontrahenten zu entwaffnen, aber nicht jedem ‚Möchtegernhumoristen' gelingt das auch. Greifen Sie nicht auf Humor oder süffisante Slogans und Bezeichnungen zurück, wenn Ihnen nicht von unvoreingenommenen Freunden oder Kollegen bestätigt wurde, daß Sie diese rhetorischen Mittel gut beherrschen. Ansonsten argumentieren Sie lieber seriös und ohne Umschweife. Das ist sicherer.

Jahrestage

Viele Public Health-Themen lassen sich mit geschichtlich bedeutsamen Ereignissen in einen Zusammenhang bringen. Solche Schlüsselereignisse sind z.B. Katastrophen (Massaker, berüchtigte Chemieunfälle, Brände), der Tod eines bedeutenden oder berühmten Menschen, der an einer bestimmten Krankheit starb oder in Ihrem Arbeitsgebiet eine führende Rolle spielte, die Veröffentlichung von Expertenberichten oder Forschungsergebnissen sowie Regierungsentscheidungen oder deren Revision. Journalisten kennzeichnen solche Daten bisweilen in ihren Terminkalendern und bereiten für die entsprechenden Jahrestage einen Rückblick vor. In diesen Artikeln werden üblicherweise die Fragen gestellt, ob die Probleme noch immer bestehen und die von Politikern oder Behörden gemachten Versprechen eingehalten wurden. Aktivisten wissen über diese Schlüsselereignisse nicht selten mehr als irgend jemand sonst, versuchen aber viel zu selten, dies zu ihrem Vorteil zu nutzen und warten lieber darauf, daß Journalisten die Initiative ergreifen und sie ansprechen. Noch häufiger passiert es, daß Jahrestage, die mit einer umfassenden und für Ihr Anliegen positiven Medienberichterstattung einher gehen könnten, vollkommen übersehen werden. Um dies zu vermeiden, sollten Sie folgende Maßnahmen ergreifen:

- Notieren Sie sich alle wichtigen Jahrestage in Terminplanern und Kalendern, geben Sie die Daten mit entsprechendem Wiedervorlagevermerk in elektronische Kalender oder Ihren Computer ein, so daß Sie schon ein paar Wochen im voraus darauf aufmerksam gemacht werden.
- Sprechen Sie einige Wochen vor solch einem Jahrestag Journalisten an und erinnern sie an den Termin; schlagen Sie ihnen interessante Aspekte vor, denen sie nachgehen können.
- Benachrichtigen Sie geeignete Experten, die zu dem Thema einen fachlich qualifizierten oder persönlichen Kommentar abgeben können.
- Stellen Sie Berechnungen an, die sich auf den Zeitraum bis zum Jahrestag beziehen, beispielsweise die Anzahl der Verkehrstoten auf einem unfallreichen Straßenabschnitt, seit sich eine zuständige Behörde weigerte, einer geforderten Umleitung zuzustimmen - also eine "Wir haben Sie gewarnt"- Geschichte; oder die Anzahl der Kinder, die in privaten Swimmingpools ertrunken sind, seit eine Kampagne zur obligatorischen Errichtung von Schutzzäunen fehlschlug.
- Überlegen Sie, ob die Möglichkeit besteht, Freunden oder Gegnern von Public Health-Initiativen ein öffentliches Jahrestagsgeschenk zu übergeben.
- Planen und organisieren Sie Medienereignisse oder Kampagnen, um die Indifferenz der Medien dem Jahrestag gegenüber zu durchbrechen.

Kreative Epidemiologie

Kreative Epidemiologie verbindet die Wissenschaftlichkeit des Forschers mit der Kreativität des Medienlobbyisten. "Kreative Epidemiologie" ist ein Ausdruck, den der australische Public Health-Aktivist Mike Daube geprägt hat, um den Prozeß des Übersetzens oftmals sehr komplizierter epidemiologischer Daten in eine auch für die Medien und die breite Öffentlichkeit verständliche Form zu benennen. In der Praxis wird der Begriff auch für die Umwandlung altbekannter Daten in eine neue, ansprechende Form verwendet. Dabei geht es insbesondere darum, der Öffentlichkeit unvertraut oder kompliziert erscheinende Daten mit ihr geläufigeren Größenordnungen und Zusammenhängen in Beziehung zu setzen. Die kreative Epidemiologie kann dabei helfen, wichtige Aspekte von Forschungsergebnissen einem Laienpublikum zu vermitteln, das mit großer Wahrscheinlichkeit Daten gegenüber skeptisch eingestellt ist und abschaltet, sobald Statistiken erwähnt werden. Hier nun einige der gängigen Möglichkeiten, um epidemiologische Daten "kreativ" darzustellen:

- Sollten Ihnen jährliche Inzidenzraten zu klein und zu wenig eindrucksvoll erscheinen, bietet es sich an, sie über einen längeren Zeitraum zu aggregieren. So nennen AIDS-Aktivisten häufig die Gesamtzahl derjenigen, die sich mit HIV infiziert haben, seit die ersten AIDS-Fälle diagnostiziert wurden; dagegen wird in der Berichterstattung über weiter verbreitete Krankheiten üblicherweise die jährliche Zahl der Neuerkrankungen genannt. Ähnliches gilt für den Versuch, mit vermeintlich unspektakulären oder folgenlosen Verhaltensweisen bzw. Schadstoffexpositionen Aufsehen zu erregen. Wenn zum Beispiel die Tabakindustrie behauptet, daß die urbane Umweltverschmutzung wesentlich gravierendere Konsequenzen im Hinblick auf die Erkrankungen der Atemwege hat als das Rauchen, mag vielen Menschen dieses Argument einleuchten. Unter Rückgriff auf die kreative Epidemiologie können Sie dem entgegenhalten, daß Raucher, die pro Tag 20 Zigaretten rauchen und dabei durchschnittlich zwölfmal pro Zigarette inhalieren, pro Jahr etwa 87.600 Mal (20 x 12 x 365) – oder 1.752.000 Mal in 20 Jahren – einen krebserregenden Rauchcocktail auf direktem Wege in ihre Lunge befördern. Eine solche Zahl stellt die vagen Behauptungen zur Verschmutzung der Stadtluft in einen größeren Rahmen.

- In analoger Weise können unvorstellbar große Zahlen eindringlicher präsentiert werden, wenn man sie in Beziehung zu einer kurzen Zeitspanne setzt. Befürworter einer weltweiten Bevölkerungskontrolle machen häufig Aussagen wie "die Weltbevölkerung wächst pro Tag um drei Millionen Menschen", um den diffusen Vorstellungen von einer Bevölkerungsexplosion mehr Kontur zu verleihen. Ein anderes Beispiel: Das aus Gehaltszahlungen und Vergünstigungen bestehende Einkommen von Sir Patrick Sheehy, Spitzenmanager des multinationalen Tabakkonzerns BAT, wurde in der britischen Zeitung *Daily Telegraph* mit (umgerechnet, Anm. d. Übers.) "56.000 DM pro Tag" beziffert und nicht mit der Summe von jährlich 20.350.000 DM. Diese Zahl muß zwar die

Basis für die Berechnung des täglichen Einkommens gewesen sein, ist aber so hoch, daß sie viel schwerer in Relation zu setzen ist.[6]

- Um einen extrem hohen Geldbetrag faßbarer zu machen – beispielsweise die durch die Behandlung vermeidbarer Krankheiten jährlich entstehenden Kosten-, kann man auf die sozial nützlichen Projekte verweisen, die damit finanziert werden könnten, wie etwa die entsprechende Anzahl der Schulen, Sozialwohnungen oder Obdachlosenunterkünfte.
- Heutzutage haben sich die Menschen so an den Anblick der Zahlenangaben "Million" und "Milliarde" gewöhnt, daß sie ihre Wirkung weitgehend verloren haben, insbesondere wenn es um die Darstellung nationaler oder internationaler Probleme geht. Eine mögliche Gegenstrategie besteht darin, Statistiken in eine lokale Größenordnung zu bringen, also etwa in der Berechnung der Anzahl von Menschen, die allein in Ihrer Gegend unter einem bestimmten Problem leiden, oder der Summe, die kommunale Gesundheitsprobleme jeden einzelnen Bürger kosten. Lokale Statistiken, lokale Vorbilder (wie etwa ein ortsansässiger Ladenbesitzer, der keine Zigaretten in sein Sortiment aufnimmt) oder lokale Bemühungen um Veränderungen in der Gesundheitspolitik können Ihren Mitbürgern und Gemeindevertretern relevanter erscheinen als entfernt wirkende nationale Probleme.
- Sie können etwas für das bessere Verständnis von Zahlen tun, indem Sie das Neue und Unbekannte mit dem Alten und Bekannten kontrastieren. Das Standardbeispiel hierfür ist der Vergleich von Todesfällen aufgrund einer bestimmten Krankheit mit den Zahlen von Kriegsopfern. In dieselbe Richtung zielt die folgende Gegenüberstellung: In den USA gibt es innerhalb einer Woche mehr Todesfälle durch Schußwaffengebrauch in Zusammenhang mit Kriminaldelikten als während des gesamten Golfkrieges bei den alliierten Streitkräften. Ein anderes Beispiel: Anläßlich des *Cancer Awareness Day* 1993 begründete die Ehefrau des australischen Premierministers, Anita Keating, mit dem Hinweis, daß "pro Monat mehr [australische] Frauen an Brustkrebs sterben als innerhalb der letzten zehn Jahren an AIDS", ihren Aufruf an Kommunen und Regierung, sich mehr mit der Krankheit zu befassen.

Medienetikette

Wie andere Berufsgruppen auch haben Journalisten professionelle Normen, die von jedem, der mit ihnen zusammenarbeiten möchte, respektiert werden sollten. Nachfolgend werden einige Hinweise aufgeführt, die Sie grundsätzlich beachten sollten:

- *Berücksichtigen Sie den Redaktionsschluß.* Wann immer Sie mit einem Journalisten über eine Geschichte sprechen, erkundigen Sie sich zunächst, ob ein Abgabetermin einzuhalten ist. Sie können den Respekt eines Journalisten schnell

[6] R. Gribben: „BAT Man Who Answered the Call for Help“, *Daily Telegraph*, 1. Juli 1993.

verspielen, wenn Sie ihm die benötigten Informationen zu einer Story anbieten, nachdem deren Abgabetermin verstrichen ist.

- *Gehen Sie nicht davon aus, daß Reporter Ihre Freunde (oder Feinde) sind.* Viele Public-Health-Aktivisten geben, nachdem sie zu einem Journalisten eine freundschaftliche Beziehung aufgebaut haben, der Versuchung nach, ihn zu fragen, ob er "sich der guten Sache anschließen" möchte. Viele Journalisten mögen zwar - außerhalb eines offiziellen Rahmens - andeuten, daß sie mit Ihrem Anliegen sympathisieren. Es besteht jedoch ein großer Unterschied zwischen einer solchen privaten Mitteilung und dem Wunsch, mehr zu tun, als über Ihre Story zu berichten. Der Versuch, eine solche Grenze zu überschreiten, kann dem Journalisten so unangenehm sein, daß er jeden weiteren Kontakt zu Ihnen meidet. Manchen Aktivisten fällt es schwer einzusehen, daß Journalisten, die häufig aus Public Health-Sicht vorteilhafte Artikel schreiben, deshalb noch nicht ihre Verbündeten sind. Die Arbeit eines Journalisten besteht darin, über ein Thema zu berichten und nicht, Ihnen bei Ihrem Anliegen behilflich zu sein. Dies sollte respektiert werden. Gleichermaßen gilt, daß Journalisten, die für Sie unvorteilhafte Artikel schreiben, nicht zwingend Ihre Feinde sein müssen. Einigen Sie sich darauf, nicht einer Meinung zu sein. Es könnte immerhin sein, daß sich diese Journalisten eines Tages Ihrer Sichtweise anschließen.

- *Halten Sie Ihre Versprechen.* Wenn Journalisten Sie um Informationen bitten, über die Sie im Moment nicht verfügen, und Sie sagen zu, ihnen diese zu einem späteren Zeitpunkt zu beschaffen, dann tun Sie es auch. Journalisten sind von ihren Quellen abhängig; wenn Sie Ihre Versprechen nicht halten, erschweren Sie ihnen nicht nur die Arbeit, Sie schaden womöglich auch Ihrem Ruf als glaubwürdiger 'Informationsquelle'.

- *Seien Sie nicht kleinlich.* Wenn Journalisten es unterlassen, Sie zu zitieren oder Ihre Organisation in angemessener Weise zu erwähnen, verhalten Sie sich nicht so, als hätten sie ihre Arbeit nicht ordentlich gemacht. Denken Sie an das große Ganze. Das bezieht sich besonders auf die gängige Praxis des ungenauen Zitierens. Journalisten umschreiben manchmal das von Ihnen Gesagte, was dazu führt, daß sie in der Reportage andere Begriffe oder Akzentuierungen verwenden, als Ihnen lieb gewesen wäre. In solchen Fällen ist es ratsam, sich vor Augen zu führen, welchen Eindruck eine Beschwerde auf die Journalisten machen würde. Es ist bedeutend besser, von Journalisten als gute und zuverlässige Informationsquelle betrachtet zu werden statt als überempfindlicher Pedant, den man mit Samthandschuhen anfassen muß. Neulich zitierte mich eine australische Zeitung mit den Worten: "Wenn Reformen der Schußwaffengesetze auch nur ein Leben retten würden, hätten sie ihren Zweck schon erfüllt." Das ist ein von den Medien häufig benutztes Klischee, das ich nie verwenden würde, und obwohl ich es ärgerlich fand, daß mir eine derart abgedroschene Redewendung zugeschrieben wurde, war der Grundtenor des Artikels positiv. Hätte ich mich bei der Journalistin oder ihrem Redakteur beschwert, hätte sie wahrscheinlich gezögert, mich bei dem nächsten aktuellen Waffenthema noch einmal anzusprechen – für einen Medienlobbyisten mit Sicherheit ein schlechtes Ergebnis.

Medienkannibalismus

In jeder Zeitung oder Nachrichtensendung gibt es einige Geschichten, über die zum ersten Mal berichtet wird, sowie Meldungen, die quasi eine Fortsetzung von Nachrichten sind, die zuvor bereits von anderen Medien behandelt wurden. So gesehen besteht ein wichtiger Teil der Definition dessen, was eigentlich Nachrichten sind, aus einem Zirkelschluß: Viele Nachrichten sind deshalb Nachrichten, weil sie zuvor bereits als Nachrichten eingestuft worden sind. (In englischsprachigen Ländern wird deshalb gelegentlich die Auffassung vertreten, daß viele Nachrichten den Namen "news" nicht verdienen und "olds" genannt werden sollten.) In der Praxis bedeutet das: Falls sich eine Nachrichtenagentur dazu entscheidet, einem Thema Nachrichtenwert zuzubilligen, gehen auch konkurrierende Agenturen und andere Medien darauf ein, und zwar selbst dann, wenn sie zuvor unabhängig voneinander zu einem anderen Schluß gekommen sein sollten. Radiomoderatoren, die ihre Frühstücks- und Vormittagsprogramme mit Inhalten füllen müssen, neigen häufig dazu, die Meldungen der Morgenzeitungen als Primärquelle zu verwenden, obwohl sie natürlich bestrebt sind, exklusiv über Ereignisse zu berichten, die erst nach Andruck der Printmedien passiert sind. Radiomoderatoren kaufen die Tageszeitungen in den frühen Morgenstunden, wenn ihre Hörer noch schlafen. Und eine Meldung, die von der Presse als Titelstory des Tages aufgemacht wurde, ist für einen Radiomoderator selbstverständlich besonders verlockend. In ähnlicher Weise wird eine wichtige Meldung, die zuerst im Radio oder in den Tagesprogrammen der Fernsehsender veröffentlicht wurde, von den Redakteuren des Abendfernsehens und von Pressejournalisten übernommen, die ihre Beiträge für die Ausgabe des nächsten Tages schreiben. So wildert der eine beständig im Revier des anderen.

Journalisten, die eine Meldung zu einem Ereignis verfassen, über das bereits von einem anderen Medium berichtet wurde, setzen die Geschichte nach Möglichkeit in einer Weise fort, die den Verdacht, es handele sich bloß um den Abklatsch des Materials anderer, gar nicht erst aufkommen läßt. Für Public Health-Aktivisten bedeutet dies, daß es zwei Möglichkeiten gibt, um in die Medien zu kommen: Zum einen kann man versuchen, die Nachrichtenmedien für *eigenständige Berichte* über das Public Health-Thema zu interessieren; zum anderen sollte man sich in die Rolle der Journalisten versetzen und antizipieren, wie man sie bei *der thematischen Erweiterung* anderer Meldungen unterstützen kann (siehe hierzu auch den folgenden Abschnitt). Die erfolgreichen Public Health-Aktivisten sind nicht selten geradezu nachrichtensüchtig: Sie stehen früh auf, um Zeitungen lesen zu können, lassen sich von den Nachrichten im Radio wecken, hören im Auto Nachrichtensender und sehen so oft wie möglich TV-Nachrichten und Informationsmagazine.

Opportunismus

Eine am Medienlobbyismus orientierte Kampagne gleicht eher einem Wahlkampf, in dem konkurrierende Parteien ständig auf unerwartete Ereignisse reagieren, Themen in die Schlagzeilen bringen und sich bietende Gelegenheiten ergreifen, als einer statischen, durchorganisierten Erziehungskampagne. Opportunismus ist daher ein zentraler Aspekt des Medienlobbyismus. Im allgemeinen will man mit der Bezeichnung 'Opportunist' den Charakter eines Menschen als fragwürdig hinstellen. In der Medienarbeit jedoch ist ein Gespür für Opportunitäten ein nicht hoch genug zu schätzendes, unverzichtbares Attribut. Es ist wahrscheinlich sogar die wichtigste Eigenschaft, die einen erfolgreichen Aktivisten auszeichnet. In der Public Health-Praxis gibt es zahllose Beispiele mehr oder weniger ungeplanter Mediencoups, die Menschen mit einem Sinn für günstige Gelegenheiten gelungen sind. Sie konnten schlagzeilenträchtige Ereignisse und Themen für ihre Zwecke nutzen, indem sie alternative Positionen vertraten und damit das Bedürfnis der Medien befriedigten, auch "die andere Seite" zu Wort kommen zu lassen. Erfolgreiche Public Health-Aktivisten verlassen sich bei der Suche nach sich bietenden Gelegenheiten keineswegs auf den Zufall oder ihr Glück, sondern bemühen sich aktiv darum, Public Health-Themen in die öffentliche Diskussion zu bringen.

Ein gutes Beispiel für kreativen Opportunismus bietet das wegen einiger verdorbener Weintrauben von der Food and Drug Administration in den USA verhängte Importverbot für chilenisches Obst. Mitarbeiter des Smoking Control Advocacy Centre in Washington, D.C. ermittelten, wodurch der Vorfall ausgelöst wurde: Zwei in Philadelphia untersuchte Weintrauben enthielten je 3 µg Zyanid. Bei einer schnellen Durchsicht der jüngsten vom US-Gesundheitsministerium herausgegebenen Berichte stellte sich heraus, daß eine einzige Zigarette mehrere hundert Mikrogramm Zyanid enthält. Selbst im nicht inhalierten Rauch einer einzigen Zigarette sind noch bis zu 110 µg Hydrogenzyanid enthalten, ein erheblich gefährlicherer Schadstoff als das in den Weintrauben gefundene Natriumzyanid. Sämtliche Obstimporte aus einem ganzen Land wurden also untersagt, weil man in zwei Weintrauben einen winzigen Bruchteil von einem einzigen der in Zigaretten enthaltenen Gifte gefunden hatte. Das machte Schlagzeilen.

Prominente

Prominente haben per definitionem Nachrichtenwert. Wenn Lisa Müller (wer?) Brustkrebs hat, ist diese Tatsache an sich nicht weiter berichtenswert, es sei denn, sie erhielte eine neue Form der Therapie oder wurde in irgendeiner Weise Opfer einer Fahrlässigkeit. Wenn hingegen die Sängerin und Schauspielerin Olivia Newton-John bekannt gibt, daß sie an Brustkrebs leidet (so geschehen im Jahr 1992), reagieren die Medien mit umfassender Berichterstattung nicht nur über ihren gesundheitlichen Zustand, sondern auch über allgemein mit Brustkrebs zusammenhängende Themen. Krankheiten oder Verletzungen, von denen Prominente oder ihre Familienmitglieder betroffen sind, faszinieren die Medien und bieten einen guten Anlaß, um auf eine konstruktive Berichterstattung über Gesundheitsfragen hinzuwirken.[7]

[7] Wir haben 1993 über einen Zeitraum von sechs Monaten die in Sydney erscheinenden Tageszeitungen im Hinblick auf ihre Berichterstattung über Gesundheitsfragen untersucht. Von den insgesamt 4.012

Prominente, die ihre Ansichten zu Gesundheitsfragen äußern, können damit zu wertvollen Fürsprechern der Public Health-Bewegung werden. Franco Luambo Makiadi, der verstorbene Gitarrist und Bandleader aus Zaire, der sich in den frankophonen und östlichen Ländern Afrikas 25 Jahre lang großer Beliebtheit erfreute, nutzte seine Musik unter anderem dazu, die AIDS-Prävention und Impfkampagnen zu unterstützen. Ein anderes Beispiel sind die Bemühungen der Schauspielerin Elizabeth Taylor, AIDS-relevante Themen in die Öffentlichkeit zu bringen. Ihre "Star"-Qualitäten garantieren mediale Aufmerksamkeit, wann immer sie im Rampenlicht stehen will.

Public Health-Aktivisten können allerdings weit mehr tun, als darauf zu warten, daß Prominente von sich aus zu einem Gesundheitsthema Stellung beziehen. Hinweise darauf, ob Prominente eventuell mit Ihrem Anliegen sympathisieren, lassen sich Interviews oder Kommentaren zu ähnlich gelagerten Themen entnehmen. Wenn dies der Fall ist, versuchen Sie, direkt mit den Prominenten Kontakt aufzunehmen und sie um Unterstützung zu bitten. Wie stellt man den Kontakt zu Prominenten her? Es ist bemerkenswert, wie viele Menschen entweder selbst einen Prominenten kennen, oder mit jemandem befreundet sind, der einen Prominenten kennt. Fragen Sie herum. Kennen Sie jemanden, der mit ihm zur Schule ging? Wer sind seine Nachbarn? Wessen Kind ist in derselben Schulklasse wie das des Prominenten? Kennt jemand seine Ehefrau oder Lebensgefährtin? Möglichkeiten gibt es viele. Sollte dies fehlschlagen, haben viele Prominente Agenten, die ihre Terminkalender verwalten und sie vor der Öffentlichkeit abschotten. Über einen Anruf bei einer der großen Agenturen können Sie den Namen des gesuchten Agenten und andere wichtige Details ermitteln. Wenn Sie den Umweg über eine Agentur einschlagen müssen, kann das unter Umständen ein Nachteil sein, weil Sie über einen Dritten kommunizieren müssen, der Ihrem Anliegen vielleicht ablehnend gegenübersteht und es dem Prominenten dementsprechend unvorteilhaft übermittelt.

Die Beteiligung von Prominenten an Public Health-Aktionen ist nicht unproblematisch. Es kann sein, daß ein Prominenter Ihren Ideen nur in beschränktem Maße oder nur oberflächlich zustimmt und es zu peinlichen Diskrepanzen kommt, wenn die Medien ihre Nachforschungen anstellen. Wollen Sie mit einem Prominenten zusammenarbeiten, müssen Sie vollkommen sicher sein, daß er gründlich über das eigentliche Thema informiert und auf die absehbaren Fragen sowohl der Ihnen freundlich als auch feindlich gesinnten Medien vorbereitet ist. Schließlich sollten Sie dagegen angehen, daß sich die Medien ausschließlich auf das "Menschlich-Allzumenschliche" stürzen, das der Prominente durch sein Engagement mitliefert, wenn dieser Aspekt andere wichtige, aber weniger ‚interessante' Facetten Ihrer Kampagne zu verdrängen droht.

---

codierten Artikeln betrafen 8% Menschen, die international oder national bekannt waren. Darunter waren Artikel, die auf den Tod von Rudolf Nurejew und Arthur Ashe (AIDS), Audrey Hepburn und Pat Nixon (Krebs), sowie die Krankheiten von Mutter Theresa, Olivia Newton-John (Brustkrebs) und die bulimische Eßstörung von Prinzessin Diana eingingen. (Auf Details der Studie gehtSimon Chapman gemeinsam mit seiner Koautorin Deborah Lupton in einem anderen Kapitel des Buches "The Fight for Public Health" ein; vgl. ebd.: 70 ff. Anmerkung des Herausgebers.)

Radikalismus

Viele Public Health-Themen erregen das Interesse von Menschen, die auf Veränderungen drängen und dabei z.B. auf die Loyalität einem Arbeitgeber gegenüber keine Rücksicht zu nehmen brauchen. Selbst wenn sie ähnliche Vorstellungen von gesellschaftlicher Veränderung haben wie Sie selber, gehen sie in ihren Zielen wie in ihren Strategien oft viel weiter, was diejenigen, die in dem oder für das ‚System' arbeiten, beunruhigt. Konservative Public Health-Vertreter beklagen, daß die Anhänger radikaler Ziele und Strategien diejenigen Instanzen, die über hinreichend Macht und Einfluß verfügen, um tatsächlich Veränderungen herbeizuführen, abschrecken. Sie befürchten, daß der Radikalismus die politisch Gemäßigten dazu veranlaßt, auf Distanz zu gehen.

Radikale Gruppen und Ideen waren für die Erfolge der Public Health-Politik jedoch oft von entscheidender Bedeutung. Die vielleicht wichtigste historische Funktion des Radikalismus besteht darin, als gemäßigt erscheinen zu lassen, was zuvor als radikal angesehen wurde. Bevor in den frühen 80er Jahren die australische Graffitigruppe BUGA UP[8] mit ihren Spray-Aktionen gegen Werbeplakate der Tabakindustrie auf sich aufmerksam machte (siehe Abb.1), empfanden weite Teile der australischen Bevölkerung die Forderung etablierter Gesundheitsorganisationen nach einem vollständigen Verbot der Tabakwerbung als drakonisch. Der Witz und die kompromißlose Kritik von BUGA UP ließen die eher gemäßigten Positionen der etablierten Gruppen wie Gemeinplätze aussehen. Dadurch wurden deren Forderungen weniger problematisch für Regierungen, die keinesfalls den Eindruck erwecken wollten, der öffentlichen Meinung vorzugreifen. Es kam zu einem allmählichen Richtungswechsel selbst konservativer Parteien hin zu einer durch den Radikalismus von BUGA UP neu definierten Mitte – mit dem Ergebnis, daß innerhalb von 10 Jahren alle Parteien für das Verbot von Tabakwerbung eintraten. Etwas ähnliches geschah in den 60er Jahren in den USA, als Malcolm X radikale Positionen in Bürgerrechtsfragen vertrat – auf den Punkt gebracht durch den Slogan "Mit allen erforderlichen Mitteln" – und damit Martin Luther King zu größerem Einfluß verhalf. King hatte den Zugang zu einer ganzen Reihe einflußreicher Persönlichkeiten dem Umstand zu verdanken, daß sie lieber mit ihm als mit Malcolm X verhandelten.[9]

---

[8] BUGA UP = Billboard Utilising Graffitists Against Unhealthy Promotions. Siehe hierzu auch den Abschnitt "Ziviler Ungehorsam" (Anmerkung des Herausgebers).
[9] Vgl. Wachter, R. M. (1992): AIDS, Activism, and the Politics of Health. In: New England Journal of Medicine 326: 128-133.

Abb. 1: "Rauchen setzt dich schachmatt." Ein Beispiel für die Benutzung von Plakatwänden zur Warnung vor ungesunden Produkten.

Quelle: Privatfoto Simon Chapman

Radiosendungen mit Hörerbeteiligung

Radiosendungen mit Hörerbeteiligung bieten Ihnen eine Fülle von Möglichkeiten, Ihre Botschaft kostenlos an ein Massenpublikum zu bringen. Die Beteiligung von Anrufern soll die Illusion erzeugen, daß in diesen Sendungen eine Art zufälliger Stichprobe aus dem öffentlichen Meinungsspektrum zu bestimmten Themen gezogen wird. Es ist das radiospezifische Pendant zu den manchmal von Zeitungen veröffentlichten Serien einzeiliger Kostproben von Volkes Stimme, die gewonnen werden, indem man Besucher von Einkaufszentren zu tagesaktuellen Ereignissen befragt. Die Hörerbeteiligung wird von den Programmachern als Alternative dazu gesehen, Experten oder Interessenvertreter um ihre Stellungnahme zu einem Thema zu bitten. Die Möglichkeit des Anrufs in der Redaktion wird gelegentlich auch von Verantwortlichen oder Fachleuten genutzt, aber in der Regel wird es von den Sendern als Zugangsformat für den sprichwörtlichen ‚Mann von der Straße' betrachtet. Das heißt, daß Sie das Genre seiner intendierten Funktion entsprechend nutzen und sich schlicht als jemand vorstellen sollten, der seine Meinung zu der zur Debatte stehenden Frage äußern will. Man sollte also tunlichst vermeiden, als Vertreter einer Lobby wahrgenommen zu werden, die das Medium auszunutzen versucht. Der Sender wird den Zugang solcher Gruppen dadurch zu kontrollieren versuchen, indem er ihn auf Einladungen zu Interviews beschränkt.

Obwohl in Sendungen mit Hörerbeteiligung viele aufrichtige, keiner Interessengruppe verbundene, ‚normale' Menschen anrufen, ist nicht auszuschließen, daß sich bei näherer Betrachtung ein erklecklicher Teil der Anrufer als ziemlich berechnend herausstellen würde. Viele politische Parteien und Interessenverbände versuchen nämlich gezielt, solche Sendungen mit Anrufen zu bombardieren, um den Zuhörern den Eindruck zu vermitteln, es gebe für die von ihnen vertretenen Positionen eine weitreichende Unterstützung. Es ist z.B. durchaus üblich, daß die Mitarbeiter in Politikerbüros in jeder freien Minute versuchen, ihre Anrufe im Radio zu plazieren. Das passiert vor allem dann, wenn der Politiker, für den sie arbeiten, oder dessen politischer Gegner im Studio Anrufe entgegennimmt. In dem einen Fall fungieren sie mit ihren Fragen als Stichwortgeber und geizen nicht mit Lob, in dem anderen Fall gehen sie zum Angriff über.

Schlammschlachten

Die Vorstellung, daß über bestimmte Gesundheitsfragen eine ‚Debatte' geführt wird, erhalten viele Gegner von Public Health nur zu gerne aufrecht. Die Bezeichnung Debatte impliziert, daß das Urteil noch nicht gesprochen und alles Ansichtssache ist, während die Konsequenzen der zur Diskussion stehenden Frage für die Bevölkerungsgesundheit vielfach völlig offensichtlich sind. Manche behaupten, daß man diese Sichtweise legitimiert, wenn man sich auf eine solche in den Medien geführte ‚Debatte' einläßt. Es sei besser, derartige Köder nicht zu schlucken und seine medialen Möglichkeiten auf eigene Initiative hin zu nutzen. Wenn sich Ihre Kontrahenten aber an die Öffentlichkeit wenden, könnte die Abwesenheit von Public Health-Vertretern und Verbraucherrepräsentanten allerdings als Zeichen für ihre Ratlosigkeit oder als Eingeständnis ihrer Niederlage gewertet werden.

Dr. Alan Blum, Mitglied von Doctors Ought to Care (DOC) aus Houston, Texas, ist einer derjenigen, die für die grundsätzliche Vermeidung von öffentlichen Diskussionen mit gegnerischen Interessenvertretern eintreten. Sein Standpunkt lautet: "Wenn Sie sich auf eine Schlammschlacht mit Ihrem Gegner einlassen, werden beide dreckig – aber nur Ihr Gegner genießt das." Sollte es dem Sprecher Ihrer Gegenpartei gelingen, so argumentiert Blum, das Niveau der öffentlichen Diskussion darauf zu reduzieren, daß sich zwei gleichermaßen unsympathische Fanatiker – von denen einer Sie sind – gegenseitig anschreien, dann wird Ihr Anliegen darunter leiden. Überlegen Sie, während Sie Ihre Public Health-Ziele fest im Auge behalten, ob die Möglichkeit einer solchen Begegnung wirklich im Interesse der Sache liegt. Wägen Sie jede Entscheidung, Ihre Teilnahme an einer Debatte wieder abzusagen oder die Einladung gar nicht erst anzunehmen, gegen die Wahrscheinlichkeit ab, daß durch Ihr Fernbleiben unterschwellig der Eindruck erweckt wird, Sie "seien zu feige/ hätten etwas zu verbergen/ scheuten die Konfrontation mit den nackten Tatsachen" und so weiter.

Wenn Sie sich tatsächlich an der Debatte beteiligen sollten, weisen Sie während der Diskussion darauf hin, daß es sich bei Ihrem Kontrahenten um einen bezahlten Sachwalter handelt, dessen Aufgabe darin besteht, den Profit der jeweiligen Branche oder die Politik der jeweiligen Behörde in Schutz zu nehmen. Deuten Sie an, daß er mit ernsthaften Konsequenzen rechnen müßte, wenn er nicht die vorgegebene Position vertreten würde. Beziehen Sie sich auf Äußerungen Ihrer Gegenseite mit Formulierungen wie "Firmenparolen", "hört sich an, als sei ein Sprung in der Platte" und so weiter. Fordern Sie Ihren Kontrahenten immer wieder von Mensch zu Mensch auf, die einstudierte Rolle fallen zu lassen und – ganz im Vertrauen – die Wahrheit zu sagen. Natürlich wird er das nicht tun, aber wenn Sie den Eindruck erwecken, daß Ihr Kontrahent nur vorgegebene Parolen nachplappert und unaufrichtig ist, wird das viele zu einer Neubewertung seiner Äußerungen veranlassen.

Ungebetenes Erscheinen

Ihre Gegner werden mit Sicherheit Tagungen, Festveranstaltungen, Pressekonferenzen, öffentliche Sitzungen und Preisverleihungen abhalten oder ‚Events' sponsern, bei denen ihnen die Anwesenheit Ihrer Gruppe höchst unangenehm wäre.
Solche Veranstaltungen sind oft Gegenstand umfassender Medienberichterstattung und sie werden darüber hinaus von Menschen besucht, die Sie selber gerne erreichen möchten. Ihr ungebetenes Erscheinen bei einer solchen Veranstaltung kann zu einer sehr viel ausgewogeneren Medienberichterstattung beitragen. Anstatt einseitig über die Position Ihrer Gegner oder deren Aktivitäten im Rahmen der Veranstaltung zu berichten, werden die Medien auch Ihre Anwesenheit und Argumente in die Meldung einschließen, was häufig zur mengenmäßigen Halbierung der Berichterstattung über Ihre Opponenten führt (siehe Abb.2). Der tatsächliche Verlauf eines Medienereignisses kann unter Umständen erheblich von dem abweichen, was die Organisatoren eigentlich geplant hatten. In den letzten Jahren wurde jede Eröffnungssitzung der jährlich stattfindenden internationalen AIDS-Konferenz von einer Demonstration der ACT UP-Gruppen begleitet, was dazu führte, daß die Medien weltweit der Demonstration und ihren Beweggründen ebensoviel Aufmerksamkeit schenkten wie der offiziellen Eröffnungsveranstaltung.[10]

[10] Die "Aids Coalition To Unleash Power" (ACT UP) hat den Ansatz des Medienlobbyismus aus dem Bereich der Prävention auf den der High-Tech-Medizin übertragen, um Einfluß auf die Forschungsprioritäten der pharmazeutischen Industrie und die Zulassungspraxis der Gesundheitsbehörden zu nehmen. Zur Medienstrategie von ACT UP und vergleichbaren Gruppierungen siehe Jazbinsek, Dietmar (1999): Zwischen Radikalität und Konformismus. Patienteninitiativen in den USA. In: Public Health Forum (26): 5-6. (Anmerkung des Herausgebers)

Abb.2: Der Autor Simon Chapman (Bildmitte) und andere ungebetene Gäste bei einer Marlboro-Promotion-Veranstaltung.

Quelle: Privatfoto Simon Chapman

Ziviler Ungehorsam

In der Geschichte von Public Health gibt es zahlreiche Fälle von zivilem Ungehorsam. Die Arbeit von Greenpeace auf dem Gebiet des Umweltschutzes ist vielleicht das prominenteste zeitgenössische Beispiel. Ziviler Ungehorsam kann einen Touch von Robin Hood haben (Gesetzlose kämpfen für das Gemeinwohl), der die Öffentlichkeit vor die Frage stellt, welchem Wertesystem sie mehr Bedeutung beimißt. Die Mitglieder von BUGA UP z.B. wurden von der Tabakindustrie und der Außenwerbungsbranche ständig als "Vandalen" verunglimpft, weil sie den Text der Werbeplakate abänderten (siehe Abb.1). BUGA UP allerdings war zuversichtlich, daß die Mehrheit der Bevölkerung die mutwillige Beschädigung von so kurzlebigen Schandflecken wie Werbeplakaten – verglichen mit der unverhohlenen Umwerbung potentieller Raucher – unmittelbar als das kleinere Übel begreifen würde.

Eine Auswahl der Veröffentlichungen von Simon Chapman:

Chapman, Simon/ Marks, R./ King, M. (1992): Trends in Tans and Skin Protection Used by Models in Australian Fashion Magazines. In: American Journal of Public Health 82: 1677-1680

Chapman, Simon/ Lupton, Deborah (1994): Freaks, Moral Tales and Medical Marvels. Health and Medical Stories in a Week of Australian Television. In: Media Information Australia 72: 94-103

Chapman, Simon/ Lupton, Deborah (1994):The Fight for Public Health. Principles and Practice of Media Advocacy. London

Lupton, Deborah/ Chapman, Simon (1995): The Healthy Lifestyle Might Be the Death of You. Discourses on Diet, Cholesterol Control and Heart Disease in the Press and Amoung the Lay Public. In: Sociology of Health and Illness 17: 477-494

Brown, J./ Chapman, S./ Lupton, D. (1996): Infinitesimal Risk as a Public Health Crisis. Media Coverage of a Doctor to Patient HIV Contact Tracing Investigation. In: Social Science & Medicine 43: 1685-1695

Chapman, Simon (1998): Postmodernism and Public Health. In: Australian and New Zealand Journal of Public Health 22: 403-405

Chapman, Simon (1998): Over Our Dead Bodies. Port Arthur and Australia's Fight for Gun Control. Sydney

Chapman, Simon et al. (1999): The Impact of Workplace Smoking Bans on Declining Cigarette Consumption in Australia and the USA. In: American Journal of Public Health 89:1018-1023

Wie macht man Public Health publik?
Vorschläge zur Pressearbeit der Gesundheitswissenschaften[1]

Rosemarie Stein

Haben Sie sich schon mal über den Unsinn geärgert, den Sie über Ihr Fachgebiet in der Zeitung lesen mußten? Oder waren Sie enttäuscht, daß Sie über Ihren – mit so viel Mühe vorbereiteten - Kongreß im Morgenblättchen kaum zwanzig Zeilen lasen und daß Funk und Fernsehen ihn überhaupt nicht zur Kenntnis nahmen?

Dann macht Ihre Fachgesellschaft oder Ihr Institut wahrscheinlich eine schlechte Presse- und Öffentlichkeitsarbeit – oder womöglich gar keine. Sitzt da jemand womöglich hoch über den Niederungen des Lebens im Elfenbeinturm und ist sich der Bringschuld der Wissenschaft noch gar nicht bewußt? Oder wird die Sache einfach dilettantisch angepackt?

Ob Selbstgenügsamkeit, Unkenntnis oder Halbherzigkeit – die Folgen sind die gleichen: Public Health ist alles andere als populär und daran sind nicht zuletzt die Fachvertreter selbst schuld. Eine ganz unrepräsentative Mini-Umfrage unter den Präsidenten und Vizepräsidenten Public Health-relevanter Tagungen und Fachgesellschaften (wie denen der Sozialmediziner, Medizinsoziologen oder Epidemiologen) kam zu dem traurigen Ergebnis: Die meisten dieser Gesellschaften haben keinen ständigen Pressebeauftragten. Sie haben nicht einmal einen Pressesprecher bei ihrem Jahreskongreß, geschweige denn eine richtige Pressestelle. Meist begnügen sie sich mit einer Pressekonferenz, und die wird (in der Regel von der Pressestelle der örtlichen Universität) so kurzfristig anberaumt, daß nur ein paar Reporter der Lokalzeitungen erscheinen und einige Meldungen produzieren.

Mauerblümchen in die Sonne stellen!

Das Mauerblümchendasein im Schatten des öffentlichen Interesses ist das Schicksal der meisten Disziplinen und Arbeitsbereiche, die mit Gesundheit zu tun haben, ohne aber auf Heilerfolge hinweisen zu können. Da ist die kurative Medizin (mit der Chirurgie an der Spitze) viel besser dran. Und ganz am Fuße der Beliebtheitsskala stehen neben den Kernfächern von Public Health zum Beispiel auch Geriatrie, Rehabilitation und Pflege.

Die quasi genetische Disposition zur Unpopularität sollte aber nicht zur Resignation, sondern im Gegenteil zu Kompensation durch gegensteuerndes Verhalten führen. Denn gerade Public Health braucht selbstverständlich dringend enge Verbindungen zum Publikum. Die bilden sich nicht von selbst. Die Schwierigkeiten

[1] Der vorliegende Beitrag ist die erweiterte Fassung eines gleichnamigen Artikels in *Public Health Forum* (11) 1996.

fangen schon beim – noch immer erklärungsbedürftigen – Namen an (Stein 1994: 15). Eigentlich müßten Sie immer, wenn Sie von Public Health sprechen, erst einmal die WHO zitieren:

> "Public Health ist die Wissenschaft und Praxis der Krankheitsverhütung, Lebensverlängerung und der Förderung psychischen und physischen Wohlbefindens durchbevölkerungsbezogene Maßnahmen."

Stattdessen übersetzen selbst Experten manchmal „Public Health" schlicht mit "Öffentliche Gesundheit" – wobei Laien, aber auch Ärzte unweigerlich den Öffentlichen Gesundheitsdienst assoziieren. Das ist natürlich überhaupt nicht im Sinne von *New Public Health* und der *Ottawa Charta.*

Also: Versuchen Sie mal, der Öffentlichkeit allgemeinverständlich zu erklären, was Public Health eigentlich ist und wozu man dieses multidisziplinäre Arbeitsgebiet braucht. Das ist ganz allgemein eine gute Vorübung für Ihren künftigen Umgang mit den Medien, weil Sie hieran üben können, Ihr Fachchinesisch (oder Fach-Pidgin-English) ins Deutsche zu übertragen. Das kann Ihnen aber auch im besonderen sehr nützlich sein, denn Sie werden es bei jeder Pressemeldung, bei jedem Gespräch mit Journalisten, bei jeder Pressekonferenz wiederholen müssen – so ungeläufig ist Public Health dem Publikum noch immer. Im öffentlichen Bewußtsein ist für die Gesundheit eben die Medizin zuständig. Die hat's viel leichter, Interesse zu wecken, je spektakulärer, desto mehr. Aber auch sie wartet nicht, bis die Journalisten von selbst kommen, sondern macht aktive oder gar aggressive Pressearbeit. Die Chefsekretärin eines Herzzentrums rief zum Beispiel alle erreichbaren Journalisten an und bat zur Pressekonferenz anläßlich der hundertsten Herztransplantation. Das war unnötig, denn die Transplantationsmedizin 'verkauft' sich von allein.[2]

Die Hölle läßt sich leichter schildern als das Paradies

Aber wie man Herzkrankheiten verhüten könnte, das muß der Öffentlichkeit erst noch interessant gemacht werden. Oder gar, wie man überhaupt gesund bleibt. "Über die Verborgenheit der Gesundheit" heißt ein Buch des Philosophen Gadamer (vgl. Gadamer 1993). Gesundheit ist kein "Gegenstand", wörtlich genommen; sie steht uns nicht entgegen wie die "aufdringliche" Krankheit, schreibt Gadamer und weist auf den methodischen Primat der Krankheit gegenüber der Gesundheit hin. Ist das der Grund, warum Public Health sich immer noch lieber mit Krankheit als mit Gesundheit befaßt?

So lange die Gesundheitswissenschaften derart deutlich im Schlepptau der Medizin bleiben, werden sie es schwer haben, klarzumachen, wozu es sie eigentlich geben muß. Selbst handwerklich perfekte Öffentlichkeitsarbeit brächte da nicht viel.

Irene Guggenmoos-Holzmann, die leider viel zu früh verstorbene Biometrikerin, konstatierte in einem spöttischen Kommentar, der Public Health-Forschung gehe es

---

[2] Siehe hierzu auch den Beitrag von Franke im vorliegenden Band.

wie Dante mit seiner 'Göttlichen Komödie': "Das Fegefeuer und die Hölle sind viel einfacher zu beschreiben als das Paradies." (Guggenmoos-Holzmann 1994: 76) Auch Journalisten schreiben über dramatische Höllenqualen viel lieber als über langweilige Himmelsharmonien.

Wie machen's denn die Amerikaner?

Public Health braucht aber nun einmal das Publikum, nicht nur zur Existenzsicherung, sondern auch als Partner der praktischen Arbeit. In den USA gründete zum Beispiel die *Harvard School of Pubic Health* schon 1986 ein *Center for Health Communication.* Denn die Harvard-Leute sind davon überzeugt, daß gerade Public Health die Bringschuld der Wissenschaft besonders ernst zu nehmen hat. Sie führten nicht nur Reihen von Colloquien für verschiedene Zielgruppen ein, sondern sogar einjährige Fellowships für Journalisten. Mit Beratung durch Medienexperten brachten sie verschiedene Präventions-Anliegen sehr geschickt unter die Leute. Das *Harvard Alcohol Project* war beispielsweise eine Kampagne gegen Alkohol am Steuer (vgl. Montgomery 1993). Mit Hilfe der Massenmedien erreichte sie ganz Amerika, und zwar ohne erhobenen Zeigefinger und (gewöhnlich ungelesene) Traktätchen. Vielmehr wurde mit beiläufiger Selbstverständlichkeit in zahllosen Unterhaltungsprogrammen des Fernsehens und auch in Spielfilmen das Thema "Trinken oder Fahren" ins Bild gesetzt und zur Sprache gebracht. Ziel dieses forschungsgestützten Demonstrationsprojektes war es, zu erproben, auf welche Weise gesundheitsrelevante soziale Normen sich mit Hilfe der Massenmedien verändern lassen. Dies war *Product Placement* andersherum: Statt Whisky, Zigaretten oder Autos wurde den Leuten gesundheitsförderliches Verhalten per 'Schleichwerbung' nahegebracht.[3]

Und wie sieht es in Deutschland aus? Wir hinken wieder einmal hinter Amerika her, obwohl hierzulande die Gesundheitswissenschaftler gleich mit *New Public Health* im Sinne der *Ottawa Charta* angefangen haben (vgl. Schwartz/ Walter 1996). Selbst als simple Information ist Pressearbeit bei Public Health-Experten noch lange nicht selbstverständlich, von enger Kooperation mit den Medien ganz zu schweigen. Schlimmer noch: Auch die Bemühungen um Kommunikation unter den verschiedenen gesundheitswissenschaftlichen Disziplinen lassen offensichtlich zu wünschen übrig.

Die drei konzentrischen Kreise der Öffentlichkeit

"Öffentlichkeit" läßt sich für Public Health in drei konzentrischen Kreisen vorstellen: Der innerste enthält alle Fächer des multidisziplinären Arbeitsfeldes. Der mittlere Kreis ist das Gelände der *scientific community* und der äußere das der breiten

---

[3] Die vom *Harvard Alcohol Project* gewählte Präventionsstrategie firmiert in den USA unter dem Oberbegriff des *Hollywood Lobbyismus*, einer auf den Kontakt zu Drehbuchautoren hin angelegten Variante des Medienlobbyismus. (Anmerkung des Herausgebers)

Öffentlichkeit. Alle drei Kreise brauchen ihre Medien, von den Spezialorganen über die allgemeinen Wissenschaftszeitschriften bis zu Tageszeitungen, Publikumszeitschriften, Funk und Fernsehen. Teilweise sind es dieselben Autoren (freie Wissenschaftsjournalisten), die Fach- wie Publikumsmedien mit Beiträgen versorgen.

Wie weckt man nun das Interesse der Wissenschaftler anderer Gebiete wie auch des großen Publikums an Public Health-Themen? Ein aktueller Anlaß bietet sich an, etwa ein Kongreß, denn alle Medien sind auf Aktualität aus, und wenn es nur die Schein-Aktualität eines Tagungsvortrags ist. Die Öffentlichkeitsarbeit beginnt mit dem Inhalt, der Gestaltung und dem frühzeitigen Versand des Kongreßprogramms und endet mit verständlich geschriebenen und neugierig machenden Abstracts noch immer nicht.

Auf Ihre geplante Tagung sollten Sie zumindest die Fachjournalisten schon ein paar Monate vorher hinweisen. Denn Wissenschaftsjournalisten haben einen ebenso vollen Terminkalender wie die Wissenschaftler selbst. (Sie werden überhaupt mit Einladungen überhäuft; rechnen Sie also mit höchstens zehnprozentiger Teilnahme und gestalten Sie eventuelle Antwortformulare so, daß sie nur bei Zusage abgeschickt werden müssen.) Die Öffentlichkeitsarbeit muß ohnehin von Anfang an mit eingeplant werden, wenn Sie Ihre Tagung vorbereiten.

Ganz wichtig: In Kongreßprogramme wie Abstract-Bände gehört ein Verzeichnis der Vortragenden mit Titel, Vornamen, Namen, Institution, Funktion, Adresse und möglichst auch Telefon- und Faxnummer. Das erleichtert nicht nur den Kontakt der Wissenschaftler untereinander, sondern auch die schnelle Nachfrage durch eilige, aber gewissenhafte Berichterstatter. Es kommt noch immer vor, daß im Programm der Jahrestagung einer Fachgesellschaft nichts steht als "P. Meier" oder "A. Müller". Außenstehende können dann nicht mal Männlein und Weiblein unterscheiden oder Institutsleiter und Nachwuchswissenschaftler, und niemand ist hinterher schnell erreichbar. Eine Fachgesellschaft als abweisende Wagenburg?

Ein verständlicher Stil ist die halbe Pressearbeit

Denselben Grad der Abschottung erreicht man durch ein schwindelnd hohes Abstraktionsniveau ohne lebendige Fallbeispiele, durch eine trockene Bürokratensprache oder einen mit kryptischen Abkürzungen durchsetzten Fachjargon (Beispiel "UVP" für "Umweltverträglichkeitsprüfung"). Der wird oft nur in der eigenen Disziplin verstanden – oder nicht einmal dort. Als verantwortliche Redakteurin eines Public Health Sonderheftes der Berliner TU-Zeitschrift *Forschung aktuell* mußte ich einige allzu fachchinesisch abgefaßten Beiträge wissenschaftlicher Autoren in ein halbwegs passables Deutsch übertragen – eine Sträflingsarbeit. Weil ein prominenter Autor nie erreichbar war, fragte ich eine Mitarbeiterin nach dem Sinn eines Absatzes. Sie hatte ihn aber selbst nicht verstanden. In solchen verzweifelten Fällen kann Pressearbeit auch nichts mehr retten.

Was interessiert überhaupt die Öffentlichkeit? Vor allem Forschungsergebnisse, die erkennbare praktische Konsequenzen haben. 'Ungelegte Eier', also laufende

Projekte und ihr Studiendesign, sind nur selten gefragt. Denken Sie daran, wenn Sie Pressemitteilungen verfassen, wenn Sie Highlights eines Kongresses fürs Publikum herausstellen oder wenn Sie eine Pressekonferenz vorbereiten. Auch dort ist ein kurzer 'Waschzettel' wichtig. Wenn der Redaktionsschluß kurz bevorsteht und die Journalisten binnen ein bis zwei Stunden einen Artikel oder eine Sendung zustande bringen müssen, können sie einen solchen Pressetext notfalls paraphrasieren und damit Fehler vermeiden.

Überhaupt verringern Unterlagen die Fehlerquote. Amerikanische und zunehmend auch deutsche Wissenschaftler haben oft mehrere Kopien ihres Vortragsmanuskripts in der Tasche – falls ein Journalist danach fragen sollte. Denn die gewissenhaften unter ihnen arbeiten nicht gern 'ohne Netz', das heißt nur nach Notizen während des Referats.

Rumpelstilzchen oder Brücken zwischen zwei Welten

Wissenschaftler (auch Gesundheitswissenschaftler) und Journalisten leben in zwei Welten und verfolgen unterschiedliche Ziele. Journalisten haben oft genug das Gefühl, aus einem wirren Haufen von Forschungs-Stroh glänzendes Gold spinnen zu müssen, um die Leser anzuziehen und für ein Thema zu interessieren. Manchmal ist diese Aufgabe schier unlösbar, und aus lauter Verzweiflung möchten sie sich am liebsten selber entzweireißen wie Rumpelstilzchen. Aber auch die Forscher reißen sich beim Zeitungslesen vor Wut nicht selten fast entzwei, weil sie meinen, ihre goldenen Worte seien von der 'Journaille' zu nichts als Stroh verarbeitet worden.

In anderen Ländern ist es seit langem gang und gäbe, daß Wissenschaftler sich durch Kurzkurse in Pressearbeit schulen lassen. Sie schlüpfen im Rollenspiel sogar in die Haut der Pressevertreter, um die Bedingungen und Erfordernisse ihrer Arbeit kennenzulernen (zum Beispiel Zeitdruck, begrenzte Zeilen- oder Minutenzahl, Denken vom Leser, Hörer oder Zuschauer her, Gratwanderung zwischen verständlicher Wissenschaftlichkeit und unakzeptabler Versimpelung oder Sensationshascherei).

Auch in Deutschland haben hin und wieder Universitäten, die Max-Planck-Gesellschaft, das Forschungszentrum Jülich und andere Institutionen Wissenschaftlern diese Möglichkeit angeboten. Und die Robert Bosch-Stiftung finanzierte jungen Wissenschaftlern mehrmonatiges Hospitieren in Redaktionen und leitete damit bei vielen die Metamorphose zum Wissenschaftsjournalisten ein. Umgekehrt werden auch manchmal die Journalisten für ein paar Tage in die Werkstätten der Wissenschaft eingeladen. Solche Gelegenheiten sollten beide Teile nutzen. Dieser Austausch hilft, Gräben zwischen den zwei Welten einzuebnen.

Arbeitshilfen anfordern!

Es gibt auch ein paar einfache, aber nützliche Arbeitshilfen: Merkblätter und Broschüren, die Ihnen die Öffentlichkeits- und Pressearbeit erleichtern. Vor allem Medizinjournalisten haben solche Informations- und Verständigungshilfen erarbeitet. Sie sind fachübergreifend von Nutzen.

Die Schwierigkeiten der Pressearbeit fangen schon beim richtigen Verteiler an. Wen informiert man regelmäßig? Zu wem sucht man engeren Kontakt? Wen lädt man ein? Das "Pressetaschenbuch für Naturwissenschaft und Medizin" (Kroll/ Kroll 1998/ 99) nennt hunderte von Namen. (Ein "Pressetaschenbuch Geld, Versicherung und Soziales" gibt es auch.) Es enthält außer Adressen von Wissenschaftsjournalisten und Medien auch die der einschlägigen Publikationen sowie der Verbände und Institutionen des Gesundheitswesens.

Jede wissenschaftliche Gesellschaft, jede größere Institution braucht einen Pressebeauftragten, der sich ein bißchen in der Medienlandschaft auskennt und Kontakt zu den Journalisten hält. Meist macht das ein jüngerer Wissenschaftler. Wer mehr tun will, nimmt zumindest für die Pressearbeit bei Kongressen einen Fachmann unter Vertrag, einen in Pressearbeit erfahrenen Fachjournalisten.

Wer sich diese professionelle Hilfe nicht leisten kann oder will, findet für die Kongreß-Pressearbeit seiner wissenschaftlichen Gesellschaft Rat und fachkundige Unterstützung bei der *Arbeitsgemeinschaft der Wissenschaftlichen Medizinischen Fachgesellschaften* (AWMF), sofern die Vereinigung dort Mitglied ist. Das Zentrum für Öffentlichkeitsarbeit der AWMF verschickt auch ein kleines Faltblatt mit einschlägigen Tips.[4] Detaillierte Hinweise finden Sie auch in einem Merkblatt, das der *Arbeitskreis Medizinpublizisten/ Klub der Wissenschaftsjournalisten* erarbeitet hat.[5] Es wird ebenso wie das Mitgliederverzeichnis an alle Interessenten verschickt. Bei diesem Arbeitskreis kann man auch erfragen, wer von den Fachjournalisten gelegentlich die Pressearbeit für größere Kongresse übernimmt (die Autorin gehört nicht dazu) und wer Wissenschaftler im Umgang mit den Medien schult.

Denken Sie daran: Klappern gehört zum Handwerk. Und gerade Public Health gehört am allerwenigsten in den Elfenbeinturm, sondern vielmehr aufs öffentliche Forum!

---

[4] Öffentlichkeitsarbeit bei Jahrestagungen und Kongressen. Tips, Ratschläge und Service für die Mitgliedergesellschaften der AWMF. Erhältlich beim Zentrum für Öffentlichkeitsarbeit der AWMF, Moorenstraße 5, 40225 Düsseldorf, Telefon 0211/31 28 28, Fax 0211/ 31 68 19.

[5] Wissenschaft öffentlich machen. Ein Merkblatt zur Pressearbeit bei Kongressen und Fachtagungen. Erhältlich beim Arbeitskreis für Medizinpublizisten/ Klub der Wissenschaftsjournalisten e.V., Postfach 700 149, 70571 Stuttgart, Telefon 0711/ 76 34 43, Fax 0711/ 76 69 92.

Literatur

Backer, Thomas E./ Rogers, Everett M. (Hrsg.) (1993):Organizational Aspects of Health Communication Campaigns. London

Gadamer, Hans-Georg (1993): Über die Verborgenheit der Gesundheit. Aufsätze und Vorträge. Frankfurt a.M.

Guggenmoos-Holzmann, Irene (1994): Von der Schwierigkeit, das Paradies zu beschreiben. In: TU Berlin - Forschung aktuell 11 (45-47): 76-77

Kroll, Jens M./ Kroll, Björn: Pressetaschenbuch Gesundheit 1998/ 99. Seefeld/ Obb.

Montgomery, Kathryn C. (1993): The Harvard Alcohol Project. Promoting the Designated Driver on Television. In: Backer/ Rogers (1993): 178-202

Stein, Rosemarie (1994): Ohne Fremdwort geht es nicht. Zur Begriffsbestimmung vonPublic Health. In: TU Berlin - Forschung aktuell 11 (45-47): 15

Schwartz, Friedrich Wilhelm/ Walter, Ulla (1996): Public Health in Deutschland. In: Walter/ Paris (1996): 2-12

Walter, Ulla/ Paris, Walter (Hrsg.) (1996): Public Health. Gesundheit im Mittelpunkt. Meran

Wissenschaftsjournalismus
Eine Berufsperspektive für Public Health-Absolventen

Winfried Göpfert

Tätigkeitsfelder

Medizin und Gesundheit sind in allen Medien gängige Themen. Grob überschlagen beschäftigt sich fast die Hälfte aller Wissenschaftsberichterstattung mit diesen Themenfeldern. Hinzu kommen noch diejenigen Fachzeitschriften für Ärzte, Pflegekräfte, Psychologen und andere Berufe des Gesundheitswesens, die eher journalistischen als fachlichen Ansprüchen verpflichtet sind. Zunehmende Bedeutung gewinnen elektronische Online-Dienste, Datenbanken und Multimediaprodukte aller Art, gerade und besonders im medizinischen Bereich. Schließlich nicht zu vergessen: die 'andere Seite' des Journalismus, die Öffentlichkeitsarbeit. Vielleicht nicht immer nach jedermanns Geschmack bieten jedoch Public Relations und Unternehmenskommunikation viele Arbeitsmöglichkeiten. Und wenn sich Öffentlichkeitsarbeit nicht als 'Werbung mit anderen Mitteln' mißbrauchen läßt, erfüllt sie wichtige Funktionen und kann ein ebenso honoriges und spannendes Berufsfeld sein wie der Journalismus.

Unter den Wissenschafts-, insbesondere den Medizinjournalisten hat es immer auch Ärzte oder Gesundheitswissenschaftler gegeben, die sich mehr für das Schreiben oder Vermitteln von medizinischen Erkenntnissen interessierten als für den Beruf, für den sie eigentlich ausgebildet wurden. Journalismus ist nach wie vor ein freier Beruf, jeder Zugang ist möglich und erlaubt. Auch heute finden Fachleute aus anderen Gebieten den Weg in den Wissenschaftsjournalismus - als sogenannte Seiteneinsteiger. Meist haben sie schon während des Studiums angefangen zu schreiben, haben dieser Zeitung, jener Fachzeitschrift einfach mal etwas angeboten und sind so 'reingerutscht'.

Solche Kontakte zu einzelnen Redaktionen lassen sich ausbauen und erweitern und schnell weiß man, welche Redaktion sich für regelmäßige Berichte über die "Wissenschaft und Praxis der Krankheitsverhütung, Lebensverlängerung und Gesundheitsförderung durch bevölkerungsbezogene Maßnahmen" - so die gängige Definition von Public Health - interessiert. Hilfreich für den Berufseinstieg ist ein Praktikum oder gar ein Volontariat bei einer Redaktion (oder in einer PR-Agentur), notwendig ist es aber nicht. Nebenbei: Auch Redaktionen, die ein Praktikum vergeben, sehen es gern, wenn der Bewerber schon auf erste Arbeitsproben verweisen kann. Für ein Volontariat sind sie unabdingbare Voraussetzung.

Wer keinen Seiteneinstieg schafft (oder es sich nicht zutraut), kann Ausbildungsangebote nutzen, die den Berufseinstieg wesentlich erleichtern. Angefangen von Weiterbildungskursen, Schreibwerkstätten und Wochenendseminaren bis hin zu den Lehrredaktionen an Journalistenschulen und kompletten Journalismus-Studiengängen an Universitäten reicht die Palette. Den einzigen Zusatzstudiengang speziell für Wissenschaftsjournalismus - Dauer: ein Jahr - bietet die Freie Universität in Berlin.

Das Zusatzstudium *Wissenschaftsjournalismus* am Institut für Publizistik- und Kommunikationswissenschaft der Freien Universität Berlin

Voraussetzung für die Zulassung zum Studiengang *Wissenschaftsjournalismus* der FU Berlin ist ein abgeschlossenes Hochschulstudium und der Nachweis von Neigung und Eignung durch (veröffentlichte oder unveröffentlichte) Arbeitsproben.

Das Zusatzstudium *Wissenschaftsjournalismus* bietet kompakt in einem Jahr etwa ein halbes Publizistikstudium: Hintergrundinformationen zum Mediensystem, zu Problemfeldern des Journalismus allgemein und zum Wissenschaftsjournalismus im speziellen: Wie lassen sich komplizierte Sachverhalte spannend und verständlich vermitteln, welche Informationen sind überhaupt sinnvoll und notwendig für welches Publikum, usw. In den Praxisseminaren erwerben die Studierenden schließlich die Fertigkeiten der praktischen Umsetzung - und zwar in allen Medien: Zeitung und Zeitschrift, Hörfunk, Fernsehen. Dabei werden herkömmliche Medienträger ebenso berücksichtigt wie computerunterstützte Systeme. Insbesondere das monatliche Wissenschaftsmagazin im *Uni-Radio* bietet eine kontinuierliche praxisnahe Ausbildung im Hörfunk. Jedes Jahr werden 20 Studienplätze vergeben. Die Bewerbungszahlen liegen zwischen 50 und 100. Bewerbungsschluß ist jeweils der 30. Juni. Studienbeginn ist jeweils Mitte Oktober zum Wintersemester.[1]

Als Gesundheitswissenschaftler wird man sich natürlich gut überlegen, ob man an das erste Aufbaustudium - Public Health - noch ein zweites - Wissenschaftsjournalismus - anschließt oder nicht doch lieber sein Glück als Seiteneinsteiger versucht.

Redakteur oder freier Autor?

Ob als Seiteneinsteiger oder Absolvent eines Ausbildungsganges: In aller Regel wird man nicht darauf hoffen können, eine Redakteursstelle in der Wissenschaftsredaktion der *Frankfurter Allgemeinen Zeitung* oder in der Medizinredaktion vom *ARD-Ratgeber: Gesundheit* angeboten zu bekommen. Voraussetzung für eine Redakteursstelle ist neben anderem Berufserfahrung, und die erwirbt der Berufsanfänger am besten durch die Tätigkeit als freier Autor. Viele bleiben auch dabei: Gut ein Drittel aller Journalisten arbeitet in freier Tätigkeit und genießt die Vorteile der Selbständigkeit.

Wem dagegen freie Urlaubsplanung und Selbstbestimmung nicht über alles gehen, wer die Abgesichertheit des Angestelltendaseins zu schätzen weiß, wird sich früher oder später für den festen Job in einer Redaktion interessieren. Knapp zwei Drittel aller Tätigen in der Branche (Öffentlichkeitsarbeit eingeschlossen) arbeiten in

---

[1] Informationen: Freie Universität Berlin, Arbeitsbereich Wissenschaftsjournalismus. Malteserstr. 74-100, 12249 Berlin, Tel.: (030) 83870-300, Fax: (030) 776 2149.

festen Verhältnissen und genießen Lohnfortzahlung oder gar Pensionszusagen. Doch die Gewerkschaften haben auch für freie Mitarbeiter Rechte erkämpft. Viele Verlage und Rundfunkhäuser bieten Urlaubsgeld und zahlen Zuschüsse für die Krankenkasse und die Rentenversicherung an die *Künstlersozialkasse*. Diese Versicherung, eigens eingerichtet für freie Berufe, sorgt für einen Rundumschutz, der die gravierenden Risiken der Selbständigkeit abmildern hilft.

Freie wie festangestellte Journalisten liegen im guten Mittelfeld der Verdienstmöglichkeiten. Insbesondere bei den Freien können die Spannen sehr weit reichen: von knapp über dem Existenzminimum bis hin zu Spitzengagen. Viel hängt vom Können sowie von der eigenen Leistungsbereitschaft und nicht zuletzt vom Medium ab: Während Fernsehbeiträge recht gut honoriert werden, kann man von den Zeilenhonoraren der Tagespresse allein in der Regel kaum leben.

Am schwierigsten: Der Einstieg

Überall im Journalismus sind die Bedingungen in den letzten Jahren härter geworden. Der Berufseinstieg ist nicht mehr so einfach, die Konkurrenz ist größer als früher. Dennoch ist die Fluktuation im gesamten Berufsfeld recht groß, und insbesondere für Freie ergeben sich immer wieder Möglichkeiten. Hier erweisen sich v.a. Praktika als 'Tor zum Job', denn sie schaffen Kontakte und ermöglichen den Blick hinter die Kulissen, in die Denk- und Arbeitsweise der möglichen Auftraggeber. Das gilt für alle Medien.

Am leichtesten gelingt dem Anfänger noch der Einstieg in die schreibenden Medien. Wer mit dem Schreibprogramm des Computers zurecht kommt, wer beim Aufsatzschreiben in der Schule nicht nur auf dem Bleistift herumgekaut hat, wer sich einfach mal angeschaut hat, wie Berichte in der *Zeit*, im *Spiegel* oder der *Märkischen Allgemeinen* abgefaßt sind und sich verständlich und knapp ausdrücken kann, sollte einen spannenden Bericht über ein aktuelles Thema einfach mal probehalber schreiben und (am besten gleich mehreren) Redaktionen zusenden, vielleicht beißt ja einer an. Die meisten Redaktionen werfen unverlangt eingesandte Manuskripte aber ohne Achselzucken in den Papierkorb. Deshalb lohnt es sich, nachzufragen und um Ratschläge zu bitten.

Etwas mehr Handwerk verlangt dagegen schon der Hörfunk. Genügte früher allein das gekonnte Mikrophonhalten, so erwarten heute viele Sender, daß die Autoren ihre Beiträge selber schneiden und fertig gemischt abliefern. Schneiden am herkömmlichen Magnetband oder vollelektronisch auf der Festplatte erfordern nicht nur Spezialkenntnisse, sondern auch eine gehörige Portion Fingerfertigkeit und Übung. Noch größer sind die Komplikationen beim Fernsehen, wo erstens mehrere Berufsfelder zusammenarbeiten und zweitens eine ganz andere Dramaturgie des Journalismus zum Tragen kommt.

Wer also im Hörfunk arbeiten will, sollte mindestens schon mal gelernt haben, was Journalismus überhaupt ausmacht und wissen, was eine verständliche Aussage ist. Wer ins Fernsehen will, tut sich leichter, wenn er schon mal im Hörfunk Interviews gemacht und geschnitten hat und etwas von der Dramaturgie der audiovisuellen Erlebnismedien versteht.

Rosige Aussichten?

Der Wissenschaftsjournalismus war schon immer ein Stiefkind der deutschen Medienbranche, und es spricht trotz wohlklingender Verlautbarungen zur Bedeutung einer informierten Öffentlichkeit wenig dafür, daß sich dies in absehbarer Zeit ändert. Auch die Aussichten für Journalisten, die sich auf Medizin- und Gesundheitsthemen spezialisiert haben, sind nicht gerade rosig. Der Grund dafür ist vor allem in den aktuellen Tendenzen der Medienökonomie zu sehen.

Auf dem Zeitungsmarkt ist der seit langem anhaltende Prozeß der Konzentration noch keineswegs abgeschlossen. Ein typisches Beispiel hierfür ist die Zusammenlegung von bisher eigenständigen Redaktionen zu Zentralredaktionen, die den Mantelteil der Zeitungen herstellen. Die örtlichen Redaktionen liefern nur noch den Lokalteil zu. Auch Wissenschaftsseiten oder Spezialbeilagen zu Gesundheitsthemen können zentral gefertigt und den regionalen Abnehmern zugeliefert werden. Damit gehen mögliche Arbeitsplätze verloren – und die Vielfalt der Berichterstattung bleibt auf der Strecke. Hinzu kommt, daß der immer härtere Konkurrenzkampf auf dem Zeitungsmarkt die Abhängigkeit der Printmedien vom Anzeigengeschäft erhöht und ihre 'Immunität' gegenüber Einflußnahmen von Seiten möglicher Inserenten schwächt. Dies gilt auch und gerade für den kontinuierlich zunehmenden Anteil der Pharmawerbung.[2] Da es (nicht nur) aus Sicht von Public Health-Experten eine beinahe absurde Vorstellung ist, man könne sich die Gesundheit in der Apotheke kaufen, sind Konflikte zwischen pharmakritischen Journalisten und werbeabhängigen Verlagshäusern vorprogrammiert.

Auch die gegenwärtige Entwicklung im Hörfunk stimmt nicht gerade hoffnungsfroh, da hier immer mehr Fachredaktionen abgebaut werden. Neben dem SFB haben beispielsweise der Süddeutsche und der Norddeutsche Rundfunk ihre Medizin- und Gesundheitsredaktionen 'verschlankt'. Der Trend geht zu den durchmagazinierten Wellen, im Volksmund auch 'Dudelfunk' genannt. In diesen Programmen kommen zwar nach wie vor recht häufig gesundheitsbezogene Themen vor, aber sie werden kaum sachgerecht aufgearbeitet. Eckart Schibber, der ehemalige Vorsitzende des *Arbeitskreises Medizinpublizisten*, meinte einmal sarkastisch dazu: "Jeder halbgebildete Radiomoderator glaubt ja heute, über jede beliebige Krankheit reden zu können, weil er jemanden in der Verwandtschaft kennt, der das auch schon mal hatte."

Ähnliches gilt auch für das Fernsehen, wo es zwar immer noch eine ganze Reihe von Magazinen gibt, die sich zumindest dem Anspruch nach die Gesundheitsförderung sowie die Förderung der Kritikfähigkeit von Patienten und Konsumenten auf die Fahnen geschrieben haben. Sie haben es in einer Zeit, in der für die Programmverantwortlichen die Einschaltquote zum Maß aller Dinge geworden ist, jedoch immer schwerer, ihre Sendeplätze z.B. gegen Talkshows zu behaupten, in denen

[2] Siehe hierzu den Beitrag von Justin Westhoff im vorliegenden Band.

ähnliche Themen flott-salopp und gewürzt mit persönlichen Erlebnissen und Bekenntnissen präsentiert werden. Die Journalistin Barbara Ritzert bemerkte hierzu auf einer internationalen Konferenz zum Thema Wissenschaftskommunikation, die wir im Herbst 1998 in Berlin veranstaltet haben: "Der Trend zu Verkürzung sowie vor allem der generelle Stilwandel in den Medien hin zu einer stärkeren Visualisierung, knapperen Texten, hektischeren Layouts und Schnittfolgen im Hörfunk- und TV-Bereich erschwert bei komplexen Themen die Darstellung."[3]

Marktlücken

Trotz der insgesamt wenig erbaulichen Aussichten für ein berufliches Fortkommen im Medienbereich gibt es nach wie vor Marktlücken, die insbesondere von Public Health-Absolventen genutzt werden können, um den Einstieg in den Journalismus zu schaffen. Sie tun sich nicht unbedingt dort auf, wo der klassische Medizinjournalismus ansetzt, also im Bereich aufsehenerregender technischer oder pharmakologischer Neuerungen, die auf Pressekonferenzen einer staunenden Reporterschar präsentiert werden. Innerhalb des Gesundheitswesens sind es vor allem die Tätigkeitsfelder abseits der High-Tech-Medizin, wie Pflege und Rehabilitation, ambulante Dienste und Psychotherapie, die mehr publizistische Aufmerksamkeit verdienen. Eine Reportage darüber, welche gesundheitlichen Belastungen der Arbeitsalltag von Krankenschwestern mit sich bringt, läßt sich zum Beispiel durchaus 'verkaufen'. Auch ein Hintergrundbericht zu neuen Erkenntnissen der Lebensqualitätsforschung kann für Redaktionen interessant sein, weil er nicht unbedingt zum Repertoire von klassischen Medizinjournalisten gehört.[4]

Außerhalb des Gesundheitswesens gibt es eine Vielzahl von Organisationen, die sich für Public Health-Belange engagieren, wie Bürgerinitiativen, Selbsthilfegruppen oder Verbraucherschutzverbände. Ihnen fehlen in aller Regel aber die Mittel, um eine ähnlich professionelle Öffentlichkeitsarbeit zu machen wie Ärztekammern, Großkrankenhäuser oder Forschungsinstitute, weshalb fachkundig geschriebene Porträts derartiger Einrichtungen Mangelware sind.

Eine journalistische Marktlücke von riesigem Ausmaß tut sich auf, wenn man sich die Angebote an Gesundheitsdiensten und Gesundheitsinformationen vor Augen führt, die sozusagen 'im Wildwuchs' im privaten Sektor entstanden sind. Der ganze Bereich der Fitneßbranche ist hierzu zu zählen, aber auch die Psycho-Kurse und Körper-Therapien, für die in den Kleinanzeigen der Stadtmagazine geworben wird. Ein anderes Beispiel ist die Ratgeberliteratur in Sachen Gesundheitsförderung, die in den Buchhandlungen immer mehr Regale füllt. Rezensionen, die den ratlosen Lesern helfen würden, Brauchbares von Absonderlichem zu unterscheiden, liest man

---

[3] "Wissenschaft - Medien - Öffentlichkeit" (5th International Conference on Public Communication of Science and Technology, 17.-19. Sept. 1998, Berlin). Die Konferenzprotokolle sind nachzulesen unter http://www.fu-berlin.de/pcst98

[4] Weitere Beispiele finden sich bei den Themenvorschlägen von Andrea J.Appel zu einer Public Health-orientierten Gestaltung von Gesundheitsmagazinen im Fernsehen (siehe hierzu ihren Beitrag "Patentrezepte per TV" im vorliegenden Band).

in der Tagespresse jedoch nur äußerst selten. Ähnliches gilt für die täglich steigende Zahl von Internetseiten zu Gesundheitsthemen.

Und last but not least: auch die Public Health-Forschung in Deutschland stellt - wie Rosemarie Stein in ihrem Beitrag ausführt - bis heute eine journalistische Marktlücke dar. Und wer wäre besser dazu geeignet, den Transfer von Ergebnissen der Gesundheitsforschung in die öffentliche Diskussion voranzubringen, als Public Health-Absolventen mit journalistischem Talent? Eine wichtige Aufgabe wird es in diesem Zusammenhang sein, dem Publikum und vielen Redakteuren vorab oder nebenbei zu vermitteln, was sich hinter dem Anglizismus "Public Health" überhaupt verbirgt, denn eine klare Vorstellung von den ureigensten Themenfeldern und Denkweisen der Gesundheitswissenschaften kann man zumindest in Deutschland keineswegs als gegeben voraussetzen.

Multimedia und elektronische Dienste

Große Herausforderungen kommen auf den Journalismus durch die neuen Medien zu. Insbesondere im Wissenschaftsjournalismus werden elektronische Online-Dienste, Datenbanken, Wissenssysteme, CD-Roms und Multimediaprodukte eine zunehmende Rolle spielen.

So wurde beispielsweise unter dem Titel *multimedica* ein "Health-Online-Service" eingerichtet, der sich insbesondere an Ärzte, Apotheker, und andere Berufe im Gesundheitswesen wendet. Neben aktuellen Neuigkeiten bietet dieser Dienst auch Hintergrundwissen an und die Möglichkeit, in aktuellen Fachzeitschriften zu recherchieren. Hinzu kommen aktuelle Kongreßhinweise sowie eine Auswertung von medizinischen Berichten in anderen Medien. In sogenannten "Infolines" werden beispielsweise Expertenmeinungen zu aktuellen Problemen in der Gesundheitsversorgung bereitgestellt. Checklisten und Leitfäden, Therapieschemata und aktuelle Warnhinweise ergänzen das Angebot.

Hier sind Kenntnisse in allen Medien und ihren besonderen Bedingungen gefordert. Welche Stärken, welche Schwächen haben die einzelnen Medien, was läßt sich besser akustisch, was besser im Bild oder im Bewegtbild des Films vermitteln, was sollte lieber als Memo geschrieben bzw. ausgedruckt werden? Wie werden unterschiedliche Info-Einheiten am geschicktesten miteinander verbunden? Wie lassen sich hochkomplexe Systeme planen, produzieren - und im Kostenrahmen halten? Speziell für Public Health-Absolventen und Mediziner sind solche intelligenten Wissenssysteme und Informationsdienste geplant. Medizinisch vorgebildete, journalistisch weitergebildete und in allen Medien erfahrene Mitarbeiter werden derzeit händeringend gesucht. Sie müssen neueste Informationen schnell und aktuell aufbereiten und dem System Verknüpfungsangebote zu Hintergrundinformationen zur Verfügung stellen können. Um diesen Anforderungen gerecht werden zu können, benötigt man Erfahrungen in allen Medien und in Computertechnologie. Auch die Ausbildungsstätten reagieren mit ihren Angeboten auf diesen neuen Markt.

Literaturhinweis für Einsteiger

Ausführlich und umfassend informiert das Handbuch *Wissenschaftsjournalismus* über den Arbeitsmarkt und die Arbeitsmöglichkeiten für Wissenschaftsjournalisten. Es enthält eine umfangreiche Übersicht über Ausbildungswege, Kurse und Studiengänge, über Preise und Stipendien sowie über Standes- und Fachgesellschaften mit allen erforderlichen Kontaktadressen. Außerdem führt es in die Berufsgeheimnisse von Wissenschaftsjournalisten und die Arbeitsweisen in den verschiedenen Medien ein. Mittlerweile liegt die dritte, grundlegend überarbeitete Auflage vor.[5]

[5] Göpfert, Winfried/ Ruß-Mohl, Stephan (Hrsg.) (1996): Wissenschaftsjournalismus. Ein Handbuch für Ausbildung und Praxis. München

Autorenverzeichnis

Autorinnen und Autoren

Andrea J. **Appel**, geb. 1957, Magister Public Health. Journalistin und wissenschaftliche Mitarbeiterin im Projekt "Medienthema Krebsmedizin", Berliner Zentrum Public Health. Aktuelle Veröffentlichung: *Zwischen Horror und Hoffnung. Wie die Medien über Krebsheilmittel berichten und Patienten darauf reagieren* (gemeinsam mit Dietmar Jazbinsek). In: H. Günther, G. Ehninger (Hrsg.): Tradition und Fortschritt in der Onkologie; Regensburg 1999. Anschrift: Institut für Publizistik- und Kommunikationswissenschaft, FU Berlin, Malteserstr. 74-100 / 12249 Berlin
Email: wahrheit@zedat.fu-berlin.de

Holger **Böning**, geb. 1949, Prof. Dr., Historiker. Professor am Institut für Deutsche Presseforschung der Universität Bremen. Aktuelle Veröffentlichung: *Volksaufklärung. Biobibliographisches Handbuch zur Popularisierung aufklärerischen Denkens im deutschen Sprachraum von den Anfängen bis 1850.* Bd. 1 ff. (gemeinsam herausgegeben mit Reinhart Siegert); Stuttgart/Bad Cannstatt 1990 ff. Anschrift: Universität Bremen, Deutsche Presseforschung, Postfach 330 160 / 18359 Bremen
Email: boening@uni-bremen.de

Simon **Chapman**, geb. 1951. Soziologe. Professor am Department of Public Health & Community Medicine der Universität Sydney. Herausgeber der Zeitschrift Tobacco Control und Vorstandsmitglied der Australian Consumers' Association. Aktuelle Veröffentlichung: *"An Attempt to Swindle Nature": Press Reportage of Anti-Immunisation, Australia 1993-97.* In: Australian Journal of Public Health (1998) 22:17-26 (gemeinsam mit J. Leask). Anschrift: Department of Public Health, Building A27, University of Sydney, NSW 2006, Australien
Email: simonc@pub.health.usyd.edu.au

Marie-Luise **Dierks**, geb. 1953, Dr., Pädagogin. Leiterin des Arbeitsschwerpunktes "Patienten und Konsumenten" an der Medizinischen Hochschule Hannover. Aktuelle Veröffentlichung: *Subjektive Theorien von Frauen zur Brustkrebsfrüherkennung. Konsequenzen für die gesundheitliche Aufklärung.* In: Arbeitskreis Frauen und Gesundheit im Norddeutschen Forschungsverbund Public Health (Hrsg.): Frauen und Gesundheit(en) in Wissenschaft, Praxis und Politik; Bern/ Göttingen/ Toronto 1998. Anschrift: Abt. Epidemiologie, Sozialmedizin und Gesundheitssystemforschung, Medizinische Hochschule Hannover, OE 5410, 30623 Hannover
Email: dierks@epi.mh-hannover.de

Martin **Franke**, geb. 1965, Sozialpädagoge, Magister Public Health. Inhaber einer Agentur für Presse- und Öffentlichkeitsarbeit im Gesundheits- und Sozialwesen. Aktuelle Veröffentlichung: *Armut und Gesundheit* (gemeinsam herausgegeben mit Raimund Geene und Eva Luber); Berlin 1999. Anschrift: Redaktionsbüro Gesundheit und Soziales, Tucholskystr. 11, 10117 Berlin
Email: m.franke@sozial-info.de

Winfried **Göpfert**, geb. 1943, Prof. Dipl. Ing., Leiter des Arbeitsbereiches Wissenschaftsjournalismus der FU Berlin und des Projektes "Medienthema Krebsmedizin", Berliner Zentrum Public Health. Aktuelle Veröffentlichungen: *Risikoberichterstattung und Wissenschaftsjournalismus* (gemeinsam herausgegeben mit Renate Bader); Stuttgart 1998. *Gesundheitsinformation - die Rolle der Medien bei der Stärkung von Bürgern und Patienten im Gesundheitswesen.* In: Bernhard Badura et al. (Hrsg.): Bürgerorientierung des Gesundheitswesens; Baden-Baden 1999. Anschrift: FU Berlin, Institut für Publizistik- und Kommunikationswissenschaft, Malteserstr. 74-100 / 12249 Berlin
Email: goepfert@zedat.fu-berlin.de

Matthias **Gründel,** geb. 1960, Prof. Dr., Pädagoge und Familientherapeut. Professor für Sozialwissenschaften an der Fachhochschule Magdeburg und Psychoonkologe an der Uni-Klinik Göttingen. Letzte Buchveröffentlichung: *Gemeinsames Sorgerecht. Erfahrungen geschiedener Eltern*; Freiburg 1995. Anschrift: Fachhochschule Magdeburg, Fachbereich Sozial- und Gesundheitswesen, Maxim-Gorki-Str.31-37, 39108 Magdeburg
Email: mgruend1@gwdg.de

Susanne **Hahn**, geb. 1947, Dr. med. habil. Dr. phil., Fachärztin für Innere Medizin und für Geschichte der Medizin. Wissenschaftliche Mitarbeiterin des Deutschen Hygiene-Museums. Aktuelle Veröffentlichung: *Das menschliche Herz - der herzliche Mensch.* In: Ausstellungen als Medium in der Gesundheitsförderung. Bd. 6 der Reihe "Wissenschaft im Deutschen Hygiene-Museum"; Dresden 1997. Anschrift: Deutsches Hygiene-Museum, Lingnerplatz 1, 01069 Dresden
Email: hahn@dhmd.de

Lesley **Henderson**, geb. 1966, Dr., Kommunikationswissenschaftlerin. Wissenschaftliche Mitarbeiterin in der Media Research Unit der Universität Glasgow. Aktuelle Veröffentlichungen: *Making Serious Soaps: Sensitive Issues in TV Drama.* In: G. Philo (Hrsg.): Message Received; London 1999. *Sexualised Illness: The Newsworthy Body in Media Representations of Breast Cancer.* (gemeinsam mit Cherise Saywell und Liza Beattie). In: L. Potts (Hrsg.): Ideologies of Breast Cancer; London 1999. Anschrift: Department of Sociology, Glasgow University, 61 Southpark Avenue, Glasgow G12 8LF, UK
Email: L.M.Henderson@udcf.gla.ac.uk

Sabine **Igersky**, geb. 1960, Röntgenassistentin und Pädagogin. Schwerpunkt des Studiums qualitative Sozialforschung, v.a. biographisch-narrative Interviews. Diplomarbeit zur Bedeutung der Migration irischer Frauen. Anschrift: Friedenstr. 18 / 40219 Düsseldorf
Email: Sabine.Igersky@t-online.de

Dietmar **Jazbinsek**, geb. 1959, Soziologe. Wissenschaftlicher Mitarbeiter in der Arbeitsgruppe "Metropolenforschung" des Wissenschaftszentrums Berlin und im Projekt "Medienthema Krebsmedizin", Berliner Zentrum Public Health. Aktuelle Veröffentlichung: *Zwischen Radikalität und Konformismus. Patienteninitiativen in den USA*. In: Public Health Forum 26/ 1999. Anschrift: Institut für Publizistik- und Kommunikationswissenschaft, FU Berlin, Malteserstr. 74-100 / 12249 Berlin
Email: wahrheit@zedat.fu-berlin.de

Robert N. **Proctor**, geb. 1954, Historiker. Professor für Wissenschaftsgeschichte an der Pennsylvania State University, USA. Aktuelle Veröffentlichung: *The Nazi War on Cancer;* Princeton 1999. Anschrift: Department of History. Pennsylvania State University, University Park Pennsylvania 16802, USA
Email: rnp5@psu.edu

Anke **Scheiber**, geb. 1964, Politologin. Wissenschaftliche Mitarbeiterin an der Fachochschule Magdeburg, Arbeitsgebiet "Informatikanwendungen im Sozial- und Gesundheitswesen, Gesundheitsförderung und Internet". Aktuelle Veröffentlichung: *Assessment of Information Needs in Public Health in Germany: Results of a Nationwide Survey* (gemeinsam mit Rüdiger Schneemann und Robert Wischer). In: Information Research – An Electronic Journal 3 (3): January 1998 (siehe: http://www.shef.ac.uk/~is/publications/infres/infres33.html). Anschrift: FH Magdeburg, Fachbereich Sozial- und Gesundheitswesen, Maxim-Gorki-Str.31-37, 39108 Magdeburg.
Email: anke.scheiber@sozialwesen.fh-magdeburg.de

Norbert **Schmacke**, geb. 1948, PD Dr. med., Arzt und Gesundheitswissenschaftler. Publikationen zur Geschichte der Medizin, zum öffentlichen Gesundheitswesen und zur Patientenorientierung im Gesundheitswesen. Aktuelle Veröffentlichung: *Ärzte oder Wunderheiler?*; Opladen 1997. Anschrift: Friedenstr. 18 / 40219 Düsseldorf
Email: Norbert.Schmacke@t-online.de

Ulf **Schmidt**, geb. 1967, Dr., Historiker. Wellcome Research Fellow und Senior Associate des St. Antony's College, Oxford. Wissenschaftlicher Mitarbeiter des Projektes 'Medical Ethics and Post-War Justice: Dr. Leo Alexander and the Nuremberg Medical Trial, 1930-1950'. Aktuelle Veröffentlichungen: *Reassessing the Beginning of the 'Euthanasia' Programme*. In: German History (1999) 4: 541-548. *Medical Research Films, Perpetrators, and Victims in National Socialist Germany, 1933-1945*;

Husum 2000. Anschrift: University of Oxford, Wellcome Unit for the History of Medicine, 45-47 Banbury Rd., Oxford OX2 6PE
Email: ulf.schmidt@history-of-medicine.oxford.ac.uk

Friedrich-Wilhelm **Schwartz**, geb. 1943, Prof. Dr., Mediziner. Leiter der Abteilung Epidemiologie, Sozialmedizin und Gesundheitssystemforschung an der Medizinischen Hochschule Hannover und Vorsitzender des Sachverständigenrates für die Konzertierte Aktion im Gesundheitswesen. Aktuelle Veröffentlichungen: *Patientenbedürfnisse im Gesundheitswesen. Die Rolle von Patientenbedürfnissen in der Reformdiskussion des deutschen Gesundheitswesens* (gemeinsam herausgegeben mit Ingo Haase und Marie-Luise Dierks); Sankt Augustin 1995. *Das Public Health Buch* (gemeinsam herausgegeben mit Bernhard Badura, Reiner Leidl, Heiner Raspe und Johannes Siegrist); München/ Wien/ Baltimore 1998. Anschrift: Abt. Epidemiologie, Sozialmedizin und Gesundheitssystemforschung, Medizinische Hochschule Hannover, OE 5410, 30623 Hannover
Email: Office@epi.mh-hannover.de

Rosemarie **Stein**, Wissenschaftsjournalistin mit dem Schwerpunkt Medizin und Gesundheitswissenschaften. Schreibt u.a. regelmäßig für den Berliner *Tagesspiegel* und die *Frankfurter Allgemeine Zeitung*. Eine zeitgeschichtliche Buchpublikation: *Die Charité 1945-1992,* Berlin 1992

Lawrence **Wallack**, geb. 1950, Prof., Gesundheitswissenschaftler. Leiter des College of Urban and Public Affairs der Universität Portland. Aktuelle Veröffentlichung: *News for a Change. An Advocate's Guide to Working with the Media* (gemeinsam mit Katie Woodruff, Lori Dorfman und Iris Diaz); London 1999. Anschrift: School of Community Health, Box 751, Portland State University, Portland, OR 97207-0751, USA
Email: wallackl@pdx.edu

Ulla **Walter**, geb. 1960, Dr., Biologin. Leiterin des Arbeitsschwerpunktes "Altern und Gesundheitsversorgung" an der Medizinischen Hochschule Hannover, Geschäftsführerin des Norddeutschen Forschungsverbundes Public Health, Redaktionsleitung der Zeitschrift Public Health Forum. Aktuelle Veröffentlichung: *Wie kann Gesundheit verwirklicht werden? Gesundheitsfördernde Handlungskonzepte und gesellschaftliche Hindernisse* (gemeinsam herausgegeben mit Thomas Altgeld und Ina Laser); Weinheim/ München 1997. Abt. Epidemiologie, Sozialmedizin und Gesundheitssystemforschung, Medizinische Hochschule Hannover, OE 5410, 30623 Hannover
Email: Walter@epi.mh-hannover.de

Justin **Westhoff**, geb. 1948. Freier Medizin- und Wissenschaftsjournalist und Pressereferent. Schreibt u.a. regelmäßig für den Berliner *Tagesspiegel.* Anschrift: Kirchweg 3 b / 14129 Berlin
Email: mwm@transmedia.de